U0924222

主编简介

张卫平，男，山东人，1979 年考入原西南政法学院法律系，1983 年本科毕业。1986 年研究生毕业留校执教。1993 年从讲师直接破格晋升为教授。同年赴日本留学，先后在东京大学法学部和一桥大学法学部学习。1996 年获得博士生导师资格，同年任《现代法学》主编。1999 年初调清华大学法学院任教至今。现为清华大学法学院教授、博士生导师，天津大学卓越教授，中国法学会民事诉讼法学研究会会长。代表著作:《程序公正实现中的冲突与衡平》(1992)、《破产程序导论》(1993)、《诉讼构架与程式》(2000)、《探究与构想: 民事司法改革引论》(2004)、《民事诉讼: 关键词展开》(2005)。在《法学研究》《中国法学》等杂志上公开发表学术论文百余篇。

齐树洁，河北武安人，1954 年 8 月生。1972 年 12 月自福建泉州一中应征入伍，1978年4月从新疆军区39487部队退役。同年7月参加高考。1982 年 7 月毕业于北京大学法律系，获法学学士学位。1990 年 8 月毕业于厦门大学民商法专业，获法学硕士学位。2003 年 11 月毕业于西南政法大学诉讼法专业，获法学博士学位。曾在西南政法学院、中国人民大学、香港大学、澳门大学、台湾政治大学、菲律宾 Ateneo 大学、英国伦敦大学、德国 Freiburg 大学、法国巴黎第二大学、美国佛罗里达大学研修和访问。现为中国法学会民事诉讼法学研究会副会长，中国仲裁法学研究会副会长，厦门大学法学院教授、博士生导师、司法改革研究中心主任。

Access to Justice

2020年第1辑
总第29辑

Judicial Reform Review
司法改革论评

张卫平 齐树洁 主编 唐 力 执行主编

主办方：
西南政法大学法学院
西南政法大学比较民事诉讼法研究中心

厦门大学出版社
XIAMEN UNIVERSITY PRESS
国家一级出版社
全国百佳图书出版单位

目录

卷首语

本辑聚焦:法学教育改革

民事法律专论

司法制度研究

卷首语

检察公益诉讼在探索中前行

齐树洁

2020 年 10 月下旬，中国法学会民事诉讼法学研究会 2020 年年会在徐州举行。本次年会重点研讨检察公益诉讼制度。最高人民检察院副检察长张雪樵在年会开幕式上作了题为“顺应时代大潮，推动公益诉讼专门立法”的主题发言。来自北京、江苏、广东、四川、浙江、内蒙古等地检察机关的代表在会上介绍了开展检察公益诉讼的体会。检察公益诉讼作为一项具有中国特色的法律制度，近年来从无到有，不断开拓，取得了令人瞩目的成就。在依法治国的新时代，这项制度今后应当如何进一步发展和完善，已成为学界关注和讨论的热点话题。

根据《中华人民共和国宪法》的规定，检察机关是我国的法律监督机关。检察机关的法律监督职责范围极为广泛，需要积极主动地保障人民的权利，扮演好“法律的守护者”与“公共利益的代表人”双重角色。当侵害国家利益、社会公共利益的行为发生或因违法行政、行政不作为使国家利益、社会公共利益遭受损害时，检察机关无疑具有作为原告的资格，以提起诉讼或者以支持适格主体提起诉讼的方式，填补法律对国家利益、社会公共利益保护的盲区。对于检察机关的法律职能，应当着眼于司法体制改革的视野，从发展的角度作出切实有据的解释。

检察公益诉讼具有如下特点：(1)检察机关行使公诉权的目的是代表国家及社会公众对侵害其权益的行为进行追诉，消除法制不统一对追诉活动带来的不利影响。因此，检察机关的公诉权的行使本质上以公共利益为基础，其范围并不局限于刑事公诉，还应包括民事公诉权和行政公诉权。(2)检察机关提起民事公益诉讼是公权力对民事活动的制约与监督，而提起行政公益诉讼则是检察权对行政活动的监督和制约。两者都是对现有法律监督职能的制度性扩张。(3)作为一个专门的法律监督机关，检察机关具备独立的政权机关地位、职权保障和专业胜任能力的优势，因而受部门利益、地方利益的干扰较少，有利于及时高效地维护国家利益和社会公共利益。

2012 年 8 月，立法机关修订《中华人民共和国民事诉讼法》时，首次规定公益诉讼制度。修改后的《民事诉讼法》第 55 条规定："对污染环境、侵害众多消费者合法权益等损害社会公共利益的行为，法律规定的机关和有关组织可以向人民法院提起诉讼。"根据这一规定，社会普遍关注、学界呼吁多年的公益诉讼制度"千呼万唤始出来"，终于从理念成为立法，并付诸司法实践，成为"行动中的法律"。这是我国民事司法改革的一项重要成就，其意义十分重大。公益诉讼作为一种公共利益的补充代表机制，有助于维护遭受损害的公共利益，及时制止损害公共利益的违法行为。公益诉讼具有传统事后救济方式所不具备的预防性功能，其提起不以实际发生损害为前提，也不以直接利害关系者为提起要件，因而能够及时制止违法行为，有效地防范损害后果的发生或者进一步扩大。公益诉讼制度还有助于保障民众的诉权，扩大司法解决纠纷的功能。从这个意义上说，公益诉讼制度的设立标志着诉权的社会化。

2014 年 10 月，党的十八届四中全会决定明确要求"探索建立检察机关提起公益诉讼制度"。2015 年 5 月 5 日，中央全面深化改革领导小组第十二次会议审议通过了《检察机关提起公益诉讼改革试点方案》。2015 年 7 月 1 日，十二届全国人大常委会第十五次会议作出《关于授权最高人民检察院在部分地区开展公益诉讼试点工作的决定》，授权全国 13 个省、自治区、直辖市的检察机关开展试点工作，试点期限为 2 年。

截至 2017 年 5 月，全国 13 个试点地区检察机关共办理公益诉讼诉前程序案件 6952 件，其中行政公益诉前案件 6774 件，民事公益诉前案件 178 件；向人民法院提起公益诉讼 934 件，其中行政公益诉讼 841 件，民事公益诉讼 88 件，行政公益附带民事公益诉讼 1 件，刑事附带民事公益诉讼 4 件。试点地区检察机关办理的生态环境和资源保护领域案件占 70%，国有土地使用权出让领域案件占 10%，国有资产保护领域案件占 18%，食品药品安全领域案件占 2%。

在试点期间，检察机关提起的公益诉讼具有如下特点：(1)检察机关办理的行政公益诉讼案件占了绝大部分。检察机关办理行政诉前程序案件数占到总数的97%;提起行政公益诉讼案件数占总数的92%左右。(2)试点案件领域分布差异明显,主要集中于生态环境与资源保护领域。检察机关办理生态环境与资源保护领域的案件占到总数的70%,远多于其他试点类型的公益诉讼案件。(3)诉前程序成效显著,公益保护的梯形层次基本形成。高达87%的公益诉讼案件是通过诉前程序办结的。

2017年6月27日,全国人大常委会审议通过了《关于修改〈中华人民共和国民事诉讼法〉和〈中华人民共和国行政诉讼法〉的决定》(自2017年7月1日起施行),检察机关提起公益诉讼制度自此正式建立。为加强司法规范,2018年3月,最高人民法院与最高人民检察院公布《关于检察公益诉讼案件适用法律若干问题的解释》。经过两年的试点,检察公益诉讼改革完整经历了顶层设计、法律授权、试点先行、立法保障、全面推进五个阶段,成为全面深化改革的典型样本。在各级党委领导、人大监督、政府支持下,检察机关和法院共同努力,工作进展顺利。

党的十八大以来的司法改革和国家监察体制改革,一方面将检察机关的自侦权转隶国家监察委员会,另一方面又赋予检察机关公益诉讼职能。其意图有二:一是构建以监察委员会为核心的强有力的反腐败体制;二是强化以检察院为核心的专门的法律监督体制。自侦权转隶之后,社会各界表现出对“检察监督弱化”的担忧。赋予检察机关公益诉讼权,不仅能够很好地平抑这种担忧,而且有助于实现检察监督的专门化。

检察公益诉讼是以法治思维和法治方式推进国家治理体系和治理能力现代化的一项重要的制度设计,其创新性在于形成牵连广泛、多层嵌套的复杂网状治理结构。检察机关立足法律监督职能,以公益保护为切入点,通过公益诉讼这一全新的司法程序,形成对其他治理主体和治理体系的监督制约和协同配合,有效地填补原有治理体系中的漏洞,提升多元主体共治的整体效能。

自2017年7月至2020年7月,全国检察机关共立案办理公益诉讼案件31万件,诉前程序案件27万件,其中向行政机关发出诉前检察建议26万件,发出民事公益诉讼公告1万余件,提起诉讼1万余件。基于群众要求拓展公益诉讼保护范围的呼声,全国各地检察机关本着“积极、稳妥”的原则,在安全生产、公共卫生、生物安全、文物和文化遗产保护、特殊群体保护、公民个人信息保护等一系列群众反映强烈的领域开展了公益诉讼的实践探索,取得了较好的成效。

检察公益诉讼在实践中也面临一些困难和障碍，相关立法滞后的问题日益突出，难以适应形势发展的需要。例如，检察机关的调查取证程序目前尚无法可依，检察机关出席庭审、诉讼监督以及公益诉讼的判决执行具有特殊性，不宜适用一般的诉讼程序。在这方面，地方立法已经先行一步。在各地检察机关不断探索的基础上，浙江、重庆、上海、湖北、江苏等省、市人大常委会总结实践经验，制定了加强检察公益诉讼的地方立法文件，为本辖区内检察机关探索拓展公益诉讼提供依据。从长远来看，检察公益诉讼作为一项全新的诉讼制度，还需要在规范和实践层面与民事诉讼制度、行政诉讼制度、刑事诉讼制度进行体系性融合，构建符合司法规律的诉讼程序。法学界对于检察公益诉讼制度的理论基础、诉讼地位、诉讼规则以及公益诉讼单独立法等问题还应继续进行深入的研究，推动公益诉讼制度的进一步发展和完善。

本辑聚焦:法学教育改革

论立德树人与培养效果评价

吉冠浩* 马婷婷**

摘要:立德树人是我国教育改革的根本任务。评价的客观性和全面性是检验立德树人效果的应有之义。按照评价内容,评价机制可以分为成果导向型评价机制与过程导向型评价机制。二者在特征要素上有较大区别。结果取向的成果导向评价机制虽然耗时短、可量化,但却存在不全面甚至异化的情况;过程取向的过程导向评价机制虽然周期长、覆盖广,但却存在难以掌控的弊病。对立德树人的培养效果评价,应以成果导向型评价机制和过程导向型评价机制为基础,在介绍其评价基准、内容、价值取向的同时,分析其存在的弊端,探索出一种客观的、科学的,以学生为中心、兼顾内外部评价、内容上有界限拓展的多元化效果评价机制。

关键词:立德树人;成果导向型;过程导向型;培养效果评价

一、问题的提出

2018年9月10日,习近平总书记在全国教育大会上指出,立德树人是教育改革的根本任务,我们应当树立起德、智、体、美、劳全面培养的教育体系,形成更高水平的人才培养体系,把立德树人融入思想道德教育、文化知识教育、社会实

---

* 作者系北京航空航天大学法学院讲师、硕士生导师、院长助理,法学博士。

** 作者系北京航空航天大学法学院诉讼法学专业硕士研究生。

践教育的各个环节。[①] 这要求高校在积极响应教育改革的同时，认真落实立德树人的根本任务。无论何种学科，立德树人效果是否实现，都需要特定的评价体系方能得到检验。近年来，我国高校频频出现的师德败坏、学术不端、形式主义等不良风气，都与评价机制的机械、不合理有着重要联系。对教育质量的评估，可被理解为对立德树人效果的评估。根据不同的标准，教育评估可以被划分成很多种类。[②] 本文中，笔者将以评价内容为标准，从立德树人的培养效果出发，分析以成果为导向的评价和以过程为导向的评价，并在此基础上探寻我国高校立德树人培养效果评价应当遵循的路径。

二、成果导向型评价机制

成果导向型评价机制是指以人才培养的质量为标准进行的教育评估。在高等教育中，教育成果体现了教学的质量，突出了教师和学生在教学活动和教学评价中的地位，确立了以教师和学生为主要对象的教学质量评估和评价机制。

在我国宏观高等教育评估起步阶段实施的“高等学校办学水平评估”，是在办学资源有限的情况下，着力保障教学投入到位和教学资源合理使用的评价体系，其重点在于教学条件的评价。而在20世纪80年代，随着评价运动所引起的学术标准的设置和学生进步程度的测量，加之公共问责的兴起，高等教育机构需要通过教学成果评估，向内部和外部的利益相关者说明和呈现教学是否以及在多大程度上实然地提高了学生的学业成就和能力。[③] 有学者认为传统的教学评价侧重评价学习结果，重点是学习者有没有学到规定的知识。[④] 长时间以来，我

---

① 习近平:《坚持中国特色社会主义教育发展道路　培养德智体美劳全面发展的社会主义建设者和接班人》，载人民网，http://edu.people.com.cn/n1/2018/0911/c1053－30286253.html，访问日期:2019年12月5日。

② 其从评估主体看，可以分为自我评估和外部评估;从评估功能来看，可以分为终结性评估和形成性评估;从评估数目看，可以分为单项评估和综合评估;从评估方法看，还可以分为定量评估和定性评估。参见别敦荣、王根顺主编:《高等学校教学论》，高等教育出版社2008年版，第515～517页。

③ 熊庆年等:《重点建设大学教育评估指标研究》，高等教育出版社2014年版，第187页。

④ 钟志贤:《大学教学模式革新:教学设计视域》，教育科学出版社2008年版，第213页。

国高校都热衷于采用这种评价机制,是因为它简便、高效、操作性强。但根据既有研究和近年来的教育评价改革趋势,多数人主张弱化这种结果导向的评价机制。而我国在对研究生质量报告进行评价时,仍多从条件支持度、社会贡献度、发展契合度三个方面的结果来进行排名。① 因此,成果导向型的评价机制依旧起到了重要作用。

成果导向型评价机制经历了长时间的检验,说明其必有可取之处,而它成为众人反思的对象,也说明它在实际运用中被异化了。对此,我们先行梳理成果导向型评价机制的内在结构,进而分析这一评价机制异化所呈现的状态。

(一)成果导向型评价机制的特征要素

1.评价对象二分:以教师和学生为主

成果导向型评价机制注重对教育成果的衡量,教育成果包括科研成果以及学生的质量等因素。这也就导致这一评价机制在评价对象时必定无法全面覆盖,而需要以教师和学生为中心,进而对其质量进行评价。

首先,是对教师的评价。教师之所以需要评价,是由大学教师本身的职业特殊性决定的。大学教师传统的教学、科研和社会服务工作实际上是相互联系、相互影响和彼此交融的。虽然学术意味着参与基础研究,但是学者的工作还起到在理论和实践之间建立桥梁,并把知识有效地传授给学生的作用。② 这就意味

① “省域研究生教育质量评价指标体系 2018”主要是考虑到条件支持度、社会贡献度和发展契合度三个一级指标。条件支持度包括(括号中为三级指标):R&D 经费支出(生均高等学校 R&D 经费支出、生均高等学校基础研究 R&D 经费支出)、基金项目(自然科学基金立项数、社会科学基金立项数)、学科平台(全国第四轮高校学科为 A-及以上学科数、进入 ESI 排名前 1%的学科数、进入“双一流”名单的一流学科数)、导师规模(硕士研究生生师比、博士研究生生师比、研究生生师比)、研究生教育研究(CSSCI 期刊中研究研究生教育的论文数、硕士及以上中外合作办学项目)、专业学位(博士专业学位点数、硕士专业学位点数)等。社会贡献度包括(括号中为三级指标):科技贡献(拥有科学研究经历的学术学位在学研究生比例、R&D 人员中有硕士和博士学位的人数)、经济贡献(从事非科研工作的研究生比例)、人口贡献(具有研究生学历的就业人数占比)。发展契合度包括(括号中为三级指标):经济契合度(在学研究生规模与 GDP 的相关系数)、科技契合度(在学研究生规模与技术市场成交额的相关系数)、人口契合度(在学研究生规模与城镇人口规模的相关系数)。参见王战军主编:《中国研究生教育质量报告(2018)》,中国科学技术出版社 2018 年版,第 65~66 页。

② [美]欧内斯特·博耶:《学术水平反思——教授工作的重点领域》,国家教育发展中心译,人民教育出版社 1994 年版,第 23 页。

着,学生如何获得知识、获得多少知识以及所获取的知识质量如何,除了靠自身的自觉学习外,很大程度上都取决于教师的传授和教育。更进一步地,学生在获取知识后如何输出,以及输出质量如何也与教师本身的学术能力和教学水平有关。因此,评价教师是成果型评价机制中不可缺少的一环。

非营利组织的问责也是大学教师需要评价的原因之一。非营利组织的问责由三个子理论构成。第一,资源依赖理论。该理论认为,组织最关注自身的生存,组织生存需要资源,组织生存最重要的能力是获取和维持资源。而组织自身的资源是有限的,所以需要依赖外在的资源。组织若想通过环境中的资源来维持生存,则必须与所依赖的环境进行互动。组织对外部资源的依赖性越强,越容易受到外部的影响,因此,一个组织需要通过满足外部的要求来获取更多的资源。① 高校作为一个组织,其发展对政府、学生、捐赠人等都具有依赖性。因此,大学需要与这些外在的资源提供者进行互动,保持紧密的联系,从而满足支持者对其的期待和要求。当高校对其教育结果进行考核时,外界的要求也就成了不可避免的考量因素。② 第二,利益相关者理论。与前者类似,这一理论主张任何组织的发展都离不开利益相关者的投资和参与,大学也是一个典型的利益相关者组织,与其内部或者外部的利益相关者有着紧密的联系。③ 此处,学生、政府等都是高校对教师进行评估时所需要考虑的因素。第三,新公共管理主义。这一理论主张通过引入市场观念和私营部门管理手段来进行管理,它强调运用经济学的思维,学习私营组织对环境的快速反应能力及其对结果和产出的高度关注,以最有效的方式提供公共产品和服务。总体来说,它具备“经济”、“效率”和“效果”的“3E”特征。④ 这一理论影响了政府对大学的态度和管理行为。因为公立高校的投资普遍来自政府,大学是准公共产品和服务的提供者,公众作为纳税人,对政府的教育支出享有知情权,有权知晓该笔支出是否被合理利用,是否产

---

① [美]杰弗里·菲佛、杰勒尔德·萨兰基克:《组织的外部控制:对组织资源依赖的分析》,闫蕊译,东方出版社 2006 年版,第 76 页。

② 沈红等:《大学教师评价的效能》,中国社会科学出版社 2019 年版,第 56～57 页。

③ [美]德里克·博克:《走出象牙塔——现代大学的社会责任》,徐小洲、陈军译,浙江教育出版社 2001 年版,第 7 页。

④ 何文盛、王定峰:《“新公共管理”主义理论及其发展趋势》,载《兰州大学学报》2006 年第 1 期。

生了其应有的效益,是否提供了高质量的教育等。[①] 教师对大学教学质量的重要影响和以上三种理论解释了为何成果导向型的评价机制需要对教师进行评价。

其次,是对学生的评价。对学生的评价在某种程度上是对教师教学成果的评价。高校在获得大量的来自政府以及社会各界的资金支持后,到底会取得怎样的实效,大部分可以从培养学生的质量上显现出来。高校的学生教育可以被分为本科教育、硕士研究生教育和博士研究生教育。相比较来说,在本科阶段,高校更加注重基础知识教育。理论上,在成果导向型评价模式中,对本科教育的评估较难大规模地从论文发表的角度出发。但根据现状,对本科生、研究生的评价,似乎还是不加区分地从科研成果出发。以上海为例,在高校本科专业评估的实践中我们可以看到,对本科生的学习成果评价,从学生所获得的奖项、论文发表、专利申报等角度展开。[②] 对研究生的成果评价,依旧从获得教育成果奖、获得优秀学位论文数等角度出发。[③] 对教学成果的评价、对学生科研成果的评价是成果导向型评价机制不可或缺的一部分。然而,若将论文发表数这样的因素用于评价法学教育的本科教学成果,这一评价要素则会被束之高阁。因为在法学教育领域,本科阶段是法学理论的奠基阶段,由于学生在毕业阶段将要面临国家法律职业资格考试,这一阶段更注重对基础法学知识的传授,而非学术论文的写作。

综上,我们可以看出,在成果导向型评价机制中,由于教师和学生是高校中唯二可以产生实际且直观教育成果的对象,因此,以教师和学生为中心,是成果导向型评价机制的特征要素之一。

2.评价成本低:可量化、耗时短、静态化

在成果导向型评价机制中,进行一轮评价的成本较其他评价机制更低。从以往的评价中我们可以看出,高校的教学成果通常是以图表或数字的形式呈现的,也就是说,教学成果已被整理、量化。发文数、专利数、获奖数等都是对成果

---

① 沈红等:《大学教师评价的效能》,中国社会科学出版社 2019 年版,第 59 页。

② 孙莱祥等:《高校本科专业评估实践指南:上海的探索与经验》,高等教育出版社 2019 年版,第 98 页。

③ 王战军主编:《中国研究生教育质量报告(2019)》,中国科学技术出版社 2019 年版,第 60～61 页。

的量化,这些数字简单直观,能让人在看到数字后,马上在脑海中形成直观感受。这对评价者来说,大大减少了评估过程需要耗费的精力。

在我国,除政府专门进行的大型学科评估外,其他种类的评估,如学校的内部评估、政府每年的教育质量评估以及各第三方机构的评估,基本上可以做到每年一评。这些评价所依据的数据都是由学校或其他各方所作的年终汇总。因此,成果导向型评价机制在时间维度上是以"点"为标准。即使时间跨度稍长,也是以这一整年学校所获得的成果为依据。也就是说,它是一种只问结果而无关乎过程的评价机制。关于学校立德树人质量的评估,最后只落实在了一点,即结果。此种耗时很短的评估机制,对各方评估机构来说,是控制成本的不错选择。

由此得出,成果导向型评价机制以教育成果为主要的评估内容,并且对这些结果做了直观的可视化和可量化的处理,这使整个评估过程能够在短时间内完成。此外,由于评估周期较短,也使这一评估机制耗费的时间相应较少。如此一来,内容的简洁性和时间的缩短化使得这一评价机制极大地降低了评估成本。

3.评价价值面向:结果面向

成果导向型评价机制多面向结果而不问或少问过程。在前两种特征要素的分析中我们已经可以窥见,成果导向型评价机制最关注的,往往是教师的教学质量、科研成果以及学生的科研成果,而少有对这一结果形成过程的评价。结果面向主要表现为两个方面:

第一,面向人的质量。这里是指成果导向型评价机制,在评价人时着重强调了教师的能力和学生的培养成果。如在评价某高校立德树人能力时将师资队伍的质量作为一项重要的考量因素,[①]或在评价某校整体实力时将学生生源质量,即高考录取分数作为重要参考。[②] 因此,这一评价机制在衡量人时,对个体的能力给予了更多的关注。

第二,面向科研结果。这里是指成果导向型评价机制在进行评价时以发表的论文数量和所获得的奖项为依据。因此,这一评价机制的又一衡量内容为高校的科研能力。科研能力的高低,一方面可以体现出高校科研群体的学术水平,

---

① 周文辉主编:《中国研究生教育质量保障体系研究》,北京理工大学出版社 2012 年版,第 76 页;孙莱祥等:《高校本科专业评估实践指南:上海的探索与经验》,高等教育出版社 2019 年版,第 96 页。

② 袁益民:《教育质量的保障与评估》,江苏大学出版社 2015 年版,第 237 页。

这就决定了这些群体和该高校在这一学术领域的话语权的大小;另一方面也可以体现出高校对国家、社会的贡献,无论是技术上的抑或是理论上的贡献。因此,这种以成果为主要评价内容的评价体系,自然地将其评价重点瞄向了科研结果。

综上,在评价角度方面,成果导向型的评价机制是单一面向的,即以结果为主要评价依据。这一结果主要由高校内科研群体的能力和产出科研结果的质量构成,较少涉及成果之外的其他因素。

(二)成果导向型评价机制的异化

成果导向型的评价机制在运行过程中以立德树人的实质效果为主要评价对象。对高校教育来说,教学成果、科研成果是必须要考量的因素,也是最直观的考量因素。正如前文分析,这是一种低成本、高效率的评价机制。但是在实际运用中,这种评价机制出现了异化。

一方面,我们需要厘清"成果"与"产出"的概念。一般认为,产出是指高等教育机构和系统的任何产物。教学资源输入和教学过程实施,必会有教学产出,比如学生毕业率、教师开课时长、学位授予情况等。这种意义上的产出,如同教育资源输入和教育活动一般,对学生的学习没有实质上的内在价值,它仅仅是教学的过程,是一种只要投入教学力量就一定会产出的结果。而教学成果则不同,它是指以学生个人在认知和非认知领域的变化和收益为核心的学校教学质量的可测量的变化和提升。[①] 因此,"成果"和"产出"是两个不同的概念,这两个概念对教育评估也有着不同的意义。在教学评估中,将成果列为考量因素,是教学评估的应然状态。而产出对教学评估来说,虽然是客观存在的,但在一般情况下,无关乎大局。而在如今的立德树人评价中,将一般的教学产出当作是教育的成果而大加衡量,是成果导向型评价机制异化的情形之一。

另一方面,我们需要强调的是,成果评价是基于衡量高校实际教学成果在不同指标上达成评估目的的程度。它是评估中需要考量的重要因素,但不是唯一因素。然而,由于这一评价机制具有较强的可操作性,且参与者大多认可这一评估结果,导致如今实践中出现仅以师资力量、教师和学生科研成果为准的评估形

① 熊庆年等:《重点建设大学教育评估指标研究》,高等教育出版社 2014 年版,第 185 页。

态,即"唯分数、唯升学、唯文凭、唯论文、唯帽子"的评估机制。① 成果导向型评估机制的异化使高校对见效慢的本科生教育不再给予充分的关注。这使得成果导向型评估机制常常被认为是仅以数字、结果为标准,进而纵然高效便捷,却也因种种原因而被扣上机械、僵化的帽子。

三、过程导向型评价机制

对过程导向型评价机制的概念,人们有不同的界定。有学者认为,过程导向型的评价是基于过程性观察的评价,评价的内容是学生认知学习的过程。② 也有人认为它是对学生学习过程中的情感、态度、价值观所做出的评价。③ 还有人认为这一评价机制是在教学活动计划的实施过程中,"针对评价对象所出现的问题进行分析与处理,要提出解决问题的措施或建议,以促进评价对象的发展"④。在本文语境之下,笔者更认同第三种观点,即将其作为一种对教育过程进行动态调整的评价机制。

采用过程导向型评价机制是由教育的过程性决定的。"教育作为一种培养人的活动,是以过程的形式存在的,并且以过程的形式展开,离开了过程就无法理解教育活动,更无法实现教育目标,过程属性是教育的基本属性。"⑤因此,对教育过程的评价是对立德树人效果评价的重要环节。过程导向型评价机制以学生的发展为中心,注重学校和教师对教学活动的投入,从制订详尽的教学计划开始到营造良好的学习氛围,再到最终教学质量的控制和教学激励措施,是一套贯穿全程的、整体的、评估指标多元的评价机制。这一评价机制克服了成果导向型评价机制的一些缺点,但其自身也存在些许问题。

---

① 习近平:《坚持中国特色社会主义教育发展道路　培养德智体美劳全面发展的社会主义建设者和接班人》,载人民网,http://edu.people.com.cn/n1/2018/0911/c1053-30286253.html,访问日期:2019 年 12 月 5 日。

② 张兴华:《关于研究性学习实效性的思考》,载《中国教育学刊》2002 年第 2 期。

③ 彭广森、崇敬红:《中小学生学业成绩评价改革初探》,载《教育实践与研究》2003 年第 11 期。

④ 朱德金、宋乃庆:《现代教育统计与测评技术》,西南师范大学出版社 2008 年版,第 274 页。

⑤ 郭元祥:《论教育的过程属性和过程价值——生成性思维视域中的教育过程观》,载《教育研究》2005 年第 9 期。

(一)过程导向型评价机制的特征要素

1.评价基准明确:以学生发展为中心

教育的过程包括学生的学习与发展、教师的教学活动和学校的教育条件。在这三者中,学校的教育条件服务于教师的教学和学生的学习活动,而在教师与学生之间,教师教学又是围绕学生学习而展开的,因此,学生的学习和发展是教育过程的中心环节。①

为何评价教育质量需要以学生的发展为中心?这是因为教育是人自我构建的活动,即教育虽然存在一种外部施加影响的过程,但是它的主题应该是促进、改善受教育者自我构建、自我改建的过程。② 在此理论之下,外部环境对学生来说只是间接的影响,只有在学生主动吸收、转化,将这一外在影响转化为自我构建的过程时,才会对学生产生直接的影响。相应地,在学生的学习与发展过程中,学生的自我构建是直接的教育过程。学校开展的各类教育教学活动、课外活动对学生产生的影响是间接的教育过程。③ 因此,采用学生有能力把握且自愿吸收的教育方式,是教师教学和学校提供教学条件需要考量的关键因素。而围绕学生发展,对所提供的教学方式和教学条件的评价,即是对教育过程的有效评价。

这一过程评价的标准,就是学生对所提供的间接影响的感受,具体而言,就是学校提供的教育方式和学习平台是否激发了学生的学习自主性,以及这种激发的程度如何。这需要从教师和学校两个维度去评价。这两个主体对教学过程的投入并非是相互独立和分离的,而是互相结合、联系的。评价过程中可能要考虑到教学方向、教学投入、教学活动和教学控制等指标,这都需要教师和学校各

① 朱新卓等:《基于过程的教育质量及其评价》,载《高等教育研究》2015年第5期。

② 鲁洁:《教育:人之自我构建的实践活动》,载《教育研究》1998年第9期。

③ 朱新卓等:《基于过程的教育质量及其评价》,载《高等教育研究》2015年第5期。

司其职进而合力完成任务。[①] 以教学方向为例，它包含教学目标和教学计划两个二级指标。其中，教学目标需要学校在大方向上确立教学理念、目标定位和培养模式；而教学计划中的培养方案、课程体系和修读计划的落实，则需要教师更加细心的投入。同样在教学活动中，学习支持方面的导师制度、助教制度、学习咨询等需要学校建立完善相关制度，具体操作则交由教师完成。

由此可知，过程导向型评价机制的评价基准是非常明确的，即一切围绕学生发展展开。有助于学生发展进步的机制，学校大力提倡，教师认真落实，高校才能满足过程性评价的基本要求。

2.评价成本高：覆盖广、周期长、动态化

过程导向型评价机制较成果导向型评价机制而言，需要经历漫长的评价过程，在方法上更加灵活，评价过程动态化且可持续。它覆盖了学校和教师立德树人的全过程，并且随着情况的变化而不断发展变化。

对学校而言，某一制度从确立到部署，再到真正实行后的完善调整，往往需要经过许多个教学周期的检验。因此，过程导向型评价机制不是间歇性进行的，它贯穿于学习的始终，不间断地进行着。[②] 以教学计划为例，教学计划项下的培养方案、课程体系、修读计划是否符合学生发展，有时甚至需要一个本科学习周期的检验。以法学教育为例，法学专业的各专业课之间是相互交叉联系的。因此，在培养计划中，各部门法课程的开课顺序需要按照一定的逻辑进行布局。若将一些基础性的、统摄全部部门法的课程（如将法理学、法制史）安排在一、二年级，将会出现学生因为没有部门法基础而难以消化课程内容的情形。但若此类课程的开课时间过于滞后，则难以让学生在掌握一种方法论的基础上进行部门

---

① 一级指标有：教学方向、教学投入、教学活动、教学控制。教学方向（括号中为要项）：教学目标（教学理念、目标定位、培养模式）、教学计划（培养方案、课程体系、修读计划）。教学投入：资源配置（教师配置、生源水平、经费支出）、基本设施（空间配置、技术装备、实验设施、图书资料）。教学活动：课程设施（课程类型、课程规模、学分制度、选课制度、考核制度、层次衔接）、学习支持（导师制度、助教制度、专业插转、学习咨询、新生导航、论文指导）、研究体验（科研参与、论文发表、学术交流、国际交流、社会实践）。教学控制：管理组织（规章规范、权威机构、事务机构）、质保体系（评价制度、督导制度、反馈制度）、激励体系（教师发展、教学学术、教学奖励）。参见熊庆年等：《重点建设大学教育评估指标研究》，高等教育出版社 2014 年版，第 169～170 页。

② 高凌飚：《关于过程性评价的思考》，载《课程·教材·教法》2004 年第 10 期。

法的学习。类似于这样的培养方案,需要一个动态的、漫长的学习周期进行调整和评价。

可见,过程导向型评价机制在具体的运用过程中需要一个漫长的过程,它需要覆盖的教育周期比成果导向型评价机制更长,这也意味着高校对评价内容的调整也将更加频繁。

3.评价价值面向:过程面向

过程导向型评价机制在价值面向上更倾向于过程面向。因为这一整套评价机制,始终以教育过程中的环节为评价内容。它从计划的制订到质量保障体系,都有一套预先确定的框架结构。对过程的评价,一方面是检验框架结构是否合理,另一方面是检验框架落实的情况。对一种教育模式的过程评价,必定涉及该过程的多个方面,这也是过程评价的评价指标必定多元的原因所在。

在传统教育评价指标之外,学校良好的校风、环境、服务、平台等都是现代高校教育评价机制需要考量的因素。对于立德树人的质量,它们并非决定性影响因素,但它们却是教育模式更加优化、更加适应现代化的后发考量因素。

在过程导向型评价机制看来,对过程的强调,不意味着对教育结果或质量的忽视。因为这种评价机制在评价过程中不断完善各部分的投入,积极作出调整,对那些无益于提升教育质量的投入部分,积极作出整改和完善,使之不断适应现代教育的发展规律,也使之助力学生的学习和发展。以教学活动为例,其项下有课程设施、学习支持、科研体现,其中科研体现之下的论文发表等就是对结果的评价。

(二)过程导向型评价机制的局限

过程导向型评价机制以学生的发展为中心,对立德树人的过程进行全程的、动态的、多面向的评估。但是这样的特点也并不意味着它毫无缺陷。成果导向型评价机制是在运用过程中出现异化,而过程导向型评价机制的局限性则是其固有的。

首先,评价标准难以统一。因为评价内容的多元性,导致评价结果的开放性。加之评价主体之间所站的角度不同,评价的结果会因人而异。例如,学生可能更加注重学校的服务意识,教师更加注重学校对教学资源的投入,而学校和社会更加注重的是资源投入后的教育效果。因此,不同的主体,按照不同的评价标准,会产生不同的评价结果。

其次,评价强度难以把握。由于对教学的评价贯穿全过程,教育过程又存在诸多不确定性，在漫长的周期中，该以怎样的评价强度进行评价才会更加合理，是一个难以把握的事情。[①]

最后，评价成本难以掌控。过程导向型评价机制不像成果导向型评价机制，在短时间内可以通过事后数据的收集和整理作出结果评价。由于它评价周期较长，评价的内容较多，且难以量化，导致在评价教育过程上花费的时间和精力较一般评价机制更长，这就使评价成本的掌控成为一道难题。

四、立德树人的评价机制选择：多元化评价的可能路径

成果导向型评价机制和过程导向型评价机制都是现有的、以评价内容为标准的评价模式。二者在围绕的中心、构成要素、价值取向上都有所不同。两种评价机制各有所长，难分伯仲，但各自也有不尽如人意之处。

成果导向型评价机制在现今竞争激烈、追求效率的社会中，常常被异化为"重科研、轻教学"的评价机制。过程导向型评价机制则常有"渔网撒得过大而难以收回"的弊病。如今，在我国的立德树人工作中，应当以什么标准进行立德树人的培养效果评价，是摆在我们眼前的一道难题。上文提到两种评价机制各有利弊，因此，在立德树人培养效果评价的实施过程中我们应该做到扬长避短，结合实际情况进行评价机制的选择和评价内容的调整。那么，同样，立德树人培养效果评价机制的选择应当从评价原则、评价主体、评价内容三个方面展开。

(一)评价原则：以学生为核心

在立德树人过程中，以谁为核心展开评价，涉及评价的原则问题。"立德树人"作为一个偏正结构的词，最终还是要落实到"树人"上。因此，立德树人的核心无外乎两种：其一为学生，即"被树立之人"；其二是学生之外的"树人之人"。在这二者中，以谁为中心展开评价，涉及教育学规律的问题。教育领域存在两类规律：一类是教育的外部规律，其要求教育必须适应社会发展的需要；另一类则是教育的内部规律，其主要强调教育必须适应受教育者的身心发展需要。前一规律相对为人熟知，社会接受程度也很高，而后一种规律则常常被人们忽略。这也是教育过程中"社会本位"还是"以人为本"的争论。[②] 社会本位是指在经济社

---

① 高凌飚：《关于过程性评价的思考》，载《课程·教材·教法》2004 年第 10 期。

② 李嘉曾：《"以学生为中心"教育理念的理论意义与实践启示》，载《中国大学教育》2008 年第 4 期。

会不太发达时期,为满足社会快速发展的需要,培养满足社会经济发展需求的人才。而随着我国经济的迅速发展,人们认识的不断提高,人们认识到教育需要遵循最基本的规律。人们也应当认识到教育是一个学生自我构建的过程,其他外部因素只能作为助力学生构建自我的重要间接因素,因此将学生作为立德树人的核心是教育的应有之义。

在这样的认识之下,立德树人效果评价所应该围绕的核心便显现出来,即应当把学生作为立德树人的核心,其他外部因素,如教师、学校投入、科研成果等都可作为培育学生发展、成长的条件因素。对这些因素的评价,其标准应当为是否有利于学生进步和发展,而非是否迎合学生之外的社会群体。当然,以学生为中心并不意味着要将学生与教师、学校等截然对立。[①] 后两者服务于学生,学生的教育质量也必定为教师和学校的评价增添有益成分。此三者应当是主次关系,而非矛盾关系。

(二)评价主体:内部评价结合外部评价

可进行立德树人效果评价的主体广泛,以学校为界线,其大体上可以分为内部评价和外部评价。内部评价主要是学校自我评价,学生对学校所提供平台和环境的评价,以及教师对学校所提供资源的评价等。外部评价则是政府、社会等对高校立德树人效果的期待。之所以强调评价主体的内外部结合,是由二者自身的特点决定的。

内部评价由学生、教师的改进建议和学校的自我调整相结合而产生。学生、教师和学校是一个小的立德树人生态圈,他们互相服务,互相补给,在一个相对闭合的空间内进行着立德树人策略的改进和完善。立德树人的培育效果究竟如何,也是“如人饮水,冷暖自知”。学生和教师作为学校立德树人最直接面对的主体,对学校的立德树人效果有最直观的感受,因此是立德树人评价最直接的信息来源。但是,内部评价也存在一定的问题。内部评价虽然最为直接,但是却容易受主观方面的影响而使其可信度降低。此时便需要外部评价作为补充。

外部评价由政府、社会各界的评价组成。在我国,官方的评价一般都以政府评价为主。社会各界每年都会有形形色色的大学评价以及大学排名,这也为人们提供了官方之外的额外信息补给。二者评价要素的不同,也为高校均衡自身

① 朱欣:《“以学生为中心”教育理念的历史审视与价值定向》,载《现代教育管理》2012年第4期。

的发展提供了参考意见。除就业率等政府和社会共同关注的因素外，政府还强调学生对社会的贡献度、参与度等问题，社会则更加强调高校培养学生的实用性。因此，即使外部对立德树人的评价多从结果角度出发，它也仍是高校必须考虑的因素。外部评价虽然较内部评价客观，但在信息传递的过程中，也可能出现评价失真的情况，这是外部评价难以避免的。

综上，在立德树人的效果评价过程中，内部评价与外部评价是不可偏废的两个部分，二者可以相互补足。因此，在法学教育中，学生和教师的直观评价、政府对社会主义法治人才的要求以及司法实务对实用性法律人才的需求都是不可遗漏的考量因素。

(三)评价内容:有界限的内容拓展

对立德树人培养效果的内容评价，即指评价的考量因素为何。在上文中我们分析了两个向度的评价机制，即成果导向型的评价机制和过程导向型的评价机制。成果导向型评价机制主要面向的是立德树人的成果，这些成果体现在升学率、科研奖项、论文发表、学校条件投入等结果要素上，是一种便捷、可视化、可量化的评价内容。而过程导向型评价机制则强调学校对立德树人的投入过程和学校对反馈的即时改进，评价的角度广泛，周期漫长。这两种评价机制，前者在异化后变得片面、僵化，后者因范围太广而难以捉摸。因此，在如今的立德树人效果评价中，我们应当做到尽量克服二者的缺陷，发扬二者的长处。

现如今立德树人培养效果的评价，应当遵循的是“三全”“三度”“五育”，分别为:“全员育人”“全过程育人”“全方位育人”，“条件支持度”“社会贡献度”“发展匹配度”，①“德育”“智育”“体育”“美育”“劳育”。其中，“三全”面向思想道德建设方面，要求高校和社会各界全员、全过程、全方位加强思想道德教育，培养优秀的社会主义的接班人。“三度”则在结果向度方面强调高校的立德树人需要考虑学校科研投入的结果、所培养的人才对社会的贡献结果以及高校教育与社会科技、经济和人口的匹配状态。而“五育”则是在过程向度方面强调学校在立德树人过程中应当建立良好校风，提供优质资源，助力学生德、智、体、美、劳全面发展。

至于立德树人培养效果评价的成本问题，我们应当辩证考虑。要从结果和

① 王战军主编:《中国研究生教育质量报告(2019)》，中国科学技术出版社2019年版，第72页。

过程两个维度进行培养效果评价必定要付出一定的成本。但是相比较优质的立德树人成果所带来的巨大社会效益,这一成本不算过高。因此,立德树人首要的任务是培育优质的人才,至于效果评价机制选择的成本问题,与立德树人相比,其位阶要靠后。

因此,我们所提倡的评价内容,较成果导向型机制是有拓展的,而较过程导向型机制又是有所限制的。我们建议高校采用这样的综合评价机制,以期能够更全面、更准确地评价立德树人的培养效果。

五、结语

"培养什么人、怎样培养人、为谁培养人"是我国教育事业围绕的中心,优先发展教育事业、加快教育现代化、建设教育强国是我国的重大决策部署。立德树人是教育现代化最基本也是最重要的内容。立德树人是一个发展的过程,需要在推进的同时进行培养效果的检验,此过程中面临的评价机制的选择,在立德树人过程中起到了"指挥棒"的作用。综合来看,立德树人培养效果评价应当以学生发展为中心,将内部评价与外部评价相结合,在内容上做到有界限的拓展。因此,在整体上,利用好效果评价这一指挥棒,做全面而非片面的评价,才能体现出立德树人工作的真正培养效果。

心理学知识在证据法教学中的导入*

——以证人证言为例

陈苏豪**

摘要:在证据法教学中导入心理学知识是一种跨学科的尝试,能够为域外比较提供科学基础。以证人证言为例,心理学关于人类记忆规律的研究,对证言的审查及相关规则的构建,具有直接借鉴意义。具有如实陈述动机的证人,仍然会受到常识、事件意义、诱导性询问、他人观点的干扰,提供不准确的证言。公正的司法程序不仅应当善于发现伪证,还应当设置科学的证据规则,防止不准确的证言阻碍案件真相的查明。在此方面,证言可采性规则发挥着信息过滤的作用,证言可信性检验则能够为事实认定者提供有益参考。人类并不擅长通过察言观色识别谎言。仅要求证人出庭作证,并不能保障证言的准确性,应当进一步完善关于询问证人的规则。心理学知识可以为之提供理论依据。围绕这些内容进行讲授、讨论并组织课堂实验,有助于加深学生对相关知识点的理解,培养其对心理学与证据法交叉研究的兴趣。

关键词:心理学;证据法;准确性;可采性;可信性

一、引言

2018年出台的《法学本科专业教学质量国家标准》已经将证据法纳入法学专业核心课程的范围。在此之前,证据法在法学教育中并没有受到应有的重视。

* 本文系江苏教育科学"十三五"规划2020年度课题"思政教育有效融入法学专业人才培养研究"(项目编号:D/2020/01/41)、南京审计大学2019年度高教研究课题"马恩刑诉观的案例教学应用研究"的阶段性成果。

** 作者系南京审计大学法学院讲师,法学博士。

甚至在部分传统政法院校,证据法也仅仅被作为选修课开设,无论是教师教还是学生学,都存在投入精力不足的问题。随着证据法在法学专业课程体系中的重要性被充分肯定,全面提升该课程教学质量的实践需求也逐渐显现出来。[①] 在此方面,跨学科知识导入所蕴含的潜在价值亟待被开发。证据法的定位应当是规范事实认定之法,核心功能在于提高事实认定的准确性。[②] 事实认定的主体是具有相应司法职权的人,而人的认识与行为正是心理学的重要研究对象,所以在理论上或是实践中,证据法与心理学的交互都是必然的。相关的交叉研究成果,为在证据法教学中导入心理学知识提供了理论基础。

在心理学涉足证据法的各个领域,证人证言的相关研究是最为丰富的。证人证言是一种最为常见的证据材料,本质上属于人的记忆重现。司法程序所认定的事实终究是对过去事件的重构,离不开人的记忆。在此意义上,记忆的准确性对发现案件真相至关重要。心理学关于人类记忆规律的研究,对证人证言的审查及规则构建,具有直接借鉴意义。当前,证人不出庭作证仍是常态,交叉询问规则尚不完善,使得证人证言部分的教学略显枯燥,只能以外国规则与判例为主。由此导致了一个无法回避的问题:外国的规则可以适用于我国吗?对此,如果没有科学的依据,我们很难作出有说服力的回答。心理学知识的导入,有利于突破这一障碍,因为人类的记忆规律在很大程度上具有共性,可以作为规则比较的科学基础。如果运用得当,学生们应当能够充分认识到要求证人出庭作证并建立完善的询问规则,对提高事实认定的准确性具有不可替代的作用。下文将从影响证人记忆准确性的内外部因素、排除误导性信息、为事实认定者提供参考三个视角,分别探讨相关心理学知识在证言的准确性、可采性、可信性等证据法知识点教学方面的具体应用,以供各位批评。

二、证人证言的准确性:真实的"谎言"

心理学实验表明,人类的记忆并不像录音录像设备一样准确。在记忆中,人

① 例如,由教育部高等学校法学类专业教学指导委员会主办,中国政法大学证据科学研究院、2011 司法文明协同创新中心(中国政法大学)承办的"高等学校法学类专业证据法高级师资研讨培训班"已经举办数期,取得了较好的社会效果。类似的全国性培训还有北京大学出版社组织的"2019 年全国高校证据法高级教师研修班"等。

② 杨波:《以事实认定的准确性为核心——我国刑事证据制度功能之反思与重塑》,载《当代法学》2019 年第 6 期。

们甚至有可能看到那些原本没有看过的东西,讲出那些原本没有讲过的话,见到那些原本没有见过的人。① 证人记忆的准确性,会受到常识、事件意义等内部因素,以及诱导性询问、他人观点等外部信息的干扰。因此,在诉讼中,事实认定者不仅会被说谎的证人所误导,还会被善意作证但提供信息不准确的证人所影响。在后一种情况下,甚至证人自己都没有意识到所作陈述与真实情况不符。对这种真实的"谎言",既有诉讼程序并没有很好的应对办法。在教学中首先介绍相关心理学研究成果并展开课堂实验,有助于学生全面理解证言的准确性,为后续规则与案例的讲解提供认识论基础。

(一)内部因素的视角

美国水门事件中约翰·迪安的证言可以作为一个有趣的教学案例,用于说明证人记忆的准确性会受到常识和事件意义的影响。② 约翰·迪安是尼克松总统的法律顾问,与尼克松一方掩盖窃听事件的工作有密切关系,其在参议院特别调查委员会面前证明尼克松参与了这一活动。他的证言很详细,对尼克松办公室中的情况描述非常生动,以至于当时的媒体称其为"人体录音机"。然而,总统办公室的秘密录音随后被公开,证明约翰·迪安的证言存在很多与真实情况不符的细节。心理学家对此种差异进行了深入的分析。

在其证言中,约翰·迪安对 1972 年 9 月 15 日发生的事件描述如下:"那天下午晚些时候,我接到了叫我去总统办公室的电话。我到总统办公室的时候,哈德曼(总统首席助理)和总统在那里。总统跟我说'请坐'。两个人看上去心情不错,对待我的方式也很热情而有诚意。总统告诉我鲍勃(指哈德曼)一直把我处理水门事件的相关情报传达给自己。总统跟我说,我办了个好事,还高度评价我完成了非常棘手的工作,而且很高兴该事件在里迪那里停了下来。我回答说,别人做的事情比我棘手很多,所以不能说是我的功劳。总统谈到那一事件的现状时,我对他讲了我能做到的所有的一切是封锁事件,帮助撇清白宫的关系。我接着对他讲了这个问题要得到解决还有很长的路要走,也许等不到问题得以解决的日子,也许我不能保证一定解决问题。"需要指出的是,当天陪审团决定只起诉

---

① [日]高木光太郎:《证言的心理学》,片成男译,中国政法大学出版社 2013 年版,第 11 页。

② 关于该案例的细节及分析,参见[日]高木光太郎:《证言的心理学》,片成男译,中国政法大学出版社 2013 年版,第 11～16 页。

案件的实施者和几名白宫工作人员,这意味着约翰·迪安等人想掩盖总统本人参与窃听事件的工作取得了阶段性成功。

不久之后,总统办公室的录音被公布出来。对比录音内容,约翰·迪安的证言与实际情况存在很多的细节差异:总统没有请他坐下来;总统没有说到哈德曼关于工作情况的报告;总统虽然夸奖了约翰·迪安的工作情况,但那是在对话快要结束的时候,并且总统没有说"办了个好事";总统没有说他的工作是非常棘手的;总统没有说"很高兴该事件在里迪那里停了下来";约翰·迪安没有说"不能说是我的功劳";约翰·迪安没有对总统说自己"能做到的所有的一切是封锁事件,帮助撇清白宫的关系";约翰·迪安没有说"也许等不到问题得以解决的日子",相反,他说了"从现在开始的 54 天里(即到 11 月的选举为止的期间),我想不会发生任何惊人的致命的事情"。

尽管约翰·迪安的证言未能准确地反映全部交谈细节,但他并没有尝试隐藏对话的核心部分,即尼克松知晓窃听事件及后续掩盖工作。那么,为什么具有如实作证意愿的证人,还是会给出不准确的证言呢?教师由这一问题展开,可以组织课堂讨论,由学生们提出自身经历过的记忆不准确事件,在此基础上,再引入心理学家阿列克·奈瑟的理论解释。他认为,约翰·迪安的记忆可能受到了常识与事件意义两种因素的影响。第一,心理学称关于事件的一般程序为知识的脚本,例如,访问他人房间,劝客人入座是非常自然的场景。人们会无意间用这样的脚本填充记忆中模糊的、缺失的部分。约翰·迪安可能也是在自己意识不到的情况下使用脚本修复了记忆中模糊不清的部分,这才提到了总统请他入座等没有发生的细节。第二,人们关注与自己有关的事情对自己的意义,这种一个人特有的视点和意义化,也会填补记忆的空白。约翰·迪安的证言讲述的不是实际进行的会谈,而是他空想出来的。在他看来,尼克松应该对起诉就到里迪停止感到高兴,哈德曼应该向尼克松报告了他办了一件多么了不起的事情,尤其是对他的赞赏应该被突出。

从更为一般的意义上来说,人们通常记住的是事件的框架,忽略了很多细节,而常识和意义的填补功能,使得人们产生了与实际体验不同的记忆。记忆中脆弱的细节与司法程序对证言细节的高要求之间存在不可调和的矛盾,这是审查和运用证人证言时所必须予以重视的客观规律。

(二)外部因素的视角

除常识和事件意义等内部因素外,证人的记忆还会遭受外部因素的污染,例如,诱导性询问或他人对所涉事件的描述。这种信息混淆的实际影响,已经由心理学家通过实验证明。其中一些操作相对简单的实验,完全可以在课堂上进行复验,通过学生的亲身参与增强其对相关知识点的理解。

伊丽莎白·洛夫塔斯是将心理学方法应用到司法场景的先驱,她通过实验证明,诱导性询问会改变证人的记忆。[①] 在其中一项实验中,实验对象集中观看了一段视频,视频的内容是一辆红色的汽车在让车信号处没有减速,径直撞上了一辆蓝色的车。随后,工作人员询问部分实验对象"那辆车撞击(hit)蓝色的车时车速有多快",得到的回答是平均值为34英里每小时;另一部分实验对象则被要求回答"那辆车猛冲(smash into)向蓝色的车时车速有多快",此时所得的平均车速为41英里每小时。一周之后,所有的实验对象都被要求回答"当时有没有碎玻璃","撞击"组中有14%的肯定回答,而"猛冲"组有32%的肯定回答。该实验说明,提问的方式不仅会影响人们当时对问题的回答,这种影响还会持续到一周之后。初次回答问题时出现的差异,可以归结于需求特征(demand characteristics),即促使实验对象按照某一方式行动的因素。在此案例中,"猛冲"显然比"撞击"的剧烈程度更高。而在一周后回答关于碎玻璃的问题时,两组实验对象在回答中出现的差异说明,他们的记忆已经被最初的提问所改变。教师至少可以通过这一实验结果说明,警察询问证人或组织辨认过程所惯常使用的诱导性提问方式,隐含着错误风险;同样是考虑到此种错误风险,证据规则通常对法庭上的诱导性询问施加更严格的限制,例如,《美国联邦证据规则》第611条禁止在主询问中提出诱导性问题,再如,我国《法庭调查规程》第20条第2款规定,不得采用诱导方式向证人发问。

实验表明,证人对自身经历事件的记忆还会受到他人谈论该事件的影响。典型的实验设计是,安排实验对象观看一段视频或事件后,先要求他们各自报告所见所闻,再让他们互相交流。实验结果通常是,经过互相交流后,最初陈述的差异逐渐缩小,但修正后的报告并不一定更加准确。[②] 曾有研究者在大学课堂

---

① See Elizabeth F. Loftus & John C. Palmer, Reconstruction of Automobile Destruction: An Example of the Interaction Between Language and Memory, 13 *Journal of Verbal Learning and Verbal Behavior* 585 (1974).

② See Suparna Rajaram & Luciane P. Pereira-Pasarin, Collaborative Memory: Cognitive Research and Theory, 5 *Perspectives on Psychological Sciences* 649 (2010).

进行了此类实验,被试学生事先并不知情。实验中,一个年轻人进入正在上课的教室后,突然抢了一个学生的手提包逃走。教室顿时变得吵闹起来,过了一会儿学生们被告知这是为了进行心理学实验安排的一出戏。随后,研究者要求学生回忆刚才的事件并回答一份关于事件的问卷。接着,研究者将学生分成若干小组。经过分组讨论后,学生们被要求再次回答相同的问卷。对比前后的结果可以发现,分组讨论虽然帮助学生回想起了更多细节,但也产生了更多与事实不相符合的细节,共同回忆具有双向效果。① 这一实验结果,可以直接用于解释部分证据规则的设置,例如,询问证人应当单独进行,再如,证人一般不得旁听庭审。

心理知识的导入,能够帮助学生认识到,即使证人没有故意撒谎,其提供的证言同样可能是不准确的。证据规则构建应当以全面提高证言的准确性为导向,不能仅仅着眼于识别故意作伪证者。然而,将心理学研究结果应用于司法场景也存在着无法逾越的障碍。不同于心理学实验,在现实案例中,没有人能够百分之百肯定,真实的情况究竟是什么,毕竟像约翰·迪安这样的个案仅是少数。因此,证人证言的准确性问题,需要进一步转化为证言的准入和评价,分别对应着证言可采性规则与证言可信性检验。在这两个方面,心理学知识同样具有应用空间。

三、证人证言的可采性规则:信息过滤机制

在理想的状态下,了解案件情况的证人应当能够准确、如实地报告自己所知。但是,有时证人不能或不愿这样做,如记忆不准确或故意作伪证的情形。此时,误导性信息或无用的信息若被事实认定者接触,可能会干扰案件事实的查明,或阻碍诉讼进程。因而,证据规则对作证的主体、作证的范围进行了限制,通常还要求证人作证前进行宣誓或具结,这些制度起到了信息过滤的作用。

(一)作证资格

证言的心理机制主要涉及对客观事物的认识与表达,这里的认识活动包括

① See Andrea Apler, Robert Buckhout, Susan Chern, et al., Eyewitness Identification: Accuracy of Individual vs. Composite Recollections of a Crime, 8 *Bulletin of the Psychonomic Society* 147(1976).

知觉、识记与保持,表达则主要是指记忆的提取与言语陈述。① 不能准确认识、正确表达的人,无法提供准确的证言,还可能误导事实认定者。因此,《刑事诉讼法》第 62 条对证人的作证资格作了比较严格的限制。该条规定,生理上、精神上有缺陷或者年幼,不能辨别是非、不能正确表达的人,不能做证人。《最高人民法院关于适用〈中华人民共和国刑事诉讼法〉的解释》(以下简称《刑诉解释》)第 75 条进一步规定,处于明显醉酒、中毒或者麻醉等状态,不能正常感知或者正确表达的证人所提供的证言,不得作为证据使用。至少从形式上来看,相较于《美国联邦证据规则》第 601 条,我国《刑事诉讼法》及其司法解释为证人作证资格设置了更高的条件。正确理解相关规范,是一个知识难点,在各类考试中经常予以考查。为了加深印象,我们可以从历史与现状两个角度展开讲解。

以美国为例,其历史上对证人资格作出的限制主要基于两项理由:一是没有作证能力,二是缺乏可信性。没有作证能力又可以进一步区分为两种形式:第一种是不能正确记忆和表达信息,第二种是不能区分真相与谎言或不能理解如实作证的义务。精神有缺陷者、儿童以及受酒精或毒品影响的人,都属于前述分类。在特定历史条件下,妇女、少数族裔也被纳入其中。缺乏可信性表现为三种形式:一是被认为没有如实作证的动机,例如不能理解誓词的人、不愿宣誓的人;二是被推定为不可信,如具有犯罪前科的人;三是被认为有很强作伪证动机的人,如当事人及与案件有利害关系的人。目前,美国立法对作证资格原则上不加任何限制,不再系统性地剥夺某一类人的作证资格。只有在极其例外的情况下,才可以精神缺陷、受精神类药品影响等理由对证人资格提出质疑,由法官裁决。其背后的逻辑是,证言是否可信,应当由事实认定者自行判断。②

《刑事诉讼法》第 62 条对证人资格进行的限制包含两项条件,即满足生理上、精神上有缺陷或者年幼的条件时,还必须达到不能辨别是非、不能正确表达的程度。同样,醉酒、中毒或者麻醉需要达到不能正常感知或者正确表达的程度。换言之,这些人在其认知和表达能力范围内,仍然可以作证。对这一程度的理解,实际上是一个心理学问题。以儿童为例,心理学研究表明,儿童证言的真

---

① 乐国安、李安、杨群编著:《法律心理学》,华东师范大学出版社 2016 年版,第 40～41 页。

② See Michael J. Saks & Barbara A. Spellman, *The Psychological Foundations of Evidence Law*, New York University Press 2016, pp.116-117.

实性与可靠性并不比成人差,如果采取合适的询问方式,便可以获得真实和详细的证言。[①] 通过对既有关于儿童证言的心理学研究成果介绍,可以帮助学生理解《刑事诉讼法》第 62 条对证人资格的限制并不是绝对的,进而能够正确解答各类考试中的相关问题;此外,还可以激发学生对证据法与心理学交叉问题的兴趣,展开独立的研究。例如,如何将心理学上的结论变成法律上的共识,根据儿童理解水平来选择提问方式,设置符合儿童情绪特征的询问环境,即是值得进一步思考的开放性问题,可以布置为课后练习题。

(二)作证范围

《美国联邦证据规则》第 602 条、701 条对证人作证的范围进行了限制,前者禁止证人就自己不了解的事实作证,后者严格限制普通证人就事实发表评论和意见。我国《刑事诉讼法》并未明确限制证人作证事项的范围,但解释性文件进行了补充规定。例如,《刑诉解释》第 75 条规定,证人的猜测性、评论性、推断性的证言,不得作为证据使用,但根据一般生活经验判断符合事实的除外。《法庭调查规程》第 22 条规定,审判长认为证人当庭陈述的内容与案件事实无关或者明显重复的,可以进行必要的提示。

限制证人作证范围,同样可以在心理学上找到依据。在美国陪审制下,限制证人作证范围主要是为了防止不准确的信息误导陪审员。而在我国法官主导的事实认定模式下,对此种误导风险的担忧处于相对次要的地位,而防止无价值信息延误诉讼的需要表现得更加强烈。从心理学上来说,证言的形成包含"感知—记忆—陈述"三个阶段,缺乏自身感知基础的陈述对案件事实的认定没有意义,故应及时打断和制止。比较而言,鉴定意见的形成包含"感知—分析—结论"三个阶段,其中感知的信息来源通常是在案其他证据材料或办案人员的陈述,区别于普通证人,而分析阶段则需要专业知识和资质。不过,在我国的司法鉴定管理模式下,鉴定人与普通证人的区分非常明显,即使普通证人对案件事实发表专业性评论,也不会被作为定案根据。

(三)宣誓与保证

根据《法庭调查规程》第 18 条第 2 款的规定,证人作证前,应当保证向法庭如实提供证言,并在保证书上签名。实际上,无论证人是否进行口头保证并签署

---

① 乐国安、李安、杨群编著:《法律心理学》,华东师范大学出版社 2016 年版,第 54~56 页。

保证书,故意作伪证都将被追究法律责任,情节严重的还会构成《刑法》第305条所规定的伪证罪。对现代社会中的大多数人来说,即使保证如实提供证言,也不会因宗教信仰而增加其心理压力。既然如此,将保证(宣誓)作为证人作证的前置程序的意义是什么呢?我们将之转化为一个心理学问题便是,在不影响作伪证的法律责任的前提下,证人保证如实陈述,能否降低其作伪证的可能。

已有研究者通过实验证明,行为人保证不撒谎或作弊,的确可以降低其撒谎或作弊的可能性。[①] 例如,在一项研究中,实验对象被要求在4分钟内从20组数字中挑选出所有和为10的组合,每组有12个数字(保留到小数点后2位)。实验结束时,研究者将根据答题表现给予报酬。答题结束后,一半的实验对象将答题纸交给工作人员,由工作人员打分;另一半实验对象则自行打分,将答题纸丢入回收桶。结果表明,自行打分的实验对象所报分数明显高于实际得分,这说明他们作弊了。有趣的是,该实验还设置了另外一个变量。即在测试开始前,一半实验对象被要求写下10本书的名字,另一半实验对象被要求默写"十诫"。将两组变量综合起来看,在由工作人员打分的实验对象中,开始测试前写书名或是"十诫"对结果没有影响;在自行打分的实验对象中,只有开始测试前写书名的那部分人作弊了。在后续实验中,开始测试前抄写大学荣誉誓词的学生均没有作弊。该实验在一定程度上可以说明,证人签署保证书,可以让其意识到如实作证义务的重要性,进而降低作伪证的可能。应当承认,该实验与司法审判中证人作证的场景存在一定差异,因而得出的结论具有一定的局限性。引导学生对实验结论的可应用性提出批判,或围绕改进实验方案发表意见,同样可以作为一种教学思路。

为了防止误导性信息进入诉讼或避免无用信息降低诉讼效率,证据规则对证人证言的可采性进行了必要的限制,这从心理学上能够得到部分解释。不过,当前的发展趋势是放松对证人作证资格的限制,由事实认定者判断证言的可信性。如何利用心理学知识,帮助事实认定者检验证言的可信性,是下文所要进一步探讨的问题。

---

① See Nina Mazar, On Amir, Dan Ariely, The Dishonesty of Honest People: A Theory of Self-Concept Maintenance, 45 *Journal of Marketing Research* 633 (2008).

四、证人证言的可信性检验:事实认定者的指南针

一般认为,若证人出庭作证,法官和陪审员便有机会亲自观察其作证时的表情、语速、动作,进而更加有效地审查证人证言的可信性。因而,理论界大多不满于证人普遍不出庭的司法现状,要求限制庭前证言笔录的使用,提高证人出庭作证的比例。然而,法官、陪审员果真能够通过察言观色识别伪证吗?心理学研究表明,人类并不擅长识别谎言。因此,为了保证事实认定的准确性,我们不仅要提高证人出庭率,还应当考虑如何设计一套可靠的程序,并灵活运用科学研究成果,帮助事实认定者有效检验证言的可信性。

(一)测谎技术

我国古代便有五听制度,要求司法官吏在审理案件时观察当事人的行为举止,以判断其陈述是否真实,具体包括辞听、色听、气听、耳听、目听。大陆法系国家和英美法系国家均强调由事实认定者亲自听取证人作证的重要性,因为证人作证过程中的行为举止可作为判断其证言可信性的重要依据。然而,大量心理学实验共同表明,人类并不擅长依据陈述者的行为来识别谎言与真相。在各种研究中,实验对象能准确区分谎言与真相的比例仅仅略高于50%。更加令人吃惊的是,实验对象依靠视觉观察进行判断不仅没有提高准确性,反而使其变得更低。①

现代科学催生的测谎技术,是否更加准确呢?至少从实验数据上来看,答案是肯定的。现代高精度的测谎仪将心跳、呼吸频率、血压、肢体动作,甚至是眼部的血流速度与血液温度、面部的微表情、声音的高低变化、皮肤电流变化等作为观测指标,这些都是人类感官难以直接感知的。数据表明,最新测谎技术的准确率在70%~80%之间。功能性磁共振成像技术的发展和运用,将测谎准确率略微增加至70%~90%,并有进一步提升的空间。② 该技术的原理是利用磁振造影来测量神经元活动所引发的血液动力的改变,更加通俗的理解便是"扫描大

① See Michael J. Saks & Barbara A. Spellman, *The Psychological Foundations of Evidence Law*, New York University Press 2016, pp. 122-125.

② See Michael J. Saks & Barbara A. Spellman, *The Psychological Foundations of Evidence Law*, New York University Press 2016, pp.126-127.

脑”。[①] 扫描结果通常以图片的形式呈现，对没有相关专业背景的人来说，该技术具有一定的科幻色彩，因而也容易引起学生的兴趣。

既然测谎技术识别谎言的准确性高于人类，那为什么很多国家都否认测谎结论的可采性呢？引导学生围绕这一问题展开讨论，有助于培养其辩证思考的能力。人们对测谎技术的质疑主要包括以下几个方面：科学结论不支持使用，部分研究结论存在误导性，生理指标不能直接说明被试者说谎与否，研究的科学性及外部效度存疑，测谎结论受多种因素影响，使用测谎结论存在的道德问题，存在反测谎技术等。[②] 归结起来，阻碍将测谎结论作为证据存在两个方面的原因：第一，从科学角度来看，实验室无法还原司法审判的场景，所得出的准确率不具有可参考性；第二，从法律制度角度来看，证言可信性应当由事实认定者来判断，这是司法裁判的道德性要求。后者展现了科学应用于法律的限度，即无论测谎技术多么准确，技术人员都不能代替司法裁判者成为事实认定的主体。可以进一步思考的是，如何能够合理运用测谎技术，辅助法官和陪审员审查证言可信性。

(二)心理学专家证人

法庭中的专门知识可以分为“硬科学”与“软科学”，前者是指具有较强的可检验性，学科发展成熟，可为法庭提供较为准确信息的科学，如化学、物理等；后者是指学科发展不太成熟，可验证性较差，往往不能为法庭提供准确信息的科学。[③] 在此标准下，心理学通常被视为“软科学”。因此，心理学家作为专家证人出庭作证或提供鉴定意见，往往会遭遇更多的阻碍。最主要的反对意见认为，心理学家提供的意见多是一些常识性信息，没有心理学家的证言，陪审团一样能够作出正确的判断，允许心理学家在法庭上提供专家证言只会造成不必要的浪费。[④] 此种观点不仅否认了心理学家作为专家证人的资格，还间接否认了将心理学研究成果应用于司法实践的可行性，反映出法律这一古老学科相对保守的一面。

---

① 运用此类最新的生理检测方式，对人体大脑神经系统的决策活动进行侦测，已经成为一种研究法学理论或问题的新方法、新视角，有学者将之称为“神经元法学”。

② 姜丽娜：《证人证言研究中的心理科学》，中国社会科学出版社2013年版，第133～135页。

③ See Joes S. Gecil, Ten Years of Judicial Gatekeeping Under Daubert, 95 *American Journal of Public Heath* 74.

④ 姜丽娜：《证人证言研究中的心理科学》，中国社会科学出版社2013年版，第165页。

随着心理学自身的不断发展与成熟,法庭对心理学知识的抵制态度逐渐缓和。以美国为例,自20世纪70年代以来,越来越多的心理学家被邀请就证人证言的可信性提供专家证言。其中,最有影响力的莫过于伊丽莎白·洛夫塔斯。其著有《辩方证人》一书,收集了一些她作为专家证人出庭作证的案例。当前的发展趋势是允许心理学专家证人就目击证人的准确性提出一般性意见,即通过解释心理学规律帮助陪审员判断证言的可信性,而不是对特定证言的可信性给出个人意见。在向法庭解释相关规律时,他们可以将一般性实验结果应用到司法场景,也可以依据那些仿照司法场景开展的实验的结论。心理学对证据法的影响是超越法系的,日本的司法鉴定制度与美国的专家证人模式完全不同,但同样允许心理学专家对证言的可信性提出鉴定意见。在日本,心理学家不仅要为目击证言的可信性评价提供心理学知识,还要对个别证言的可信性进行评价。①在一些司法个案中,心理学专家的意见对最终裁判结果产生了实质性影响。

如果仅仅将上述内容作为论证中国需要引入心理学专家证人的依据,则显得过于狭隘。理想的教学目标应当是,通过对成功与失败两类案例的讲解,帮助学生进一步思考心理学知识在检验证言可信性方面的积极作用及限度。例如,伊丽莎白·洛夫塔斯在一起案件中作为专家证人出庭,向陪审员解释了"无意识转移""事后信息效果""应激的影响"等专业知识,这些知识倾向于得出目击证人不可信的结论。但是,此后的事实证明被告人确是真凶。该被告甚至成功越狱两次,并与警察枪战。据说,他临死前又坦白自己杀害过30多人。此案使得洛夫塔斯陷入苦恼,她担心如果自己的证言使该被告被判无罪,会导致灾难性后果。②

(三)交叉询问

证据法学者一贯主张,交叉询问是发现真相的最佳工具。对此论断,鲜有国内学者从科学角度予以充分论证,这一定程度上降低了其说服力。在司法实践中,相关规则阙如。《法庭调查规程》关于询问证人的规定非常简单,基本模式是"证人连贯陈述—双方发问—审判人员发问",同时它列举了若干发问规则。从

① [日]高木光太郎:《证言的心理学》,片成男译,中国政法大学出版社2013年版,第70页。

② [日]高木光太郎:《证言的心理学》,片成男译,中国政法大学出版社2013年版,第66~67页。

长远来看,现有规范不足以有效地指导司法实践,应当予以完善,进一步突出询问证人在发现案件真相方面的作用。在此背景下,对交叉询问中蕴含的心理学知识进行介绍,便具有了鲜活的现实意义。

庭前证言隐含着表述模糊、错误感知、错误记忆、故意隐瞒等风险,故原则上应要求证人出庭作证并接受询问。在美国,心理学家对交叉询问对发现真相的作用展开了一系列研究,大致包括三个方面。[①] 第一,关于证人的诚信度。《美国联邦证据规则》第 608 条允许律师使用品格证人攻击其他证人的诚信度,但作证内容通常限于声誉或评价,仅在交叉询问中可以援引具体事例。实验表明,一般性的声誉或评价对陪审员产生的影响不如具体事例有效。第二,关于揭穿伪证。在交叉询问中,律师可以使用先前(庭前或庭上)的矛盾陈述来质疑证人作证内容的真实性。实验表明,证人陈述不一致的确会降低模拟陪审员对证人可信性的评价,但不一定会影响模拟陪审员的裁判。出现这种情况,可能是因为模拟陪审员混淆了信息来源。换言之,尽管他们对相关证言的可信性存疑,但在裁判时仍然无法摆脱已经知晓的证言内容的影响。此外,交叉询问将增加证人的心理压力,使得伪证更易被识别,因为撒谎将比说真话消耗更多的认知资源。第三,关于证人的确信程度。交叉询问的目的在于检验证言的可信度,证人在此过程中的行为举止是重要的判断依据。证人对自己证言的确信程度可以通过肢体行动、语调、语气词以及用语反映出来。研究表明,相较于确信程度较低的证人,模拟陪审员更加相信展现出更强确信度的证人。然而,证人的确信程度与其所主张事实的准确性并不相关,这种确信可能源自重复陈述或外部暗示。尤其是在辨认过程中,来自侦查人员的肯定性话语,将提高证人对辨认结果的确信程度。

应当认识到,在目前的司法环境下,法官并不习惯通过庭审来审查证言的可信性。在某种程度上,他们甚至担心证人出庭作证的内容与庭前证言不一致,造成难以判断的局面。《高法解释》第 78 条便是一个例证,该条规定,证人当庭作证的证言与其庭前证言矛盾,证人能够作出合理解释,并由相关证据印证的,应当采信其庭审证言;不能作出合理解释,而庭前证言由相关证据印证的,可以采信其庭前证言。可见,能否与其他证据印证这一外部标准,一定程度上代替了对

---

① See Michael J. Saks & Barbara A. Spellman, *The Psychological Foundations of Evidence Law*, New York University Press 2016, pp.128-136.

证言本身可信性的审查。受此影响,心理学知识在帮助法官审查证言可信性方面所能发挥的作用相对比较有限。

五、结语

本文以证据法中证人证言的部分为例,简要介绍了相关心理学研究成果,提出了笔者对在教学中导入这些跨学科知识的初步构想。目前,研究思路与研究方法僵化、泛化、同质化,可能是各部门法研究所面临的共同困境。为走出固化型研究范式的藩篱,理论研究应当关注与相关交叉学科的交互。从教学相长的角度来说,在教学中导入跨学科知识,既能促进教师开展相关研究,又有利于拓展学生的知识面,落实复合型法学专业人才的培养目标。对今后从事实务工作的学生来说,了解跨学科知识将提高其法律职业能力。少部分学生还将成长为未来的研究者,较早接触跨学科知识与方法将为其今后进行开拓性研究打下良好基础。希望本文在督促笔者继续坚持心理学和证据法交叉研究的同时,能够为奋斗在证据法教学一线的同行提供一些参考。

诉讼行为视角下主张责任适用范围的再认识*

——兼论民事诉讼法学教育之改革

李 凌**

摘要:民事诉讼程序基于当事人的诉讼行为展开。当事人的诉讼行为可分为请求、主张以及举证三个层面。作为规制当事人主张行为的基本原理,主张责任的作用范围不仅限于事实主张,还包括了作为司法三段论小前提的法律主张。主张责任作用的发挥以原被告之间攻击防御的展开而呈现出阶段化特征。以主张责任为载体,在民事诉讼法的教学过程中,应当实现教育理念的转变,注重培养学生诉讼阶段化思维,从而在法律职业共同体中形成一种共通的裁判逻辑。

关键词:主张责任;有理性审查;要件事实;法学教育

民事诉讼从整体上而言,是一个以纷争的解决为目标而开始、展开,并且随着时间的不断积累,向前推进的过程。在这一过程中,当事人的诉讼行为是整个诉讼程序的源动力,如果没有作为诉讼主体的当事人的诉讼行为,那么诉讼程序的开始及进展将无法实现。换而言之,当事人的诉讼行为是推进程序发展不可欠缺的要素。当事人的诉讼行为可以分为请求、主张以及举证三种,这三种行为具有层层递进的关系。在大陆法系规范出发型的裁判构造下,法官对纠纷的判断亦需要遵循从证据到主张再到请求的逻辑顺位。由此可见,主张既是判断诉讼请求的基础,又是进行证据调查的前提。作为规制主张行为的具体原理,主张

---

* 本文系2019年重庆市社会科学规划项目“主张责任视角下民事诉讼法与民法典衔接研究”(项目编号:2019BS108)的阶段性成果。

** 作者系西南政法大学比较民事诉讼法研究中心研究员,法学院讲师、硕士生导师,法学博士。

责任在民事诉讼中具有不可替代的重要作用。想要明晰主张责任的作用机理,首先需要厘清其适用范围。从静态层面来说,作为辩论主义的第一项要义,主张责任围绕着要件事实而展开。与此同时,诉讼是一个动态的过程,从动态层面来看,主张责任与当事人之间攻击防御体系的展开密不可分。鉴于主张在民事裁判中的重要作用,从诉讼行为的理论出发,加强对主张审查思维的训练也是完善我国未来法学教育的关键一环。本文拟从诉讼行为理论的角度出发,厘清当事人主张行为的具体内涵,以期从攻击防御的动态过程层面明确主张责任的辐射范围,进而以此为基础提出我国法学教育改革的具体构想。

一、诉讼行为理论之构成

民事诉讼程序是由法院和当事人以及其他关系人的特定行为系统连接所组成的。这种诉讼参与人以开始程序、继续程序以及结束程序为目的的行为被称为诉讼行为。诉讼行为既是诉讼程序的一个构成要素,作为后续行为的基础,其又是程序得以发展的契机。在民事诉讼层次性的审理构造和阶段性的程序进行中,先行行为都是后续行为的基础,后续行为在先行行为的基础上不断累积。换而言之,通过诉讼行为的不断积累,诉讼程序的整体架构才得以构建。

(一)当事人诉讼行为的概念

"诉讼行为"的概念最早由德国自然法学者莱特尔布拉特(Nettelbladt)提出。但这一阶段,由于受到私法诉权说的影响,其将诉讼行为等同于私法行为,不具有独立的价值。其后,公法诉权说的发展为独立的诉讼行为理论创造了契机。① 关于当事人诉讼行为的概念,尚且存在着要件效果说和主要效果说的不同观点。② 要件效果说认为,所谓诉讼行为,指的是在诉讼过程中形成和发生的当事人的行为及态度,其要件和效果都要受到诉讼法的规制。③ 起诉、撤诉、请求的认诺、主张、诉讼上的自认、上诉等这些概念属于当事人的诉讼行为。主要效果说则认为,应当从更加广泛的范围上去把握诉讼行为的概念。此种观点认为,不仅仅是在程序中发生的具有特定效果的行为才是诉讼行为,与一定的程序

① 邵明:《民事诉讼行为要论》,载《中国人民大学学报》2002 年第 2 期。

② [日]松本博之:《当事者の訴訟行為と意思の瑕疵》,载竹下守夫、石川明编:《講座民事訴訟 4 審理》,弘文堂 1985 年版,第 284 页。

③ [日]松本博之、上野泰男:《民事訴訟法》,弘文堂 2015 年版,第 126 页。

相关,并且在诉讼中经过主张也能够对程序产生一定效果的行为和态度也属于诉讼行为的范畴。基于此,除了第一种观点中的诉讼行为之外,管辖的合意、仲裁合意、代理权的授予等为涉讼事项做准备的行为也应当被算作诉讼行为。除此之外,当事人双方就一定诉讼上的事项在诉讼前或诉讼外达成合意的诉讼契约,也属于诉讼行为的一种。但主张此种观点的多数人认为,被定义为诉讼行为的诉讼前或诉讼外的当事人行为也需要受到实体法要件的规制。简而言之,从效果立场上来看,当事人诉讼行为的概念被定义为,建立在行为意思基础上的,以引起某个效力主要处于诉讼领域内的后果为目的的当事人的外在行为。① 应当说,要件效果说的观点过于狭窄。当事人的行为,只要是作用于诉讼程序的,主要效果属于诉讼法领域,则无论其是发生在诉讼程序中,还是诉讼前或诉讼外,也无论诉讼法对其要件和效果是否有明确规定,都应当被理解为当事人的诉讼行为。

(二)当事人诉讼行为的分类

德国学者戈尔特施密特认为,根据法院对诉讼行为评价形式和效果的不同,可以将当事人的诉讼行为分为取效性诉讼行为和与效性诉讼行为两种。

1.取效性诉讼行为

所谓取效性诉讼行为,指的是请求法院作出某种裁判并且作为请求的理由,向法院提出诉讼资料的当事人行为。取效性诉讼行为的特征在于,其并不能为诉讼程序带来直接的效果,而需要通过法院的裁判行为来达到其本来的目的。从这个意义上而言,取效性诉讼行为缺乏一定的独立性,其效力只有通过裁判的力量才能得以发挥。如果法官认为当事人请求裁判的取效性诉讼行为不具备诉讼法上的要件,那么该行为将会因不合法而被驳回。

从内容上来看,取效性诉讼行为又包括了申请、主张以及举证等不同种类。申请,即当事人的请求,其指的是要求法院作出具有某种内容的裁判的行为。具体而言,其又可以细分为本案申请和诉讼上的申请两类。本案申请指的是请求实体上的本案裁判的行为,而诉讼上的申请则指的是要求法院对与诉讼程序进

① [德]汉斯-约阿希姆·穆泽拉克:《德国民事诉讼法基础教程》,周翠译,中国政法大学出版社2005年版,第96页。

行相关的派生事项进行裁判的行为。① 例如,诉讼救助的申请、移送的申请、法官回避的申请等都属于诉讼上的申请。对申请,法院负有对其判断进行开示的义务。一般而言,主张指的是"对事物所持的见解"。② 在纠纷解决的过程中,主张还具有将这种见解表达出来的含义。③ 具体到民事诉讼程序中,主张则指的是为请求陈述理由的诉讼行为。根据主张对象的不同,其又可以分为法律上的主张和事实上的主张两类。法律上的主张指的是当事人向法院陈述的与一定的法律效果的发生、变更以及消灭相关的认识和判断。事实上的主张则指的是有关具体事实的主张。其不仅包括了与法律要件直接对应的主要事实,还包括了根据经验法则推认主要事实的间接事实以及与证据证明力相关的辅助事实。在诉讼中,被主张的事实是当事人、证人以及其他第三人关于事实存在与否的一种判断,因此关于将来可能事实的预测、关于某一个事实的假定性推论以及某个事实并不存在的消极主张都属于事实上的主张。在当事人陈述了相互矛盾的事实时,法院应当行使释明权促使当事人消除这种矛盾。举证,则指的是当事人为了使法官对事实主张的真伪形成心证而提出证据的诉讼行为。

在此,还需要明确另一个与当事人取效性诉讼行为密切相关的概念,即攻击防御方法。所谓攻击防御方法指的是作为本案申请基础的一切判断资料,包括主张、举证、证据抗辩,等等。④ 具体而言,攻击方法指的是为本案申请添附理由的一切裁判资料,而防御方法则指的是反对本案申请的一切基础裁判资料。主张与举证属于攻击防御方法体系中直接与诉讼的胜负相连接的重要组成部分。攻击防御方法与攻击防御本身不同,原告提起的诉以及被告提出的反诉属于攻击和防御本身,而作为其基础的主张与证据才属于攻击防御方法。攻击防御方法包括实体和程序两个层面,实体层面即与实体权利相关的诉讼行为,程序层面指的是一些程序性事项,例如管辖权异议等。⑤

---

① [日]中野貞一郎、松浦馨、鈴木正裕:《新民事訴訟法講義》,有斐阁 2008 年版,第 241 页。

② 《辞海》(中),上海辞书出版社 1979 年版,第 2751 页。

③ 闫庆霞:《当事人民事诉讼主张研究》,法律出版社 2013 年版,第 5 页。

④ [日]新堂幸司:《新民事诉讼法》,林剑锋译,法律出版社 2008 年版,第 300 页。

⑤ 章恒筑:《试论民事诉讼攻击防御理论综述——基于大陆法系法学范式的视角》,载《南京社会科学》2005 年第 7 期。

2.与效性诉讼行为

与效性诉讼行为指的是,不需要法院的裁判即可直接产生诉讼法上效果的诉讼行为。其特征在于,行为实施的同时即是一定诉讼状态发生的起点。与效性诉讼行为的范围较广,具有多种性质,在理论上并没有对其进一步进行分类的方法。基于便利性的考虑,我们可以将其大致分为意思表示、通知以及事实行为。同意诉的变更、请求的认诺、放弃上诉等行为属于意思表示。对法定代理人、诉讼代理人的通知、将书证的提交通知对方等行为属于通知。而文书的提出、当事人及诉讼代理人应传唤而出庭等行为则属于事实行为。①

(三)诉讼行为理论与主张责任

诉讼行为理论是大陆法系民事诉讼的重要组成部分,对诉讼行为进行分类并不是目的本身,而是为了便于对诉讼行为进行评价。在评价形式上,法院应当对取效性诉讼行为的合法性和有理性进行审查,而相反,对与效性诉讼行为则应当进行有效或无效的评价。在取效性诉讼行为内部,请求、主张以及举证的行为之间也存在着层层递进的逻辑关系。具体而言,在民事诉讼中,原告首先需要向法院和对方当事人明确审判的对象。即其需要通过诉状的陈述,明确诉讼标的以及判决的类型。在这一阶段,适用的法的原理为处分权主义,这一层面的当事人行为属于请求。其后,为了支持诉讼请求,当事人需要提出相应的主张作为请求的基础,即法律上的主张和事实上的主张,这两者属于围绕着权利存否的判定而进行的主张活动的构成要素。最后,为了证明具体事实的真伪,当事人需要通过举证使法官形成一定的心证。由此,从举证到主张,再到请求是一个不断推演的逻辑链条。在主张和举证阶段,适用的法的原理为辩论主义。

从民事诉讼的审理构造上来说,诉讼行为理论与主张责任的适用范围密不可分。与请求、主张、举证的逻辑体系相对应,主张责任的适用范围限定在主张层面,即法律上的主张和事实上的主张构成了主张责任的适用对象。

二、法律上的主张

如前所述,本案申请包含了存在于原告和被告之间的权利义务关系或法律关系,为了对这种权利或者法律关系的存否进行判断,需要适用特定的实体法规

① [德]罗森贝克等:《德国民事诉讼法》,李大雪译,中国法制出版社 2007 年版,第434～435 页。

范,因此就需要由当事人提出与该法律规范相对应的主张。当事人的主张可以分为法律上的主张和事实上的主张,法律主张包含了一定的法律观点,而事实主张的提出则需要以这种与法律观点之间的关联为基础,因此,两者的边界具有一定的流动性。

(一)法律上的主张的分类

法律上的主张,顾名思义,指的是关于法律观点的主张。从广义上讲,其主要涵盖了三个方面的内容:其一,有关法规和经验法则的存否、内容以及对其进行解释的相关陈述;其二,对特定事实是否符合特定法规构成要件之评价的陈述;其三,关于法的效果是否存在的陈述。[①] 就第一种法律上的主张而言,当事人为了取得胜诉的结果,一般会对特定的法规作出有利于自己的解释。但是尽管法规和经验法则与当事人的陈述是一致的,其也不具有法的约束力。法律解释属于法院的专权领域,当事人之间关于法律解释的决定并不能被法院认可,法院无须受其约束。对第二种法律上的主张,其又可以分为两种类型。第一类是关于适用某个法规或经验法则的陈述,评价某一事实是否符合某一法规的构成要件。其与法规的解释相同,都属于法官的职责范围,即便与当事人主张的相一致,也不能承认其具有约束力。第二类,是在具备过失等规范要件的情形下,当事人所提出的"被告具有过失"的抽象主张,不涉及具体的基础事实。上述第三种关于法的效果是否存在的陈述,则指的是当事人就权利或法律关系是否存在提出的主张,通常其指的是作为诉讼标的前提的权利或法律关系。此种陈述属于狭义上的法律上的主张。

从广义上说,法律上的主张包含了上述三种,但主张责任的适用对象并非涵盖了所有情形。具体而言,主张责任的适用范围仅仅涉及作为先决条件时的权利和法律关系以及规范要件的陈述。

(二)原告:作为先决条件的法律关系以及规范要件

在辩论主义之下,主张责任作用于裁判规范所明确的要件事实,而要件事实是对类型化的社会事实的抽象表现,因此,它不仅包括了自然的社会性的事实,还包括了权利、法律关系以及一些不特定概念。例如,在基于延迟履行而请求损害赔偿的诉讼中,损害赔偿请求权发生的法律要件不仅包括了延迟履行的行为、损害的发生等事实,还包括了基本债权的存在。因此,当事人在主张具体事实的

---

① [日]藤田広美:《解析民事訴訟》,东京大学出版会 2013 年版,第 77~78 页。

同时,也需要对作为先决条件的权利关系进行主张。

学界反对观点认为,由于法律评价是法院的职责,因此,当事人不能进行法律上的主张,其对法律关系及不特定概念的主张仅仅只是法律意见的陈述。① 认可法律上的主张可能会使当事人遭受到对法律的误解以及无法预测的不利益。② 应当说,这种观点过于弱化了当事人在诉讼中的权能。从大陆法系的立法及理论推演来看,作为先决条件的法律关系以及规范要件中的不特定概念都应当属于主张责任的适用对象。在大陆法系民事诉讼中,先决性的法律关系常常与中间确认之诉联系在一起。根据《日本民事诉讼法》第145条及第245条的规定,法院可以通过中间判决确定请求的原因。③《德国民事诉讼法》第304条也规定,法院可以提前通过中间判决对权利请求之原因作出裁判。④ 因此,既然大陆法系立法均认可了有关权利关系存在与否的中间确认之诉,那么应当说当事人对作为先决事项的法律关系的主张也是被立法体系所承认的。从理论上而言,由于受到"你给我事实,我给你法律"的法律格言影响,一般认为在诉讼当中,当事人只能主张客观的事实,而判断需要由法院作出,即法院需要利用法规或经验法则对当事人提出事实的真否进行评判。但是,当事人的主张,无论是事实上的主张抑或是法律上的主张,其无非都是当事人对事实认识和法律认识的陈述而已。在事实陈述的情况下,裁判是以经验法则或一般概念为大前提通过三段论推导出结论的过程。同样,在权利陈述的情况下,其也不过是以法规作为大前提利用三段论的推理方法作出判断的过程而已。因此,无论是事实主张抑或是法律主张,其都是法院判断的对象。⑤ 换言之,是否认可当事人法律上的主张,涉及民事诉讼中当事人与法院之间地位关系的根本性问题。应当说,法院在事实认定和法规适用的范围内享有最终判断的权限,但是也仅限于此。虽然在先决性法律关系中,构成先决性法律关系基础的具体事实才是要件事实,但从法律三段论的整体来看,法律上的主张在本质上仍然属于推论的小前提,因此,当事

---

① [日]司法研修所:《増補民事訴訟における要件事実 第一巻》,法曹会1989年版,第32～33页。

② [日]萩原金美:《訴訟における主張・証明の法理》,信山社2002年版,第296页。

③ 张晋红:《关于中间确认判决制度的立法思考》,载《中国法学》2002年第5期。

④ [德]狄特・克罗林庚:《德国民事诉讼法律与实务》,刘汉富译,法律出版社2000年版,第133页。

⑤ [日]岩松三郎:《民事裁判の研究》,弘文堂1961年版,第54～55页。

人首先需要对先决性权利或法律关系承担第一层次的主张责任。其后,作为要件事实,当事人仍需要对构成法律关系基础的具体事实承担第二层次的主张责任。涉及不特定概念的规范要件也是同样的道理。由于不特定概念包含了法律观点的评价,因此,其与权利关系相似,属于法律上的主张,而非事实上的主张。但是由于其仍然属于三段论的小前提,因此,尽管是否属于过失应当由法院进行判断,但是过失等不特定概念的提出应当属于当事人主张责任的作用范围。如果当事人没有提出,则应当承受其不被法院考虑的风险。

(三)被告的回应:权利自认与规范评价的自认

所谓权利自认,指的是当事人对作为诉讼标的先决前提的法律关系予以承认的陈述。其特征在于,自认的对象并不是事实,而是与诉讼标的相关的权利或法律关系。例如,在基于所有权而请求损害赔偿的诉讼中,被告对原告具有所有权的承认即构成了权利自认。权利自认与请求的认诺以及自认均有所区别。请求的认诺,指的是被告对原告作为诉讼标的本身的权利关系所提出的主张予以承认的陈述。[①] 即被告对原告诉讼请求不予争议的行为,请求的认诺能够直接导致诉讼程序的终结,关于请求的认诺的记载与确定判决具有相同的效力。由于请求的认诺也以权利或法律关系作为对象,因此,其与权利自认具有一定的共通之处。但是,请求的认诺针对的是诉讼标的本身,而权利自认则针对的是作为诉讼标的前提的权利或法律关系,两者具有决定性的差异。权利自认并不会直接导致诉讼程序的终结,以权利自认为基础提出相应的抗辩也能够继续对诉讼标的提出争议。[②] 此外,权利自认与自认也有明显的区别。自认的对象仅限于事实,而权利自认则针对的是法律上的主张,两者在对象上存在差异。应当说,自认、权利自认以及请求的认诺分别对应了当事人的事实主张、法律主张以及请求。

关于权利自认的效力,在理论上仍有肯定说和否定说之争。否定说认为,对法律关系存否的判断属于对事实适用法律的工作,因此,其属于法院职责的专权领域。并且,如果在当事人对法律认识存在误解的情况下仍然肯定权利自认的约束力,则难免过犹不及。相反,肯定说则认为,民事诉讼的对象是与私益法律关系相关的纷争,应当尽可能尊重当事人的意愿。既然请求的认诺以及以先决

① [日]兼子一:《民事訴訟法(一)》,有斐阁 1979 年版,第 187 页。

② [日]藤田広美:《解析民事訴訟》,东京大学出版会 2013 年版,第 81 页。

性法律关系为对象的中间确认之诉是被允许的，那么不仅在事实方面，而且在法律方面也应当承认当事人的支配权能。对自认对象只能是事实而非法规和经验法则的命题而言，从本质上来说，自认的对象应当是法律三段论的小前提，而先决性法律关系也属于小前提，因此承认权利自认并不存在理论上的障碍。① 上述否定说和肯定说都是从理论上严格区分法院和当事人之间权责划分的角度来进行的论述。在此基础上，即便在否定说和肯定说内部，学界还存在着调和诸方利益的中间性观点。在否定说中，兼子一教授认为，在权利自认的情形下，仅仅是对方当事人无须进行证明，而不能排除法院的判断。如果相关的基础事实出现在当事人的辩论之中，那么法院也可以作出与权利自认相反的判断。此外，如果当事人使用法律用语表达的本意是具体的事实关系时，应当认为其仍然属于事实上的自认。兼子一通过这种中间性的变通，将权利自认分为事实和法律两个部分，进而认为对权利自认中的事实部分应当承认自认的效力。② 与此相对，肯定说即便承认了权利自认的效力，也不得不考虑其与自认在对象上的差异，因此不能将其与事实上的自认完全等同处理。以三月章教授为代表的观点认为，在权利自认的情形中，应当审视其是否属于常人能够理解的日常的法律概念，并且有必要考虑其是否会给当事人带来不利打击，如果存在法的推论的错误，那么应当允许权利自认的撤回。③ 否定说在将权利自认等同视为事实自认的范围后有限度地承认了其拘束力，而肯定说也强调当事人对自认对象的理解并允许一定情况下的撤回，由此可见，肯定说与否定说在理念上存在着一定的共通之处。之所以赋予自认以拘束力，其原因在于当事人对事实最为熟悉，因此在权利自认的情况下，也需要考虑当事人是否存在不能充分认识和理解自认对象的危险。肯定说与否定说从形式上来看是相互对立的，但是在本质的部分仍然存在着共通的基础，呈现出理论上的连续性。

同属于法律上的主张，对评价性规范中不特定概念的自认与权利自认存在一定的相似之处，但两者并不完全相同。一般而言，法律规范通常由法律要件和

---

① [日]藤田広美:《解析民事訴訟》，东京大学出版会 2013 年版，第 82 页。

② [日]高桥宏志:《民事诉讼法制度与理论的深层分析》，林剑锋译，法律出版社 2003 年版，第 411 页。

③ [日]高桥宏志:《民事诉讼法制度与理论的深层分析》，林剑锋译，法律出版社 2003 年版，第 412 页。

法律效果两个部分组成,不特定概念属于要件的范畴,而权利自认则属于法律效果的范畴。实务中有观点认为,以当事人对陈述内容的理解度为媒介,可以将其视为事实上的自认。即如果依照当事人的事实认识和法的评价能力,能够对不特定概念作出正确的理解,那么应当将其等同于事实自认处理。现在,由于通说将规范要件本身视为一种法律评价,因此在理论上多以权利自认为基准来理解和处理对规范评价的自认。①

三、事实上的主张

主张责任与要件事实理论密不可分,因此,事实上的主张也是主张责任适用对象的重要组成部分。从诉讼进程上来看,首先由原告提出请求原因事实,其后再由被告提出抗辩,在此基础上原告提出再抗辩。如此往复下去,当事人之间可通过攻击防御体系的展开,绞尽争点,实现审理的深入。

(一)原告:请求原因事实

在诉讼程序中,原告向法院提出诉讼请求,此时如果被告没有表示承认的话,那么原告需要进一步提出相应的请求原因事实作为请求的支撑。在民事诉讼程序中,不同语境下的请求原因事实具有三种不同的含义。其一,作为特定诉讼标的的请求原因事实。此时,请求原因事实指的是能够与请求的趣旨相结合进而确定诉讼标的的事实。② 在大陆法系民事诉讼中,当事人不仅需要向法院提出请求裁判的内容即请求的趣旨,还需要同时提出作为请求理由的相关事实以区别本诉与他诉。此种意义上的请求原因事实并没有包含所有作为请求理由的事实,而仅仅指的是特定诉讼标的所需的部分事实。其二,作为攻击防御方法的请求原因事实。此种意义上的请求原因事实指的是原告为了支持自身的诉讼请求,必须充分进行主张的与实体法规范相对应的所有权利根据事实。③ 与第一种含义相比,作为攻击防御方法的请求原因事实处于更加广义的层面。其不仅包含了特定诉讼标的所需的请求原因事实,还囊括了需要由原告承担主张责任与证明责任的所有权利根据事实。其三,与中间判决相关的请求原因事实。在诉讼过程中,当事人双方可能就具体数额和请求原因产生争议,而请求原因的

---

① [日]藤田広美:《解析民事訴訟》,东京大学出版会 2013 年版,第 80 页。

② [日]松本博之、上野泰男:《民事訴訟法》,弘文堂 2015 年版,第 225 页。

③ 段文波:《要件事实理论下的主张责任》,载《法学评论》2006 年第 5 期。

成立是对具体数额进行判断的前提,因此,为了提高审理的效率,法院可以先就请求原因进行中间判决。此时请求原因事实即指的是除去具体数额之外的一切与请求权成立相关的事项。由此可见,此种意义上的请求原因事实涉及的是法官的诉讼指挥权。① 在上述请求原因事实的三种用法中,由于中间判决中的请求原因事实并不是从当事人攻击防御的诉讼行为角度来进行的定义,因此与主张责任相关的主要是第一种和第二种用法。

在此还需要注意的是,原告对请求原因的主张和当事人陈述的区别。当事人在诉讼中具有双重身份,其既可以作为辩论的主体,也可以作为证据方法。换言之,当事人对事实的陈述既可能是主张,也可能是举证,其在诉讼的不同阶段具有不同的性质。由于"重实体,轻程序"的司法传统,我国司法实践仅仅认识到了让当事人充分辩论的重要性,却对辩论的场景、外观等程序的形式和外在样式缺乏足够的关注。② 这就使得在实务中,不仅从卷宗记录上无法区分当事人的主张和当事人陈述,甚至很多法官也并未感觉到进行区分的必要。③ 由此,当事人对案件事实的陈述无论是在主张层面还是在举证层面都难以发挥应有的功能。实际上,当事人对案件事实的陈述仅仅是一个描述性概念,其内容具有复杂性。从性质上讲,其可以分为证据性的陈述和非证据性的陈述。例如,《德国民事诉讼法》将当事人关于案件事实的陈述区分为"当事人听取"和"当事人询问"两种类型,前者的目的在于明确当事人对案件事实的主张,而后者则是在证据方法的意义上被使用。④ 从诉讼行为理论的角度而言,作为辩论的当事人陈述对应的是主张层面,而作为证据的当事人陈述对应的则是举证层面,即前者属于诉讼资料,而后者属于证据资料。具体到我国民事诉讼程序中,主张意义上当事人对案件事实的陈述应当限定在法庭辩论阶段,作为证据意义的当事人陈述则应当限于法庭调查阶段,两者相互区分,不能混同。主张责任的辐射范围仅涵盖了当事人的主张,而不涉及作为证据意义上的当事人陈述,两者虽然在形式上具有相似性,但本质上属于不同层面的诉讼行为。

---

① 许可:《民事审判方法:要件事实引论》,法律出版社2009年版,第138页。

② 王亚新、陈杭平:《论作为证据的当事人陈述》,载《政法论坛》2006年第6期。

③ 王亚新:《实践中的民事审判(续)——四个中级法院民事一审程序的运作》,载《现代法学》2003年第6期。

④ 李浩:《当事人陈述:比较、借鉴与重构》,载《现代法学》2005年第3期。

（二）被告:抗辩

对原告就请求原因事实的主张,被告可能会有各种不同的应对。虽然对原告的主张行为,被告并没有进行回应的义务,但为了避免不利于己的判决,被告通常会进行种种防御。具体而言,对原告请求原因事实的主张,被告可能会有自认、沉默、不知、否认以及抗辩这五种应对方式。① 在这五种应对方式中,自认以及沉默将产生免除对方证明责任的效果。不知与否认表明了对他造事实陈述进行争执的态度,此时原告需要对其请求原因事实提出证据加以证明。② 主张责任的适用范围仅仅覆盖了当事人的抗辩。具体而言,抗辩指的是对他造所为事实上的陈述,虽属承认,但同时提出了另一事实,使得他造主张之事实应生之法律上的效果不发生或消灭。③ 即对原告所主张权利的基础规范而言,被告所提出的是与反对规范的法律要件相对应的事实主张。在诉讼过程中,原告为了支持己方的诉讼请求提出相应的请求原因事实,如果其满足有理性审查,就能够直接推导出胜诉的结果。此时,被告就需要提出抗辩事实以阻碍或者消灭相应法律效果的发生,如果其没有主张抗辩事实,则将承受不利于己的法律效果。由此可见,主张责任在被告方事实陈述层面的投影即为抗辩。对被告的抗辩,原告为了阻止或消灭其法律效果的产生,可以继续提出再抗辩,对于原告的再抗辩,被告则可以提出再抗辩。当事人双方之间的攻击防御体系即是在这种循环往复的过程中得以形成的,对事实争点的审理也在这一过程中得以深化。

从外观上来看,抗辩与否认都表现为对他造请求原因事实的陈述有所争执,但两者与请求原因事实的关系并不相同,且达成效果的作用原理也有所差异。所谓否认,指的是当事人做出的他造的事实主张不存在或不真实的陈述。④ 从内容上来看,否认可以分为单纯的否认和附理由的否认。单纯的否认即没有附加任何理由,直截了当地否认对方当事人主张的陈述。附理由的否认则指的是

① 自认指的是当事人承认或不争执他造陈述的不利于己的事实。沉默指的是当事人对他造的事实主张未表达任何肯定或否定性意见。不知指的是当事人对他造陈述之事实答以不知或不记忆。参见杨建华、郑杰夫:《民事诉讼法要论》,北京大学出版社 2013 年版,第 159～160 页。

② 对不知陈述的处理,大陆法系国家及地区具有不同的立法方式。有关不知陈述,将在第五章、主张责任之具体化及缓和中详细阐述。

③ 姚瑞光:《民事诉讼法论》,中国政法大学出版社 2011 年版,第 190 页。

④ 陈刚:《抗辩与否认在证明责任法学领域中的意义》,载《政法论坛》2001 年第 3 期。

当事人不仅否认了对方的事实主张,还提出了与其相对的反对事实。从定义上可以看出,被告的否认与原告的请求原因事实是相互对立的,不能同时成立。而抗辩则是在承认原告请求原因事实的基础上,提出的新的事实,其与请求原因事实是可以相容的,两者存在本质上的差异。此外,从达成结果的路径上来看,否认与抗辩虽然都能够达到否定请求原因事实的最终效果,但否认针对的是请求原因事实本身。而抗辩则是在肯定了请求原因事实的基础上提出新的事实,该事实的出现将会排斥原告请求原因事实的法律效果。由此可见看出,在否认的情况下,仍然需要原告就请求原因事实承担主张和证明责任,而对抗辩事实则需要由被告自己来承担主张和证明责任。换言之,虽然同属于攻击防御方法,主张责任的作用对象仅在抗辩而非否认。

由于我国立法及理论对"抗辩"一词仍然存在着诸多认识误区,因此需要从类型化的视角明确民事诉讼中抗辩的具体含义以及主张责任的覆盖范围。通常而言,我们将民事实体法中的抗辩称为抗辩权,其属于一种民事权利,包括了永久抗辩权和延期抗辩权。与此相对应,抗辩则仅仅指的是民事诉讼法中的一种攻击防御方法,即当事人对他造的诉讼请求提出反对性主张以阻碍或排斥相应的法律效果。具体而言,民事诉讼法中的抗辩可以分为程序抗辩和实体抗辩两种。程序抗辩指的是与实体法上法律效果的判定无关的抗辩,其包含了妨诉抗辩和证据抗辩两种。妨诉抗辩的本意指的是有权拒绝本案辩论的抗辩,但基于习惯性的表达方式,现在的妨诉抗辩多指的是被告基于诉讼要件的欠缺而提出的诉不合法的主张。① 证据抗辩则指的是当事人要求法院否定对方提出证据的证据能力及证据价值的抗辩,即要求法院驳回对方的证据申请或不采纳证据调查的结果。由于程序抗辩主要涉及诉讼要件以及证据调查,因此,其属于法院职权探知的事项,无须遵从辩论主义原则。② 实体抗辩又称本案抗辩,指的是一方当事人对另一方当事人提出的为阻碍其法律效果发生的主张,其又可进一步区分为事实抗辩与权利抗辩。③ 实体抗辩是狭义上的诉讼上的抗辩,其主要包含

① [日]兼子一:《民事訴訟法(一)》,有斐阁 1979 年版,第 126 页。

② 陈刚:《论我国民事诉讼抗辩制度的体系化建设》,载《中国法学》2014 年第 5 期。

③ 亦有观点认为,广义上的诉讼法中的抗辩可以分为妨诉抗辩、证据抗辩和本案抗辩三类,狭义的抗辩则仅仅指的是本案抗辩。参见[日]高木丰三:《日本民事诉讼法论纲》,陈与年译,中国政法大学出版社 2006 年版,第 257 页。

了三种类型,即权利障碍抗辩、权利消灭抗辩以及权利阻止抗辩。顾名思义,权利障碍抗辩指的是被告所提出的无论请求原因事实是否存在,都能够自始妨碍原告主张法律效果成立的事实。例如,在合同纠纷中,被告主张存在意思表示的错误。权利消灭抗辩指的是被告提出的能够让原告主张的权利在事后发生消灭的事实主张。例如,债务的清偿以及免除等。这两种抗辩属于事实抗辩,即只需要当事人对基础事实提出主张。而权利阻止抗辩则指的是被告以实体法上的拒绝履行权为理由而提出的主张。例如,留置权的抗辩。① 曾经有观点认为大陆法系中的权利阻止抗辩即为权利抗辩,但由于权利抗辩不仅以实体法上的抗辩权为基础,还包括了形成权,这在一定程度上变更了权利关系的法律效果。因此,应当说权利抗辩还与一部分的权利消灭抗辩有所交叉。实体抗辩既可以分为事实抗辩与权利抗辩两种类型,也可以分为权利障碍抗辩、权利消灭抗辩以及权利阻止抗辩三种类型,其具有不同的分类标准,属于两种不同的分类方式。我国理论对民事抗辩的研究多从实体法的角度出发,其在诉讼中的运用和理解存在诸多混乱之处,因此,首先我们需要厘清"抗辩"一词在不同层面的具体含义,构建民事诉讼中体系化的抗辩制度。进而,在上述诉讼法上的抗辩中,主张责任的作用范围仅在于实体抗辩而非程序抗辩,即事实抗辩和权利抗辩都属于主张责任的作用范围,权利抗辩当事人不仅需要提出相应的事实,还需要具有援用权利的意思表示。

四、主张责任与民事诉讼法学教育之改革

鉴于主张在民事裁判中的重要作用,大陆法系德日均以对主张责任理论的研究侧重为中心形成了各自独特的法学教育方法体系。我国理论并未认识到主张责任对庭审构造的重要意义,因此在民事诉讼法学教育中也忽视了其对裁判思维培养的关键作用。民事审判质效的提升不仅有赖于诉讼程序本身的优化,更离不开司法主体法律素质的提高。因此,要想使主张责任发挥其应有的效能,不仅需要在理论上明晰主张责任的适用范围,更需要以此为基础在法学教育中加强对民事主张审查思维的培训。

(一)德国有理性审查教育

在德国民事诉讼严密的理论体系下,有理性审查成为适当且迅速终结诉讼

① [日]松本博之、上野泰男:《民事訴訟法》,弘文堂2015年版,第340页。

的案件处理技术。有理性审查(Relationstechnik)是一种在实务中流传已久的传统案件处理方法,其是德国的司法修习生以及年轻法官应当学习的最重要的课题。除此之外,不仅是修习生和法官,如果代理人和辩护人不能掌握此项实务的技术的话,那么其在民事诉讼中也寸步难行。这种实务中的技术以民事诉讼理论为基础,即其需要以辩论主义、主张责任、证明责任、主要事实和间接事实的区别等基本概念作为前提。虽然任何一个法律工作者都能够理解上述理论及概念,但是将其正确运用在每一个具体的案件当中是非常困难的。因此,有理性审查即旨在使年轻的司法实务者能够注意并体会到在个别案件中上述理论的错误运用。①

根据有理性审查的规则,法官对民事案件的审查可以分为对起诉的审查、对原告主张的一贯性审查、对被告主张的一贯性审查以及事实认定四个阶段。案件的审理必须按照从第一阶段到第四阶段的顺序进行,法官的裁判行为也必须遵循这四个阶段的顺序,不允许跳跃,否则,不仅会造成审理过程的浪费,更存在着裁判结果错误的危险。换言之,在起诉程序之后,有理性审查将对当事人主张的审查分为了两个步骤,首先审查原告方是否完成了其承担的主张责任,如果完成,再进入对被告方主张的审查,否则程序就以原告方败诉而终结。以此为基础,德国对年轻司法实务者的培训分为三个方面。第一,关于"报告书"(Bericht)的写作,报告书主要对当事人双方的主张事实进行整理。第二,"鉴定书"(Gutachten)的写作。"鉴定书"的内容是对诉讼某个阶段法院处理方法的提案。这种提案,根据诉讼的内容和程度而有所不同。在实务中,常见的是关于在何种情况下应当进行释明的提案、诉讼中因为某一方当事人的主张欠缺一贯性而终结诉讼的提案、何种情况下应当进行证据调查的提案,等等。第三,关于"判决书"的起草。在上述三者中,"报告书"仅关系到主张的整理,其并未涉及诉讼的核心。而后两者,"鉴定书"和"判决书"则是最为重要的两个方面。作为案件处理技术的有理性审查亦会在"鉴定书"和"判决书"有所作为之际发挥作用。②

(二)日本要件事实理论教育

日本民事诉讼对主张并未采取有理性的审查模式,但其也并未忽视主张责任的重要作用。与德国不同,日本的民事法学教育以要件事实为中心展开,侧重

---

① [日]木川統一郎:《訴訟促進政策の新展开》,日本评论社 1987 年版,第 64 页。

② [日]木川統一郎:《訴訟促進政策の新展开》,日本评论社 1987 年版,第 66 页。

于对主张责任及证明责任分配规则的研习,并强调以要件事实理论为桥梁,统合法学修习生的民事实体法与诉讼法思维,进而促成法官、律师等主体之间形成一个能够更好沟通交流的法律共同体。对要件事实理论的研习固然重要,但与德国有理性审查的教育理念相比,其依然局限于一种对裁判过程的静态认识层面。具体而言,日本对事实认定及判决书写作的训练均依托于诉讼记录展开,这是回顾且静止型的练习。而在现实的诉讼过程中,法官、律师等需要掌握当事人、代理人在诉讼各个阶段的行为规律,并且以此为基础把握裁判官诉讼指挥的规则。因此,同样以完结的诉讼记录为依托,但在德国的法学教育中,其还要兼顾诉讼的不同阶段来进行裁判官及律师的职业训练。简而言之,日本判决指向型的教育理念决定了其对要件事实理论的重视,但由于缺乏了程序指向型的理念,故而对诉讼阶段中主张责任作用的发挥有所忽视。值得注意的是,近年来,日本法学界也认识到主张责任在诉讼的不同阶段的作用,进而也开始向德国有理性审查教育理念靠拢。①

(三)对我国民事诉讼法学教育改革的启示

我国目前没有德日理论和实务两阶段化的法学教育,高等院校承担了大规模法律职业教育的使命。因此,在民事诉讼法学的本科及硕博教育中,高等院校不仅需要传授相关的法律知识,更需要培养学生的法学综合思维和实践能力。首先,在民事诉讼法的教学过程中,从静态层面,需要让学生掌握主张责任的基本原理,同时以主张责任为媒介,将实体法规则与诉讼构造相融合,在民法典编纂的背景下,了解主张责任与证明责任的分配规则。其次,更重要的是,在动态层面,将主张责任与当事人在不同阶段的诉讼行为相结合,以有理性审查为模板,培养学生从原告方的法律主张及事实主张开始,被告的法律主张及事实主张的程序阶段理念,随着当事人之间攻击防御的展开,考察其是否完成各自的主张责任,进而决定程序是否需要继续进入下一个阶段。如此,在对论指向型的民事诉讼构造中,通过主张责任培养法官、律师等法律共同体形成共通的法律思维,优化程序的运行。

① [德]ペーター・ギレス:《集中審理、協働主義そしてリラチォーンステクニックをめぐって》,森勇訳,小島武司編訳:《西独訴訟制度の課題》,中央大学出版部 1988 年版,第 424 页。

五、结语

主张责任作为规制当事人主张行为的基本原理,其作用范围不仅包含了事实主张,还包括了可以作为司法三段论小前提的法律主张。其对诉讼程序的意义并非仅仅体现在口头辩论终结的静止一瞬,更一直伴随当事人之间攻击防御的展开而阶段性地发挥作用。在我国司法资源紧缺的背景下,优化主张责任的作用机理,并以诉讼行为理论为前提,在法学教育过程中突出对学生程序阶段化思维的培养,对提高法学人才培养质量,过滤不必要诉讼,节约司法资源,进而提升审判质效具有根本性的重要意义。

民事法律专论

持续“遇冷”及“边缘化”处境：论英美民事诉讼中的法院任命专家制度

杜　闻*

摘要:在英美两国,与党派性专家相比,法院任命专家的优势是其中立性。就该两国而言,典型的法院任命专家共有五种:英国高等法院家事分庭中的专家、英国海事法院中的技术陪审员、英国专利法院中的技术陪审员、美国《联邦证据规则》第706条规定的“法院专家”,及美国的专家型司法辅助官。除上述法定法院专家外,根据该两国的司法传统,普通法上也存在着法院在民刑案件中任命自己专家的权力。英美家事法庭对法院专家的任命及运用体现出一种职权主义诉讼模式的要求。英国的技术陪审员具有准司法的诉讼地位。尽管其身份信息及报告内容应向案件当事人开示,但由于其既不出庭以言词形式作证,也不接受交叉询问,因此,其存在着违背对抗制诉讼模式及篡夺司法裁判权的危险。在英美两国的司法实践中,各种法院任命专家长期遭受“冷遇”且一直处于“边缘化”的境地。其背后的深层次原因为:案件代理律师对法院任命的专家无法做有效控制。申言之,法院任命的专家与对抗制诉讼模式的继续运转及维持存在着根本冲突。只要英、美两国的对抗制不发生质变,则不但该两国的党派性专家证人不会消失,且该两国的法院不可能在民事审判中普遍采用法院任命的专家。从现状看,情况恰恰相反。

关键词:英美民事诉讼;法院任命的专家;问题研究

---

* 作者系中国政法大学副教授,民事诉讼法研究所副所长,法学博士。

一、英美法院任命专家的制度概述

在英、美两国，所谓法院任命的专家(court appointed experts)，是指直接由一审法官依职权指定的专家证人。与依附于一方当事人的党派性专家(party experts)相比，法院任命专家的最大优点是其中立性。然而，需要注意的是：人都是靠偏见生活的，法院任命的专家也不例外。“此类专家证人仅就诉讼审理结果具有中立性，因为任何一方当事人胜诉都与其没有利害关系。但就其所持想法和意见而言，该专家证人却不大可能具有中立性。”①

在英、美两国的现代民事诉讼中，比较典型的“法院任命专家”共有五种，它们分别是：(1)英国海事法院中的技术陪审员(the assessors of English Admiralty Court)；(2)英国专利法院中的技术陪审员(the assessors of English Patent Court)；(3)英国高等法院家事分庭中的专家(the court appointed experts in the FamDiv of the English High Court)；(4)美国的专家型司法辅助官(Expert Master/SM)；(5)美国《联邦证据规则》第706条规定的“法院依职权任命的专家”。

在英国，由于其“技术陪审员”为法院依职权任命，因此，其“角色是准司法性质的(quasi-judicial)。此类专家坐在要对其进行任命的法官的右手边。就提出的争点，他以结论的方式给出其建议，并且该建议并不以交叉询问的方式来加以检验。最早利用此类法院专家的记载发生于1345年。当时，法官传唤一些外科医生来判断某一伤口的新鲜程度”。② 基于其“准司法性质”，就其在协助法官审理案件时的言行来说，技术陪审员享有完全的民事及刑事方面的免责待遇。这与党派性专家证人是不同的，尽管后者还享有刑事方面的免责待遇，但其应就自身的职业过失，对其雇主(当事人或其代理律师)承当相应的民事责任。

与技术陪审员不同，根据美国《联邦证据规则》第706条(a)项的规定，由法院依职权任命的专家以及英国高等法院家事分庭指定的法院专家都是证据来

① Melvin D. Kraft (ed.): *Using Experts in Civil Cases* , 2nd edition, Practising Law Institute, New York City, p.161.

② Carol A. G. Jones: *Expert Witness: Science, Medicine, and the Practice of Law*, Clarendon Press Oxford, 1994, p.35.

源，且有可能接受交叉询问的审查。[①] 技术陪审员与后两者之间的共性表现在两个方面：第一，他们三者都由法院依职权加以任命或指定。第二，尽管三者都是法院任命的，但他们都不得行使司法裁判权。对比来看，美国专家型辅助司法官制作的报告却无须接受当事人的质证，可以直接交由陪审团作审查评断。在这方面，专家型辅助司法官类似于英国的技术陪审员。然而，除了不能对案件事实作最终的判断性结论外，在非陪审团审判中，美国的专家型辅助司法官被看作初步的事实决定者，除非其所做事实调查报告确有明显错误，否则，专家型辅助司法官的事实调查结果必须被联邦地方法官所接受。此外，案件系属法院可任命专家型辅助司法官主持《联邦证据规则》第 104 条规定的"证据可采性听审（*Daubert* Hearings）"。从这些规定来看，英国的技术陪审员与美国的专家型辅助司法官判然有别：后者具有一定的司法判定权。本文认为，这五类法院任命专家的最大共性表现在两个方面：一是这五种法院任命专家存在和运作的依据都是制定法；二是他们都由法院依职权加以任命或指定。申言之，他们的任命都体现出中立性的价值追求。

除上述五种法定的法院任命专家外，根据英、美两国的司法传统，"普通法上存在着法院在民事及刑事案件中任命专家的权力。在某些司法辖区中，其一直被认为是一种具有持续性和固有性的普通法权力"。[②] 在英国，"就法院在[《最高法院规则（RSC）》]第 40 章之外，依据其固有权力任命法院专家的做法，可参见以下案例：*Kennard v. Aslam* (1894) 10TLR 213、*Henson v. Ashby* [1896] 2 Ch1 p26；也可参见 MacNaughton 勋爵在 *Coles v. Home and Colonial Stores Ltd* [1904] AC 179 p.192 一案判决中的阐述，以及 *Badische etc. v. Lewisham*

---

① 例如，在英国，"就其对涉案情形的分析，法院任命的专家可在开庭时提供口头证言并接受交叉询问（甚至是激烈的交叉询问）的检验。"The Law Commission (LAW COM No 325): *Expert Evidence in Criminal Proceedings in England and Wales*, Her Majesty's Stationery Office, 2011, p.102. 又如，在美国，根据《联邦证据规则》第 706 条（b）（4）项的规定，法院任命的专家"可被包括传召其出庭的当事人在内的任何一方当事人进行交叉询问。"http://www.cali.org/collections/federal-rules，访问日期：2019 年 10 月 9 日。

② Melvin D. Kraft (ed.): *Using Experts in Civil Cases* , 2nd edition, Practising Law Institute, New York City, p.68.

(1883) 24 ChD 156 的内容”。[①] 例如，在上述 *Coles v. Home and Colonial Stores Ltd* [1904] AC 179 一案中，就查清涉案的“古老土地或不动产权利(ancient rights)”的问题，“MacNaughten 勋爵即指出：‘我常常纳闷，就法院需解答的问题来说，其为何不更频繁地利用自己的权力来传唤一位适格的专业顾问来解答呢？’可以委托很多擅长处理伦敦地区大型地产的经验丰富的土地测量员(surveyors)来提交一份相当公平和公正的报告。当然，在需要时，该报告制作人应接受法庭交叉询问的检验。在本案中，就原告对一位优秀土地测量员的报告提出异议一事，我一点也不感到意外。但就我而言，法院理应获取此类报告为己所用”。[②] 就美国而言，情况也是类似的。“很多案件(的判决)都认为，即便在缺乏明确制定法依据时，法官还是具有传唤(自己的)专家证人的固有权力。”[③]在这方面，比较典型的美国判例有：*Scott v. Spanjer Bros., Inc.*, 298 F. 2d 928 (2d Cir. 1962) 及 *Danville Tobacco Assn. v. Bryant-Buckner Associates, Inc.*, 333 F.2d 202 (4th Cir. 1964)等。“在 1969 年的 *Handleman v. Marwen Stores Corp*.一案中，新泽西州最高法院(the New Jersey Supreme Court)就确认：即便法庭规则(the court rules)中没有明确的规定，但法院还是有固有权力来在个案中任命法院专家的。”[④]“就联邦司法系统而言，《联邦证据规则》第 706 条将这一权力加以法典化。该法条描述了法官依职权任命专家时需遵循的程序细节及其限制性规定。”[⑤]

---

① Michael P. Reynolds, Philip S.D. King: *The Expert Witness and His Evidence*, 2nd edition, Oxford, Blackwell Scientific Publications, 1992, p.205.

② Jean Graham Hall & Gordon D. Smith: *The Expert Witness*, Chichester, Barry Rose Law Publishers Ltd., 1992, pp.73-74.

③ Richard O. Lempert, Samuel R. Gross, James S. Liebman, John H. Blume, Stephan Landsman & Fredric I. Lederer (eds.): *A Modern Approach to Evidence: Text, Problems, Transcripts and Cases*, 4th edition, Thomson Reuters, 2011, p.1110.

④ Melvin D. Kraft (ed.): *Using Experts in Civil Cases* , 2nd edition, Practising Law Institute, New York City, p.72.

⑤ Christopher B. Mueller, Laird C. Kirkpatrick: *Evidence*, 5th edition, Wolters Kluwer Law & Business in New York, 2012, p.694.

二、英国法规定的法院任命专家

在当代英国，第一种法院依职权任命的专家是其高等法院家事分庭指定的专家。“与大法官法庭（the Chancery Division）及王座庭（Queen's Bench Division）适用的诉讼程序不同，高等法院家事庭（the Family Division of the High Court）的审判程序自20世纪60年代以后一直在频繁地使用法院专家。在这方面，家事庭的法官会先对最高法院的官方律师（the Official Solicitor）做出指示。该官方律师为一名法院官员，其可作为案件审理过程中未成年人的临时监护人（guardian *ad litem*）。此外，该官方律师有权以法院的名义委托（to instruct）一名专家。就这一做法为何仅出现在家事庭，而非其他法庭中的问题，学者Basten提出了两个令人信服的理由：首先，就一项争议而言，家事法院绝非大法官庭或王座庭那样的不偏不倚的旁观者。作为替代，该法庭负有相当于国家监护人（*parens patriae*）的法律职责，以便最大限度地保护涉案未成年人的利益。而这些利益与案件当事人的利益是不同且分离的。其次，通过运用上述最高法院的官方律师，家事法院拥有识别及指定专家的实践性职权。目前，在涉及未成年人的法律事务中、某些身份关系无效之诉（nullity）中，以及生父确认之诉（paternity cases）中，都会用到法院专家制度。”[①]笔者认为，英国高等法院家事庭对此类专家的任命和运用都体现出一种职权主义诉讼模式的要求，其表现为司法公权力对超越单纯物质利益之民事争议的职权干预色彩。

在当代英国，法院可以利用的第二种法院依职权任命的专家是技术陪审员（the assessors）。它是指经由法庭邀请，与法官一起听审案件的具有专门科学或技术知识的专业人员。技术陪审员以其专门知识帮助法官解决案件中的专门问题，但他对案件争议事项无裁决权。英国高等法院和上诉法院可在任何案件中邀请技术陪审员；较多的是涉及驾船技术和航行的案件，被邀请者被称为航海事务技术陪审员（nautical assessors）。根据英国《民事诉讼规则》第35.15条及《诉讼指引》第35章第10条的规定，可以委托一名技术陪审员协助法院；法院须在委托技术陪审员21日之前，将提名为技术陪审员人士的姓名、协助事项以及担任技术陪审员人士的资格，以书面形式通知各方当事人；接到该书面通知后，

① D' Eirdre Dwyer: *The Judicial Assessment of Expert Evidence*, Cambridge University Press, 2008, pp.211-212.

任何一方当事人皆可就该人的个人身份或者资格问题提出反对;此类反对应以书面方式提出,并应在收到法院上述书面通知之日起 7 日内提出;是否继续任命该人做技术陪审员的决定由法院斟酌做出;技术陪审员准备的任何报告之副本皆应送达各方当事人,不过技术陪审员不出庭以言词形式作证,也不接受交叉询问。①“此外,英格兰一直以来的实践做法是:当法院获得技术陪审员的协助时,其就不会允许当事人利用党派性的专家证据。”②

从其制度内容及功能看,英国的技术陪审员及其特别陪审团(the special jury)应为英国古代咨审团(juratas of assizes)逐渐变质为现代陪审团(the modern juries)的过程中,中古时代之古老审判制度的“现代残余物”。“学者 McGuffie 认为,与亨利八世组合海商促进公会(Trinity House)的 1514 年王室特许状相比,技术陪审员(制度)的渊源要古老很多……学者 Roscoe 所著的《海事司法实践(*Admiralty Practice*)》一书宣称,对技术陪审员的利用‘依赖于古老的做法,而非任何议会制定法’。”③如果情况属实,这应是英国法律制度改革中历来存在的“不彻底性”的一种体现。

与此同时,也有英国学者认为,这些技术陪审员最初来源于大陆法系。例如,T.Twiss 爵士即认为,英国海事法院里利用技术陪审员的做法来源于外国法院。④ 就此问题,英国学者 D' Eirdre Dwyer 也持类似观点。他认为,“海事法院及家事法庭分享了一种民法法系的渊源(civilian origins)”。⑤ 当然,该学者也承认,“尽管在家事法庭及海事法院之间存在着这些密切的历史性联系,此外,这两者在偏爱单一专家(single experts)方面也具有最初的相似性,但该两所法院看起来在利用专家方面走了不同的路径。当海事法院对技术陪审员的利用能够被

① https://www.justice.gov.uk/courts/procedure-rules/civil/rules/part35/pd_part35 # 6.1,访问日期:2019 年 10 月 9 日。

② Carol A. G. Jones: *Expert Witness: Science, Medicine, and the Practice of Law*, Clarendon Press Oxford, 1994, p.40.

③ Carol A. G. Jones: *Expert Witness: Science, Medicine, and the Practice of Law*, Clarendon Press Oxford, 1994, p.39.

④ “他接着主张,英国海事法院对技术陪审员的运用来源于外国海事法院的实践。” Carol A. G. Jones: *Expert Witness: Science, Medicine, and the Practice of Law*, Clarendon Press Oxford, 1994, p.39.

⑤ D' Eirdre Dwyer: *The Judicial Assessment of Expert Evidence*, Cambridge University Press, 2008, p.234.

追溯回 18 世纪时,最早报道的涉及专家证据的家事案件却只涉及对当事人党派性专家(party-instructed experts)的利用。单一专家在(该法院)中的利用似乎只是一种 19 世纪后期发展(的结果)”。① 当然,上述第一派英国学者(如 McGuffie 及 Roscoe 等)对该“大陆法系起源说”是持有异议的。他们认为“法院依职权任命的专家”实际上是英国本土的产物,并非产自西欧大陆法系的法律移植物。“在工作秩序中,它们保留了一种法院任命专家的模式(the court-appointed expert model)。就通常持有的观点来说,仅仅这一点就增强了其错误的认识效果,即(1)此类法院专家是一种大陆法系的发明物(a Continental invention);以及(2)此种利用专家证人的模式是英国司法系统中唯一适用的模式。而真实情况却是:该两种模式一直以来就是相互平行发展的。”②

作为一种古老的专家证人制度,技术陪审员能幸存至今,主要是三项因素综合作用的结果:第一,供职于海事法院中的技术陪审员专业水平高,他人无从替代。“基于海事法院(the Court of Admiralty)那种在很大程度上不受外界影响的(self-contained)特点。历史上,该法院仅由一名法官组成,而该法官也只听审一小群擅长海事业务的出庭律师所呈交的案件。学者 Howard 表示,只能在海事法院而非其他法院中利用法院专家,其原因在于:这牵扯到相关律师的专业化程度的高低。”③第二,1873 年《英国最高法院规则(RSC)》“将利用此类专家的机会扩张到审理所有类型案件的法院之中。这可能是一种应对下列批评意见的防御手段,即不论是一名法官独任审案,还是与一个陪审团一起断案,人们都不能合理地指望其能够正确认知当事人提交的各种技术证据。最终,技术陪审员不但被扩展利用于那些由郡法院(County Court)审理的案件,而且被引入到专利法院(the Patent court)的审理中。这一有关技术陪审员的一般性规定在《最高法院规则》的整个有效期中都一直保持不变”。④ 具体而言,“在科学内容所占比

---

① D' Eirdre Dwyer: *The Judicial Assessment of Expert Evidence*, Cambridge University Press, 2008, p.235.

② Carol A. G. Jones: *Expert Witness: Science, Medicine, and the Practice of Law*, Clarendon Press Oxford, 1994, p.38.

③ D' Eirdre Dwyer: *The Judicial Assessment of Expert Evidence*, Cambridge University Press, 2008, p.235.

④ D' Eirdre Dwyer: *The Judicial Assessment of Expert Evidence*, Cambridge University Press, 2008, p.267.

重较高的案件中,出于节省时间及诉讼费用的考虑,法院或者会利用技术陪审员[《最高法院规则》第 33 章第 2 条(c)项],或者会任命一位法院专家(《最高法院规则》第 40 章)”。① 英国郡法院(county court)依职权任命专家的法律依据是:“《1984 年郡法院法(the County Courts Act 1984)》第 65 条,以及《1981 年郡法院规则(the County Court Rules 1981)》第 19 章。”②第三,“英国议会也开始指令在某些特定的行政裁判庭(specialist tribunals)审理中适用技术陪审员制度。并且,在此情况下,议会也会进一步规定:裁判庭有权利用一名单独任命的专家(a separate court-appointed expert)去完成某些特定的调查任务。这方面的例子有基于《1925 年工人赔偿法(the Workmen's Compensation Act 1925)》而设立的医疗公断人(the medical referee),以及《1948 年国家保险工伤条例[the National Insurance (Industrial Injuries) Regulations 1948]》中对索赔请求及相关问题做出估量的查证人等”。③

如上文所述,可依法使用技术陪审员的第一个英国法院是其海事法院。传统上,“海事法院的技术陪审员是在法院登记处(the court's Registry)的申请之下,由海商促进公会来任命的。他们会向法院提供专家建议,特别是就那些与航行事务相关的问题向法院提供专业意见。海商促进公会是于 1514 年基于王室特许状(royal charter)而成立的航海者行会。其不但对所有航行于伦敦港及公海之间船舶的引航事务具有实际上的垄断权,且其主持会员们(its Elder Brethren)在法院中充当技术陪审员的角色。目前,其负责维护和运转英格兰及威尔士的航海灯塔;根据《1987 年引航法(the Pilotage Act 1987)》的规定,其有关引航的职责已被交付给有关港岸码头管理当局。目前,海商促进会成员不再作为(法院中的)技术陪审员了,但该协会(the corporation)会以海事法院的名义来任命适格的人员(来履行这一司法职责)”。④

① Michael P. Reynolds, Philip S.D. King: *The Expert Witness and His Evidence*, 2nd edition, Oxford, Blackwell Scientific Publications, 1992, p.114.

② Michael P. Reynolds, Philip S.D. King: *The Expert Witness and His Evidence*, 2nd edition, Oxford, Blackwell Scientific Publications, 1992, p.194.

③ D' Eirdre Dwyer: *The Judicial Assessment of Expert Evidence*, Cambridge University Press, 2008, p.268.

④ D' Eirdre Dwyer: *The Judicial Assessment of Expert Evidence*, Cambridge University Press, 2008, p.112.

在当代英国，可依法使用技术陪审员的第二个法院是其专利法院(the Patent Court)。“就1970年的法律改革委员会(the Law Reform Committee in 1970)而言，该利用方式及专利法院中的技术陪审员是其唯一准备使用法院专家(court experts)，而非当事人党派性专家的领域。由于法院可以接触到技术陪审员提供的意见，因此，双方当事人对党派性专家的进一步利用是不被允许的，因为其并不能在现有专业信息之外为法院提供更多的协助。开庭审案时，技术陪审员与法官们在法庭上坐在一起。在历史上，他们也在法官私下对案件进行审议(deliberations)时，为其提供专业性建议。这实际上使得这些技术陪审员成了案件合议庭中不具有投票权的成员。然而，在《民事诉讼规则》及《1998年人权法(the Human Rights Act 1998)》颁布实施后，有一种似乎是将技术陪审员当作法院专家(a court expert)对待的动向，而且将其从法官们私下进行的(案件)评议中排除出去。”①

在当代英国，第三种可依法使用技术陪审员的准司法机构是地产权益裁判庭(the Land Tribunal)。《地产权益裁判庭规则(the Land Tribunal Rules)》规定：“(1)如在裁判庭庭长(the President)看来，提交到该裁判庭面前的任何案件需用到特殊知识，且如果技术陪审员与裁判员同席听审更为有利时，在就如此安排做了任何其认为恰当的意见咨询后，该庭长可指令：该案将在一位或几位由其任命的技术陪审员的辅助下进行听审。(2)根据该规则任命的任何技术陪审员的报酬支付可由该裁判庭庭长决定，其前提是应经过文职部门大臣(the Minister for the Civil Service)的批准。”②

在英国的商事仲裁中，仲裁庭也可临时聘请一些专家作为其专业顾问，一起仲裁案件。这种做法与英国《民事诉讼规则》中规定的技术陪审员非常相像。“《(英格兰及威尔士)1996年仲裁法[the Arbitration Act 1996 (England and Wales)]》第37条授权仲裁庭(除非涉案各方当事人已就此达成合意)可任命‘专家、法律顾问或技术陪审员’。此类仲裁庭任命的专家可被用来补充党派性

① D' Eirdre Dwyer: *The Judicial Assessment of Expert Evidence*, Cambridge University Press, 2008, pp.188-189.

② R H Mildred: *The Expert Witness*, published by George Goodwin, London & New York, 1982, p.116.

专家的意见。"[①]需要指出的是：在英国的仲裁程序中，对专家的指示(instructions to experts)不受《民事诉讼规则》内容的制约。英国法规定，"只要英国的仲裁庭不将其裁判上的职责非法转交给该庭指定的专家，而只以获得该专家的协助为目的，且让当事人有权对仲裁员依据的任何专家证言(包括该仲裁员自己指定的专家证言)进行评价时，英国法院就将继续维护仲裁庭自行指定专家的权利"。[②] 例如，Thomas 大法官在 *Hussmann (Europe) Ltd v. Al Ameen Development & Trade Co* (2000: see also 6.19) 一案中判定："当就沙特阿拉伯合同法的内容去咨询一位沙特律师时，一个仲裁庭的相应行为是不公正的。其原因在于：该仲裁庭并未寻求将该证据或专家意见以恰当的方式开示给涉案的各方当事人看。然而，Thomas 大法官还是认为，就《(英格兰及威尔士)1996 年仲裁法》第 68 条(18.41 ff)的立法目的而言，在案件事实认定方面并不存在'严重的违规(serious irregularity)'。其原因在于：该仲裁庭不但赋予该专家意见以较低的证明力，而且其后来坦承：其确曾咨询过该专家，并且该专家实际上后来在仲裁庭开庭时提供过证言。这就表明受到该专家证言不利影响的当事人曾有机会对该专家进行交叉询问。"[③]因而，当英国法院对该裁决实施司法审查时，其才不会将该仲裁裁决加以推翻。

在英国，技术陪审员制度逐渐萎缩及衰落的过程拖得很漫长。"一直到 20 世纪时，一些法院还将那些坐在法官右手边的专家作为技术顾问来加以利用。延续这一传统的两个主要的法院即为海事法院及专利法院。在这两所法院中，一名或两名技术陪审员将与法官坐在一起，(共同听审案件)。"[④]本文认为，在近、现代英国，以技术陪审员为代表的"法院任命的专家"不但未能取代"党派性专家"，反而继续衰落及被边缘化的原因主要有四个：

一是英国缺乏近代法国那样发达的司法官僚体系，这为适用法院依职权任

---

① Neil Andrews: *Andrews on Civil Process (Volume II Mediation & Arbitration)*, Intersentia Publishing Ltd. 2013, p.298.

② Jean Graham Hall & Gordon D. Smith: *The Expert Witness*, Chichester, Barry Rose Law Publishers Ltd. 1992, p.78.

③ Neil Andrews: *Andrews on Civil Process (Volume II Mediation & Arbitration)*, Intersentia Publishing Ltd. 2013, pp.298-299.

④ Carol A. G. Jones: *Expert Witness: Science, Medicine, and the Practice of Law*, Clarendon Press Oxford, 1994, p.38.

命专家带来了极大的制度性困难。“在法国拥有一支发达的司法官僚队伍,并且专家们是官僚机构职位的占有者时,英国人则没有这样一种类似的系统。在这种背景下,由于其可以传召海商促进公会为其提供专业性服务,因此,海事法院是英国司法体系中的异类。就大法官法庭中的枢密大臣(The Lord Chancellor)以及审理普通法案件的12名法官而言,他们既没有有效的机制,也没有充分的资源来任命法院自己的专家(court experts)。”①

二是当特定情形出现时,适用法院依职权任命的专家反而会导致司法不公正的结果。例如,“假定某一专业协会(the community of practice)的成员成了某一案件中的当事人,而另一方当事人则不是该组织成员。此时,该专业协会的代表将会偏向作为诉讼当事人的同行。而当该专业协会的代表以其公职名义提供专家证言时,我们或许可以指望这种偏向一方的风险会有所降低。然而,不论如何,除非案件中所有的当事人都是或都不是该专业协会的成员时,此类利用专家的措施才会被认为是体现了公正听审的要求”。②

三是这些法院依职权任命的专家不会受到法律对党派性专家那样的严格制约,因而具有篡夺司法裁判权的现实危险性。“事实是法官们不但向技术陪审员作案件审理总结,而且将他们作为法官同行对待,还会屈从于(bowing to)他们的判断。对整个司法机构而言,这已经成为一种令人难堪的情形了。法官们也过于坦率地承认:他们无法以自身的认识来做出司法判定;他们感到自己不得不服从(felt compelled to follow)其技术陪审员的建议。专家们正一步步地接管司法系统的角色。在19世纪推进建立一个更为理性化的法律体系(a more rational legal system)之时,这一担忧达到了其最高潮。”③

在当代英国,由于制度设计方面的缺陷,这种担忧也是持续存在的。尽管“技术陪审员撰写的任何报告都将被送交给案件的所有当事人”,④并且“在各方

① D'Eirdre Dwyer: *The Judicial Assessment of Expert Evidence*, Cambridge University Press, 2008, p.270.

② D'Eirdre Dwyer: *The Judicial Assessment of Expert Evidence*, Cambridge University Press, 2008, p.113.

③ Carol A. G. Jones: *Expert Witness: Science, Medicine, and the Practice of Law*, Clarendon Press Oxford, 1994, p.40.

④ Paul England: *'Expert Privilege' in Civil Evidence*, Hart Publishing, Oxford and Portland, Oregon, 2011, p.196.

当事人都做出陈述后,技术陪审员与主审法官一起退庭并对案情做进一步评论的做法是错误的,因为这样做将侵犯案件各方当事人对所有相关争点或意见事项提出质疑及抗辩的权利”。① 然而,“由于技术陪审员并不提出证据,因此,其意见不会接受交叉询问的检验”。② 因而,在目前情况下,英国技术陪审员篡夺司法裁判权的可能性是很大的。据沃尔夫勋爵讲,“在英国民事司法改革的中期报告中,我曾建议法院应更广泛地利用其权力来任命专家技术陪审员。这种任命的目的是在复杂案件中辅助法官,以及在合适的案件中主持党派性专家之间的会议并协助他们达成合意。就这些建议而言,存在着一些抵制,其理由大致是说:一位技术陪审员可能会篡夺法官的角色”。③

四是技术陪审员制度不像是对抗制模式下的制度,带有大陆法系传统纠问制的色彩。当英国法院利用技术陪审员时,当事人及其代理律师对技术陪审员的制约手段是极为有限的。他们能利用的只有以下几个方法:第一,如上文所述,不能对技术陪审员进行交叉询问。当事人只能利用处于交叉询问之外的,主要是书面性的案情陈述(representations)来质疑技术陪审员的意见。在此需要注意的是:提出该案情陈述的逻辑前提是:主审法官基于其自由裁量权,将该技术陪审员对法官的建议内容开示给双方当事人看。④ 第二,另一个可用的救济措施是:《诉讼指引》第35章的第10.2条及第10.3条规定了“当事人对法院选用的技术陪审员的异议权”,即“当任意一人被建议任命为技术陪审员时,本案任何当事人都可对此提出异议。该异议或是针对该候选人本身,或是针对该候选人是否具有专业适格的问题。10.3 在收到第10.1条提到的通知之日后7日内,任何此类异议都应以书面方式提交法院。在决定是否作出该任命时,法院会考虑

---

① Neil Andrews: *Andrews on Civil Process* (*Volume II Mediation & Arbitration*), Intersentia Publishing Ltd. 2013, p.359.

② R H Mildred: *The Expert Witness*, published by George Goodwin, London & New York, 1982, p.5.

③ Paul England: '*Expert Privilege*' *in Civil Evidence*, Hart Publishing, Oxford and Portland, Oregon, 2011, p.185.

④ “对司法正义的要求,一位法官应做到心中有数。当海事法院的一位法官从海事技术陪审员处寻求意见时,司法正义要求:这些专家的建议应被开示给双方当事人的代理律师。就法官是否应接纳这些专家建议的问题,这样做能使双方当事人的代理律师有机会作出相应的陈述。”Hodge M. Malek Q.C. and Specialist Editors (eds.): *Phipson on Evidence*, 16th edition, Sweet & Maxwell (London), 2005, pp.979-980.

这些提交的异议”。[①] 除上述两种救济方法外，诉讼当事人再无其他方法来对抗技术陪审员。因此，英国法院对技术陪审员的利用明显有违“程序保障的原理”。这也可用来解释：为何技术陪审员制度在英国司法机构中的利用率比较低。

为克服个别传统司法制度存在的缺陷——背离对抗制的问题，现代英国的技术陪审员制度有所改良。例如，“根据《1981 年最高法院法(the SCA 1981)》第 70 条第(1)项及《1984 年郡法院法(CCA 1984)》第 63 条第(1)项的规定，在听审案件时，法官可以请一位或几位技术陪审员来协助自己。技术陪审员应为在(相关)领域中具备适格之技能和经验的人员。他们常被用于诸如对海事请求的审查以及针对诉讼费用评估的上诉审(appeals concerning the assessment of costs)中。他们的职责是向法官提供协助和建议。在与当事人的代理律师协商之后，法官可向一位技术陪审员提出相关的问题。然后，不论以口头方式还是书面方式，针对这些提问所做出的回答应被开示给代理律师。代理律师其后可就是否应遵循这些回答的内容向法官提出自己的看法(submissions)(*Owners of the ship Bow Spring v Owners of the ship Manzanillo II* [2005] 1 WLR 144)。仅有法官有权就法律及案件实质性问题(the law and the merits)做出判定：配套《1881 年援助法[*The Aid* (1881)]》的《诉讼指引》第 6 章第 84 条(6 PD 84)”。[②] 但这种规定还是存在问题的，即：(1)当事人无权聘请自己的“党派性专家”与“技术陪审员”在合适的场合进行对质和辩论；(2)在任何情况下，技术陪审员都不适用交叉询问制度；(3)因其享有“准司法(the quasi-judicial)”身份，技术陪审员就其辅助法院审理案件的言行享有完全的民事及刑事免责待遇。

三、美国法规定的法院任命专家

就美国而言，依据制定法任命的法院专家共有两种，即司法辅助官(Expert Master/SM)，以及《联邦证据规则》第 706 条专家。

---

① https://www.justice.gov.uk/courts/procedure-rules/civil/rules/part35/pd_part35 # 6.1，访问日期：2019 年 10 月 9 日。

② Stuart Sime: *A Practical Approach to Civil Procedure*, 12th edition, Oxford University Press, 2009, p.432.

(一)美国的专家型司法辅助官(Expert Master/SM)①

在美国,司法辅助官是指被法院任命的辅助司法官(a appointed parajudicial officer)。就1937年版规则所做的咨询委员会注释(Notes of Advisory Committee on Rules—1937)的内容[*Note to Subdivision* (*c*)]来看,司法辅助官的早期前身应为英、美两国过去单独设立的衡平法法院(Court of Equity)中的"证据调查员(the Examiners)"。② 近年来,法官已经在大规模的商业诉讼、共同诉讼和公共法律案件中,任命案件所要求的具有特定经验的人员,如有经验的律师、退休的法官、法律专业人士和治安法官(Magistrate Judges)等为司法辅助官。此外,在案件涉及大量复杂的科学技术时,法官也任命专家型的司法辅助官对科学证据的可采性提供建议以及作为案件事实的调查者和管理者等。

法院任命专家型司法辅助官的权力来源于:(1)《联邦民事诉讼规则》第53条(a)(1)(A)(B)(C);(2)法院固有的权利。根据《联邦民事诉讼规则》第53条的规定,只有在一些例外情况下,或者在陪审团审判中,在问题复杂之时,法官才可使用专家型的司法辅助官。司法实践证明,在当事人对复杂的科学证据存在较大争议的情况下,聘用既有法律经验又有专业科学技术知识的专家型司法调查官能帮助法官解决涉及科技问题的专家证言。

在复杂的有大量科学证据的案件中,任命专家型司法辅助官可以帮助法院解决以下问题:(1)评估由当事人或其他专家证人提出的科学证据;(2)评估当事人的主张如在产品责任案中关于原告损害赔偿的主张,或者促进当事人之间的和解;(3)给予事实审理者如法官或陪审员们必要的科学教育,如在专利案件中,向他们讲解必要的科学知识;(4)分析评估统计学证据。

在陪审团审判中,专家型司法辅助官可以在当事人提出的科学证据的基础上进行事实调查。专家型司法辅助官在调查后须向陪审团提出调查报告。专家型司法辅助官有权排除科学证据。在后续的陪审团审判中,是专家型司法辅助官的调查报告而不是当事人提出的科学证据可以作为证据被采纳。不同于法院专家证人须接受当事人的质证,专家型司法辅助官的报告直接接受陪审团的审查评断。

在非陪审团审判中,专家型司法辅助官被看作初步的事实决定者。法官审

① 本部分写作,除个别注明外,主要参考了以下专著的内容:刘晓丹:《论科学证据》,中国检察出版社2010年版,第30～32页。

② http://www.cali.org/collections/federal-rules,访问日期:2019年10月9日。

查专家型司法辅助官的事实调查报告。除非专家型司法辅助官的报告存在明显的错误,其事实调查结果必须被任命其的联邦地区法院所接受。

从附于《联邦民事诉讼规则》第 53 条之后的咨询委员会法条注释——2003 年修订版(Committee Notes on Rules—2003 Amendment)的内容来看,“该规则不处理(下列情形)所导致的困难问题,即某人被任命既扮演司法辅助官的角色,同时又被指令依据《联邦证据规则》第 706 条扮演法院专家的复合角色。无论涉及何种类型的复合功能,将司法辅助官(的调查处理对象)局限于法院将要处理事项范围内的第 53 条(a)(1)(B)都不适用于那些根据《联邦证据规则》第 706 条而被任命的专家证人。”①从该注释内容可以看出:美国的规范制定者对一人兼任这两种角色的做法是持否定态度的。

专家型司法辅助官在许多方面与大陆法系的法官都非常相似,不像传统英美法系的法官,他们在诉讼的各个阶段都可以提出他们自己对事实调查的意见,这种意见经常在案件事实确定中起到积极的作用。他们可以在审前证据开示阶段对证据和案件事实进行他们自己的观察,而不是依赖证人的那些观察。他们可以对科学实验的仪器设备进行巡视,询问当事人及他们的证人,向其他专家咨询,开始或委托科学研究,评估这些科学研究的结果。例如,在诸如商标、专利、版权和产品责任案件中,专家型司法辅助官凭借自己的专业知识通过审查科学证据,评估潜在的专家证人的资格或者决定科学证据的可采性。如果被允许,专家型司法辅助官与当事人可以进行单方面的交流,促进当事人之间的和解。当然,专家型司法辅助官不能对案件事实作出最终的判断性结论,否则将篡夺法官的裁决权。他们也可以使用有效但非传统的非正式的程序完成他们被分派的任务,例如,通过非正式的庭审解决争议等。专家型司法辅助官可以召开正式的听证会,以听证会上提出的证据为基础,提出关于案件事实的建议。该建议除非有明显的错误,否则就会被法院接受。

当专家型司法辅助官以正式听审以外的证据提出事实调查的建议时,法官经常鉴于当事人的反对而对专家型司法辅助官的事实调查重新进行审查。考虑到美国联邦最高法院在 *Daubert* 判例中的决定,法官要花费大量的时间进行专家证据是否具有可靠性的听审,以最终确定该证据资料是否具有可采性。一方面,法官缺乏科学技术的专业知识;另一方面,法官承受着大量的案件负荷。通

① http://www.cali.org/collections/federal-rules,访问日期:2019 年 10 月 9 日。

过聘用专家型司法辅助官,不仅他们可以花更多的时间熟悉当事人提出的科学证据,而且允许任命审前专家型司法辅助官进行《联邦证据规则》第104条所规定的证据可采性听证,对科学证据的可采性提出建议。这些建议通常都会被法院采纳,除非有明显的错误。

专家型司法辅助官除了决定科学证据可采性外,还可以在对案件事实进行调查的基础上,一方面促使当事人之间就无争议的科学事实达成协议;另一方面对当事人之间有分歧的科学事实和专家意见进行调解,促进资料与信息的共享,减少大量的事实调查的时间。

(二)《联邦证据规则》第706条专家①

现行美国《联邦证据规则》第706条由(a)、(b)、(c)、(d)及(e)款组成。其中,(a)款规定了法院专家的任命程序:依据一方当事人的动议或者依职权,法院可命令当事人就下列事项说明理由:为何不应任命法院专家,以及可以要求当事人提出其提名人选。法院可依据当事人之间的合意或其职权来选择任命专家。但法院只能任命那些同意接受该任务的人。该第706条的第(a)款是以《联邦刑事诉讼规则》第28条为蓝本的,出于清晰表达的考虑,仅作了几个方面的内容变更。就该款内容来看,尽管其中具有法官依职权任命专家的规定,但其还是体现出"司法权尊重当事人处分权"的理念。

第706条第(b)款主要规定了两个问题:第一,法院对要任命的专家负有及时通知的义务。其具体要求是:"法院必须将专家的法定义务告知该专家。法院可以书面方式完成这一任务,并将(该书面文件的)一份副本交法院书记员存档。或者在当事人有机会参加的某一(审前管理)会议(a conference)上,(法院)也可以口头方式(履行这一告知义务)。"第二,法院任命的专家在案件审理过程中的主要职责和义务。它们分别是:(1)就该专家获得的任何发现,其必须对当事人提供相应的咨询意见;(2)任何一方当事人都有权对法院专家进行"笔录证言(deposition)";(3)其可由法院或任一当事人传唤,从而出庭提供证言;(4)任何当事人都可对其进行交叉询问,这包括传唤该专家的当事人在内。在这些方面,美国的第706条专家明显不同于英国的技术陪审员。

① 本部分写作,参考了美国《联邦证据规则》第706条及附于该条之后的"咨询委员会就规则建议稿所作的注释(Notes of Advisory Committee on Proposed Rules)"的内容。http://www.cali.org/collections/federal-rules,访问日期:2019年10月9日。

第 706 条第(c)款规定了法院任命专家的费用及报酬支付事项。法院任命的专家有权获得合理的、由法院确定的报酬。该报酬可以以下方式支付:(1)就涉及《联邦宪法》第 5 条修正案规定的合理补偿(just compensation)的刑事或民事案件而言,从法律规定的任何基金中支付该项报酬;以及(2)在任何其他的民事案件中,根据法院的指令,由案件各方当事人以一定的比例及恰当的时间进行支付——在此情况下,该报酬的收取类似于其他诉讼费用的收取。

该法条第(d)项将下列自由裁量权授予一审法官,即就法院任命专家的情况,该法院可授权对陪审团进行揭示。该制度设计背后的理念是:不能让陪审团形成错误的观念,即只要是法官任命的专家,陪审团就应对其证言高看一眼。这一理念具体表现为以下两种要求:(1)"当感觉该中立性专家的特殊影响可能具有不正当性时,法院可以拒绝将该专家的身份披露给陪审团。"①(2)"在任何情况下,法官都不应将下列错误理念以指示的方式传达给陪审团,即该专家的观点已获得了法院的赞同或同意。"②此外,"与《联邦证据规则》(第 706 条)相对应的一项自由裁量性规则也同样适用于美国很多州法域中"。③

四、广泛运用法院任命专家面临的阻碍及其原因解析

近代以来,滥用党派性专家的梦魇一直困扰着英、美两国。由于举证模式的当事人主义,英、美两国的专家证人几乎均由双方当事人自行聘请。这一机制所导致的消极后果就是专家证人的职业化,专家证人团体的商业化,以及专家证言的非中立性。概言之,诉讼当事人对党派性专家的滥用主要体现在以下两个方面:第一,歪曲事实,妨害法院对案件事实真相的查明。"在对抗制下,没人会(被当事人)聘来仅用以发现案件事实真相。出于在合法范围内最大化保护客户利益的目的,专家及律师被聘请来对涉案信息进行管控工作。"④在庭审中,如果说

① Melvin D. Kraft (ed.): *Using Experts in Civil Cases* , 2nd edition, Practising Law Institute, New York City, p.80.

② Melvin D. Kraft (ed.): *Using Experts in Civil Cases* , 2nd edition, Practising Law Institute, New York City, p.82.

③ Melvin D. Kraft (ed.): *Using Experts in Civil Cases* , 2nd edition, Practising Law Institute, New York City, p.80.

④ Carol A. G. Jones: *Expert Witness: Science, Medicine, and the Practice of Law*, Clarendon Press Oxford, 1994, p.164.

代理律师是"向法官眼睛里撒胡椒面"的人。那么,党派性专家证人就有可能是"协助律师向法官眼睛里撒胡椒面"的人。在金钱等物质利益的诱惑下,有些当事人雇佣的专家证人确实会歪曲事实,迎合客户,提供有偏向性的证言。"例如,在很多年里,尽管相当数量的科学研究已证实吸烟行为与患肺癌之间具有因果联系,但大型烟草公司雇佣的医学专家却总在法庭上矢口否认这一关联性。"① 又如,*Blum v. Merrell Dow Pharmaceuticals* 一案是宾夕法尼亚州法院审理的一个旷日持久的盐酸双环胺案件,开始于 1982 年,比 *Daubert* 案件早几年,直到 2000 年才审理结案。在 *Blum* 一案中,如同 *Daubert* 案件一样,Merrell Dow 公司的律师主张原告的专家证人证言应该被排除,理由是该专家证人证言在相关科学共同体中并没有被普遍接受(审理该案的宾夕法尼亚州适用 *Frye* 检验标准)。然而,Blum 的律师主张 Merrell Dow 公司的专家证人证言也应被排除,理由是他们关于这个问题的所谓"科学共识"完全是伪造的;事实上,它是这样被制造出来的,即被告制造商支持了对其有利的研究,并且——对我们的目的来说是关键点——Merrell Dow 公司赞助了令人生疑的同行评议杂志,该杂志将发表有利于该公司在盐酸双环胺诉讼中为自身进行辩护的研究结果。② 第二,造成

---

① William S. Bailey & Terence J. McAdam: *Law, Science and Experts Civil & Criminal Forensics*, Carolina Academic Press, 2014, p.45.

② "1996 年,Bernstein 法官在二审判决中,记载了关于 Merrell Dow 公司的专家证言令人震惊的概要。被告方专家证人 Bracken 医生承认不仅'良好以下'的论文可以通过同行评议,而且他自己发表的关于盐酸双环胺和出生缺陷的研究成果本身都是良好以下水平。87 被告方专家证人 Klebanoff 医生作证说,盐酸双环胺并不会导致出生缺陷,但是接着却承认他自己的论文表明盐酸双环胺与先天性白内障、未充分发育的肺、小头畸形存在着统计学上的显著联系。88 被告方专家证人 Shapiro 医生(他在波士顿大学的工作单位从 Merrell Dow 公司收取了超过 1500 万美元的费用)作证说,母亲在胎儿肢体形成之后服用药品不会导致肢体缺陷;但在交叉询问时他承认,他的观点所立足的数据混杂了在胎儿肢体正在形成期服用盐酸双环胺以及在此之后服用该药物的母亲的数据,正是因为这个原因,他的研究成果受到了后来发表的文章的批评。89 被告方专家证人 Newberne 是 Merrell Dow 公司的副总裁,负责动物试验和药物安全,他出庭作证说,Smithells 医生所进行的一项表明盐酸双环胺并不是致畸剂的研究结果虽然经过了评议,并且被《英国医学杂志》《柳叶刀》《新英格兰医学杂志》拒用,但是最终却被不怎么知名的《畸形学》(Teratology)所刊用,该作者主动从该公司招揽资金,其写作'显然取决于该文对 Merrell Dow 公司的价值……因为这可以为该公司在加利福尼亚法院节省大笔开支……'"[美] Susan Haack:《同行评议与发表:对法律工作者的启迪》,王进喜译,载《证据科学》2014 年第 1 期。

诉讼成本的高昂及司法资源的浪费。例如,在2004年时的美国,"聘用医学专家是花费极为高昂的。专家一般每小时收费350美元到500美元不等,有时甚至更高。其一般要求至少做5个小时的聘用。对医学专家做笔录证言的花费每小时600美元到每小时800美元不等。为进行笔录证言,至少要聘用医疗专家2个小时。在作为专家证人时,雇佣整形外科及美容手术医师的花费高达每小时1000美元。排除必要的花费,专家证人在法院提供证言的收益可达每天3000美元到10000美元。因而,仅专家费用一项,进入庭审阶段的案件即让雇佣专家的当事人花费20000美元到50000美元不等"。① 此外,党派性专家的滥用还可能引发选购专家(expert shopping)的问题。② 为达到最终胜诉的目的,当事人花在咨询型专家(the consulting experts)身上的钱可能比花在出庭专家(the testifying experts)身上的钱还要多出几倍,甚至十几倍。为此,英国上诉法院民事分庭庭长George Jessel爵士早在1873年即已吃惊地表示:"我曾被告知,在一起案件中他们询问了68名专家后,才最终确定了一名(出庭作证)的专家人选。(这一情况)是代理该案的文案律师(the solicitor)告诉我的。"③

为防范党派性专家证人被滥用,英、美两国有关部门"使尽浑身解数",推出多种司法制度。它们甚至还试图推出改良版法院依职权任命的专家,作为党派性专家的替代品。实际上,早在20世纪初,"汉德法官(Judge Learned Hand)就建议美国司法界利用作为合议庭成员的顾问型专家(advisory panel experts)"。④ 然而,一百多年过去了,在英、美两国的司法实践中,上述妥协方案却一直遭受"冷遇"。例

---

① Jess E. Dines: *Expert Witness Manual*, Pantex International Ltd. 2004, p.106.

② 需要注意的是,在英、美两国的对抗制诉讼模式下,只要将专家挑选权交给案件各方当事人,则其最终选定的专家就不可能具有中立性,而是带有或多或少的党派偏向性。在一定意义上,可以认为这一挑选过程就是逐渐排除和淘汰真正的中立性观点,从而找到和发现对本方案情有利之偏向性专家意见的过程。这种状况与各方当事人追求胜诉的目的和欲望是协调一致的。因此,在对抗制下,不可能存在所谓"当事人正当选购专家"的情形。在英、美代理律师的话语中,所谓"找到和发现恰当的专家(Searching and finding the appropriate expert)",指的不是对中立性专家的寻找活动,其指的是对那些"表面上看来中立",但"实际上对本方有利"的专家的搜寻活动——笔者注。

③ Carol A. G. Jones: *Expert Witness: Science, Medicine, and the Practice of Law*, Clarendon Press Oxford, 1994, p.99.

④ Melvin D. Kraft (ed.): *Using Experts in Civil Cases*, 2nd edition, Practising Law Institute, New York City, p.55.

如,“尽管在《1952年专利法(the Patents Act 1952)》之第88条(1)项及《英国最高法院规则(RSC)》之第103章下的第27条都对此有所规定,但学者Freckleton却注意到:专利法院一直以来只任命了人数相对较少的技术陪审员。1973年,在未征得双方当事人同意的情况下,上诉法院任命了一位科学顾问(a scientific adviser),这是自1935年以来的首次”。① 又如,“颁布于1934年的一项对《英国最高法院规则》的修改,试图在某些方面处理对抗制原理(adversarial principles)与法院任命专家制度之间的冲突问题。该第40章授权法官‘依据任何一方当事人的申请’来任命一位专家。该规定主要是试图通过对任命此类专家的程序安排进行规范的方式来便利一项普通法上权力的行使。然而,其行文内容却清楚地显示出:在英国民事法(English civil law)领域,对抗制原理所占有的支配性地位。该第40章下的第1条(Ord. 40 r. 1)规定,在各方当事人中,只需一方当事人提申请,法院即可任命一位法院专家(而非一位医学专家)。直到20世纪90年代中期为止,在英国的司法实践中,只有当所有的当事人都同意这一安排时,法官才会适用该第40章下的第1条。因此,该法条一直都没有被怎么利用过。第40章下的第2条(Ord. 40 r. 2)是用来处理(由法院任命之)医学专家的。该条好像从来都未被使用过”。② 再如,“关于《联邦证据规则》第706条最显著的一项事实是:它很少被法院动用过。例如,1986年,一份针对在职联邦地区法官的调查显示:80%的受访者表示,他们从未根据第706条任命过法院专家。少于10%的受访者表示,他们任命法院专家的次数曾超过1次。与此类似,1985年到1986年间,针对加利福尼亚州各高等法院(California Superior Courts)审理的529件民事案件做的一项调研发现:在这些案件中,党派性专家出庭了1748次。与此形成鲜明对比的是,尽管《加利福尼亚州证据法典(the California Evidence Code)》中有着类似于《联邦证据规则》第706条的法条(§§730-733),但在这些案件中,没有一次法院任命专家出庭的记载”。③ 在此情况下,美国法官

① Carol A. G. Jones: *Expert Witness: Science, Medicine, and the Practice of Law*, Clarendon Press Oxford, 1994, pp.45-46.

② D'Eirdre Dwyer: *The Judicial Assessment of Expert Evidence*, Cambridge University Press, 2008, pp.272-273.

③ Richard O. Lempert, Samuel R. Gross, James S. Liebman, John H. Blume, Stephan Landsman & Fredric I. Lederer (eds.): *A Modern Approach to Evidence: Text, Problems, Transcripts and Cases*, 4th edition, Thomson Reuters, 2011, p.1111.

仅将该第706条视作一种对当事人滥用党派性专家的“立法性震慑”而已。[①]

一般认为，造成法院依职权任命的专家在英、美两国持续遇冷的技术性原因主要有：第一，“法院任命的专家具有误导性。他们并不具有真正的中立性——所有专家都有个人及职业方面的偏见——并且像任何其他人一样，专家们也易于犯错误。然而，法院对他们的任命却给他们带上了一个虚假的永不犯错的光环。当案件争点所涉科技领域分裂成两个对立的阵营时，法院任命的专家尤其会带来很大的危险；此时，就一项未解决的纠纷而言，对法院专家的选择可能会导致对一方当事人的立场做司法背书(a judicial endorsement)的效果”。[②] 第二，法院任命的专家会不恰当地支配争议中的科技争点。“法院任命的专家权力太大，他们几乎都是不可置疑和抗辩的。其结果是：就其所接触过的任何争点而言，他们提出的证言都是决定性的(dispositive)。一些人以强烈的言辞表达了下列观点：法院对专家的挑选不但损害了法官的中立性(他将自己的声望与某一特定证人联系在一起)，而且破坏了双方当事人接受陪审团审理的权利(因为该法院任命的专家变成了事实上的裁判者)。”[③]第三，在解决涉案科技问题的学理分歧方面，法院任命的专家基本上发挥不了什么作用。“在科学、医学及其他技术领域中，受人尊敬的权威之间经常是有分歧的。基本观点的分歧可以结晶成相互竞争的理论学派。当这种情况发生时，一位具有中立性的专家(an impartial expert)恐怕也爱莫能助；此时，他所能做的，不过是依据其意见在案件两方中选边站队而已。”[④]

---

① 例如，就美国《联邦证据规则》第706条的含义，附于该法条之后的“咨询委员会就规则建议稿所作的注释(Notes of Advisory Committee on Proposed Rules)”作出如下解释，即“当司法实践显示实际的任命是一种较少见的情形时，人们可以作出如下推定，即该制度的可用性本身就减少了援用它的需求。就具体个案而言，主审法官可任命一位法院专家这一始终存在的可能性必然会对党派性专家及利用其服务的当事人产生一种促使其冷静的效果。”http://www.cali.org/collections/federal-rules，访问日期：2019年10月9日。

② Richard O. Lempert, Samuel R. Gross, James S. Liebman, John H. Blume, Stephan Landsman & Fredric I. Lederer (eds.): *A Modern Approach to Evidence: Text, Problems, Transcripts and Cases*, 4th edition, Thomson Reuters, 2011, p.1112.

③ Richard O. Lempert, Samuel R. Gross, James S. Liebman, John H. Blume, Stephan Landsman & Fredric I. Lederer (eds.): *A Modern Approach to Evidence: Text, Problems, Transcripts and Cases*, 4th edition, Thomson Reuters, 2011, pp.1111-1112.

④ Melvin D. Kraft (ed.): *Using Experts in Civil Cases*, 2nd edition, Practising Law Institute, New York City, p.65.

第四,就法院专家而言,“这一妥协方法不但未能减少法院案件审理中的专家数量,反而使其增加了。因而,这就使早已担心专家审判(trial by expert)会篡夺法院裁判权的司法系统对其态度冷淡”。① 第五,英、美律师认为,在发现及暴露法院任命专家的偏见等问题上,交叉询问制度无法发挥其应有的作用。例如,由于法院专家党派性很弱,因此,“代理律师应避免利用建立在党派偏见动机基础上的间接攻击(Collateral attack)手段。法官不会随意任命此类专家。只有当其技能及知识确实能够帮助法官对案件争点做出正确评估时,法官才会使用此类专家,因此,这类专家在代理律师的攻击面前不会显得那么脆弱”。② 第六,“接下来是令人尴尬的(法院专家)报酬问题。《联邦证据规则》第706条(b)项并未涉及这一问题:一方面,就刑事案件及征用物补偿诉讼(condemnation actions)而言,该法条授权法院可从‘法律规定’的基金中确定应支付给法院专家的报酬;另一方面,在民事案件中,法院会像对当事人征收‘其他费用’那样,向案件当事人征收(to tax)法院任命专家的费用。然而,就此目的而言,法院不但不大愿意从公共基金中取得支付该报酬的钱款,而且就民事案件而言,在诉讼终结时再向败诉方当事人收取费用的规定可能不会令那些一面工作一面获取报酬的专家感到满意(而如果法院收取此类费用的时机过早,法院及被收费的当事人都会感到尴尬,因为通常是败诉方来支付此项费用的)”。③ 第七,就美国法院依职权任命的专家而言,“在其被引入立法的20世纪70年代,与其在现代英国法律中的对应性规范(《最高法院规则》第40章)一样,《联邦证据规则》第706条在司法实践中倍受冷遇。造成这一冷遇的一个可能的原因是:盎格鲁-美利坚诉讼程序在传统上被划分为审前及审判两个阶段,而诉讼当事人则对审前阶段握有控制权。直到最近,美国及英国法官们都一直对案件审前阶段活动很少参与。而这一审前阶段恰恰是各方当事人收集证据并进行相关争辩的时期。因此,等案件已进入审判阶段,而主审法官可以考虑是否要任命一位《联邦证据规则》第

① Carol A. G. Jones: *Expert Witness: Science, Medicine, and the Practice of Law*, Clarendon Press Oxford, 1994, p.53.

② Melvin D. Kraft (ed.): *Using Experts in Civil Cases* , 2nd edition, Practising Law Institute, New York City, p.63.

③ Christopher B. Mueller, Laird C. Kirkpatrick: *Evidence*, 5th edition, Wolters Kluwer Law & Business in New York, 2012, p.663.

706条专家之时，各方当事人都早已完成收集有关专家报告的任务了”。[①] 第八，对一审法官而言，“就法院要任命的专家做出挑选是一项额外的负担。这并非一项常规性的司法职能”。[②] 就算一审法官想对其任命的专家进行指导，也面临着缺乏相应法律规定的窘境。例如，“授权法官依职权任命专家证人的法院规则及制定法通常都未写明对此类操作行为实施控制的标准是什么”。[③] 第九，就算想任命法院专家，在对抗制诉讼模式下，法官也常常会错过最佳的任命时机。其原因在于：“法官不会在开庭前对案件进行调查。如举行过一次审前会议，则他们可能在该次会议上了解到案件的有关情况。然而，审前会议不会就任命一位法院专家的价值问题向法官提出建议。等是否需要任命法院专家的问题在庭审中再次浮现时，就采取有效的司法行动而言，此时已经太晚了”。[④] 第十，“一些法官清楚地感到：当他们被提升到法官的位置上后，他们已将挑选及准备证人的活计抛于脑后了(left behind)。但就算一位法官想承担这一职责，其地位也使其不适合从事这一工作。就其将要审理的案件，普通美国法官很少或没有预先的了解，从而也就无法做好充分的准备。一位代理律师可承担的专家证人审前准备活动，法官却不可能进行。此外，对美国法而言，法官操作的法庭外证人准备活动是一种异质的事物；这种做法违背了司法实践中的通行准则，因而可能会被认为是不恰当的”。[⑤] 本文认为，这种集体心态用在英国法官身上也是没有问题的。第十一，在英、美两国，法院任命专家存在着庭审准备不足的问题。其原因在于：“任何人都无须为法院任命的专家负责。由各方代理律师就此进行的准备活动不会发生通常应有的效果。代理律师们无法控制法院任命的专家，因而，就算他们

① D'Eirdre Dwyer: *The Judicial Assessment of Expert Evidence*, Cambridge University Press, 2008, pp.189-190.

② Melvin D. Kraft (ed.): *Using Experts in Civil Cases*, 2nd edition, Practising Law Institute, New York City, p.74.

③ Melvin D. Kraft (ed.): *Using Experts in Civil Cases*, 2nd edition, Practising Law Institute, New York City, p.74.

④ Melvin D. Kraft (ed.): *Using Experts in Civil Cases*, 2nd edition, Practising Law Institute, New York City, p.74.

⑤ Richard O. Lempert, Samuel R. Gross, James S. Liebman, John H. Blume, Stephan Landsman & Fredric I. Lederer (eds.): *A Modern Approach to Evidence: Text, Problems, Transcripts and Cases*, 4th edition, Thomson Reuters, 2011, pp.1114-1115.

不对这一事业表现出明显的敌意,他们也会对其表示怀疑。与此同时,由于法院专家未对任何一方当事人做过法律意义上的承诺(commitment),因此,其大概不愿意与任何一方当事人走得过近,以免损害其中立性。"①第十二,在英、美两国,"现有法条中并没有强制任何人必须适用法院任命专家的规定。利用此类专家以及支付相关费用的提议权属于各方当事人,而非法院。出于法院可能会过分尊重其任命专家的恐惧心理就使得各方当事人不愿意提出此类利用倡议"。②申言之,如果当事人参与指定了一位"法院任命的法官",并支付其相关费用,而该专家的结论却不利于该当事人时,怎么办?该制度的设计及适用中确实存在着违背人性的问题。第十三,以此种方式任命的专家容易导致其非法篡夺上诉审法院的复审裁判权。如前文所述,专家证言是否具备证据可采性的问题是一种法律争点,可以得到上诉审法院的复审。在上诉审中,与党派性专家相比,法院任命的专家可能对法院施以过大的影响。"这实际上是以一群专家来代替和置换司法系统,其可能导致的前景是:上诉是从一审专家转到二审专家手中,而非从一审法官手中转到上诉审法官的手中。"③这种可能性和前景是司法系统所无法忍受的。第十四,西欧大陆法系的专家证人(如德国)往往来源于一些历史悠久的专业机构。英国及美国在传统上缺乏与此类似的专业机构及相应的挑选机制。"在欧洲大陆国家里,专家是从稳固的学术或职业机构中挑选的。在这些机构中,存在一些具有向法院提供法院专家(court experts)的悠久历史职责。"④作为对比,"在协助法官发现及选择恰当的专家方面,《联邦证据规则》第706条及类似的州法规则却无能为力"。⑤ 在此情况下,由于缺乏充分的制度保障,一

① Richard O. Lempert, Samuel R. Gross, James S. Liebman, John H. Blume, Stephan Landsman & Fredric I. Lederer (eds.): *A Modern Approach to Evidence: Text, Problems, Transcripts and Cases*, 4th edition, Thomson Reuters, 2011, p.1114.

② Carol A. G. Jones: *Expert Witness: Science, Medicine, and the Practice of Law*, Clarendon Press Oxford, 1994, p.54.

③ Carol A. G. Jones: *Expert Witness: Science, Medicine, and the Practice of Law*, Clarendon Press Oxford, 1994, p.54.

④ Carol A. G. Jones: *Expert Witness: Science, Medicine, and the Practice of Law*, Clarendon Press Oxford, 1994, p.52.

⑤ Richard O. Lempert, Samuel R. Gross, James S. Liebman, John H. Blume, Stephan Landsman & Fredric I. Lederer (eds.): *A Modern Approach to Evidence: Text, Problems, Transcripts and Cases*, 4th edition, Thomson Reuters, 2011, p.1111.

方面，英、美法官挑选出来的法院任命专家难免会被人诟病为“武断性”、“缺乏客观性”及“缺乏中立性”的代表。而另一方面，这也会使能适用法院任命专家的案件类型较少，从而影响该制度功能的充分发挥。

除了上述十四项技术性原因外，法院任命专家制度在英、美两国遭受司法界“冷遇”的本质原因是：其明显违背了“对抗制诉讼模式”的要求。“未能对法院任命专家加以运用的真正原因可能是社会性及结构性的。这其中最显著的，就是出庭律师们表现出的坚定敌意。有组织的出庭律师协会对此持有强烈的反对意见，并且杰出律师就此发表了危言耸听的公共言论：对法院任命专家的利用‘会很好地融入……一个非对抗制的、几乎是共产党阴谋（communistic scheme）的机制中去’。然而，我们应‘坚持热爱自由的、作为绝对忠诚对象的自己的司法制度’。法院任命专家制度‘在本质上是不公正的，甚至其运作也是集权主义式样的’。在法院任命专家制度下，‘陪审团审理制……将变成一个空洞的幻影。到那时，就陪审团审理这一陈词滥调而言，人们仅对它作空头许诺。与此同时，对它的摧毁却得到了认可。’毫无疑问，多数律师对这一课题缺乏热情，没有任何可见的法律职业者群体赞成这一做法。到目前为止，只有数量极少的律师才会要求法官任命法院专家。”①

上段中，英、美代理律师“冠冕堂皇”的“反对意见”实际上是下列深层次问题的反映：就法院任命的专家而言，对抗制下的代理律师对其缺乏有效的控制手段，或者把话说得更直白一些，就是基于保住自身“饭碗”的考虑，英、美两国的诉讼代理律师界坚决反对法院依职权任命的专家。可以毫不夸张地说，一个代理律师对案件审理中相关因素（含专家证人因素）控制能力的高低，将决定该案件最后的审判结果。“就产品责任事故诉讼中的双方代理律师而言，对工程师们的工作方式做有效控制是他们须全神贯注处理的问题。”②“由于律师们在尽其所能地控制诉讼，因此，他们对提示这一替代性方法是毫无兴趣的。对法院专家的

---

① Richard O. Lempert, Samuel R. Gross, James S. Liebman, John H. Blume, Stephan Landsman & Fredric I. Lederer (eds.): *A Modern Approach to Evidence: Text, Problems, Transcripts and Cases*, 4th edition, Thomson Reuters, 2011, p.1113.

② Fred Prichard: *Experts in Civil Cases An Inside View*, LFB Scholarly Publishing LLC, New York 2005, p.89.

任命代表了律师们对诉讼控制权的突然丧失(a dramatic loss of control)。”①如前文所述,法院任命的专家“缺乏对案件任何一方当事人的承诺,因而就使得任何一方代理律师都无法塑造及组织其将要提供的证言。就算一方代理律师提前了解到法院任命专家的原则立场可能对本方有利,但对该律师而言,法院任命的专家还是危险的。其原因在于:就双方代理律师提出的问题而言,该专家有可能做出人意料的答复。出庭律师对此类风险是畏缩的。他们宁愿依赖党派性专家,尽管这些人不大可靠(less credible),但肯定更容易控制(tractable)和预测(predictable)。”②由于大多数英、美两国法官都出身于经验丰富的执业律师,因此,他们对代理律师们的想法和顾虑大都“心知肚明”,往往采取认同或默许的态度。③

五、结语

在英美两国,就法院“依职权任命的专家”而言,除了法官可依其固有管辖权来任命的专家外,在美国联邦立法层次上有两种,即《联邦证据规则》第706条专家及专家型司法辅助官。对比而言,英国则有三种:一是英国海事法院中的技术陪审员;二是英国专利法院中的技术陪审员;三是英国高等法院家事分庭中的专家。在英、美两国,尽管不断有法律界人士呼吁多利用法院任命的专家来协助审案,但该制度一直在两国司法实践中遭受“冷遇”。该现象背后的本质原因是:案件代理律师对法院任命的专家无法进行有效的控制。换言之,法院任命的专家与对抗制诉讼模式的继续运转及维持存在着根本性的冲突。

---

① David Alan Sklansky: *Evidence Cases, Commentary, and Problems*, 4th edition, Wolters Kluwer, 2016, pp.511-512.

② Richard O. Lempert, Samuel R. Gross, James S. Liebman, John H. Blume, Stephan Landsman & Fredric I. Lederer (eds.): *A Modern Approach to Evidence: Text, Problems, Transcripts and Cases*, 4th edition, Thomson Reuters, 2011, p.1113.

③ 实际上,在对抗制的背景下,不但法官不愿意依职权任命法院专家,甚至也不愿意依职权主动传召一般证人出庭作证。例如,“根据《联邦证据规则》第614条,法院也可依职权传唤普通证人(ordinary witnesses)出庭作证。然而,这一权力却被用得更少。” Christopher B. Mueller, Laird C. Kirkpatrick: *Evidence*, 5th edition, Wolters Kluwer Law & Business in New York, 2012, p.645.

在对抗制下，作为专家证人主体的，必然是党派性专家。然而，党派性专家往往缺乏中立性，容易误导法官等事实裁判者，从而使英国《民事诉讼规则》第1.1条及美国《联邦民事诉讼规则》第1条所确定的“在个案中实现司法正义的目标”落空。在党派性专家缺乏中立性，但又不能被法院任命的专家广泛代替的情况下，英、美两国的立法及司法人员转而设法确保此类专家证言具备可靠性(the reliability)①，从而确保个案实体判决的结论不要偏离案件事实真相太远。由于立法者并非科学技术方面的专家，因此，其制定的“可靠性”检验标准既不可能“包罗万象”，也不可能“具体细致”，而只是比较原则的规定。在此情况下，个案中的具体专家证言是否可靠的判断任务只能交给一审法官，且须赋予其较大的自由裁量权。这种制度设置虽然在一定程度上解决了专家证言“可靠性”判断的问题，但其缺点也是非常明显的，即其运用容易导致“同案不同判”的问题。时间长了，难免会导致某一特定法域(a jurisdiction)内“法律的统一解释及适用”原则受损。这是“对抗制”在证据法领域面临的一大“困境”。

本文认为，只要英、美两国的对抗制诉讼模式不发生质变，也即该两国的民事审判不出现以下变化：(1)实质性地废止法律建议保密特权(the legal advice privilege)，诉讼特权(the litigation privilege)及不妨害实体权利的保密特权(the without prejudice privilege)等保密特权；②(2)在绝大多数民事诉讼中都不再适用“交叉询问”制度；(3)在所有的民事诉讼中都不再适用陪审团审理制度，则不但该两国的党派性专家证人制度不会消失，而且该两国的法院不可能在民事审

---

① 就专家证言应满足的可靠性要求而言，美国《联邦证据规则》第702条作了典型的规定：如能满足下列诸要求，则一位以其知识、技能、经验、训练或教育而适格的证人即可以提供意见或其他形式来作证：(a)该专家的科学、技术或其他专门知识将有助于(will help)事实裁判者理解涉案证据或判定争议事实；(b)证言建立在充分的事实或数据基础上；(c)证言是可靠原理及方法的产物；以及(d)专家已将原理及方法可靠地适用于案件的事实上。http://www.cali.org/collections/federal-rules，访问日期：2019年10月9日。

② 在美国法上，这三项英式保密特权的对应物依次是：“律师—客户保密特权(The attorney-client privilege)”、“工作成果保密特权(work-product protection)”及“妥协要约与谈判(Compromise Offers and Negotiations)”——笔者注。

判中普遍及大量地采用法院任命的专家。从目前的情况看,情况恰恰相反。①

① 例如,在当代英国,"如认为民事或刑事诉讼已不再是对抗制模式了,那么这种认识就是错误的……现代司法利益通常要求双方当事人尽早地将其案情加以揭示。然而,这也只是一般性地要求一方当事人在其同意的前提下,将其案情对对方当事人及法院做揭示。" Bankim Thanki QC (ed.): *The Law of Privilege*, 2nd edition, Oxford: Oxford University Press, 2011, p.178. 又如,在美国,"得到修改后的《联邦证据规则》第702条支持和加强的*Daubert*检验标准并不要求法院去判断专家证言的对错与否,也不会取代(to displace)对抗制诉讼模式。"Christopher B. Mueller, Laird C. Kirkpatrick: *Evidence*, 5th edition, Wolters Kluwer Law & Business in New York, 2012, p.651.

论民事审理迟延之程序与实体救济

——以德国《法院组织法》第198条修正为借镜

马家曦*

摘要:审限管理在防止审理迟延的作用上功过难掩,其虽然给予民事法官较大的监督压力,但应对民事司法的结构性缺陷仍然乏力,内部的职权运行方式也无法为当事人提供周延的适时审判保障,我国应当沿着"申请监督"和"司法公开"的逻辑,进一步增设程序异议权,并构建以之为要件的补偿程序。一方面,赋予当事人提示法官作出正确诉讼指挥措施的机会;另一方面,通过活用审限制度,将审理迟延的风险与举证责任在当事人、案外人和国家之间进行恰当的分配,由此建立的救济机制将与审限管理共同形成较为完整的迟延保障防止体系。

关键词:适时审判;审理期限;审理迟延;迟延异议;合理补偿

一、问题的提出

"迟到的正义并非正义",适时审判不仅对纠纷尽早平息至关重要,亦足以避免当事人处境因审理迟延而陷入恶化,故决定了有关诉权保障之周延与否。历史上,这一立法精神可以追溯至英国《大宪章》第40条关于"对任何人不得拒绝、拖延其权利或审判"的规定(to no one will we refuse or delay, right or justice),而在现代大陆法系国家,审理迟延甚至已经成为普遍性的亟待解决的问题。近年来,随着民商事案件数量的急剧增加,我国也不可避免地出现了案件积压现象,国内当前对解决诉讼迟延的讨论日益很大程度上受到了德日民事诉讼

---

* 作者系重庆市北碚区人民法院法官助理,法学博士。

集中审理改革的影响，尤其集中于加强法官的诉讼指挥手段，[①]然而，在此类内容仍主要是法官的"权力"而非"责任"的背景之下，通过何种机制确保诉讼促进的手段得到实际运用，并更加符合具体个案之繁简、特征，而不至于因法官的不作为或"懈怠"而沦为虚设？其仍不无疑问。而这一担忧并非没有根据：

其一，国内尚不存在宪法直接保障"适时审判"的依据。相关的研究借鉴了大陆法系尤其是德国宪法上的诉权保障要求，[②]不过，后者主要是基于本国宪法和国际公约中有关"诉权"和"迅速适正审判"的相应条款和指令，并以此不断展开其程序内涵，但一方面，我国最早规定"诉权"的宪法学文件虽然可以追溯至清代光绪三十四年草拟的《钦定宪法大纲》，即"臣民可以请法官审判其呈诉之案件"(诉权规定)，现行宪法却并未有规定当事人"诉权"的表述，而只是规定人民法院"依照法律规定"独立行使审判权，因此诉权很难直接以宪法为直接渊源，更不存在进一步的"宪法抗告"等宪法司法化的制度；另一方面，根据我国加入的《公民权利和政治权利国际公约》，"任何因逮捕或拘禁被剥夺自由的人，有资格向法庭提起诉讼，以便法庭能不拖延地决定拘禁他是否合法以及如果拘禁不合法时命令予以释放"，只能说明刑事诉讼的被告对"适时审判"享有请求权，针对民事审判尚无类似的公约可以转化为国内法。故虽然不无遗憾，但在当前的情况之下，探讨我国当前民事审判中的"适时审判请求权"问题，难免缺乏依据。

其二，实定法对"适时审判"的保障远非周延。如果将目光转向国内实定法，对"适时审判"有所体现的立法有两部分，即在位阶上未采"宪法保护"，而只是"法律保护"。一是现行《法官法》第32条关于法官不得有"拖延办案，贻误工作"行为的禁止性规定；二是《民事诉讼法》关于"审理期限"的限制规定，但均未明确其违反的程序效果。司法解释如1998年最高人民法院《人民法院审判纪律处分办法(试行)》第59条以及2018年《关于严格规范民商事案件延长审限和延期开庭问题的规定》(法释〔2018〕9号)(以下称为《民商事审限规定》)亦仅限于追究法官的故意或过失责任，即"为谋私利故意拖延办案"与"因过失延误办案"两种

---

① 唐力教授主张引入日本法上的"审理计划"制度。参见唐力：《民事审限制度的异化及其矫正》，载《法制与社会发展》2017年第2期。作者亦表示赞同，但"审理计划"仍然有违反的救济问题，则是本文之关切。

② 例如，韩俊红教授就是从德国宪法与国际公约的角度切入"适时审判请求权"的讨论，在救济上主要参考了吴从周教授关于"不作为抗告"草案的介绍，系我国较早对该问题的前瞻研究。参见韩俊红：《论适时审判请求权》，载《法律科学》2011年第5期。

情形的纪律处分或刑事责任，对于具有明显过错以外的情形规制不足。同时，“审批”“监督”等内部管理手段还缺乏程序保障需要的透明性、公开性，“审限”制度存在被任意突破的“虚化”或“异化”可能：

首先，近年来超审限结案绝对数量及其上升态势总体未得到有效遏制。以2007年至2016年之10年期间为样本，我国法院民商事案件共审结78564818件，其中存在法定扣除审限事由的6345255件，经批准延长审限的643903件，两者共占比8.9%；未经延长或扣除而超审限结案的57946件；当年绝对的审限内结案率应当为91.0%，但超审限结案的绝对数量近年来尤其是2013年以来有逐渐攀升的态势，2016年相较于2012年，扣除审限案件增长了31.7倍，增幅与占比均最大；延长审限案件增长了1.9倍；未经延长或扣除而超审限结案案件增长了5.2倍，而结案总量只增长了0.5倍。

在未经延长或扣除的狭义超审限结案原因之中，“案件复杂”为13103件，“待审批和讨论”为1801件，“请示”为502件，“征求(其他机关)意见”为425件，而尚不明确的“其他原因”竟然最多，达到42115件，占比为72.7%。① 其中，因

① 全国超审限结案的数据来源，参见最高人民法院编：《人民法院司法统计历史典籍(1994—2016)》，中国民主法制出版社2018年版。作者将其整理如下：

年度	结案总量	扣除	延长	审限外					
				总量	案件复杂	待审批讨论	请示	征求意见	其他原因
2007年	5152124	234771	43210	5426	939	143	36	20	4288
2008年	5934762	316113	71800	6348	1265	120	52	18	4893
2009年	6433587	327099	72359	4576	1309	199	84	41	2943
2010年	6747399	363275	71279	6330	2225	265	140	186	3514
2011年	7183889	418617	48055	4321	1223	124	36	46	2892
2012年	7820297	471681	39463	2275	572	62	17	15	1609
2013年	8154425	629687	36606	2347	601	87	14	15	1630
2014年	8750343	825288	51172	4186	815	256	35	12	3068
2015年	10521040	1198484	94018	8040	1591	312	51	31	6055
2016年	11866952	1560240	115941	14097	2563	233	37	41	11223

变更诉讼主体或诉讼请求后需要重新公告送达、组织开庭的5件，因鉴定退件后又再次鉴定，鉴定材料不足而需要补充鉴定或反复鉴定(审计)等鉴定原因的案件23件，数量最多；因等待另案处理而中止审理的8件，因举证认定困难的2件，涉及管辖权异议的1件，其他案件复杂如提出反诉或者兼具复数以上原因的有7件。

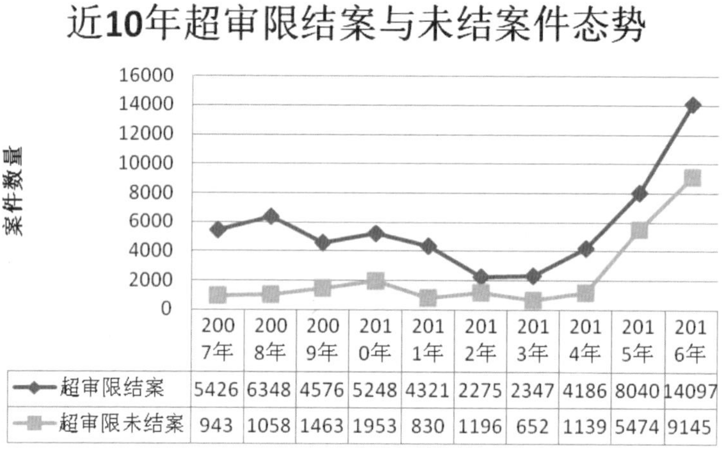

近10年超审限结案与未结案件态势

案件数量

	2007年	2008年	2009年	2010年	2011年	2012年	2013年	2014年	2015年	2016年
超审限结案	5426	6348	4576	5248	4321	2275	2347	4186	8040	14097
超审限未结案	943	1058	1463	1953	830	1196	652	1139	5474	9145

图1　未经延长或扣除而超审限之情况

其三，保障适时审判还是法系意识下诉讼风险防范的需要。近年来，我国民事诉讼法学主要是从大陆法系汲取营养，整个程序在向以德日为代表的“精细化”“专业化”方向发展，其意义毋庸赘言，但程序保障与诉讼促进之间客观上存在紧张关系，①缺乏配套救济措施可能会进一步加剧诉讼迟延。

一方面，即便立法不断强化法官的促进手段，是否能够按照要求运用，仍可能是一个悬置的问题。例如，德国2002年的民诉法修正再次强调了法官的阐明权，但根据修正两年后的统计，就是否实质改变了法官的诉讼指挥情况，律师中只有15%表示大部分法官确有改变，而39%表示只有少数法官有改变，46%则认为几乎没有变化。在法官中，51%表示确有改变，41%表示仅在律师代理的案件中有改变，26%表示均无变化。从调查结果来看，部分法官在2002年修正前

① 德国判例上认为的程序保障原则如包括“有效法律保护之保障请求权”(Anspruch auf Gewährung eines effektiven Rechtsschutzes)(要求判决内容尽最大可能正确、最大可能的质量保证)、法官依法独立履职、法定法官等内容，相对尽快终结诉讼的效率要求，更加具有优先的顺位。

后均能公开地与律师进行交流、指出法律观点并尽早提示补充当事人，但部分法官的工作还是一如既往。① 这种反差虽然不能直接断言立法存在根本缺陷，但这至少说明，立法与实务之间存在某种发展上的脱节。而在我国也存有类似的情况，例如，《证据规定》第 34 条关于逾期举证失权的规定曾几近苛刻，却由于实务法官根本不愿适用，致使司法解释的制定者以此加快诉讼的期望落空，不得不再次修法回应，它就有相类似的逻辑。

另一方面，以法官依法履职为中心的司法责任制也可能使审理效率下降。随着司法改革的深入推进，人民法院去“科层化”“行政化”的效果逐步展现，但也可能对包括审限监督在内的审判管理权提出了新的挑战。如在 2014 年第七十届德国法学家大会上，联邦宪法法院法官 Callies 教授作了《民事诉讼中的法官——民事诉讼法和法院组织法尚合时代否?》的报告，指出当前德国民事诉讼竞争力下降的深层原因不在于诉讼法的固有缺陷，而在于法官制度和司法的自我认知(in der Richterschaft und im Selbstverständnis der Justiz)，即当前立法中关于“法定法官”和“独立法官”的规定影响了诉讼效率的提高，保护法官免于法院内部干预的制度一定程度上也加剧了法官对纠纷的解决“结构化的责任缺失”。司法必须作出的回应是，从行使国家“高权”的定位转向更加灵活和合目的性的司法工作，确保民事诉讼的“现代化、吸引力和效率”。②两位报告人之一的 Volkert Vorwerk 教授的报告也认为，民事诉讼法与法院组织法所依赖的社会环境和技术背景已经发生了根本性的变革，现在需要新的结构来再次确保裁判制度久葆青春。③

在上述背景之下，我国不仅应当尽快完善在审理迟延发生时的救济(Redress)程序，使当事人得以提示、敦促法官采取可行的诉讼指挥措施，确保防止审理迟延的目标能够得到便宜的实现，同时还要积极探索符合我国国情的迟延损失补偿方式，而其重点和难点应当在于：选择何种救济程序与衔接方式，如

---

① 统计来源：Statistisches Bundesamt und Bayerisches Landesamt fuer Statistik und Datenverarbeitung. 转引自 Reinhard Greger：Die ZPO-Reform-1000 Tage danach，JZ 59. Jahrg.，Nr. 17.

② Vgl. Gralf-Peter Calliess，Der Richter im Zivilprozess-Sind ZPO und GVG noch zeitgemäß? Verlag C. H. Beck München 2014.

③ Vgl.III. Reform des Erkenntnisverfahrens 13. Beschlüsse des 70. Deutschen Juristentages Hannover 2014.

何确定国家在适时审判上的责任范围及其填补程序,以兼顾程序保障与诉讼经济两方面的价值。①

二、审限监督之现状:基于"审判管理"的反思

我国目前存在两种审限制度:一为针对单个审级的概况审限,指从立案至判决之日的经过时间之上限;二为审级内部个别程序进程的时间上限,如立案(7日内)、立案移送(立案之日起3日内),发送起诉状副本(立案之日起5日内)以及答辩状(收到答辩状5日内)、合议庭告知(确定后3日内)、"当庭宣判的,应当在十日内发送判决书"等。

而1991年民事诉讼法创设根据适用程序确定对应的固定审限制度,应当有两方面的背景:一是,在1991年民事诉讼法正式实施之前,我国民事司法中就普遍存在案件久拖不决、久"调"不决的现象,实务和理论界几乎一致主张应增设民事诉讼的"审理期限";二是,1991年民事诉讼法绝不是孤立的"自创",而是在立法思想上受到了当时刑事诉讼法和苏俄民事诉讼法等的影响。如1979年刑事诉讼法第125条规定:"人民法院审理公诉案件,应当在受理后一个月内宣判,至迟不得超过一个半月",这显然对当时的立法者足以构成直接的启发;而苏联民事诉讼法第99条关于"审理"期限的规定,②乃至我国台湾地区1980年开始实

① 吴从周教授就德国"不作为抗告法"草案有专文交代,参见吴从周:《民事法官懈怠案件之进行与当事人之权利救济——从德国不作为抗告法之制定思考我国法之出路》,载《台湾本土法学杂志》2007年第100期。但鉴于德国《超期司法程序与刑事调查程序保护法》(ÜGRG)实施后,判例普遍认为"不作为抗告"(Untätigkeitsbeschwerde)已经不能再适用,而替代以异议与之后的补偿之诉。Vgl.BGH, NJW 2013, 385; OLG Düsseldorf, NJW 2012, 1455 = FamRZ 2012, 1161; OLG Brandenburg, FamRZ 2012, 1076 = BeckRS 2012, 05683; OLG Naumburg, BeckRS 2010, 23942.; auch Vgl. Peschel-Gutzeit: Noch immer keine Untätigkeitsbeschwerde in Kindschaftssachen-Erneute Kritik des EGMR, ZRP 2015, 170. 作者不揣浅陋的研究,实出于德国立法上重要变化与我国大陆尚无相关研究背景下的引玉之举。

② 《俄罗斯苏维埃社会主义共和国民事诉讼法典》第99条:"有关追索扶养费的案件,有关赔偿致残损失或其他因损害健康和扶养人死亡所造成的损失的案件,劳动法关系案件,如果案件的双方当事人住在同一城市或地区,则应由第一审法院从收到诉讼申请之日起至迟不超过十日进行审理,在其他情况下则至迟不超过二十日进行审理,其余的民事案件应从收到诉状之日起至迟不超过一个月进行审理"。应加以指出的是,苏俄民事诉讼法规定的只是从起诉至开始审理的期限,这里的"审理"实际上对应了大陆法系的指定"辩论(Verhandlung)期日"。

施的“各级法院办案期限实施要点”都成了现行审限制度的重要参照。

(一)院长依职权监督审限

违反民事审限的效果值得思考,我国实务中普遍认为,其并不构成作为民事诉讼法规定的上诉或再审的程序违法事由。① 而我国台湾地区“民事诉讼法”第223条规定,“指定之宣示期日,自辩论终结时起,独任审判者,不得逾二星期;合议审判者,不得逾三星期。但案情复杂或有特殊情形者,不在此限”,但“判例”认为,宣判期日限制一般仅具有“示范”效力。“纵有违背,仍于判决之效力不受影响,不得以之为上诉理由。”②

当前其作用主要体现为《法院组织法》第41条、《法官法》第48条、第49条中职务监督内容的延伸。由于审限制度自制定之初就面临着固定上限与个案特性之间的必然矛盾,大量的例外突破情形使其始终有被虚化的危险,最高人民法院2014—2018年、2019—2023两个《五年改革纲要》前后提出了完善“长期未结案”的“通报”机制,以及将审限上升为审判监督管理的必要内容的改进举措,其结果为,一方面法院继续沿袭了院长对审限“变更”即扣除、延长审限的审批权;另一方面,院长可以作为审判管理主体积极依托智慧法院与管理系统建设,动态监测案件办理的进度并予以“督办”。

具体而言,2018年最高人民法院《民商事审限规定》明确,承办法官或合议庭应当在期限届满15日前向本院院长提出申请,并说明详细情况和理由,由院长在5日内决定。与之类似的是,我国台湾地区“各级法院办案期限实施要点”亦规定了简易程序10个月,通常程序一审1年4个月,二审2年、第三审1年、抗告案件及小额诉讼一审6个月等不同的审理期限,规定“案件自收案之日起,逾下列期限尚未终结者,除由院长负责督促迅速办理外,按月填迟延案件月报表,层报本院”,

① 如参见最高人民法院(2015)民二终第406号民事判决书、最高人民法院(2015)民申字第2460号民事裁定书;最高人民法院(2015)民一终字第50号民事判决书、(2015)民一终字第63号民事裁定书。

② 德国文献中有人认为,如违反德国民事诉讼法第310条关于宣判期日的限制,即构成法官的“义务违反”,但亦非上诉或再审事由。Vgl. Dieter Remus: Amtshaftung bei verzögerter Amtstätigkeit des Richters, NJW 2012,1403.

承办法官应叙明理由,[①]由院长核准后延长,不视为迟延;上述期限届满前,简易程序7个月,通常程序一审1年,二审1年6个月、第三审9个月、抗告案件5个月,小额诉讼一审4个月未审结者,院长得通知法官"注意"遵照;院长对不当稽延之法官,有通知催办、口头训诫之职责,乃至由法官自律委员会书面训诫、评鉴或予以惩戒。[②] 可见,两岸规制之进路具有高度一致性。

(二)当事人申请监督审限

值得注意的是,《民商事审限规定》第4条还增设了当事人及其法定代理人、诉讼代理人对超出审限或延期开庭审理等情况及事由有异议的,"可以依法向受理案件的法院申请监督"的权利,并且为了保障当事人提出异议的可能性,明确人民法院应当将案件的立案时间、审理期限,扣除、延长、重新计算审限,延期开庭审理的情况及事由,主动按照最高人民法院《关于人民法院通过互联网公开审判流程信息的规定》及时向其公开内容,其目的在于保障当事人的程序知情权,这显然是一种难得的操作性很强的进步举措。

然而,申请监督毕竟不是一项真正的程序救济,盖因审限审批与职务监督在本质上都仅作用于法院内部,当事人并不对监督享有公法上的请求权。[③]本来,审理程序的推进本质上就属于法官的诉讼指挥权范畴,如定于何时交换证据、何时进行言词辩论、何时宣判属于法官或者审判长固有的审判权,然而,在我国的固定审限制度之下,法官的安排要突破审理时间的法定上限之时,必须提前由院长或者上级法院院长审批,这说明我国法官的诉讼指挥权还要受到职务监督的限制。这种

① 我国台湾地区"各级法院办案期限实施要点"第12条规定了因声请"大法官"解释停止诉讼程序;当事人因故不能到场辩论;证据送请鉴定或证据应于外国调查;诉讼费未缴纳或垫支致诉讼无从进行;调阅他案卷宗;诉讼救助裁定未确定;案情繁杂;诉之变更、追加或提起反诉;未完成选任特别代理人;提出抗告致影响诉讼程序之进行;当事人合意履行后撤诉、双方成立调解或和解,正在履行期间;两造同意续行调解等12项事由,"经承办法官或司法事务官叙明理由,报请该管法院院长审核可延长办案期限者,视为不迟延事件。但每次以二个月为限。每次期限届满前,经两造同意续行调解者,得再签请延长办案期限"。

② 德国一直以来的判例亦认为,对法官拖延办案进行训诫(Ermahnung),不属于对法官履职产生干预。Vgl.BGH, Urteil vom 16. September 1987-RiZ (R) 5/87, NJW 1988, 421, 422; Urteil vom 3. November 2004-RiZ (R) 5/03, juris Rn. 34; Urteil vom 8. November 2006-RiZ (R) 2/05, NJW-RR 2007, 281 Rn. 21; Urteil vom 3. Dezember 2009-RiZ (R) 1/09, juris Rn. 35.但德国司法上反对设置考管指标,或者仅凭办案数量、效率的平均值对法官办案进行监督。

③ Vgl.OLG Köln NJW-RR 2014, 636.

直接与审判权息息相关的影响内容，包括案件分配、职务监督(Dienstaufsicht)以及考绩在内的安排均属于审判管理(Rechtssprechungsverwaltung)的一部分，对此我国在司法改革后也实行“院长负责”与“法官委员会决定(业绩评价与惩戒)”的双轨制；在德国法上，请求审判管理机关进行监督也是当事人一项重要的就审理迟延声明不服的渠道，其也被称为监督抗告(Dienstaufsichtsbeschwerde)，为当事人提供了敦促法院向对案件承办法官有监督管理职权的长官提出(州法院或州高等法院院长、州司法部)采取职务监督措施的机会。但是，审限监督本质上仍属于法院内部管理事务，当事人并不是程序主体。

综上，申请监督也好，依职权监督也罢，都是审判管理权施加于承办法官的行为，其对诉讼程序的作用基本是间接的，[①]对该问题应当有充分清醒的认识，而不能简单化为可以无限“进一步加强审判管理”的命题，盖因院长行使监督管理权虽然于法有据，也并不必然损害“审理者裁判”的依法履职要求，却应保持审慎的态度，更不能直接替代法官作出诉讼指挥行为。而且，如果不是法官有明显的违法性或主观过错，受理法院一般亦很难认定存在审限瑕疵；在审限审批权系由院长行使的背景之下，由受理法院进行监督的效果也大打折扣；以上均属于审限监督固有的局限性。然而，申请监督确实为我们在当事人主义框架下解决该问题提供了新的进路。

三、程序救济的引入：以德国立法、实务为借镜

德国的情况可以作为借镜，其面临的审理迟延问题虽然严峻，但更加直接的现实压力则来自欧洲法院体系对其国内成文法中关于审理迟延救济手段不周延、存在“结构性缺陷”的评判。为了弥补立法漏洞，判例、立法先后创设了思路各异的救济方式。当事人监督抗告不属于救济途径，前已论及；目前，通常司法途径中的当事人“救济” 主要有两类：一是《德国法院组织法》2011 年修正之后的“迟延异议”制度，二是通过准用或者参照民事诉讼法部分规定，由实务判例创设的“非通常抗告”，其中以“法官不作为抗告”最为典型。

(一)程序迟延之异议

根据 2011 年的修正内容，德国法院组织法第 198 条以下规定了当事人直接

① 最高人民法院《关于完善人民法院司法责任制的若干意见》第 24 条规定以及《关于落实司法责任制完善审判监督管理机制的意见(试行)》(法发〔2017〕11 号)规定，庭长有权在前述情形下要求报告，但不得直接改变或替代法官或合议庭的意见的内容。

向案件受理法院提出的所谓程序迟延异议(Verzögerungsrüge)制度,[①]并将其作为诉讼参与人将来进一步主张损失补偿的前提(请求权实体要件)。

首先,迟延异议并非立法增设的新的救济类型,本身也无关于促进诉讼的措施内容,立法强调其只是作为当事人进一步主张损失补偿的强制性前提(rügeobliegenheit),在程序上的主要作用是警示承办法官,使其认识到诉讼迟延并加快促进诉讼的机会,其优势为:不需要涉及上级法院,也不需要原审法官作出形式上的裁判(eine Pflicht zur förmlichen Entscheidung auszulösen),只要承办法官主动采取促进诉讼的措施,当事人的目的即已告实现,同时给予当事人进一步主张补偿的机会;对当事人,异议前置的目的是避免其在审理中不提出异议,仅是将来请求补偿的"秋后算账"(Dulde und Liquidiere)行为,有利于当事人之协力。

其次,迟延异议形式上并不要求当事人附有具体的理由。法官原则上应具备如何指挥诉讼的专业知识,故毋须由当事人就此有任何教谕;特殊者为,由于没有类似我国的固定审限制度,案件审理迟延与否的判断取决于具体情况,故当事人有义务提示法官不可能在诉讼中直接获知的诉讼外情事,例如,当事人的经济状况,居住情况,家事事件中的家庭情况等,否则在后续的损失补偿之诉中将不予斟酌。迟延异议至早在出现审理迟延的表征(Anlass)而担心不能及时审结之时,就可以被有效提出,虽然无任何依据的任意提出在实体上对之后的补偿诉讼而言无效,但异议究竟是否有效,亦仅在后续的补偿诉讼中才进行审理。此外,再次提出迟延异议应当在六个月之后为之,在此期间发生法官变更的,不在此限。以上特性均使得迟延异议具有形式性,而缺乏实质的救济程序色彩。

(二)法官不作为之抗告

而在迟延异议被立法引入之前,德国在实务上主要是通过不作为抗告来缓和立法缺陷,即准用德国民事诉讼法上对裁定停止诉讼提出抗告的规定。[②] 所谓"不作为",即法院的行为实际上等于完全拒绝裁判、停止程序,并且非一般的

---

① "异议"(rüge)在日本及我国台湾地区的使用习惯上,一般也称为"责问"。

② 德国民事诉讼法第252条规定:"对根据本章规定或者其他法律规定命令或者驳回停止诉讼裁定的,得提出即时抗告",此前的部分(州高等法院)判例与学说观点即将法官懈怠与不作为拟制为"实质上的"裁定停止。类似通过准用民事诉讼法的规定解决的方案,还有将不作为视为"偏见"适用回避的见解,参见吴从周:《民事法官懈怠案件之进行与当事人之权利救济——从德国不作为抗告法之制定思考我国法之出路》,载《台湾本土法学杂志》2007年第100期。

迟延或者不作为系出于其恣意。该制度一度被提上立法议程，但自始至终没有得到正式立法的确认，仍只是一种由判例所创设的在法律之外的非通常救济渠道（außerordentlicher Rechtsbehelf ）。于此概述其内容，以便与前文之迟延异议进行比较。

首先，当事人就法官的"不作为"应向受诉法院书面提出抗告或记入笔录；受诉法院认为抗告无理由时，还应当继续移送"抗告法院"即州高等法院或最高法院；不得上诉之案件的抗告由上级法院直接审查。上级法院认为抗告有理由的，得裁定指令受诉法院加快审理进度。故与迟延异议系直接向承办法官作出，且不需要另行裁判有明显不同，不作为抗告涉及两个审级。

其次，与程序迟延抗告基本只是一种形式上的提示不同，"不作为抗告"要求当事人在提出抗告之际表明不作为之事实，由抗告法院对下级法院受理案件的具体情形进行审查，如确构成不作为或懈怠，则指令积极采取可行措施以促进诉讼。虽然德国法上显然没有固定的审限制度，但判例认为，法院不作为历时一年以上而无实质理由的情形，就可以直接认定其负有促进诉讼的责任；此外，因案件本身原因所致的审理迟延应从"不作为"情形中予以排除。

就立法增设迟延异议之后，其与实务创设的不作为抗告究竟属何种关系，通说与判例普遍认为，因立法漏洞已得到填补，不作为抗告已经丧失合法性或者法律保护的利益。通过立法增设新的异议与补偿制度，"判例所发展的各种法律救济框架原则上已经失效"。但正如前文所述，不作为抗告主要侧重于在诉讼终结前，通过非通常抗告的手段积极纠正审理迟延的问题，其预防功能（Praeventive Wirkung）更加实质化，并不需要借助于将来的损害赔偿之诉；而迟延异议在诉讼程序中只是一种警示（Warnung），其效果主要来自将来可能提出损失补偿之诉的威慑力，自身的防止功能较弱。① 鉴于审理迟延给当事人造成的不利益可能将来无法填补，法官在审理进程上的偏见难以嗣后纠正等原因，也有个别观点主张立法上的"原则"不能排除例外的存在，至少在家事案件中仍然需要保留一种实质的救济手段。②

① Vgl. Althammer/Schäuble：Effektiver Rechtsschutz bei überlanger Verfahrensdauer-Das neue Gesetz aus zivilrechtlicher Perspektive，NJW 2012，1.

② Vgl.Vogel：Verzögerungsrüge versus Untätigkeits-oder Beschleunigungsbeschwerde in Kindschaftssachen，in：FPR 2012，528.

(三)对我国审理迟延防止体系构建的具体启示

1.应由监督、异议共同筑牢对迟延之防波堤

审判管理在我国当前民事审理效率的提高上不可或缺,然而,从适时审判保障的周延性来看,仅依赖于审限监督或者当事人申请监督是不够的,对审时过长这一现象的规制至少由两方面的维度共同构成:

一方面是从内部继续落实监督管理,这种以内部监督为抓手的破解路径,其思路既有其立足已有经验的优势,即依托智慧法院建设,充分保障当事人的程序知情权和监督申请机会,也不可避免地存在一定边界,即尊重承办法官(审判长)合法的诉讼指挥行为,监督只能针对法官是否存在违法或严重不作为等不合理行为,以确保其在诉讼进行上有一定的判断空间。①

另一方面须考虑在诉讼程序内部设置程序救济机制,使适时审判、诉讼指挥的具体问题从幕后的审判管理走向台前的法律程序,成为当事人可以声明不服的内容。我国在这一方面的立法漏洞要明显大于德国,因为除了迟延救济付之阙如外,现行民事诉讼法甚至完全未规定中止诉讼时当事人的异议权,应予填补。但其关键在于如何设计其防止功能的具体程度、程序方式。

表 1

迟延防止方法	对象	主体	效果
审限监督	法官行为的合理性(是否违反法定职责;固定审限)	审判管理机关:院长、法官委员会	通知法官注意;指令督办;警告
迟延异议	审理时间的合理性(综合考量全案因素;参照审限)	承办法官或审判长	自纠

2.应建立兼顾质、效的当事人救济程序

“程度”即:法律所要保障者,究竟是当事人对“迅速审判”(ein zügiges gerichtliches Verfahren)的请求权(如不作为抗告法草案),还是只承认“适时审判”?一如前述,这涉及程序保障与审理效率的冲突解决,从合目的性的角度来

① 法官负责的内容不仅包括裁判结果,还应当包括程序的进行过程,即程序形成的权限(verfahrensgestaltenden Befugnisse)。Vgl. BGH NJW 2011, 1072.

看，后者当更符合司法实际，其也是德国当前立法与通说的立场，即当事人不享有对“最佳”诉讼指挥或“迅速审判”的权利，审理进程的相关安排并非不合理(unvertretbarkeit)即可。“方式”即：应当选择一种什么性质的救济程序保障前述权利？其大致应该在不可上诉的程序异议与作为上诉手段的抗告之间进行权衡，①这也同样涉及诉讼效率与司法负担的考量。

我国更适合引入形式化的程序异议，理由为：首先，不作为抗告涉及受理法院与上级法院共两级法院，本身就会造成新的程序负担，在我国诉讼程序内部不宜制定过于复杂的救济程序；其次，相较于本院尤其是案件的实际承办法官，上级法院凭借书面审查能否做出更加符合案件具体情况的判断？如果只是一种形式上的复议，其价值能有多大？这不无疑问；再次，抗告是由上级法院作出的指令，而本院审限监督的效果是院长作出法官采取加快诉讼的指令，其功能在某种意义上重复了。而且，我国上下级法院之间原本是业务指导关系，没有直接审判管理的权限，②由上级(抗告)法院在不改变案件管辖的前提下直接就下级法院的诉讼指挥权进行指令，本身就存在合法性的疑问。③

相反，如采取更加形式化的“迟延异议”异议，其系由当事人直接对承办法官作出，后者可以迅速、经济地采取因应措施，不存在任何由其他机关介入法官诉讼指挥权的边界问题，其与本院院长通过审判管理对法官作出指令，也更具有互补性。当然，形式化迟延异议逻辑上要求未来当事人有进一步请求填补损失的机会作为后盾，这看起来是一种新的立法成本，但填补损失无论在哪一种救济路径下都是极为必要的，其应视为立法责任，下文仍将进一步展开。

---

① 从德国对2010年立法修正的讨论来看，律师显然更倾向于选择不作为抗告模式，因为其能够在异议被承办法官驳回后再继续向上级法院抗告，而主张异议、补偿之诉的结构所提供的程序保障并不充分；但法官多赞同形式上的异议即可保障。

② 在《法院组织法》修改时，草案二审稿曾规定：“上级人民法院按照规定管理下级人民法院的行政和司法警务工作”，有常委委员、部门提出：“我国各级人民法院之间不是领导被领导关系，目前这种管理方式有其历史原因和现实考虑，但不宜在人民法院组织法中规定”，三审稿中删除了上述规定。相比之下，审判管理更不应由上级法院为之。

③ 吴从周：《民事法官懈怠案件之进行与当事人之权利救济——从德国不作为抗告法之制定思考我国法之出路》，载《台湾本土法学杂志》2007年第100期。

四、实体"适当补偿"的法理证成

审理迟延确有给当事人甚至其他诉讼参与人造成损失的可能性,而这种"风险"是否能够被简单地认为仅由个人承担?如案例1:[①]甲与乙建设工程施工合同纠纷一案系于2009年4月由某高级人民法院一审,至2012年又被最高人民法院裁定发回重审,因在此期间诉讼请求中的利息及违约金仍在持续计算,某高级人民法院在重审判决驳回甲诉讼请求的同时,确定其须补缴200余万元诉讼费用,甲不服申请再审,最高人民法院审查后认为:"原审期间,因案件事实复杂等问题审理期限确实较长,客观上影响了甲计算相关款项利息及违约金的视角,但甲缴纳诉讼费用的增加,根本原因是其诉讼请求金额的增加,其应承担因此产生的诉讼风险"。问题是,作者虽然没有检索到一审判决书,但根据民事诉讼法的规定,发回重审的原因限于原判决"认定事实错误"或者"认定事实不清""违反法定程序""遗漏诉讼请求"等严重瑕疵的情形,并不完全是"案件复杂"所致,因此而产生的诉讼费用是否只能作为由甲承担的"风险"?此外,假设重审判决系认定甲诉讼请求成立,乙因"审理期限较长"需要多承担的赔偿义务与诉讼费用的双重风险,是否完全合理,又如何缓解?

(一)补偿请求权与损害赔偿的关系

在审理迟延导致当事人利益受损之时,如果考虑加以填补,法律上大致有三种路径:一是民法规定的职务侵权损害赔偿请求权,二是专门由国家赔偿法赋予其赔偿申请权,三是参照民法上特殊的"适当补偿"请求权处理。一方面,就损害赔偿责任而言,虽然《民法通则》第121条规定:"国家机关或者国家机关工作人员在执行职务中,侵犯公民、法人的合法权益造成损害的,应当承担民事责任",本来并不存在立法障碍,德国民法典也规定了法官拖延或不作为的国家民事责任(Amtshaftungsanspruch)。但我国实务向来的通行观点是,法院工作人员履行职责的行为仅产生公法上的效果,不属于民法调整的"平等主体之间"的法律关系,[②]另一方面,现行国家赔偿法甚至连民事裁判的实体错误至今也未纳入赔偿范围。[③]

---

① 最高人民法院(2014)民申字第504号民事裁定书。

② 最高人民法院(2017)最高法民申55号民事裁定书。

③ 最高人民法院(2018)最高法委赔监27号民事决定书。

虽然作者很难苟同，但鉴于民法总则、侵权法关于法官错误履职时由国家承担的损害赔偿责任均付之阙如，且审理迟延存在违法或者过错的要件常难以证明，[①]由当事人主张民事损害赔偿或国家赔偿目前还不现实。在当前的这种立法和实务背景之下，通过参照民法上的“适当补偿”，在《法官法》或《审限规定》中增设“对审理迟延造成的损失予以恰当补偿”的规定，填补立法漏洞的成本较小。否则，实务中违反审限不构成上诉理由或再审事由，又没有其他填补损失的渠道，无论如何都是不正常的。如果将来民法典分则明确公务员履职的损害赔偿请求权或国家赔偿责任，应当与之产生请求权竞合的关系（见下图 2）。补偿请求权的法理基础不妨借鉴德国法的规定——其所谓补偿（Entschädigungsanspruch）是一种参照德国民法典“补偿”规定的公法上的特殊损害填补制度，而非民法上的损害赔偿（ Schadenersatzanspruch），当事人只是应得到“适当的补偿”，而非以恢复原状为内容的“全面赔偿”，这也是本文认为其可能比较贴近我国实际的一个理由。

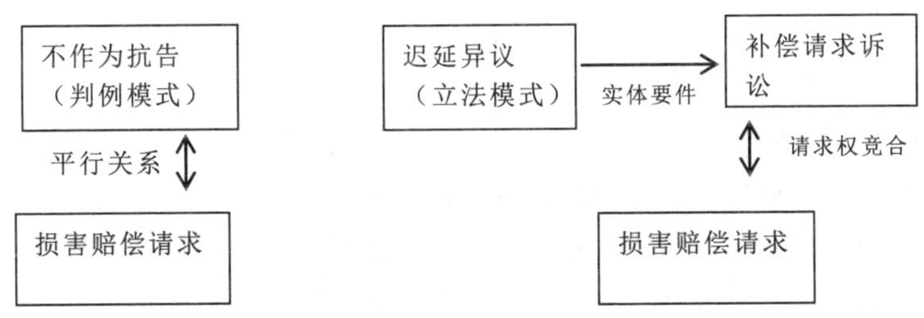

图 2　补偿与损害赔偿请求权的关系示意

（二）补偿请求权的法理基础论争

1.公益牺牲补偿理论

何以审理迟延意味着当事人可以主张国家须补偿其因此造成的损失？一种解释如 Schenke 认为，法条背后的立法思想是牺牲补偿理论（Aufopferungsge-

① 因履职瑕疵而引起的损害赔偿要求有法官或司法工作人员的过错，德国判例上认为一般要达到“故意”或“重大过失”的程度。对法官的诉讼指挥行为则只能就其“合理性”而非“正确性”进行判断，因此，损害赔偿的主张通常并不容易证明。Vgl. Münchener Kommentar zur ZPO，5. Auflage 2017，GVG § 198 Rn.13.

danken),即公共利益与具体案件当事人个体利益的冲突解决。[①] 根据这种观点,国家为了实现法治国家、法定法官、司法责任制等目标而设计的诉讼程序,本身也体现了公共利益,如在审理迟延的情境中,当事人由于须容忍诉讼程序设计中的繁复、细致等缺陷,或者在法官设置等司法管理措施上尚存在的漏洞,乃至因属于司法资源紧张引起的"公共服务"支付不足,所遭受的损失是一种不得已的牺牲。此外类似的情况,论者还以"示范诉讼"(Musterprozess)为例,以说明诉讼不仅涉及当事人的利益,还可能涉及共同体的福祉,换言之,其他权利人可以通过在前的示范诉讼的裁判取得"搭便车"的好处,法院也实现了审理的经济,而诉讼当事人却要为此单独作出牺牲,这很难说是公平的。[②] 对前述私益与公益之间的裂痕,国家当然不能置之不理,需要通过补偿使其得到弥合,这与行政法上的补偿请求权具有亲缘关系。[③]

立法与通行的实务观点如联邦宪法法院的表述比较接近的观点,即"补偿并非要实现民法典第 249 条以下规定的损害赔偿,而是借鉴民法典第 906 条第 2 款第 2 句,满足损失或牺牲的补偿法律原则"。[④] 同时,虽然其"参照"了民法的补偿请求权规定,但基于审理迟延而产生的补偿请求权仍然是公法上的制度,补偿请求权的对象应当是国家,即国家责任(Staatshaftungsrechtlicher Anspruch),并由法院代表国家作为具体的适格被申请人。只是与其他国家赔偿责任相比,补偿请求权还具有自身的特殊性。首先,与损害赔偿请求权需要以国家或者法官的违法行为乃至过错为要件不同,当事人主张补偿不需要法官或者法院有违法或者过错行为。其次,一如前述,当事人主张的内容不可能覆盖全部的损失,而只是在适当范围内予以支持,不包括当事人预期的"可得利益"。[⑤] 再次,与其他公法责任不同,其特殊性还在于补偿不仅涉及财产损失,也涵盖非财产损失,如精神损失的填补。

2.诉讼风险分担理论

另一种观点则反对以牺牲补偿理论来说明补偿责任,其主张采取补偿方式的

---

① Vgl.Schenke:Probleme des Rechtsschutzes bei überlangen Gerichtsverfahren,in DVBl 12, 2016.

② Vgl.Althammer/Schäuble,aao.

③ Vgl.Schenke: Rechtsschutz bei überlanger Dauer verwaltungsgerichtlicher Verfahren, in NVwZ 2012, 257.

④ Vgl.BTDrucks 17/3802 S. 34;BVerwG, 11.07.2013-5 C 27.12 D.

⑤ Vgl.Saenger, ZPO,7. Auflage 2017,GVG § 198, Rn.20.

法理基础应以诉讼法上的“风险”理论为根据。一方面，所谓的牺牲补偿思想源于普鲁士一般邦法，要求对为公共福祉而牺牲的个别利益进行补偿，但在法院审理迟延时其实并没有任何公益得到了体现，当事人因审理迟延而造成的损失也没有直接指向公益内容；另一方面，补偿请求权不应当归类为国家责任法的调整范围，而更适合被视为民事诉讼法上无过错“风险责任”(Risikohaftungsanspruch)的分担结果。如果要举例说明的话，此类风险责任可以我国民事诉讼法规定的“保全错误”为典型：保全裁定被实体裁判撤销后，原告就应当赔偿被告的相应损失，而不考虑原告是否有主观过错，此时，保全之后实体裁判结果究竟如何的诉讼风险系在当事人之间进行无过错的分担。

这种观点反映了部分德国实务法官的立场，主要代表人物是德国最高法院民事审判第三庭(审理公法上的赔偿案件)的 Reiter 法官，他通过引用德国最高法院分管副院长 Schlick 的观点，“与其他所有实体法产生的补偿请求权相比”，德国法院组织法规定的补偿请求权“属于诉讼法上的制度(Institut des Prozessrechts)”，提出了前述诉讼法理论，并进一步主张诉讼迟延属于诉讼主体进行诉讼行为所产生的一种风险，那么，应当根据由国家分担和非由国家分担的两种不同情形，将补偿请求权限于审理迟延系客观上可归因于法院以及国家的责任和影响范围，即“风险范围”之内的情况；如果审理迟延是(1)由不在法官和国家支配、影响范围之内的第三人(如鉴定人)的行为所导致的，或者(2)由当事人自己的可归责行为(如举证逾期、变更诉讼请求)所引发的，就概不属于国家责任范围(Verantwortungsbereich)，应予排除；法院司法资源紧张明确属于国家分担的风险；其他的情形应当根据具体情况判断，但均不需要有法院或法官的过错或违法行为。[①]

3.非财产损失的替代性解决方案及其论争

由于审理迟延未必给当事人带来实际的财产损失，是否可以主张非财产损失如精神伤害、名誉损失、身体健康损害的补偿，即成为一个问题，如家事案件审理迟延，导致母子长期分离而受到痛苦。德国法院组织法对此规定，如果还存在“其他补救方式”(Wiedergutmachung auf andere Weise)，应排除非财产损失的补偿请求，这里主要是指法院判决“确认”审理迟延的存在。从辩论主义的角度

① Vgl.Reiter：Die Rechtsnatur des Entschädigungsanspruchs wegen unangemessener Verfahrensdauer，in NJW 2015，2554.

来看,这显然是一种突破,因法院可以不经当事人申请而直接在裁判中确认审理迟延,并驳回其原本关于补偿的诉讼请求。①

Schenke 与 Reiter 以及德国实务在这个问题上继续产生论争:Reiter 和德国最高法院判例认为,“其他补救方式”主要是裁判确认审理迟延,属于法院审理补偿请求的实体消极要件事实,不得构成一项独立的诉讼请求。Schenke 和德国宪法法院则认为,除了法院依职权单独确认审理迟延,或者与补偿请求一并确认审理迟延外,当事人也可以直接提起“确认审理迟延之诉”,盖因这种情形并没有被立法当然排除,亦有利于全面实现司法保障请求权。②

是否允许当事人直接请求确认审理迟延,并不存在一个绝对的答案,否则也不会有前述的裁判分歧了。对我国而言,反而是是否允许法院在主文中确认审理迟延并驳回非财产损失的补偿请求,显得更为重要:确认审理迟延作为非财产损失的替代性解决,具有两方面的意义:一方面减少了国家的财政负担,另一方面也可减轻法院就非财产损失补偿数额的审理负担。但该规定可能导致的风险是,法院会普遍通过确认审理迟延来驳回当事人的非财产损失请求,并导致财产损失被直接排除出补偿范围,产生不如直接规定不补偿非财产损失的结论;假设立法者认为有必要填补非财产损失,引入确认迟延的代替补偿机制就不得不慎重。

(三)我国折中立场的选择建议

对我国而言,是否要对审理迟延进行补偿在立法上显然还付之阙如,于未来加以填补之际,我们似乎更应该结合以上两种观点来看。

首先,补偿请求权一般还是可以被视为对当事人牺牲的一种补偿,这尤其适用于法院案多人少、司法资源紧张等情况——不仅国家的财政、编制安排属于公益,而且维持法定但可能又显得不那么有效率的审判程序也是出于公益的要求,这都会导致审理迟延,然而,这和承办法官的具体诉讼指挥行为并无关联,而是属于法院“机关性的缺陷”或资源配置问题,把这些情况都视为“诉讼风险”算不

① 讨论草案(Referentenentwurf)曾建议,在当事人申请时将稽延之法院名册在联邦公报电子版中予以“通报”,这遭到了法官界的激烈批评,而律师协会则对法院进行排名表示欢迎。Vgl.Althammer/Schäuble,aao.

② Vgl.Schenke:Die Klage auf Feststellung der unangemessenen Dauer eines gerichtlichen Verfahrens, in NJW 2015,433.

上是一种完全合理的解释。

其次,诉讼风险分担理论在涉及法院诉讼指挥行为、当事人诉讼行为两方面影响的场合,则相对更加精致和有的放矢。相对通说只是复述立法上不予补偿情形的例外规定,Reiter 的学说合理解释了其内涵,使诉讼主体的行为与损害结果(风险)之间的联系通过某种"风险分担"结构得以解决,即当事人主张补偿损失必须与法院的指挥或处理有关系,如果是其自己拖延诉讼的行为或者法院(国家)无法影响的第三人的行为导致的,当然不能由国家进行补偿,类似规则即值得我国引入。无论如何,补偿责任与例外情形应有所界分,以避免其滥用或者虚化。当然,在此必须提出的是,如果案件是因我国法院"请示""协调""征求"其他国家机关的意见而停滞,那么假设法院裁判如此谨慎是为了社会全局的利益,例如社会的稳定、经济秩序等,国家机关之间的商讨仍然属于"国家"的支配范围,不能从国库责任中予以排除。

再次,允许当事人单独起诉确认存在审理迟延是没有必要的,确认之诉的标的原则上只限于法律关系,而审理迟延只是对一种客观事实的评价,如无立法上的明确规定(而不是像 Schenke 主张的那样法律无排除性规定即可),其只应作为补偿的实体要件。故本文赞同通说的观点。对法院是否可以通过在主文中确认审理迟延,直接驳回非财产损失的补偿请求,本文则认为,我国立法者将来即便承认审理迟延的非财产损失应得的补偿,在证明责任上也多半不会采纳德国之"推定损失"方式,因此,当事人滥用的风险较少,故我国法院只应当在裁判理由中确认存在应当由法院或国家负责的审理迟延,不宜仿效德国直接以裁判主文确认替代非财产损失补偿的替代性解决方案。

五、迟延责任的本土化探讨

前文二、三章分别就审理迟延的救济与损失填补的路径进行了讨论,由于迟延异议只是一种形式上的提示,补偿请求权的审理的权重或意义更加突出,除了尽量从牺牲补偿或者风险分担的角度论证其合理性外,还应当立足于我国国情完善其程序设计,而不拘泥于德国的实定法框架,提出更符合本土需要的补偿审理模式。

(一)补偿之诉抑或非讼事件之性质探讨

如何审理当事人关于补偿审理迟延造成损失的请求,我国仍可以有两种选择方案:一是直接借鉴前文作为中心介绍的德国普通法院体系的"审理迟延补偿之诉”,其结果是审理补偿案件的法院将作出具有既判力的裁判;二是考察德国宪法法院组织法所采取的稍有不同的实现方式,即当事人在提出审理迟延异议六个月之后不是可以提出诉讼,而是可以提出“审理迟延抗告”(Verzögerungsbeschwerde):首先,不同于前文所述的判例所创设的“不作为抗告”,“审理迟延抗告”是2010年德国立法修正的同时为宪法法院组织法引入的制度,其不是对“迟延异议”的上诉救济,而是以抗告的方式审查宪法法院审理案件迟延所造成的损失,即补偿或以其他方式补救的请求权(Ansprüche auf Entschädigung und Wiedergutmachung auf andere Weise)。之所以这样设计而不采取补偿诉讼的形式,原因不难理解,宪法法院已经是宪法案件审理的最高裁判机关,不能再由其他法院以诉讼审理其迟延补偿问题,这与民事诉讼审理迟延时由州高等法院或最高法院审理补偿案件的背景,自然有所不同。其次,迟延异议系作为审理迟延补偿请求权之诉的实体要件,但对迟延抗告则构成其合法性要件,因此,如果之前没有提出过有效的迟延异议,不是被判决驳回,而是直接裁定驳回,即不进入实体审理阶段;同时,对宪法法院审理案件的迟延提出异议,2010年修正也进行了不同的形式要求,即书面与附理由;通过立法的上述不同设计,可以大大节省宪法法院的司法资源。但除此之外,所谓的“审理迟延抗告”无论是从审理内容上还是从主张与举证责任上,都基本与补偿诉讼无实质不同,此外,抗告法院作出的裁决亦不可再声明不服。

换言之,实现补偿请求权究竟是通过补偿之诉还是非讼事件在我国仍然是一个可以提前讨论的问题。通过诉讼审理补偿请求权的优势在于,其给予当事人的程序保障最为周延,但其缺点显然是会增加新的司法负担,由于我国当前存在司法资源紧张的现实情况,可能并不适宜直接完整照搬。假设如此,我国不妨优先选择通过听审与书面审查结合的非讼补偿机制加以实现。具体如下:首先,在这种特殊补偿事件的管辖权问题上,可以由案件受理法院所在的上级人民法院管辖;其次,当事人应当提出书面的补偿申请书并附理由,须疏明其曾有效提出审理异议的事实,补偿请求审理法院据此审查是否符合受理补偿申请的形式前提(合法性要件);受理之后,补偿请求审理法院应当询问当事人的意见,听取其陈述,根据电子卷宗和询问笔录等资料,综合全案情况进行判断并作出是否补偿的决定。

(二)审理迟延的判断以及固定审限的活用

在迟延补偿请求的审理过程中,当前的固定审限具有何种意义,值得特别讨论。一种可能的安排是直接按照法院是否存在违反审限的行为，决定赔偿与否；另一种安排则是在自由心证的框架内，将审限的遵照、违反、审批等法院行为仅作为判断是否存在审理时间不合理即审理迟延的心证资料使用。

1.避免绝对化：审限不应当约束补偿审理法院的判断

本文更倾向于后一安排，首先，违反审限不能等于审理迟延，补偿请求权的审理法院仍然需要从案件的复杂性、当事人法益的特殊性、当事人或第三人的行为等方面综合考量该案的审理时长是否合理。其次，审限基本限于单个审级之内，而审理迟延还应当从诉讼系属至裁判确定的整个过程来判断，例如，案例1中的一审、裁定发回重审就应当作为一个整体。再次，审限瑕疵也不等于审理迟延，补偿请求权及于可归责于法院或国家的所有情形，无论是牺牲补偿，还是风险分担，本身均不需要考虑法院（国家）是否有明确的过错或者违法行为，审批瑕疵只能作为认定存在审理迟延的间接事实。例如，作者在基层法院调研中发现了这样两个案件：

例2：A与B借款合同纠纷一案，A逾期提出证据并申请变更诉讼请求，法院允许其重新指定并公告开庭日期，随后在审理过程中发现A隐瞒了部分事实，导致法院遗漏必须追加的共同诉讼人C，审判长决定通知C参加诉讼，重新指定开庭日期，因此导致案件审理期限超过两年。院长在督办该案中发现，审判长没有及时在审判管理系统中进行审限延长的审批，扣除审限的审批存在瑕疵。

例3：A与B工程建设合同纠纷一案，B在诉讼中申请对工程量进行鉴定，法院组织双方通过“摇号”确定了鉴定机构，但两年仍没有得到鉴定结论，导致案件无法审结。经院长督办并询问鉴定机构发现，B曾两个月未缴纳鉴定费用，鉴定机构因业务繁忙也未作退件处理；随后，在B缴纳鉴定费用后，鉴定机构发现缺乏必要的鉴定材料，反馈要求B予以补充，B也未及时提供，鉴定机构仍未作相应处理；B于一年后始补充材料，鉴定机构仍认为不具备鉴定条件，但亦未及时退件。院长认为，法官在整个案件办理过程之中，因办案压力与记忆力减退均未及时跟进，欠缺行使“失权”裁定的担当，对其予以口头批评。

以上两个案件，法官在释明或审批上存在瑕疵，但审时过长主要是由当事人或第三人的行为导致的，院长督办会议虽然根据审限监督职责指令其督办，但讨论的结论仍然是不可归责于法官，似难认为当事人对此有请求补偿的权利。还值得思考的是，类似于鉴定机构这样的第三人，是否属于法院的影响范围？当前很多鉴定机构为了扩张经营，盲目招揽业务，导致效率降低，法院应当通过当事人的迟延异议或者主动发现，对其进行监督和制裁（如剔除出鉴定人名册）；同时，即便非由法院补偿，也要考虑允许当事人通过民事诉讼使鉴定机构承担迟延的赔偿责任，并由补偿审理法院予以释明。

同理，即便是案件完全符合审限延长、审批的外观，法院或法官并无明显的违法行为，审理时间也可能不合理，造成了当事人损失的，仍然应当予以补偿，应当承认补偿请求权审理法院对此有不受固定审限限制的裁量判断的权限。例如：

例4：A与B追偿权纠纷一案，承办法官认为该案不仅涉及诉讼主体较多，证据认定存在困难，而且由于原承办法官退出员额，在审理中发生了承办法官的变更，导致自2017年至2019年历时近两年未审结。

例5：A与B财产损害赔偿纠纷以及C与D房屋租赁合同纠纷二案（均为简易程序），关于损害赔偿数额，均存在证据认定困难的问题，自2017年至2019年历时近两年未审结。院长督办指令法官在不能完全查明的情况下应当及时“酌定”。

上述案件，均存在完善的审限变更审批手续，案件复杂也属于判断审理时长是否合理的因素，但承办法官的变更、法官怠于行使酌定权在类似案件久拖不决的产生过程中占据了更大的权重。

2.审限之“活用”：可作为补偿审理法院的心证工具

违反民事诉讼法规定的审限，其本身应该可以为法院提供直接认定存在审理迟延的近似于“表见证明”和“高度盖然性”的效果，[①]即减轻当事人关于审限不合理导致审理迟延的主张责任和证明责任的负担，同时也减轻法院在认定该问题上的审理负担。其实，德国在立法过程中也存在关于是否要明确固定审限的讨论（期限未满即非迟延），虽然最终的结论是规定固定审限无法反映个案的具体情况，因此未被立法采纳，[②]但值得注意的是，存在其他领域的法院以判例大致划分了审理可以被允许的时间范围，如欧洲法院体系的判例认为，只要没有“特殊情况”，一个审级内超出两年未审结的案件就属于审理迟延；[③]德国联邦社

① Vgl. Steinbeiß-Winkelmann / Ott: Rechtsschutz bei überlangen Gerichtsverfahren, 1. Auflage 2013, § 198 GVG Rn.88.

② Vgl. Steinbeiß-Winkelmann / Ott: aao, Rn.89-90.

③ Vgl. Musielak/Voit, ZPO, 16. Auflage 2019, GVG § 198, Rn.5.

会法院(BSG)认为,保留"特殊情形"可以讨论之可能性的同时,为每一审级法院预定以十二个月的准备或考虑时间为限,而如果诉讼程序在一年半以内终结者,即构成审理未发生迟延的表面证明(prima facie)。反之,如果超出该期限就要以每月为单位调查法院是否曾采取过促进诉讼的措施。① 而此前判例认为,一个审级在三年以上即可认定存在审理迟延。② 总体而言,这均非绝对意义上的固定审限,而是以判例创设的心证标准,但确可以缓和其判断之困难。

2015 年实施的最高法院《民事诉讼法解释》第 105 条规定:人民法院应当"运用逻辑推理和日常生活经验法则,对证据有无证明力和证明力大小进行判断",其被视为我国引入"自由心证"规则的开端。该解释第 93 条规定:"根据已知的事实和日常生活经验法则推定出的另一事实",当事人无须举证。值得思考的是,如果审限不是审理迟延的绝对标准,其又能在多大概率上反映审理是否迟延?所谓"经验法则",根据盖然性高低依次可区分为生活律、经验原则、简单的经验法则、纯粹偏见。其中经验原则是指"对有相同程度的事件过程,形成相同的社会生活经验,而以典型的事件过程证明生活事实,吾人因此不必再对某个事实的个别状况进行证明",该典型经过应当具有高度的盖然性,姜世明教授认为应当在 85%以上。③ 承接上文的统计,我国 91%以上的案件都可以不经延长、变更审批而即时终结,因此"案件在审限内审结"尚属于具有高度盖然性的典型,至于案件是否具有其他的特殊性,例如疑难复杂、当事人行为,作为要推翻的对立事实则不必由当事人进行消极证明。审理法院应当依职权调查,且不受审批形式外观正确的约束。

综上,未来补偿审理法院不妨以固定审限初步判断,只要是绝对天数超过审限的,有关"特殊情况"如延长、扣除是否存在实质理由、法官是否为此做出了合理安排没有得到查明或者处于真伪不明时,当事人的举证亦告成功。反之,未违反审限的案件原则上可被直接认定为未迟延,当事人认为存在特殊情况即法益保护的紧急性和重要性,应对此承担证明责任。

---

① Vgl. Schmidt: Die Entschädigungsklage wegen unangemessener Verfahrensdauer, NVwZ 2015, 1710.

② Vgl. BSG, NZS 2006, 560.auch vg.Dieter Remus, aao.

③ 吴从周:《浅谈经验法则——谈姜世明教授民事诉讼中自由心证主义之内涵与界限一文》,载《台湾法学杂志》2012 年第 196 期。

(三)补偿范围之主张与证明责任

民事诉讼提出审理迟延的异议并不需要当事人主张具体的理由并提出证据,这一点本文认为可以采纳,不必像前文中的德国宪法法院组织法那样全部要求书面理由,其无非是基于其侧重于"警示"功能、民事诉讼与宪法诉讼的区别以及我国缺乏律师强制代理等原因。只是,到了讨论实现补偿请求权的阶段,原则上应当由请求补偿之人提出书面申请,并就损失及其与审理迟延的因果关系应当进行具体化的主张和举证。

首先,损失与审理迟延之间应当有直接、充分的联系。如果仅是由审理程序自身或者其结果而产生的,如当事人支付的诉讼费用,应当予以排除,①但费用由于迟延而增加的部分仍应当认定构成因果关系。② 其次,在引入审理迟延异议制度之后,时间上应当仅限于提出审理迟延异议之后产生的损失。再次,如果存在当事人或者第三人非正常或者不合理行为的介入,因果关系将被突破。③准此以论,当事人和第三人的行为具有"审理迟延"与"因果关系"要件认定上的双重意义。最后,在补偿法律效果上,当事人对造成损失也有过错的,还可以参照侵权责任法第26条"被侵权人对损害的发生也有过错的,可以减轻侵权人的责任"的规定处理,即适用"与有过失"规则。④ 如此一来再看案例1,确有补偿原告多支付的诉讼费用的必要,而其补偿请求权或可以与诉讼费(部分)抵销。

比较特殊的情形是,德国法明确对非财产损失按照审理迟延的天数以每年1200欧元的价格进行计算,这一立法当然有利于减轻补偿请求权人的主张和举证负担,在诉讼法概念上属于"可推翻的推定",实体法上则构成对损失额的预定(pauschalierung),因此将导致举证责任客观上"倒置"在国家一侧;只是根据次位的主张责任要求,补偿案件的审理法院仍然可以要求当事人就其非财产损失进行具体化陈述。但对我国而言,且不论立法者能否接受德国立法关于推定(前已论及)的理念,在我国这样地域广阔、发展极不均衡的社会环境下,针对类型各异的民商事案件,又是否适合以及如何为非财产损失规定合理的统一计算标准?

---

① Vgl. Schmidt, aao.

② Vgl. Manfred Heine: Überlange Gerichtsverfahren-Die Entschädigungsklage nach § 198 GVG, MDR 6/2012.

③ Vgl. Manfred Heine, aao.

④ Vgl.Saenger, aao, Rn.21.

即便如德国法上规定的那样，例外允许法官酌情对法定标准进行酌减或者酌增，但这容易造成非财产损失补偿的适用范围扩张，将很难为实务所接受。

因此，本文认为对非财产损失补偿进行推定的立法实不可采，原则上应当由当事人负担举证责任，[①]但对损失的证明标准与事实真伪，仍可以由法官结合诉讼资料与其他一切辩论趣旨，根据经验与逻辑予以自由判断。其他民事诉讼法业已存在的有利于武器平等、解决证据偏在的手段，亦可资利用，财产损失与非财产损失并无不同。尤其是法官酌情判断的空间不应当被剥夺，毕竟，此处所探讨的只是一种“合理的补偿”，而不是损害赔偿请求权。

---

① 例如，法国与英国都未进一步区分财产损失与非财产损失，欧洲法院体系对法国实务上要求请求权人对遭受的非财产损失也必须提出证明的做法，亦认为属于保障充分。可见，推定并非唯一的方案。Vgl. Althammer/Schäuble，aao.

论保证金"资金池"的担保效力

梁晨颖*

摘要:保证金"资金池"作为新型保证金质押模式,在银行信贷领域被广泛运用。由于保证金"资金池"在法律性质、构成要件、担保效力等问题上均存在争议,导致司法实践的适用难以统一,这势必有阻于信贷市场的发展。保证金"资金池"的法律性质系属动产质押,多个相互竞存之质权重叠笼罩于保证金"资金池"之上,这无损其特定化要件之实现,但要求各个质权按设立之先后依次受偿。此外,保证金"资金池"占有之移转体现为对保证金账户管领力之移转,于非质权人银行处开立保证金账户不必然影响占有移转之实现,应根据开户行与质权人之内部约定、行政关系等综合判断。

关键词:资金池;保证金;质押

一、问题之提出

保证金质押具有设立及实现方式灵活、手续便捷、质物价值贬损可能性较小等优势,在银行信贷领域被广泛应用。《最高人民法院关于适用〈中华人民共和国担保法〉若干问题的解释》(以下简称《担保法司法解释》)第85条规定:"债务人或者第三人将其金钱以特户、封金、保证金等形式特定化后,移交债权人占有作为债权的担保,债务人不履行债务时,债权人可以该金钱优先受偿。"《担保法司法解释》的规定为保证金质押业务的开展提供了法律依据,但由于相关法律和司法解释未明确"特定化"及"移交债权人占有"的具体内涵,司法实践中对保证金质押效力的认定不一而同。

近年来,在信贷融资和资金流通的双重需求下,保证金"资金池"作为一种新

---

* 作者系复旦大学法学院民商法专业2018级硕士研究生。

型保证金担保模式应运而生。作为一种在实践中发展出来的担保方式,保证金“资金池”具有集中避险、增加资本利用效率等优势,在金融实践中被广为运用。然而,新兴的保证金“资金池”的法律性质为何?是否满足《担保法司法解释》对保证金质押所规定的“特定化”和“移交债权人占有”要件?保证金“资金池”所担保的各个债权是否存在清偿之顺序?具体清偿顺序为何?……相关法律对保证金“资金池”所引发的诸多法律问题留有空白,司法实践亦不统一。

中国建设银行股份有限公司兰州建行西津西路支行与中国东方资产管理股份有限公司甘肃省分公司、兰州汇通投资担保有限公司质权纠纷案(以下简称本案)即涉及以“资金池”形式设立保证金质押之情形。本案涵盖保证金“资金池”特定化及占有移转之认定、“资金池”所担保的多个质权的清偿顺序等法律问题,为以“资金池”形式设立保证金质押之典型案例。纵然本案判决存有值得商榷之处,但说理部分较为详尽、充实,一定程度上体现出司法部门对保证金“资金池”之态度。因此,对本案之分析,可以明确保证金质押之构成要件,借以回应信贷实务中保证金“资金池”这一新型担保模式所带来的司法困境,对法律可预见性之保障、信贷市场之发展、民法典之编撰,有着积极的意义。

二、案情概要、裁判及焦点

(一)基本案情及裁判理由①

2012 年 9 月 19 日,建行甘肃省分行给建行西津西路支行(下文简称西津支行)下达《关于兰州汇通投资担保有限公司申请业务类合作担保机构准入的批复》(建甘小[2012]79 号),指示西津支行与汇通公司签订《最高额保证金质押合同》。合同订立后,汇通公司于西津支行处开立保证金账户,并将 600 万元保证金汇入该账户。

2014 年 5 月 8 日,建行西固支行与顺鑫公司订立《贷款合同》,约定由其贷给顺鑫公司 600 万元。同日,汇通公司与西固支行订立《保证金质押合同》,承诺为该笔贷款的全部本金及利息提供保证金质押担保,并将 30 万元保证金汇入汇通公司在西津支行开立的保证金账户。后省分行将对顺鑫公司该笔贷款的债权转让至东方资产公司。

现顺鑫公司逾期不偿还贷款,东方资产公司起诉,主张在其债权范围内对案

① 甘肃省高级人民法院(2018)甘民终 73 号民事判决书。

涉保证金账户内的全部资金享有质押优先权。

本案涉及的法律关系较为复杂,案情梳理见图1:

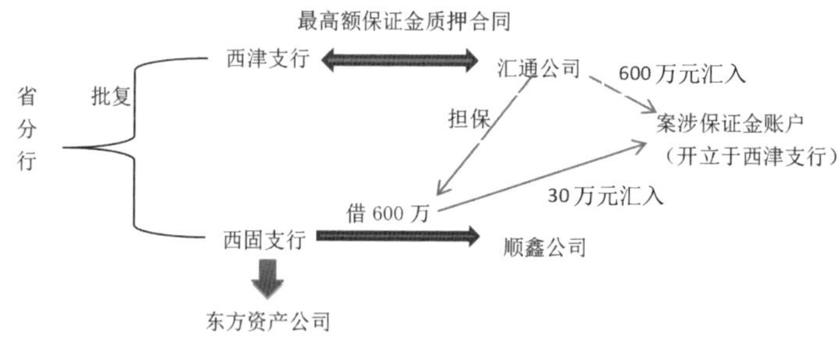

图1 基本案情梳理

一审判决支持东方资产公司的诉讼请求,理由在于:第一,根据省分行给各二级分行下达的通知①,二级分行分为"主办行"和"协办行"。西津支行作为主办行,代表各分行签订《最高额保证金质押合同》,保证金应被统一汇入开立于西津支行处的账户,由其统一监管。因此,案涉账户中的保证金针对所有二级分行,而非仅针对西津支行。第二,省分行的通知表明,保证金由铺底的风险保证金和单笔保证金组成。且汇通公司在《保证金质押合同》中明确表示愿意为顺鑫公司该笔贷款的全部本息提供担保,而其交付的30万元保证金显然不足以覆盖全部债务。由此可推知,当事人之合意为以30万元单笔保证金及案涉账户内的风险保证金组成的"资金池"共同为贷款进行担保。第三,案涉账户之前的代偿记录也可佐证汇通公司以"资金池"方式提供保证金质押担保。

二审法院(即本案判决)对一审判决予以认可。

(二)焦点提炼

本案的焦点主要有五:其一,保证金"资金池"的法律性质为何?究系物权性质之担保、债权性质之担保,抑或其他?倘将保证金"资金池"被定性为物权性质之担保,则"资金池"所担保的数个债权应如何排序?本案判决认为,保证金"资金池"系物权性质之担保,由"资金池"所担保的数个债权则应按债权到期之先后顺序受偿。

其二,保证金质押的特定化要件应如何理解?保证金"资金池"是否满足特

① 《关于加强小企业业务合作担保机构管理的通知》(建甘函[2012]66号)。

定化之要求？本案判决认可以“资金池”形式设立保证金质押之物权担保效力，即认可保证金“资金池”符合特定化之要求，但未阐明理由。

其三，保证金质押占有移转之要件应如何理解？于非质权人银行处开立保证金账户是否影响占有移转之认定？本案判决认可保证金“资金池”之物权担保效力，即认可于非质权人银行处开立账户不影响占有之移转，但亦未详细阐明缘由。

其四，汇通公司开立于西津支行处的保证金账户性质为何？案涉账户中的保证金是仅针对汇通公司与西津支行的担保业务，还是包括汇通公司和省分行下属各二级分行的担保业务？本案判决认为，由于《最高额保证金质押合同》为主办行西津支行代表各分行订立，所以案涉账户中的保证金针对所有二级分行。

其五，东方资产公司是否对案涉保证金账户内的资金享有质押优先权？如有，其优先受偿权的效力范围为何？究竟以单笔保证金为限，抑可及于“资金池”中全部资金？本案判决认为，东方资产公司在其债权范围内对案涉保证金账户内的全部资金享有质押优先权。

本文拟从解释论视角出发，对以上五个焦点进行分析，试论证保证金“资金池”之物权效力，建立统一之物权顺位，当有助于信贷融资之开展、资金价值之发挥、法律适用之安定。

三、保证金“资金池”之法律性质

保证金“资金池”法律性质的认定是分析其担保效力的前提。倘其被定性为债权性质之担保，则基于债权平等原则及强制执行法和破产法的平均受偿主义，当债务人不履行债务时，各债权人——不问债权成立先后、有无执行名义——皆按债权额平均分配。[①]而倘其被定性为物权性质之担保，则质权人可就其债权于“资金池”中优先于普通债权人受偿。因此，保证金“资金池”法律性质的认定至关重要。本文拟从三个层面分析保证金“资金池”之法律性质。

第一，保证金“资金池”乃保证金质押之创新模式，欲探求保证金“资金池”之法律性质，则须明确保证金质押之法律性质。学界对保证金质押之法律性质存

---

① 陈华彬：《物权法论》，中国政法大学出版社 2018 年版，第 517 页。

在动产质押说、债权质押说[①]、让与担保说[②]、约定抵消说[③]、信托的所有权让与说[④]等观点。本文采动产质押说,理由在于:首先,由《担保法司法解释》的编排体系可得,保证金质押的相关规定位于对动产质押的解释部分,由此可推知最高人民法院认为保证金质押系属动产质押。其次,学界对动产质押说的主要质疑在于:依货币"占有即所有"原则,金钱担保设立完成之时,金钱即因占有之移转而发生所有权之变动,与担保物权之特性不符。[⑤]然货币"占有即所有"原则的理论基础在于货币作为一般等价物所必备的高度流通性和可替代性,因而对处于静止状态的保证金应存在"占有即所有"之例外。[⑥]且"占有即所有"并非强行性规则,可由法律规定或当事人约定排除。[⑦]在保证金质押中,双方均无转移货币所有权之意思,一味适用"占有即所有"原则并无必要。[⑧]最后,动产质押说在司法实践中已被广为认可,采此说有助于司法统一性及法安定性之实现。[⑨]综上,较之于其他学说,动产质押说更具说服力,保证金质押的法律性质应系动产质押。

---

① 债权质押说认为,依据货币"占有即所有"原则,保证金存入账户后,开户人即丧失对该笔保证金的所有权,取而代之的是开户人对保证金的债权,因而保证金质押的性质为债权质押。但是,《担保法司法解释》规定的特定化要件与债权质押的定性有所不符。并且,债权质押以交付权利凭证或登记为成立要件,而保证金质押无此要求,因而债权质押说与物权法定的基本原则存在着一定冲突。

② 让与担保说将保证金质押视作让与担保的一种,但是,由于让与担保尚未被立法承认,本身的效力尚且存疑,用让与担保说解释保证金质押似无必要。

③ 约定抵消说认为,保证金在性质上属于开户人对银行的债权,依据合同法上对约定抵消的规定,双方可以约定,当主债权不能清偿时,银行可就保证金行使抵消权。但是,该说无法适用于第三人担保之情形,且由于约定抵消不具物权效力,无法对抗第三人申请强制执行,在安全性上有所不足。

④ 信托的所有权让与说主张,保证金交付的实质为具有信托性质的所有权让与,货币交付给质权人时,质权人即取得货币所有权,可以自由处分,但同时有附条件返还之义务,在债务清偿后有义务返还相同数额的货币。该说的缺陷在于允许质权人对货币自由处分可能导致货币之减损,不利于对出质人之保护。

⑤ 陈华彬:《物权法论》,中国政法大学出版社 2018 年版,第 524 页。

⑥ [日]能见善久:《金銭の法律上の地位》,载星野英一主编:《民法讲座·别卷 1》,有斐阁 1984 年版,第 111 页。

⑦ 程啸:《担保物权研究》,中国人民大学出版社 2010 年版,第 488 页。

⑧ 杨立新:《民法总则重大疑难问题研究》,中国法制出版社 2011 年版,第 276 页。

⑨ 最高人民法院(2014)民申字第 335 号民事判决书。

第二，明确保证金质押的法律性质为动产质押之后，需要进一步探讨的问题是保证金“资金池”是否符合保证金质押的构成要件。物权与债权的重要分野在于物权无法由当事人之合意任意创设，否则统一的物权序位将难以建立。[①]实践中新兴的“资金池”担保模式究竟系在保证金质押框架内的制度创新，抑或属于一种新型的债权担保？判断的标尺在于保证金“资金池”是否符合《担保法司法解释》所规定的特定化及占有移转之要件。后文将从解释论视角，对保证金“资金池”是否符合特定化及占有移转之要件予以详述。

第三，假如保证金“资金池”符合保证金质押之法定构成要件，则“资金池”所担保的数个债权之间是否存有排序之空间？具体应如何排序？物权担保的本质在于建立统一的物权顺序，对“资金池”所担保的数个债权进行排序是适用物权担保之路径的前提。本案判决认为，“资金池”所担保的数个债权之间应按债权到期的先后顺序排序行使质权。笔者认为，本案判决所主张的排序方式值得商榷。《物权法》未规定一物多质的清偿顺序，盖因质权之成立和对抗效力皆以占有为前提，一物多质似无存在之可能。[②]然随社会之发展，保证金“资金池”等一物多质情形出现，暴露出法律存有嗣后之漏洞。[③]日本民法则对一物多质情形有所关照，《日本民法》第 335 条规定：“以质权设立之先后，定其顺位。”而我国《物权法》虽未规定一物多质之清偿顺序，却对一物多押情形下的清偿顺序有明确规定。因一物多质与一物多押在构成要件上彼此相类，为维护法体系之统一，应在一物多质情形下类推适用一物多押关于清偿顺序之规定，即在保证金“资金池”所担保的多个债权竞存时，可适用类推之法律续造方式，依质权设立（保证金交付）之先后依次清偿。[④]

四、保证金“资金池”之特定化

（一）保证金质押特定化要件之理解

根据《担保法司法解释》第 85 条的规定，在作为一般种类物的货币上设立质

---

① 高富平：《物权法原论》，法律出版社 2014 年版，第 219 页。

② ［日］三潴信三：《物权法提要》，孙芳译，中国政法大学出版社 2005 年版，第 337 页。

③ ［德］卡尔·拉伦茨：《法学方法论》，张爱娥译，商务印书馆 2003 年版，第 255～256 页。

④ ［德］卡尔·拉伦茨：《法学方法论》，张爱娥译，商务印书馆 2003 年版，第 258 页。

权,必须先对货币进行特定化处理,以保证用以设立质权之货币与质权人的其他货币相区分。①然相关法律对保证金特定化的具体要求未有明定,学界及司法实践争议颇多。基于规整各部分之间的休戚相关性,可由使用脉络推知个别字句之含义,以实现事理上的一致性。②《担保法司法解释》第 85 条虽未明言特定化之含义,却以并列形式列举了特户、封金、保证金等特定化的形式。故而,对特户、封金之特定化方式的理解有助于探求保证金质押特定化之具体要求。特户系金融机构为出质金钱而开立的专用账户,该账户仅可用于存放出质之货币,其特定化的主要形式在于账户之特定。封金则为对金钱作包封处理并打上印记或者明确面值及号码的货币,即通过物理包封手段"特定"某部分金钱。

比照特户、封金的共同特征可知,保证金的特定化须满足两个要件。首先是载体的特定化,即应开立专门保证金账户用于保证金质押业务的处理与结算。因为将一定数额的货币从一般等价物特定化为承担担保功能的质押标的,须以特定账户为载体来实现。③而账户或载体的特定化则要求该账户在形式和功能上区别于一般银行存款账户。④原因在于一般银行存款账户具备货币流通之日常结算功能,其存款货币为一般等价物,不具备特定性。⑤因此,为了满足特定化之要求,保证金之载体须为专门保证金账户,该账户专用于保证金的缴存和划扣。账户内货币的流通功能被暂停,非为保证金业务结算之用,不得支取、划扣。

其二为资金的特定。具言之,资金特定包括资金数额的稳定及资金用途的特定。货币存入保证金账户之后即成为保证金质押之特定标的,丧失其作为一般等价物的支付、流通等功能。该笔货币在质押期间仅作为保证金质押之标的"冻结"于保证金账户之中,禁止债权人或债务人自由使用,对该笔货币的任何支取、划扣都会导致其丧失特定性,重新归为一般等价物。⑥因此,在保证金质押期

① 曹士兵:《中国担保制度与担保方法——根据物权法修订》,中国法制出版社 2008 年版,第 301 页。

② [德]卡尔·拉伦茨:《法学方法论》,张爱娥译,商务印书馆 2003 年版,第 204 页。

③ 李季刚:《银行保证金质押的成立要件及其效力探析》,载《金融法苑》2016 年第 8 期。

④ 程啸:《担保物权研究》,中国人民大学出版社 2010 年版,第 491 页。

⑤ 檀木林:《论商业银行融资性保证金质押法律风险防范》,载《福州警察学院学报》2015 年第 4 期。

⑥ 王利明:《物权法研究(下卷)》,中国人民大学出版社 2016 年版,第 1336 页。

间，保证金账户内的资金应保持数额稳定，不得挪为他用，仅发挥其担保质权实现的功能。

此外，司法实践对保证金的特定化是否要求对账户封闭化管理亦存在分歧。安徽省高级人民法院将特定化等同于固定化，认为保证金账户存在进出账情形即会导致保证金丧失特定化。[①]部分学者亦持该立场，提出在质押期间保证金账户应处于封闭状态，不可支取或存入货币。[②]湖北省武汉市中级人民法院则主张，保证金账户内资金之波动无损于特定化之实现。[③]

笔者支持后者之观点。在每笔保证金于质押期间保持数额稳定的前提下，账户内的资金波动无损保证金质押担保功能之实现，要求对账户进行封闭或冻结并无必要。并且，保证金质押的制度目的在于满足日益增长的融资需求，如要求账户内资金固定，不利于融资的顺利进行和资金效益的充分发挥。[④]再者，最高人民法院亦认可保证金账户中的资金波动，其判决明确指出："保证金账户资金的特定化……非资金数额的固定化。账户中的资金因缴存、划扣或退还均属于保证金业务，数额上的波动属正常现象，与保证金特定化的要求不冲突。"[⑤]

(二)争议情形之一:同一账户内存入多笔保证金是否满足特定化要求

出于商业融资之需要，企业可能需要为多笔贷款提供保证金质押，为简化开立保证金账户之操作手续，提高商业交易效率，当事人往往将多笔保证金存入同一保证金账户之中。那么，同一账户内存在多笔保证金是否会导致保证金彼此之间发生混合，从而使保证金丧失特定性？

学界及司法实践对同一账户内能否存在多笔"特定"的保证金有所分歧。福建省福州市中级人民法院认为，当多笔保证金存于同一账户时，须以技术手段将不同业务的保证金予以区分，否则保证金会因彼此混同而丧失特定化。[⑥]具体而言，其须"分级建立若干子账户，每个子账户的资金均与逐次发生的债权一一对

---

① 安徽省高级人民法院(2013)皖民二中字第403号民事判决书。

② 魏雁飞、文穗:《银行保证金质押若干问题的法律分析》，载《海南金融》2016年第1期。

③ 湖北省武汉市中级人民法院(2018)鄂民终98号民事判决书。

④ 程啸:《担保物权研究》，中国人民大学出版社2010年版，第493页。

⑤ 最高人民法院(2016)民申3399号民事裁定书。

⑥ 福建省福州市中级人民法院(2014)榕民初字第277号民事判决书。

应,这样才能完成货币作为种类物的特定化。”[①]程啸教授亦持该观点,主张以技术手段将同一账户内的多笔保证金相区分方可维持保证金之特定化。[②]亦有法院持相反立场,譬如湖北省武汉市中级人民法院认为,保证金账户内资金因保证金业务的开展处于浮动状态属正常现象,其特定性不会因此而受到影响。[③]最高人民法院对此予以认可。例如,最高人民法院第54号指导案例指出,同一保证金账户因业务需要而存入多笔保证金不影响其特定化的构成。[④]

笔者支持最高人民法院的观点。保证金特定化要件的根本目的在于使该笔资金与作为一般等价物的货币相区别,从而实现其作为保证金质押的标的担保债务履行之功能。如前文所述,开立保证金账户并维持账户内资金稳定即可达到保证金质押之担保效果,用技术手段将保证金账户中的各笔保证金一一分离似乎并无必要。并且,从法经济学的视角而言,要求“分级建立若干子账户”[⑤]或通过其他技术手段对同一账户内的多笔保证金加以区分会导致保证金质押手续烦琐,有损商事交易的便捷性。此外,在保证金账户内资金总额不变的基础上,是否将多笔保证金严格区分不影响保证金质押担保效力的实现。苟以法律特定化要求之名义否认其担保效力,不免使法律显得过于僵化和技术性,与担保法促进融资及交易的政策性目的有所不符。最后,在大数据时代下,资金的划转表现为账户内数字的变动,当各笔保证金依次通过银行转账的方式进入保证金账户时,账款记录、账款备注自动生成,保证金与其所担保的债权之间存在明确的一一对应关系,同一账户内多笔保证金的区分自然形成,毋须通过技术手段另行区分。

(三)争议情形之二:保证金“资金池”是否满足特定化要求

随信贷市场之发展,各种新型担保模式层出不穷,在保证金质押的基础上创立的保证金“资金池”担保模式异军突起,当事人以“资金池”形式设立保证金质押的情形频繁出现。保证金“资金池”预先存有铺底的风险保证金,出质人订立

---

① 沈冬军、犹建川、杨光等:《商业银行保证金质押的运行机制与风险管理》,中国政法大学出版社2018年版,第70页。

② 程啸:《担保物权研究》,中国人民大学出版社2010年版,第491页。

③ 湖北省武汉市中级人民法院(2018)鄂民终98号民事判决书。

④ 《最高人民法院公报》2015年第1期。

⑤ 沈冬军、犹建川、杨光等:《商业银行保证金质押的运行机制与风险管理》,中国政法大学出版社2018年版,第70页。

保证金质押合同后，将单笔保证金汇入“资金池”中，一旦贷款逾期，质权人都可就出质人所担保之额度从“资金池”中直接划扣，不以单笔保证金所缴存的金额为限。保证金“资金池”能够通过“杠杆效应”充分发挥货币的担保功能，其既可以减少货币在作为保证金质押标的期间因流通功能的暂停而造成的损失，也可以发挥集中避险的优势，增加货币的利用效率，是信贷融资的重要手段。自保证金“资金池”面世以来，其在金融实践中的运用愈加广泛。

然而，保证金“资金池”长期处于浮动状态，多个相互竞存之质权重叠笼罩于保证金“资金池”之上，序位在前的质权之实现可能带来序位在后的质权落空之隐患。“资金池”上多个质权的重叠是否会影响对其特定性之认定？换言之，保证金“资金池”是否能满足《担保法司法解释》所规定的保证金质押特定性之要求？

前文已述，保证金特定性的实现须满足载体及资金之特定，后者要求资金数额的稳定及用途的特定。以本案为例，保证金“资金池”存于专门的保证金账户之中，“资金池”中资金的扣划始终用于保证金业务，其账户及资金用途的特定性盖已满足。惟有争议者，在于多个质权相互重叠于“资金池”之上，是否符合资金数额稳定之要求？在本案中，汇通公司承诺为顺鑫公司的600万元债务提供担保，并将30万元单笔保证金汇入“资金池”中。30万元单笔保证金汇入后，即与“资金池”中铺底的风险保证金相混合，并在“资金池”形成与所担保数额相当的资金集合，该资金集合作为保证金质押之客体为东方资产公司之债权提供担保。因而，保证金“资金池”作为在信贷融资和资金流通的双重需求下应运而生的新型保证金质押模式，其特定化的实质并未有所动摇。“资金池”内多个质权的竞存无损特定化之实现，只是要求各债权人按保证金质押设立之顺序依次清偿。可能的问题在于，“资金池”在通过“杠杆效应”提高货币利用效率的同时，必然存在多笔债务逾期导致“资金池”不足以偿还之隐患。对此，笔者以为，各债务人既达成以保证金“资金池”形式担保之合意，享有保证金“资金池”在资金利用效率上的优惠，则理应承担“资金池”不足之风险。

更进一步而言，将判定保证金“资金池”特定性之节点推至贷款逾期情形出现之时，亦无不可。在比较法上，英、美、德等国均承认浮动账户质押的担保效力，即以担保人特定账户内的全部存款采浮动担保形式进行质押，质押期间存款账户始终处于浮动状态,而在质权实现时,账户则被固定,成为特定化之客体。[①]我国虽未承认浮动账户质押制度,但也已认可动产浮动抵押、应收账款质押等以一般意义上的"非特定物"为客体的担保形式。[②]保证金"资金池"由风险保证金和单笔保证金共同组成,因保证金的汇入或扣缴长期处于浮动状态。然而,保证金"资金池"之浮动性并不意味着其永远处于变动不居之状态。与法律所认可的动产浮动抵押、应收账款质押等担保形式类似,当固定化事由即贷款逾期的情况出现时,该笔贷款所对应的保证金即在"资金池"中结晶,成为特定化之客体。从这一角度而言,以"资金池"形式设立保证金质押亦无损其特定化要件的实现,唯其特定化之节点与一般物权担保有所差异。只是,将判定保证金"资金池"特定性之节点推至贷款逾期情形出现之时,似已超出《担保法司法解释》第 85 条之文义射程之外。笔者以为,比较法上广泛认可和运用的浮动账户质押制度对我国信贷业务的发展具有积极的意义,从立法论角度而言,我国担保法亦无须固守传统担保物权之理念,不妨借鉴比较法之经验,对传统担保物权的特定化标准适当突破。

五、保证金"资金池"之占有移转

(一)保证金质押占有移转要件之理解

除"特定化"要件之外,《担保法司法解释》第 85 条也将"移交债权人占有"作为保证金质押成立的基本要件。质物占有的移转是质押区别于其他担保方式的重要特征,因此,对"占有"的理解是我们判定保证金质押是否成立的重要前提。

占有制度肇始于罗马法的 possessio,融合日耳曼法的 Gewere,最终成文化于各国法典。[③]在德国法上,占有体现为对物事实上的管领,即获得对物的直接作用且排除他人的此类作用。[④]《德国民法典》第 854 条第 1 项规定:"对物有事实上的管领力者,得取得对该物的占有。"瑞士、我国台湾地区的规定与德国类

---

① [德]沃尔夫:《物权法》,吴越、李大雪译,法律出版社 2004 年版,第 353 页;赵一平:《论账户质押中的法律问题》,载《人民司法》2005 年第 8 期。

② 高圣平:《物权法与担保法:对比分析与适用》,人民法院出版社 2010 年版,第 244 页。

③ 王泽鉴:《民法物权》,北京大学出版社 2009 年版,第 395 页。

④ [德]汉斯-约哈希姆·慕斯拉克、沃夫冈·豪:《德国民法概论》,刘志阳译,中国人民大学出版社 2016 年版,第 214～218 页。

似。《瑞士民法典》第919条规定:“对物有事实上的管领力者,为物的占有人。”我国台湾地区《民法》第940条也规定:“对物有事实上管领力之者,为占有人。”日本法则将占有定性为一种权利,占有权的成立须同时满足体素和心素两个要素,前者是指根据一般社会观念对物具有事实上的支配力[①],后者则要求存在占有之意思[②]。《日本民法典》第180条规定:“占有权,因以为自己的意思事实上支配物而取得。”我国通说认为,占有的认定应满足两个要件,一是对物具有事实上的管领之力,即对物得为支配,可排除他人之干涉。[③]是否具事实上的管领之力则须依社会观念斟酌外部可以认识的时间、空间关系,就个案加以认定。[④]二是占有人主观上意识到自己在占有某物,毋须有据为己有之意思。[⑤]

具体至本案之焦点,保证金质押的占有移转应如何认定?通说认为由于保证金账户具有无形性,无法通过移交实体的方式转移控制力,因而保证金质押的占有移转要求将账户的控制管领力移转至债权人。[⑥]具言之,保证金质押占有移转的判断标准在于出质人无法自由支取账户中的款项,而债权人则有权在债务不履行时直接抵扣。[⑦]

在信贷实务中,保证金质押的质权人多为银行。出质人通常在质权人银行处开立保证金账户并存入一定保证金,质权人银行作为开户行可实际控制质押账户,债务人无法随意支出、取用账户内资金,占有之移转即可认定。[⑧]司法实践中,只要出质人在质权人银行处开立保证金账户并存入相应保证金,法院大多认

---

① [日]田中整而:《物权法》,法律文化社1985年版,第268页。

② 邓曾甲:《日本民法概论》,法律出版社1995年版,第170~171页。

③ 王利明:《物权法研究(下卷)》,中国人民大学出版社2016年版,第1452页。

④ 王泽鉴:《民法物权》,北京大学出版社2009年版,第401~402页;Münchener Kommentar zum BGB. Sachenrecht. 5. Auflage, 2009, §854, Rn.7.

⑤ 王利明:《物权法研究(下卷)》,中国人民大学出版社2016年版,第1452页。

⑥ 程啸:《担保物权研究》,中国人民大学出版社2010年版,第493页。

⑦ 陈宜芳、吴凯敏:《保证金账户资金质押的成立要件探析》,载《人民司法》2013年第24期。

⑧ 曹士兵:《中国担保诸问题的解决与展望》,中国法制出版社2001年版,第312页;毋爱斌、陈渭强、刘晓宇:《保证金账户可以特定化并构成货币质押》,载《人民司法》(案例版)2012年第10期。

可银行已取得对保证金的占有。①

此外,占有的社会作用主要在于维护社会之平和。②因而占有之移转须以法律允许之方式向社会公示。③在动产物权变动中,公示通常以物之实体交付的方式进行。但是,由于保证金质押的特殊性,其交付行为本身——将保证金存入账户——无法起到公示保证金占有移转的效果。因此,保证金质押的占有移转不仅要求出质人将对该笔保证金的实际控制权移转给质权人,而且要求通过在该保证金账户上注明"保证金"字样的方式使保证金账户在外观上区别于普通账户,并使任意第三人能在外观上识别该账户内资金已设立质押担保且为质权人所实际控制。④

(二)争议情形之三:在非质权人银行开立保证金账户是否符合占有移转之要件

保证金账户通常以出质人名义在质权人银行处开立,质权人银行自然获得对保证金账户之控制力,占有之移转即得认定。然而,在质权人并非银行、多家银行共用保证金"资金池"等特殊情形下,保证金账户可能开立于非质权人银行处,质权人无法直接控制保证金账户,占有之移转应如何认定?

曹士兵教授认为,保证金占有移转之实现以在质权人银行处开立账户为要件,因为只有质权人银行可以实际控制该账户。⑤笔者认为曹教授的观点值得商榷。对占有之移转不能仅从字面理解,保证金账户开立于何处诚然是认定占有移转的标志之一,但保证金账户开立于非质权人银行处并不一定意味着占有未发生移转,判定占有移转的根本在于对保证金账户的管领力是否移转,即质权人能否实际控制该保证金账户。此外,在探讨占有移转之要件时,亦应考虑债权人保护与资金安全的平衡。实务中保证金账户管领力的移转可能招致资金安全之隐忧,比如开户单位动用资金或者其债权人查封执行资金等。因而,其在通过制度设计保障债权人利益的同时,也应对资金安全有所考虑,例如,可以采用开立资金共管账户等方式。

---

① 最高人民法院(2017)最高法民申1829号民事判决书;安徽省高级人民法院(2013)皖民二终字第00261号民事判决书。

② 王泽鉴:《民法物权》,北京大学出版社2009年版,第398页。

③ 孙宪忠:《中国物权法总论》,法律出版社2014年版,第301页。

④ 最高人民法院(2013)民申字第2060号民事判决书。

⑤ 曹士兵:《中国担保诸问题的解决与展望》,中国法制出版社2001年版,第312页。

回到本案，首先，西固支行与汇通公司明确约定，非经西固支行同意，汇通公司不得处分案涉保证金账户内资金，即案涉账户的管领力已移转至西固支行。第二，顺鑫公司 600 万元贷款的债权人西固支行是与西津支行同属于省分行的二级支行，根据省分行的通知和指示，西津支行作为主办行代表各二级分行与汇通公司订立保证金质押合同，代表包括西固支行在内的各分行对“资金池”进行监管。由此可推知，西津支行虽为案涉账户的开户行，却无权任意处置账户内资金，各分行对“资金池”内资金可按照质押设立之先后顺序受偿，西津支行并无优先受偿权。在一起类似案件中，在开户行为质权人银行下级分行的情形下，法院认可账户之占有已发生移转，原因在于质权人银行可基于银行内部行政渠道实际控制该账户。[①]因此，尽管西固支行并非开户行，但基于省分行的内部指示以及各分行的内部行政关系，西固支行在其债权范围内对案涉保证金账户具有管领力。第三，由于省分行将对顺鑫公司 600 万元贷款的债权转让至东方资产公司，东方资产公司继受西固支行对顺鑫公司的债权，因此，东方资产公司在该笔债权范围内对案涉保证金账户具有管领力，即占有之移转已经完成。此外，基于法政策之考量，保证金“资金池”的出发点在于最大限度地发挥资本的价值。实践中，多家二级分行共用同一“资金池”的状况十分常见，也有助于资金“杠杆效应”的发挥。如因保证金账户未在质权人银行处开立就否认其物权担保效力，不免影响信贷融资业务之发展。

六、结论

《担保法司法解释》第 85 条规定，保证金质押之设立须满足“特定化”和“移交债权人占有”之要件，然未对要件之具体内涵作出细化。后于《担保法司法解释》制定的《中华人民共和国物权法》未对保证金质押作出规定，更增学理及实务之困惑。随信贷需求之增长，保证金“资金池”这一新型保证金质押模式应运而生。保证金“资金池”长期处于浮动状态，多个相互竞存之质权重叠笼罩于保证金“资金池”之上，其特定化之认定，尤为困难。且由于信贷实务中多家分行共用资金池的情形频繁发生，保证金账户常于非质权人银行处开立，其占有移转之认定，亦存疑问。

保证金质押特定化要件之实现在于载体及资金之特定，即要求开立专门保

① 江苏省连云港市中级人民法院(2015)连商终字第 00009 号民事判决书。

证金账户并存入数额稳定的保证金。在满足上述要求的前提下,保证金"资金池"的长期浮动性及"资金池"多个质权之重叠无损其特定化要件的实现,惟在质权设立之时,"资金池"内资金须大于所担保的债权总额。保证金质押占有之移转则要求保证金账户管领力之移转。通常情况下,于质权人银行处开立保证金账户即可完成占有之移转,而对在非质权人银行处开立保证金账户之情形,也不应一概否认其效力,而是应考虑质权人与开户行之间是否存在另行约定、是否存在内部行政关系等因素,综合判断质权人是否实际控制保证金账户。

司法制度研究

新中国成立70年法院审判机构的时代变革

——以组织管理学分析为视角

彭云翔*

摘要：通过对新中国成立70年人民法院审判组织结构历史变迁的研究可知，法院审判组织结构经历了1949—1977年的专业化探索期，1978—1996年的科层制建构时期，1997—2012年的科层制调整时期，从2013年开始至今机构深化改革的四个阶段。这种时代差异和演化少有学界进行总结归纳，并以组织结构管理学角度来剖析。以控制跨度、指挥链、权力集中度等管理学要素分析机构深化改革的现有两个可行方案，大庭制对科层制建构时期的传统审判部门结构进行了调整，但仍不能根本解决传统科层制的缺点。团队制这种参与型有机结构才更符合现代型组织的演化规律。但审判机构改革应在大庭制完成平稳过渡后进化为团队制。回望70年，法院确定战略目标后，坚持发展人员优化、文化提升的改革内因会使法院提升为学习型、强文化组织，达到国家治理现代化。

关键词：组织结构；审判团队；大庭制改革；科层制

一、引言

新中国成立70年以来，人民法院审判机构的组织结构按特点可划分为四个不同时期，反映了法院审判机构如其他系统一样是开放、流动的，是在不断建构

* 作者系江苏省无锡市滨湖区人民法院法官，西南政法大学法学院2018级博士研究生。

和再建构、变迁和转型之中回应社会问题进而逐渐成长、成熟起来的。① 人民法院70年来一系列时代变革蕴含了什么组织管理学逻辑?现在我国法院系统试点的大庭制和团队制两套方案中何者为更优方案?推动法院审判机构组织结构变革的内因为何,未来发展又向何处去?本文将运用法学和管理学知识对这一历史发展进行梳理,对改革成功要素进行总结,并对未来人民法院审判机构的组织结构进行预测。

二、1949—1977年:审判机构专业化探索期

审判机构是根据案件专业分工建立的法院内部审判管理部门,②审判机构与办公室、政治处等司法行政机构共同组成了法院的内设机构。审判机构不仅有裁判职能,还具有人员管理、诉讼指导、业务讨论等辅助裁判行为的职能。审判机构又分审判业务部门和审判综合部门两种类型。在这一时期,法院同时经历着推进司法改革运动和探索人民法院组织结构这两项任务。

(一)推进司法改革运动

1949年2月解放战争胜利前夕,中共中央就发布了《关于废除国民党的六法全书与确定解放区的司法原则的指示》指出,人民的司法工作不再以国民党六法全书而是以新法律为依据。建国初期从国民党政府接管过来的司法机关,特别是不少大、中城市及省以上人民法院的审判人员中旧司法人员占总人数的多数。例如,上海人民法院140名审判人员中,旧司法人员有80名;天津人民法院66名审判人员中,留用旧司法人员46名。③ 1952年,中央政法委提出了当年的工作要点是推进司法改革运动,在此过程中,约占当时各级法院总人数22%的旧司法人员被清理出法院队伍。④ 与此同时,大量的非法律出身的干部被调进了司法机关从事审判工作。⑤ 这些从工人、农民、革命军人中吸收的新司法干

---

① [美]波斯纳:《超越法律》,苏力译,中国政法大学出版社2001年版,第326页。

② 王国锋:《转变中的中国法院组织结构——审判组织和审判机构的竞合与分离》,载蒋惠岭主编:《法院内设机构与司法管理改革》,人民法院出版社2018年版。

③ 陈光中、曾新华:《建国初期司法改革运动述评》,载《法学家》2009年第6期。

④ 何勤华:《论新中国法和法学的起步——以"废除国民党六法全书"与"司法改革运动"为线索》,载《中国法学》2009年第4期。

⑤ 董必武:《关于改革司法机关及政法干部补充、训练诸问题》,载《董必武政治法律文集》,法律出版社1986年版。

部，尽管有较高的政治觉悟和政治素质，但大多并未受过专门的法律教育，甚至有不少人文化水平很低，以致无法撰写判决书。①

(二)探索新法院组织结构

在推进司法改革运动的同时，法院也在探索建立符合社会主义性质的新组织结构。1951 年，《人民法院暂行组织条例》的通过拉开了专业化科层制探索的序幕，规定了各级人民法院的组织，该组织条例规定我国设立县、省、最高三级法院，实行两审终审制。除了省、最高人民法院设专业化庭室外，案件多的县级法院才分设民事、刑事审判庭对案件进行专业化审理。经过几年的司法实践，缺乏基层法院和必要的专业化部门的组织结构带来了积案等问题，不得不以派出所、街道、乡为单位广泛建立调解组织以调处矛盾。② 1954 年，作为新中国成立后第一部法院组织法于当年 9 月 21 日经第一届全国人大审议通过并施行，该部法院组织法对暂行组织条例进行了修改，规定我国法院审级为四级两审终审制，增加了一层审级，同时在审判机构专业化上更进一步，规定了新设立的基层法院也可设民事、刑事审判庭，中级及以上法院视情况可设其他专业审判庭。此后十余年，各级人民法院系统都是按照 1954 年法院组织法组织履行审判功能。

但在此时期，经济基础和法律虚无主义思想对审判机构专业化进程起着消极作用。首先，高度集中统一的完全计划经济体制的经济基础使市场调节在经济生活中的作用无法有效地发挥，法律调整在国家和社会生活中的权威性地位无法确立。③ 法院在国家机构中的重要作用自然无法体现。其次，法律虚无主义思想日益泛滥。1951 年，彭真同志于《关于政法工作情况和目前的任务》中就指出，有些同志“忽视政法工作对经济建设的巨大作用和密切的关系，轻视政法部门工作”。但该呼吁并未引起对法律虚无主义的警觉，该思想反而愈演愈烈。1959 年司法部和监察部被撤销，1960 年 11 月，“两高”和公安部三家归公安部党组统一领导。④ 1968 年 12 月，最高院、最高察、内务部的军代表和公安部领导小组联合向中央文化革命小组上报的《关于撤销高检院、内务部、内务办 3 个单位，

---

① 黄文艺：《1952—1953 年司法改革运动研究》，载《江西社会科学》2004 年第 4 期。

② 彭真：《论新中国的政法工作》，中央文献出版社 1992 年版，第 75～76 页。

③ 公丕祥：《东方社会主义的法律发展——从马克思到邓小平的理论探索》，载《法制与社会发展》2003 年第 3 期。

④ 李龙、朱程斌：《建国 70 年以来党的政策和法的关系》，载《甘肃政法学院学报》2019 年第 4 期。

公安部、高法院留下少数人的请示报告》被批准。[①] 自此，最高院、地方各级法院审判机构遭到严重破坏，基本丧失了司法功能。探索审判机构专业化的实践也随之戛然而止。

三、1978—1996年：审判机构科层制构建期

1978年，中共十一届三中全会拨乱反正，提出了社会主义法制"有法可依，有法必依，执法必严，违法必究"，也为法院功能重启指明了方向。1978年7月1日第五届全国人民代表大会第二次会议通过《法院组织法》，该部法院组织法重新确定了各级法院的审判机构和人员构成。

(一)新设专业审判机构：根据审判对象进行部门设置

1.民、刑、经济审判庭的架构

在此阶段全国刑事案件发案数不断提高(从1978年首次突破60万起，1981年一举跃升至89万起，上升48.3%)[②]和民事案件的高速增长(1979年民事收案比1978年上升29.6%，1980年比1979年上升45%，1981年上半年比1980年同期上升27%)决定了民刑审判庭存在的必要性。而且随着改革开放深入成就的市场繁荣，经济纠纷快速增长决定了经济审判庭设立的必要性。1980年，全国各级人民法院受理经济纠纷案件才1.46万件，1983年收案为4.4万余件，1984年收案为8.5万余件，增加了将近一倍；1985年收案为22.6万多件，比1984年又增加了1.6倍，到了1986年，全国各级人民法院受理经济纠纷案件已达32.2万多件，是1980年的22倍。为了应对经济审判的重任，重庆市中级人民法院于1978年2月建立了第一个经济审判庭。[③] 最高院于1978年成立了经济审判庭，随后经济审判庭在各地陆续成立。

2.其他特色专业审判庭的增加

因为新的部门法施行，人民法院在此时期除了民事、刑事、经济案件外也建立了行政庭等新部门，涉及行政诉讼新领域。最高院于1985年率先建立了行政

---

① 高一飞、陈恋：《检察改革40年的回顾与思考》，载《四川理工学院学报(社会科学版)》2018年第6期。

② 倪小宇：《改革开放30年社会治安综合治理发展历程》，载《福建警察学院学报》2008年第6期。

③ 参见1980—1986年的《最高人民法院工作报告》。

审判庭，各级法院也开始陆续建立了行政审判庭。

部分人民法院在恢复时期实验性地设置少年合议庭，但随着青少年犯罪在几年间开始以10%的速度逐年上升，数量的高发和主体的特殊已经使得少年合议庭不能满足审判实践的需要，于是最高院开始推广上海、天津等地经验成立少年审判庭来应对。80年代初，婚姻法、经济合同法、民事诉讼法（试行）、商标法等新法的陆续实施，使民事审判在内容和外延上又有了扩展。部分人民法院结合本地区实际设置了诸如劳动、房产等专业审判庭。

（二）立审执分离：根据审判流程进行部门化之路径

这个时期，人民法院不仅进行了审判对象部门化分离，还将审判机构按照过程进行了部门分离，新设立案、执行机构等过程化部门。在执行方面，历年法院组织法并未规定法院专门的立案、执行机构，但司法实践的快速发展迫使组织结构进行了改革。

1.立案部门的专门设立

首先，立案数量和审查难度增加。随着各类案件的急速增加，特别是由审判庭自己立案造成的立案标准不一，不同案件态度不一，[①]成立一个单独的立案组织被摆上了议事日程。在1987年的第十三次法院工作会上，最高院宣布设置告诉申诉审判庭，负责审查民事、经济、刑事自诉案件的起诉，立案后移送审判庭审理。[②] 地方各级法院如四川省高级人民法院于1988年也在全省推行立审分立的做法，全国各地开始铺开立审分离举措。1997年《最高院关于人民法院立案工作的暂行规定》以文件形式确立了立审分离的原则。

2.执行部门的专门设立

其次，人民法院在本阶段确立了审执分离的机构模式。在民商事案件数量日益增加的同时，执行难现象也随之出现。根据最高院工作报告统计，到1985、1986年全国法院经济案件不能执行率均已达到20%左右，1987年不能执行率上升到30%左右。该现象促使各级法院从1990年开始试点成立专门的执行机构，并将该变革规定在1991年民事诉讼法中。各级法院根据民诉法设立专门执行部门后，执行结案数显著提升，1991年全年共执行案件885756件，比1990年上升13.5%。于是，最高院为了协调指导全国执行，也于1995年成立了专门机构。

---

① 段文波：《起诉要件前置审理论》，载《法学研究》2016年第6期。

② 王靖红：《推行立审分离势在必行》，载《人民司法》1994年第9期。

四、1997—2012年:科层制调整期

随着改革开放后经济社会的全面发展,人民法院的审判机构和工作机制面临着日益复杂的局面,司法改革呼声日益高涨。中共中央也高度关注司法改革问题,中共历次代表大会一再提到了司法改革。这一阶段,最高院也相继出台了三个法院改革五年纲要进行初步改革,尤其是对科层制组织结构进行调整。2006年,司改成果再一次被写入了法院组织法修改中。

修改后的三大诉讼法和司法解释对文书送达、宣判期间、审理期限的严格规定对人民法院审判过程提出了新挑战。为督促干警依法定期间司法,人民法院开始推广设立审判管理部门,对立案、送达、开庭、结案等不同审理阶段进行跟踪管理。自2006年《人民法院诉讼费用交纳办法》大幅降低了民事诉讼的收费标准后,案件急剧增加,这对按审限审理进一步提出挑战。① 人民法院不得不将审限作为审判管理部门进行监督的极重要考核指标。在案件日益增加、诉讼程序日严的时期,法院试图通过审管部门来统一对科层制各个审判机构的管理,达到组织运行目的的一致性,运行的高效性。

在构建期和调整期我国法院沿用的科层制,经过多年司法实践开始显露出问题。各级法院都意识到了这个问题,提出了精简机构以减少领导岗位、充实办案人员的改革。法院一五改革纲要也提出"精减和合并职能重叠的司法行政管理部门"。但这种改革措施缺乏党中央级别的顶层设计和统筹,遭遇了较大阻力。

五、2013年—至今:深化机构改革期

2013年,十八届三中全会全体会议通过了《中共中央关于全面深化改革若干重大问题的决定》,提出要深化包括司法体制在内的多项改革。2014年十八届四中全会通过了《中共中央关于全面推进依法治国的决定》,将"优化司法职权配置"作为重要内容写入决定中。2017年中共十九大进一步提出了"深化司法体制综合配套改革,全面落实司法责任制"。司法体制综合配套改革的重要议题就是法院审判机构改革,上一时期试点并没有全面解决科层制问题,法官仍"被

① 唐力:《民事审限制度的异化及其矫正》,载《法制与社会发展》2017年第2期。

组织到一个单一的权力等级里”“被锁定在一个严格的上下级网络之中”①,和行政机关趋同,传统科层制的组织结构在急剧增加的审判业务压力前需要深入改革。为此,人民法院探索出大庭制和团队制两种改革方案。

（一）大庭制和团队制:深化机构改革的两套方案

1.大庭制改革方案

2018 年,中央机构编制委员会办公室、最高院发布了《关于积极推进省以下人民法院内设机构改革工作的通知》,正式从文件形式上确认了大庭制改革的方案,规定了内设机构数目与该法院政法编制数目挂钩,但工作任务较重或编制达 201 名以上的,可以根据工作需要适当增加审判业务机构并从严审批。在此文件发布之前,广东省佛山市、宁波市江北区法院已经进行了大庭制改革的试点。大庭制改革可以说是对现有科层制组织模式的妥协性改革,比如宁波江北区法院在人员编排上,对原有多个民商事审判庭室进行整合,组建了简案组和难案组两大组别负责民商事审判工作。所以,大庭制改革应是实现管理人员、审判机能平稳过渡的临时方案,并没有破除科层制的藩篱。

2.团队制改革方案

团队就是为实现某一目标而由相互协作的个体所组成的正式群体。② 西方一些大公司实行的跨职能团队,由具有不同职能特长的个人组成工作团队,往往能思考并提出改进工作的一些方法。团队制模式是指每个法官团队组成互不隶属的小组,施行扁平化的管理,达玛什卡称其为协作理想型和单一的权力层次。以美国联邦法院系统为例,联邦最高院法官团队由 1 名法官、4 名法官助理和 1 名行政助手构成,从联邦最高法院开始向下到各级法院,审判团队人数特别是法官助理人数依次递减。③ 我国于 2013 年后进行了审判团队的试点改革,以深圳前海合作区人民法院为例,前海法院不设审判业务庭而直接设立主审法官审判团队,只设司法政务处、审判事务处两个综合管理部门,实现了司法行政事务管

① [美]米尔伊安·达玛什卡:《司法和国家权力的多种面孔——比较视野中的法律程序》,郑戈译,中国政法大学出版社 2004 年版,第 24 页。

② 许湘岳、徐金寿:《团队合作教程》,人民出版社 2011 年版,第 233 页。

③ 王禄生:《法院人员分类管理体制与机制转型研究》,载《比较法研究》2016 年第 1 期。

理权和审判权的分离。① 无锡、青岛等地法院试点了执行团队制。青岛法院对团队考核和成员考核进行了分离,又将成员考核按照身份进一步细分为法官、法官助理、司法辅助人员三种。② 2019 年施行的法院组织法通过"法官员额较少的中级人民法院和基层人民法院,可以设综合审判庭或者不设审判庭"的形式将其固定下来,标志着其以立法形式肯定了 2013 年以来取代科层制的改革成果。

(二)其他审判机构改革:深化司法体制改革的配套工程

其他审判机构也随之进行了改革。2016 年全面实行立案登记制促使一些法院的立案庭也随之发生了变化,去除科层制烙印明显的"立案庭"名称而更名为诉讼服务中心。执行局也进行了审执分离的改革。

审委会制度自设立以来便争议不断。其运行机制也和法学界倡导的直接言辞原则、审判公开原则和回避制度有相冲突部分,"判而不审"、审委会干预法官独立判案的不良现象在实践中亦存在。③ 部分学者要求改革审委会的呼声日益高涨,甚至提出了取消审委会的意见。④ 在最高院一五、二五改革纲要中提出分设刑事、民事行政专业委员会,将活动机制由传统会议制改为符合诉讼法原则的审理制,并由审委会委员直接参与重大疑难案件的审理改革后,2018 年对法院组织法的修改中对审判委员会制度进一步作了重大修改,首先,将审委会的职能进行了限缩,尤其将学界争议颇大的案件裁量权限缩到法律适用,而不再讨论决定案件的事实,其次,扩大了专业委员会适用法院的范围,并将可设置专业委员会的范围扩大到了中级以上的法院。

六、组织结构时代变革的管理学逻辑

纵观人民法院 70 年审判机构变革历程,它是有管理学逻辑可循的,组织结构是组织内部对工作的正式安排。管理者在发展和变化组织结构时将涉及工作

---

① 于猛:《人民法院审判团队制度建设与模式选择—以基层人民法院审判团队的构建为例》,载《法律适用》2018 年第 11 期。

② 赵玉东:《团队化执行模式的构建》,载《人民司法》2018 第 31 期。

③ 顾培东:《再论人民法院审判权运行机制的构建》,载《中国法学》2014 年第 5 期。

④ 肖建国、肖建光:《审判委员会制度考——兼论取消审判委员会制度的现实基础》,载《北京科技大学学报(社会科学版)》2002 年第 3 期。

专门化、部门化、指挥链、管理跨度、权力集中程度、正规化等要素的设计工作。[①] 四个时期的变革也反映了审判机构于管理学要素上的变化。

(一)科层制传统型组织的劣势

在探索时期,建立科层制专业化部门的探索因历史原因而浅尝辄止。在构建时期,法院确立了不同庭室组成的科层制组织结构。科层制最早是由德国社会学家韦伯所提出的强调集权主义,以精确、稳定、纪律和可靠为准则,在既定的章程和规则的约束范围内,通过职务等级的权威影响所形成的集体行动形式。[②] 随着生产力的发展,科层制结构的基本要求即包括了职能、知识专业化。[③] 科层制集中的管理层除易于协调统筹各个专业部门完成重大任务外,对决策的做出和传达进行了规范,统一指挥链,避免了冲突命令,指出优先处理事务,有助于实现规模效益和正规化,且与其他行政机关趋同的结构有利于统一工资和人事管理。

1997—2012 年的科层制调整期,专业审判庭的科层化机械式组织所带来的效率增长在面临着巨大案件压力时遇到了瓶颈。原因有三:其一,工作高度专门化会带来人员的非经济性。20 世纪 60 年代西方管理学家就注意到高度分解的某项任务由固定部门人员承担,会造成该部分人员感到厌倦、疲劳、压力。[④] 同样的,根据审判对象的不同被固定在某个部门的法院工作人员,审理固定类型案件的心理新鲜感可能逐渐会消退成厌倦感。其二,专业化工作和知识跨专业渴求存在矛盾,专业化人员在学会某项工作后会感到满足,又长期不能学习其他专业的知识,会导致其满足感下降和掌握的知识贬值。审判对象固定化后,法院工作人员在审理中对其他部门法缺乏学习和实践会导致其对新知识的心理渴求得不到满足,产生疲劳和焦虑。其三,正规化、部门化完成后负面效果开始显现。正规化组织有许多规则条例,限制了干警的自主权和自由度。其四,科层制管理形式使组织的垂直沟通更加复杂,会减慢决策速度,并使高层管理人员趋于孤立。其五,科层制施行,久而久之就会在组织内形成以自己机构为中心的部门本

① [美]罗宾斯、库尔特:《管理学》,孙建敏等译,中国人民大学出版社 2008 年版,第 256 页。

② [德]马克斯·韦伯:《经济与社会》,林荣远译,商务印书馆 1998 年版,第 296 页。

③ 纪莺莺:《文化、制度与结构:中国社会关系研究》,载《社会学研究》2012 年第 2 期。

④ [美]波斯纳:《超越法律》,苏力译,中国政法大学出版社 2001 年版,第 263 页。

位主义,对协调各个部门共同施行组织行为产生阻力。其六,减少了实际办案人数,加剧案多人少现象。优秀的法官成为院长、庭长后便不再直接审理案件,而是坐居程序的关键环节或者出口处,以首长式的“审核”或“审批”帮助其他办案法官把关,这种现象受到社会各方面的诟病。[①]

大庭制改革虽然可以保留部分中层领导以维护法院人员的稳定,增加了办案人数,但大庭制的缺点也是显而易见的,首先,大庭制改革不彻底,小部门合并成了大部门的层级使得决策周期依然较长,升迁跨度大等问题没有根本解决。第二,科层制带有强烈行政属性的庭长等中层领导依旧保留,预示了上级领导对下级行政干预的可能性还是具备的,给不审理者裁判留下了制度空隙。第三,管理跨度并没有减少,中层管理人员这一管理层级并未消失,基层法官、书记员向上升迁的跨越层级也并未减少。第四,权力集中的决策状态未得到扭转,传统科层制中一部分职能部门进行决策的状态在大庭制结构中有所改变,但并未根本扭转。第五,不以严厉的法律法规约束,未来可能造成庭室增加的反复,《机构改革通知》中对内设机构数目设置了一个例外,即工作任务较重或 201 名政法编制以上的法院可以适当增加庭室,但该项条件如果不进行细化规定,很有可能会使例外成为常态,出现庭室再次碎片化。

(二)团队制现代型组织的优势

团队制这种有机式组织相对传统组织的优越显而易见。其一,团队制改革在一定程度上破除了反应迟钝的指挥链,原本为了保证统一性的指挥链比如中层领导的文书审批在司法责任制改革后已经没有存在的必要性。其二,取消中层管理岗位减少了升迁难度,同时并不有碍信息交流,团队制中的法官往上升迁,减少了中层管理这一层级。网络技术普及已经使法院最高层领导迅速通畅地将信息传达给基层干警。其三,团队制拓宽了管理跨度,管理跨度决定了组织中管理层次的数目和管理人员的数量,管理跨度越宽,组织越有效率。在团队制下,法院领导层可直接管理审判团队。其四,团队制具有决策分权化的灵活性,由于案件日益增多,需要审判机构具有更高的灵活性和反应能力,这就导致了下放决策权是一个明显的趋势。随着我国法官学历素养、经验训练的提升,所面临的监督应越少。

---

① 方乐:《审判权内部运行机制改革的制度资源与模式选择》,载《法学》2015 年第 3 期。

我国的审判机构变革应以大庭制为过渡,团队制为目标。第一,有步骤有过程地实现团队制改革,给予大庭制几年过渡期,让庭长、副庭长从中层管理岗位立即卸任不利于维持法院人员的稳定性。第二,改革中国现有的行政级别衡量工资的机制,加快根据法官等级衡量工资的普及化,使得审判团队的负责人相比现在中层岗位的薪水并不降低,才能更好地减轻团队改革的阻力。

在团队制改革最终完成后,如何保证分散的团队不产生离心的负面效果成了需要解决的问题。其中一个离心现象就是分散的审判团队对类似案件的同案不同判现象。而这种现象在庭长享有法律文书审批权的司法责任制改革前是较少出现的。针对这种离心现象有两个解决之道。首先,明确将司法用户的需求作为不同团队的共同目标,一个针对北美公司的大型研究发现,确保团队成功的重要因素即该团队主动关注客户需求。作为司法审判的客户,当事人关注的是解决纠纷的速度、降低成本、案件的质量。[①] 团队制改革后,审判管理办公室可以起到调查当事人关注点的职能以校正审判团队的目标。其次,在审判团队之外建立质量管理圈,质量管理圈(quality circle)是跨国公司定期聚会对团队之间的各种类型问题进行鉴定、分析并提出解决方案的员工群体,其目标在于寻找与质量有关的问题,并提出解决方案,呈给管理层。[②] 法院也可以通过审判管理办公室、专业法官会议等类似质量管理圈的组织形式定期评查案件质量、总结审判经验,加强审判团队之间的信息互通性、决策一致性。

(三)组织结构变化的管理学内因和发展

除了党的正确领导、经济社会发展等外因变化促使法院审判机构做出"回应"外,法院组织结构产生以上变化也归因于发展战略变革、人员优化、科技进步。

1.法院发展战略变革到深度"去行政化"的发展

从世界维度上来讲,我国对司法运行效率高者的模仿是在持续推进的,比如民事审判实践在理念上逐步变革到强调当事人的主体地位,强化程序保障以及

① The Hay Report: *Compensation and Benefits Strategies for 1997 and Beyond*. New York: Hay Group, 1997.

② [美]黑尔里格尔等:《管理学:能力培养取向》,张燕等译,中信出版社 2004 年版,第 522 页。

弱化法院职权色彩。[①] 刑事诉讼的改革也走上了强化控辩当事人的对抗、促进庭审实质化的道路。[②]法院的战略逐渐从职权主义诉讼参与者变化到了程序监督者和保障者，符合司法特征的裁判功能提升才是法院的未来战略。

从另一方面来看，法院的行政化属性要进一步剔除。法院的中立裁判性工作特征日益显著，明显区别于行政机关。随着司法改革的深入，以员额制为基础的团队办案模式也日益区别于传统行政机关科层制工作模式。法院文化以定纷止争为职责、以公正为灵魂、以严格法定程序为表象、以判断性为基本要求、以权威性为重要标志。[③] 法院组织也会形成自己独有的司法文化，而该文化是未来统合结构上日益分散的审判团队的重要因素。法院干警在独特的程序工作中更需要行为是否恰当规则的引导，这就需要法官惩戒委员会这类有别于行政机关特有的标准来定义审判工作中的恰当和不恰当行为。[④]

2.人员素质提升到学习型组织的倡导

改革开放伊始，人民法院工作人员的专业知识和审判经验都处于较低水平，所以法院组织中植入了审委会、审管办等许多组织来辅助办案，审判组织也按照部门划分以提升专业性和正规化，以求在本部门法范围内完成工作。但随着新晋干警学历水平的提高，以及各级法院创办法官学校开展培训工作，司法人员素质有了显著提高。司法人员素质的提高，特别是对不同部门法的掌握，为打破部门法藩篱建立审判团队打下了人员基础。员额制改革进一步给了团队员工可以自由地以自认为最好方式安排工作的权限。

但近几年，随着法官员额制改革的落实，入额难增加了法学毕业生在法院的职业升迁难度，少数法院招录新晋人员出现了学历“退化”的现象，这也需要顶层进一步响应习近平同志提出的“建设一支德才兼备的高素质法治队伍”更加关注法官助理的激励和晋升制度的完善，吸引更多更优的人才充实法院队伍，保证法院继续改革的活力。

除了新晋人员外，建设学习型组织也是被管理学家认为是组织可持续获得

---

① 唐力：《民事审判：从重法院职权转向强调当事人主体地位》，载《人民法院报》2018年12月18日第34版。

② 左卫民：《中国刑事诉讼法学40年：观察与思考》，载《四川师范大学学报（社会科学版）》2018年第6期。

③ 陈光中、崔洁：《司法、司法机关的中国式解读》，载《中国法学》2008年第2期。

④ 陈瑞华：《法官责任制的三种模式》，载《法制日报》2015年10月28日第11版。

竞争优势的唯一资源。① 法院建设学校型组织不仅包括司法工作外的专门性理论学习,也包括完成工作过程中的技能学习、讨论和制定决策。所以,这就要求首先应制造自由合作的工作环境,加强协作性团队以削弱组织的边界。其次,法院管理者要作为学习型组织的推动者和倡导者,积极发挥专业法官会议的作用,开展理论学习、讨论,鼓励调研工作,创造一个良好的学习氛围和司法机关特有的法院文化。

3.法院管理方法变革到成本降低的无边界组织

在最高人民法院网络安全和信息化领导小组2018年第二次全体会议上,周强院长强调要扎实推进"智慧法院"建设。2016年,中国社科院发布的《中国法院信息化第三方评估报告》指出,中国法院已建成了以互联互通为主要特征的人民法院信息化2.0版。而5G网络将使人民法院内外数据存储的交换速度从现有信息化程度提升至3.0甚至4.0版。信息化程度提高将进一步加宽控制跨度,破除组织部门化的横向边界和层级之间的纵向边界,在团队制的基础上进一步改革,达到无缝沟通的无边界虚拟组织(virtual organization)。即法院最高层领导为了促进组织目标的一致性,未来与基层员工联系更多的是把握文化建设、推动学习型组织、干警选拔激励、后勤保障等,而不是发布命令和实施控制。

达成无边界组织的另一种管理学模式为模块化建设,②即法院将自己的主要精力集中到符合自己战略,且收效最佳的工作即审判工作中,而将文书送达、后勤保障、档案管理甚至执行调查等外包或授权给其他主体甚至社会主体。而对社会主体的任务发布、联络监督都需要法院信息化工程、人工智能和5G网络参与。5G网络和人工智能相结合的虚拟助手也会将无人化司法服务变为现实,进一步使法院人员集中到核心任务即审判工作中去。③ 综上,随着审判机构改革的深入,研究审判团队化之后法院文化引导、学习型组织的具体落实、无边界组织建设、功能模块化外包是下一步法学界和管理学界的研究命题。

---

① A.N.K. Chen and T.M Edgington, Assessing Value in Organizational Knowledge Creation: Considerations for Knowledge Workers, *MIS Quarterly*, June 2005, pp. 279-309.

② [美]罗宾斯、库尔特:《管理学》,孙建敏等译,中国人民大学出版社2008年版,第270页。

③ 彭云翔:《5G网络与智慧法院建设相融合的展望》,载《人民法院报》2019年8月15日第8版。

七、结语

1949 年到 1977 年,法院在进行司法改革运动的同时探索建立专业化的审判组织结构。从 1978 年到 1996 年,法院终于建立起成果部门化和过程部门化相结合的科层制组织,以专业化应对审判工作。1997 年到 2012 年,法院对科层制暴露的管理人员增多、部门碎片化等缺点进行调整。2013 年至今的机构改革期试点的大庭制并没有根本改变科层制的集权命令模式,可作为机构改革的过渡模式。而团队制这种参与型有机组织才是机构改革的更优方案。坚持发展战略变革、人员优化、文化提升变革,法院终可变革为学习型、强文化、无边界的新型组织。随着机构改革的深入,研究审判团队化之后法院文化引导、学习型组织的具体落实、功能模块化外包是下一步法学界和管理学界的共同研究课题。

最高人民检察院执行检察总局设置之探讨

王凤涛*

摘要：最高人民检察院本轮内设机构改革实现了重塑性变革，开启了检察权运行的全新模式，并为新一轮内设机构改革奠定了坚实基础。深化最高人民检察院内设机构改革，尤以创设执行检察总局最为紧要和迫切。最高人民检察院执行检察总局的组建，应当坚持最高检察机关的宪法定位，结合强化执行检察职能的现实需要，研究制定职能配置、机构设置和人员编制方案。在此基础上，其通过设定筹备期、试点期、示范期和诞生期，历经组当局建、地方探索、顶层设计和全面推开四个环节，配套执行检察法律规范体系、执行检察线索供给体系和执行检察监督保障体系三大措施，形成集中统一、权威高效的执行检察体系。

关键词：最高人民检察院；内设机构改革；执行检察总局；法律监督；执行检察中国模式

> 法治领域的改革涉及的主要是公检法司等国家政权机关和强力部门，社会关注度高，改革难度大，更需要自我革新的胸襟。
>
> ——习近平①

一、最高人民检察院执行检察总局的创设必要

执行检察是人民检察院对审判机关和行政主体②的执行活动进行法律监督

---

* 作者系最高人民检察院办公厅干部，法学博士。

① 习近平：《习近平谈治国理政》(第二卷)，外文出版社2017年版，第123页。

② 行政强制的实施主体不仅包括行政机关，还包括法律、行政法规授权的具有管理公共事务职能的组织。参见《行政强制法》第70条；王玄玮：《行政强制措施检察监督研究》，载《云南大学学报(社会科学版)》2018年第5期，第134页。

的一项重要职能。政法机关均设置有专门负责执行活动的执行机构。人民法院设有专门的执行机构(执行局),公安机关和司法行政机关也都设有一个或数个专门的执行机构(监狱、看守所等),而检察机关只有履行部分执行监督职权(对刑罚执行和监管活动的法律监督)的内设机构,至今没有全面履行执行监督职责的执行检察机构。① 检察机关设置专门的执行检察机构既必要又紧迫,最高人民检察院作为国家最高检察机关,设置执行检察总局的需求更为迫切。

(一)贯彻落实党中央关于深化政法机关内设机构改革决策部署的重大举措

推进政法机关内设机构改革,优化职能配置、机构设置、人员编制,让运行更加顺畅高效,是以习近平同志为核心的党中央作出的重大决策部署,是深化党和国家机构改革的重要组成部分。② 检察机关是政法机关的重要组成部分,深化检察机关内设机构改革是深化政法机关内设机构改革的必然要求和重要表现形式。执行检察机构是检察机关内设机构的重要组成部分,深化执行检察机构改革是深化检察机关内设机构改革的重要内容。党的十八届三中全会通过的《中共中央关于全面深化改革若干重大问题的决定》明确提出,要健全法律监督机制。党的十八届四中全会通过的《中共中央关于全面推进依法治国若干重大问题的决定》进一步强调,加强对司法活动的监督,完善检察机关行使监督权的法律制度。加强人权司法保障,切实解决执行难。作为国家最高检察机关,贯彻落实党中央关于深化政法机关内设机构改革决策部署,创设执行检察总局,是最高人民检察院深化内设机构改革的具体体现,是最高人民检察院在执行检察机构改革方面以上率下的职责所在。其对创新和完善法律监督制度,健全检察权运行机制,完善人权司法保障制度,推动切实解决执行难,具有重大意义和深远影响。

(二)推进国家治理体系和治理能力现代化的战略选择

法治是国家治理体系和治理能力的重要依托。③ 推进国家治理体系和治理

---

① 袁其国:《刑事执行监督论》,中国检察出版社 2016 年版,第 317 页。

② 2019 年 1 月,习近平总书记在中央政法工作会议上的讲话,为新时代政法事业发展擘画了宏伟蓝图。参见熊丰:《为新时代政法工作创新发展提供有力支撑——政法领域机构改革综述》,载《检察日报》2019 年 7 月 19 日第 1 版。

③ 习近平:《关于〈中共中央关于全面推进依法治国若干重大问题的决定〉的说明》(2014 年 10 月 20 日),载《中国共产党第十八届中央委员会第四次全体会议文件汇编》,人民出版社 2014 年版,第 6 页。

能力现代化,必须坚持依法治国,为党和国家事业发展提供根本性、全局性、长期性的制度保障。① 宪法是国家的根本法,是治国安邦的总章程,具有最高法律地位、法律权威、法律效力,具有根本性、全局性、稳定性、长期性。② 坚持依法治国首先要坚持依宪治国,坚持依法执政首先要坚持依宪执政。③ 宪法明确检察机关是国家法律监督机关,十三届全国人大一次会议对宪法的修改再一次确认了检察机关的性质和地位。宪法将检察机关确立为国家法律监督机关,既是中国检察制度最鲜明的特色,也是中国司法制度乃至中国政治制度的重要特色。发展和完善中国特色社会主义检察制度,离不开法律监督这个根本属性。④ 法律的生命在于实施,法律的权威也在于实施。⑤ 执行活动是法律实施的重要方式。检察机关作为国家的法律监督机关,行使对刑事执行、民事执行、行政执行、公益诉讼执行活动的监督职责,是履行宪法赋予的法律监督职能的重要体现。同时,深化国家机构改革是推进国家治理体系和治理能力现代化的一项重大举措。⑥ 最高人民检察院机构改革是国家机构改革在检察领域的展开,最高人民检察院内设机构改革是最高人民检察院机构改革的重要方面。深化最高人民检察院内设机构改革是推进国家治理体系和治理能力现代化的一个重要因素。构建最高

---

① 习近平:《在中共十八届四中全会第二次全体会议上的讲话》(2014 年 10 月 23 日),载中共中央文献研究室编:《习近平关于全面依法治国论述摘编》,中央文献出版社 2015 年版,第 35 页。

② 习近平:《在首都各界纪念现行宪法公布施行三十周年大会上的讲话》(2012 年 12 月 4 日),载《十八大以来重要文献选编(上)》,中央文献出版社 2014 年版,第 88 页。

③ 习近平:《在庆祝全国人民代表大会成立六十周年大会上的讲话》(2014 年 9 月 5 日),人民出版社 2014 年版,第 8 页。

④ 张军:《以习近平新时代中国特色社会主义思想为指引 推动中国特色社会主义检察事业全面发展进步》,载《人民检察》2018 年第 23~24 期,第 13 页。

⑤ 《中共中央关于全面推进依法治国若干重大问题的决定》,载《中国共产党第十八届中央委员会第四次全体会议文件汇编》,人民出版社 2014 年版,第 35 页。

⑥ 在全面深化改革的大格局中,党和国家机构改革是其中的重要领域和关键环节,直接关系国家治理体系的完善和治理能力的提升,对各领域改革发挥着体制支撑和保障作用。参见新华社评论员:《深化党和国家机构改革是一场深刻变革——论学习贯彻党的十九届三中全会精神》,载新华网,http://www.xinhuanet.com/politics/2018-02/28/c_1122468441.htm,访问日期:2019 年 9 月 22 日。

人民检察院执行检察总局，明确其为行使对刑事执行、民事执行、行政执行①和公益诉讼执行活动的法律监督职能的专门机构，将进一步重申检察机关的宪法定位，拓展法律监督的组织形式，丰富法律监督职能的内涵，消除制约执行检察发展的体制机制障碍，推动中国特色社会主义检察体系建设，推进国家治理体系和治理能力现代化。

(三)构建集中统一与权威高效执行检察体系的必然要求

执行机关②在执行活动中有法不依、执法不公、徇私舞弊、利用执行权或行政强制权谋取私利的现象时有发生，人民群众对此反应强烈，③执行难、执行乱的形势依然严峻。与人民群众对执行阶段公平、正义的要求相比，执行检察机构还存在不相适应的问题。一是执行检察办案力量较薄弱。执行检察总局设立前，最高人民检察院第五检察厅第一、二、三办案组负责刑事执行监督业务；第六检察厅第二办案组除了负责指导全国检察机关的民事执行监督和虚假诉讼监督工作，还负责办理最高人民检察院受理的民事诉讼监督案件(负责执行检察业务的办案组约计为 1/3 个)；第七检察厅第一办案组负责行政裁判执行和行政非诉执行监督工作指导；第八检察厅由于所设的 3 个办案组平行设置，实行轮案，某类业务类型的专业化研究和指导由厅领导根据实际统筹安排，公益诉讼执行检察业务无论由哪个办案组负责，具体到特定案件时都是唯一的(负责执行检察业务的办案组约计为 1 个)；第九检察厅第三办案组负责未成年人刑事执行检察、民事行政及公益诉讼案件办理及相关工作(负责执行检察业务的办案组约计为 1/3 个)。最高人民检察院 10 个业务机构共设置有 45 个办案组，由于部分办案组还同时负责执行检察监督之外的其他检察业务，④负责执行检察业务的办案组约 $6\frac{2}{3}$ 个，约占办案组总数的 $\frac{1}{7}$ (14.8%)。无论从人民法院生效裁判执行活

---

① “行政执行”不仅包括人民法院的行政诉讼执行和行政非诉执行，还应当包括行政机关的行政强制措施和行政强制执行。

② 执行机关包括实施执行活动的审判机关和行政主体，即人民法院生效裁判的执行机关以及实施行政强制的行政主体。

③ 田凯主编：《执行监督论》，中国检察出版社 2010 年版，第 1 页；应松年主编：《行政强制法教程》，法律出版社 2013 年版，第 34～36 页。

④ 最高人民检察院政治部：《关于明确高检院业务机构办案组设置和主办检察官的通知》(2019 年 4 月 30 日)。

动的数量看，还是从行政强制实施活动的数量看，执行检察办案力量的配备与执行检察业务的需求相比，还存在很大差距。[①] 二是执行检察资源配置较分散。执行检察总局未设立时，最高人民检察院第五检察厅对刑事执行活动进行法律监督，第六检察厅对民事执行活动进行法律监督，第七检察厅对行政执行活动进行法律监督，第八检察厅对公益诉讼执行活动进行法律监督。况且，在配备的执行检察力量中，约半数的办案组（3 个）负责刑事执行检察业务，执行检察工作发展不均衡不充分的问题较为突出。即便按照目前刑事执行检察业务办案组的标准配备，要实现刑事、民事、行政、公益诉讼四大执行检察业务的均衡发展，至少也需要配备 12 个以上的办案组。更何况与刑事执行案件的数量相比，民事、行政、公益诉讼执行案件的数量均更多，需要配备的执行检察力量也要多得多。深化最高人民检察院内设机构改革，组建执行检察总局作为统一的执行检察机构，就是要将刑事执行检察部门以及民事检察部门、行政检察部门和公益诉讼检察部门等内设机构的执行检察力量整合起来，把分散的执行检察资源收拢起来，补齐执行检察工作的短板，形成执行检察监督的合力。三是专责和集中统一体现不够。执行检察总局成立之前，最高人民检察院第五检察厅既负责刑事执行检察，又负责司法人员职务犯罪侦查工作；第六、七、八检察厅不仅对民事执行活动、行政执行活动、公益诉讼执行活动实行法律监督，还负责办理向最高人民检察院申请监督和提请抗诉的民事、行政和公益诉讼案件的审查、抗诉；承办对最高人民法院民事、行政和公益诉讼活动的法律监督，对审判监督程序以外的其他民事、行政、公益诉讼审判程序中审判人员的违法行为提出检察建议；开展民事支持起诉工作；办理法律规定由最高人民检察院办理的公益诉讼案件；办理最高人民检察院管辖的民事、行政和公益诉讼申诉案件。[②] 执行检察监督专责体现不够，难以实现执行检察监督的集中统一。创设执行检察总局，明确执行检察部门的性质和职责是对刑事、民事、行政和公益诉讼执行活动实行法律监督的专责机构，就是要通过内设机构改革构建一体管辖、全面覆盖、权威高效的执行检察体系，形

① 全国法院每年受理的执行案件（700 万件左右）约占受理案件总数（2800 余万件）的 25%。参见周强：《最高人民法院工作报告——2019 年 3 月 12 日在第十三届全国人民代表大会第二次会议上》，载《人民日报》2019 年 3 月 20 日第 2 版。全国行政强制的实施机关每年实施的行政强制活动更是不计其数。

② 《最高人民检察院职能配置和内设机构设置》，载《检察日报》2019 年 1 月 4 日第 4 版。

成集中统一管理的执行检察工作体制机制,将执行检察工作转化为执行检察效果。

(四)为切实解决执行乱和执行难提供检察保障的现实需要

执行活动不同于审判活动,对执行活动的检察监督不同于对审判活动的检察监督。[①] 首先,对审判活动检察监督的重点是法律适用和事实认定是否准确,偏重于事后监督,而对执行活动的检察监督更多涉及的是执行行为是否合法和及时(执行裁判权涉及法律适用和事实认定),由于执行后果往往不可逆转或者回转成本很高,因此偏重于事前监督或事中监督。[②] 二是对审判活动检察监督的对象是审判权,而对执行活动检察监督的对象是人民法院生效裁判的执行权和行政主体的行政强制权(包括行政强制措施权和行政强制执行权)。[③] 十八届四中全会明确提出,要切实解决执行难,依法保障胜诉当事人及时实现权益。执行权和行政强制权得不到有效制约和监督,是执行主体违法执行、不当执行、侵害权利人合法权利的主要原因,也是造成执行乱、执行难的重要根源。[④] 运用执行检察权制约和监督执行权和行政强制权,还有助于为合法的执行活动提供保障,[⑤]推动切实解决执行难目标的实现。三是对执行活动检察监督与对审判活动检察监督的手段和方法不同,而刑事执行检察、民事执行检察、行政执行检察和公益诉讼执行检察之间却具有相同的监督手段和监督方法。[⑥] 对执行活动的检察监督与对审判活动的检察监督的诸多区别表明,执行权和行政强制权具有不同于审判权的特殊性和专业性,只有专门的执行检察机构、专业的执行检察人员、专责的执行检察监督,才能有效制约和监督执行活动,防止执行权和行政强

---

① 孙加瑞:《执行检察制度新论》,中国检察出版社 2013 年版,第 56 页。

② 杜承秀、李静雅:《对民行执行检察监督实践的反思——以案件来源渠道为切入点》,载《江汉大学学报(社会科学版)》2016 年第 2 期。

③ 经过较长时间的讨论,我国《行政强制法》将行政强制措施与行政强制执行视为行政强制的两种基本形式。参见应松年主编:《行政强制法教程》,法律出版社 2013 年版,第 98 页。

④ 任文松:《创建民事执行检察制度 破解民事执行难题》,载《检察日报》2008 年 11 月 25 日第 3 版。

⑤ 刘恒:《构建民事执行检察监督制度》,载《中国检察官》2006 年第 5 期。

⑥ 袁其国:《刑事执行监督论》,中国检察出版社 2016 年版,第 317 页。

制权的滥用,[①]承担起执行检察监督的重任。[②] 由行使审判活动检察监督职能的检察机构负责执行活动的检察监督是不合适的。但执行检察工作尚未将对审判活动与对执行活动的检察监督进行有效分离,也未形成系统化的执行检察监督体系,以致实践中对审判活动的检察监督职能与对执行活动的检察监督职能相互碰撞和冲突,[③]检察机关负有执行检察监督职能的各内设机构将更多的精力用于对审判活动的检察监督,对执行活动的检察监督却重视不够,[④]这在一定程度上限制了检察机关执行检察职能的发挥。针对执行检察的专门化问题,各地检察机关结合执行检察的特点,探索出了一条较为成熟的执行检察工作经验,即执行检察机构的专门化和执行检察人员的专业化。从调研情况看,已经设立或准备设立执行检察机构并配备专门的执行检察人员,注重对执行检察人员进行业务培训的检察院,通常是执行检察工作开展较好、社会效果较好、社会公众满意度较高的检察院,专门的执行检察机构和专业的执行检察人员又进一步推动了执行检察工作的开展,[⑤]从而形成执行检察机构与执行检察业务的良性互动。重塑执行检察职能,成立执行检察总局,配备专业的执行检察人员,由专门的执行检察机构和专业的执行检察人员行使刑事、民事、行政和公益诉讼执行检察权,将进一步提高执行检察工作水平,有效制约和监督执行权和行政强制权,维护当事人合法权益,为切实解决执行乱和执行难提供检察保障。

---

① “一切有权力的人都容易滥用权力,这是万古不易的一条经验。有权力的人们使用权力一直到遇有界限的地方才休止。”参见[法]孟德斯鸠:《论法的精神》(上),张雁深译,商务印书馆 1997 年版,第 154 页。

② 很多“执行难”恰恰是“执行乱”引起的。参见孙加瑞:《关于民事执行检察监督的质疑与回答(上)》,载《检察日报》2007 年 9 月 6 日第 3 版。

③ 沈亚平、沈旸:《检察机关介入民事执行监督问题探析》,载《云南大学学报(法学版)》2012 年第 2 期。

④ 彭德文、杨红:《论民事执行监督的制度构建和完善——以基层民事执行检察监督为视角》,载《中国检察官》2013 年第 6 期。

⑤ 最高人民检察院 2011 年 11 月份成立了执行检察处,一些地方检察机关的民行检察部门也设立了负责执行检察工作的科室。参见孙加瑞:《执行检察制度新论》,中国检察出版社 2013 年版,第 56 页。又参见杜承秀、李静雅:《对民行执行检察监督实践的反思——以案件来源渠道为切入点》,载《江汉大学学报(社会科学版)》2016 年第 2 期。

(五)坚持中国特色社会主义检察道路以形成执行检察中国模式的创制之举

全面推进依法治国,必须走对路。[①] 中国特色社会主义法治道路,是社会主义法治建设成就和经验的集中体现,是建设社会主义法治国家的唯一正确道路。[②] 在全面推进依法治国问题上坚持道路自信,首先要坚持对中国特色社会主义法治道路的自信。[③] 我们要坚持的中国特色社会主义法治道路,本质上是中国特色社会主义道路在法治领域的具体体现;[④]我们要坚持的中国特色社会主义检察道路,[⑤]本质上是中国特色社会主义法治道路在检察领域的具体体现;我们要坚持的中国特色社会主义执行检察道路,本质上是中国特色社会主义检察道路在执行领域的具体体现。我们有符合国情的一套理论、制度,同时我们也抱着开放的态度,无论是传统的还是外来的,都要取其精华、去其糟粕,但基本的东西必须是我们自己的,我们只能走自己的道路。[⑥] 中国特色社会主义检察道路,是我们党探索符合国情的社会主义民主政治和权力监督制度的伟大创举,是马克思主义中国化的重大成果。历史证明,中国特色社会主义检察制度完全符合我国实际、符合人民意愿、符合法治规律,具有强大生命力和无比优越性。[⑦]

---

① 习近平:《加快建设社会主义法治国家》(2014 年 10 月 23 日),载《求是》2015 年第 1 期;中共中央文献研究室编:《习近平关于全面依法治国论述摘编》,中央文献出版社 2015 年版,第 26 页。

② 习近平:《关于〈中共中央关于全面推进依法治国若干重大问题的决定〉的说明》(2014 年 10 月 20 日),载《中国共产党第十八届中央委员会第四次全体会议文件汇编》,人民出版社 2014 年版,第 81 页。

③ 徐显明:《坚定不移走中国特色社会主义法治道路》,载《法学研究》2014 年第 6 期。

④ 习近平:《在省部级主要领导干部学习贯彻党的十八届四中全会精神全面推进依法治国专题研讨班上的讲话》(2015 年 2 月 2 日),载中共中央文献研究室编:《习近平关于全面依法治国论述摘编》,中央文献出版社 2015 年版,第 35 页。

⑤ 中国特色社会主义检察制度,其中国特色体现在政治上主要是党的领导和人大监督,体现在性质上就是"国家的法律监督机关"这一宪法定位。参见朱孝清:《国家监察体制改革后检察制度的巩固与发展》,载《法学研究》2018 年第 4 期。

⑥ 习近平:《在省部级主要领导干部学习贯彻党的十八届四中全会精神全面推进依法治国专题研讨班上的讲话》(2015 年 2 月 2 日),载中共中央文献研究室编:《习近平关于全面依法治国论述摘编》,中央文献出版社 2015 年版,第 35 页。

⑦ 郭声琨:《坚定不移走中国特色社会主义法治道路 奋力谱写新时代检察事业法治新篇章》,载《人民检察》2018 年第 23~24 期。

构建执行检察总局，就是我们结合执行检察愿景，在大力传承执行检察的红色基因，[①]广泛借鉴域外执行检察模式，[②]认真总结中国执行检察实践的基础上，通过最高人民检察院执行检察机构改革，形成刑事执行检察、民事执行检察、行政执行检察和公益诉讼执行检察齐头并进的执行检察格局，推动实现刑事检察、民事检察、行政检察、公益诉讼检察与执行检察的全面协调充分发展，打造具有中国特色的执行检察模式，不断提高执行检察监督的成效。

二、最高人民检察院执行检察总局的“三定”设想

组织机构改革首先需要通过定职能、定机构、定编制(“三定”)明确机构的具体职能、行使职责的具体机构和人员数额，为相关职能部门或机构履行职责提供依据。设立最高人民检察院执行检察总局，首先就需要明确“三定”的主要内容，为其科学创设和正确履职提供制度依据。

(一)职能配置

最高人民检察院执行检察总局行使下列检察职能：

一是领导地方各级人民检察院和专门人民检察院的执行检察工作。对下级检察院执行检察业务进行指导，研究制定执行检察工作方针、总体规划，部署执行检察工作任务。

二是负责应由最高人民检察院承办的刑事、民事、行政、公益诉讼判决和裁定等生效法律文书执行的法律监督工作，领导地方各级人民检察院和专门人民

---

① 中央苏区各级工农检察机关对贯彻执行的情况都负有监督检查的职责。参见林海主编:《中央苏区人民检察制度的初创和发展》，中国检察出版社 2014 年版，第 76 页。1946 年 4 月，(陕甘宁)边区第三届参议会第一次会议决定:健全检察机关，由检察机关负责执行检察人民和公务员违法行为的职权。参见巩富文主编:《陕甘宁边区的人民检察制度》，中国检察出版社 2014 年版，第 2 页。东北解放区《关东各级司法机关暂行组织条例草案》第 27 条规定:“关东所有各机关各社团，无论公务人员或一般公民，对法律是否遵守之最高检察权，均由检察官实行之。”参见赵建伟主编:《关东解放区的人民检察制度》，中国检察出版社 2014 年版，第 146 页。

② 一般监督是前苏联检察机关工作的一部分。参见谢鹏程选编:《前苏联检察制度》，中国检察出版社 2008 年版，第 111 页。越南检察机关民事诉讼监督的范围体现了检察机关的“一般监督权”，《越南民事案件执行法》第 8 条规定，人民检察院对当事人、法院、其他国家机关、经济组织、社会团体及与执行工作有关的人员的守法情况进行检察。参见李一凡:《越南民事检察监督之借鉴》，载《检察日报》2008 年 1 月 4 日第 3 版。

检察院对刑事、民事、行政、公益诉讼判决和裁定等生效法律文书执行的法律监督工作。

三是负责应由最高人民检察院承办的对监狱、看守所等执法活动的法律监督工作,领导地方各级人民检察院和专门人民检察院开展对监狱、看守所等执法活动的法律监督工作。

四是负责应由最高人民检察院承办的对行政强制措施实施活动[①]和行政强制执行活动[②]的法律监督工作,领导地方各级人民检察院和专门人民检察院开展对行政强制措施实施活动和行政强制执行活动的法律监督工作。[③]

五是对地方各级人民检察院和专门人民检察院在行使刑事、民事、行政以及公益诉讼执行检察权中作出的决定进行审查,纠正错误决定。

六是对属于执行检察工作中具体应用法律的问题进行解释,发布指导性案例。

七是负责其他应当由最高人民检察院执行检察机构承办的事项。

---

① 十八届四中全会决定提出,“完善对涉及公民人身、财产权益的行政强制措施实行司法监督制度。”参见《中国共产党第十八届中央委员会第四次全体会议文件汇编》,人民出版社2014年版,第44页。关于行政强制的法律监督有关文献,可参见王春业:《论行政强制措施的检察监督——以涉及公民人身、财产权益的行政强制措施为对象》,载《东方法学》2016年第2期;路志强:《司法改革背景下行政强制措施检察监督研究》,载《兰州学刊》2015年第10期;周伟:《论人身自由权的暂时性法律保护——以行政强制措施检察监督为视角》,载《云南大学学报(社会科学版)》2018年第4期;王林林:《论侵犯公民合法权益型行政强制措施的检察监督》,载《法学杂志》2019年第3期。

② 根据《行政强制法》第2条第3款的规定:“行政强制执行,是指行政机关或者行政机关申请人民法院,对不履行行政决定的公民、法人或者其他组织,依法强制履行义务的行为。”《行政强制法》确立了行政机关自行强制执行和申请法院强制执行的行政强制执行“双轨制”模式。参见张锦锦:《论我国行政强制执行双轨制的困境与出路》,载《行政法学研究》2013年第3期;杨小军:《行政强制执行的主要制度》,载《法学杂志》2011年第11期。

③ 十八届四中全会决定提出,检察机关在履行职责中发现行政机关违法行使职权或者不行使职权的行为,应该督促其纠正。作出这项规定,目的就是要使检察机关对在执法办案中发现的行政机关及其工作人员的违法行为及时提出建议并督促其纠正。参见习近平:《关于〈中共中央关于全面推进依法治国若干重大问题的决定〉的说明》(2014年10月20日),载《中国共产党第十八届中央委员会第四次全体会议文件汇编》,人民出版社2014年版,第81页。

（二）机构设置

最高人民检察院执行检察总局设下列内设机构：

执行检察一局（刑事执行检察局）负责对监狱、看守所和社区矫正机构等执法活动的监督，对刑事判决、裁定执行、强制医疗执行、羁押和办案期限的监督，羁押必要性的审查。办理罪犯又犯罪案件。

执行检察二局（民事执行检察局）负责办理向最高人民检察院申请监督和提请抗诉的民事执行案件的审查、抗诉。负责对民事执行活动的法律监督。承办对最高人民法院的民事执行裁决活动的法律监督，①对民事执行实施程序中执行人员的违法行为提出纠正意见、检察建议。办理最高人民检察院管辖的民事执行申诉案件。②

执行检察三局（行政执行检察局）负责办理向最高人民检察院申请监督和提请抗诉的行政执行案件的审查、抗诉。负责对行政诉讼执行活动和行政非诉执行活动的法律监督。承办对最高人民法院的行政诉讼执行和行政非诉执行裁决活动的法律监督，对行政诉讼执行和行政非诉执行实施程序中执行人员的违法行为提出纠正意见、检察建议。负责对行政强制措施实施活动和行政强制执行活动的法律监督。承办最高人民检察院管辖的行政强制措施实施活动和行政强制执行活动的法律监督，对行政强制措施实施程序和行政强制执行程序中行政执法人员的违法行为提出纠正意见、检察建议。办理最高人民检察院管辖的行政执行申诉案件。

执行检察四局（公益诉讼执行检察局）负责办理向最高人民检察院申请监督和提请抗诉的公益诉讼执行案件的审查、抗诉。负责对公益诉讼执行活动的法律监督。承办对最高人民法院的公益诉讼执行裁决活动的法律监督，对公益诉讼执行实施程序中执行人员的违法行为提出纠正意见、检察建议。办理最高人

---

① 法院依据执行裁决权作出的执行裁定包括两种：一种是关于程序问题的裁定，如中止执行、决定冻结存款等；另一种是关于实体问题的裁定，如变更、追加被执行主体等。参见李雪、王其生：《对开展民事执行检察监督的思考》，载《人民法院报》2015 年 8 月 5 日第 8 版。

② 基层检察院的数据显示，2012 年《民事诉讼法》修改后，民事执行申诉案件占民行法律监督案件的比重大幅攀升。例如，广东省佛山市南海区检察院受理的执行申诉案件逐年翻番，特别是 2013 年，随着修改后民诉法正式实施，该院当年受理的执行申诉案件上升至 27 件，占全部民行法律监督案件的一半以上。参见陈国生：《27 件民事执行申诉案件全部息诉罢访》，载《检察日报》2014 年 3 月 26 日第 11 版。

民检察院管辖的公益诉讼执行申诉案件。

(三)人员编制

最高人民检察院执行检察总局行政编制120名。其中,从第五检察厅、第六检察厅、第七检察厅、第八检察厅各调剂3名行政编制(共12名)至执行检察总局,分别配置在执行检察一局、二局、三局、四局;申请增加行政编制108名。执行检察一局、二局、三局、四局各配备行政编制30名。设执行检察总局局长(副部长级)1名,局级领导职数12名。

三、最高人民检察院执行检察总局的组建路径

最高人民检察院执行检察总局的组建,是深化检察机关内设机构改革的一项系统工程,不可能一蹴而就,应当坚持循序渐进的原则,将组建过程划分为筹备期、试点期、示范期和诞生期四个阶段,每个阶段完成相应的改革任务,最终构建起一体化的执行检察组织体系。

(一)筹备期:组当局建

最高人民检察院执行检察总局在筹备期可以采取"组当局建"的运作方式。根据执行检察总局的设置需要,结合执行检察业务开展情况,适时调整最高人民检察院业务机构办案组设置,明确第五检察厅、第六检察厅、第七检察厅和第八检察厅分别设立1～3个办案组,根据执行监督业务需要配备的办案力量,专门负责刑事执行检察、民事执行检察、行政执行检察和公益诉讼检察业务;分别设立执行检察一、二、三、四局筹备组,厅长担任筹备组组长,确定本检察厅分管执行检察工作的1名副厅长担任筹备组副组长,引导办案组按照"执行检察一局(刑事执行检察局)""执行检察二局(民事执行检察局)""执行检察三局(行政执行检察局)"和"执行检察四局(公益诉讼执行检察局)"的目标和标准开展执行检察工作。

(二)试点期:地方探索

最高人民检察院执行检察总局的设置通过地方试点汇集改革信息和积累改革经验。在试点之前,研究制定《关于设立人民检察院执行检察局的试点工作方案》,在征得中央有关部门同意后印发实施。根据试点方案的规定,在全国部分省(区、市)检察机关部署开展为期一至两年的执行检察机构改革试点。在试点过程中,及时向中央政法委、中央司改办、中央组织部、中央编办、全国人大监司委、全国人大常委会法工委等部门汇报试点工作进展情况,争取相关部门的支

持;最高人民检察院(第五、六、七、八检察厅)在工作层面与最高人民法院(执行局)以及国务院有关组成部门(特别是具有行政强制权的机构)①加强沟通协调,并联合出台有关工作衔接文件;同时根据试点工作推进情况及时制定下发《人民检察院执行检察规定(试行)》等规范性文件,为各地省(区、市)试点检察机关的执行检察提供具体的工作指导。各地试点检察机关及时向党委和政法委报告工作情况,加强与相关部门的沟通协调,争取各方支持;及时制定出台具体的实施方案,对试点时间和地区、执行检察机构的名称、规格、职能配置、内设机构和人员编制等内容予以细化明确,积极推进试点工作。各地试点检察机关的执行检察机构名称可确定为"执行检察局",内设机构设置执行检察一部、执行检察二部、执行检察三部和执行检察四部,分别负责刑事执行检察、民事执行检察、行政执行检察和公益诉讼执行检察工作。人员编制根据各地工作需要和实际情况确定。

(三)示范期:顶层设计

最高人民检察院适时总结各地检察机关执行检察机构改革试点经验并做好顶层设计。研究起草《关于设立最高人民检察院执行检察总局和地方各级人民检察院执行检察局的方案》,向中央政法委、中央司改办、中央组织部、中央编办、全国人大监司委、全国人大常委会法工委等部门汇报,征求有关部门意见建议,根据相关部门意见修改完善后,报请中央全面深化改革委员会审议。待中央审议通过后,报请全国人大常委会批准。在最高人民检察院设置执行检察总局,按照新的组织架构运行,为地方各级检察院设置执行检察局提供示范和样本。

(四)诞生期:全面推开

最高人民检察院总结执行检察总局的设置经验,转发《关于设立地方各级人民检察院执行检察局的方案》,明确改革的时间表和路线图,同时将可复制、可推广的执行检察机构改革经验向全国检察机关推广。各地检察机关按照改革方案的要求,结合本地区执行检察工作实际,积极争取地方党委、政府、人大的支持,加强与机构编制部门的沟通协调,制定本地区执行检察机构改革的具体方案,按

---

① 如司法部(监狱管理局、社区矫正管理局、戒毒管理局、行政执法协调监督局)、生态环境部(生态环境执法局)、交通运输部(公安局等)、文化和旅游部(文化市场综合执法监督局)、公安部(有关业务局)、自然资源部(执法局)、水利部(有关业务司)、国家卫生健康委员会(综合监督局)、应急管理部(安全生产执法局)等。

程序报批后组织实施。我国通过组建最高人民检察院执行检察总局和地方各级检察院执行检察院,建立从最高人民检察院到基层人民检察院的集中统一、权威高效的执行检察体系。

四、最高人民检察院执行检察总局的配套措施

最高人民检察院执行检察总局的设置,要解决执行检察监督存在的职能分散、机构缺失和人员不足的现实问题。但执行检察总局的运行,还面临着三个直接关乎其监督效能的障碍:一是法律关于执行检察监督的规定较为匮乏,限制了执行检察监督的空间;二是检察机关无法同步获得执行违法信息,难以第一时间开展执行监督,不利于实现执行检察监督的及时性;三是执行监督保障措施不够有力,影响了执行检察监督的实效。要充分发挥执行检察总局的作用,就必须克服执行检察监督法律规定不明确、监督者与被监督者信息不对称和监督保障性措施乏力的问题。

(一)构建执行检察法律规范体系

法治领域改革有一个特点,就是很多问题都涉及法律规定。[①] 执行检察机构改革就是如此。在执行检察监督探索的进程中,一系列的相关法律规定和司法解释陆续出台。在执行监督范围上,囊括了执行裁决行为[②]和执行实施行

① 习近平:《习近平谈治国理政》(第二卷),外文出版社 2017 年版,第 124 页。

② 2001 年 10 月 11 日,最高人民检察院《关于加强民事行政检察工作若干问题的意见》提出:"对人民法院……在执行程序中作出的裁定,存在问题且确有必要时,可根据人民检察院组织法和民事诉讼法、行政诉讼法的有关规定,提出检察建议,由人民法院依法处理。"这一规定将执行裁决活动纳入监督范围。同时,最高人民检察院先后会同有关部门联合发布《关于人民检察院对看守所实施法律监督若干问题的意见》《关于加强和规范监外执行工作的意见》和《关于在全国试行社区矫正工作的意见》等规范性文件,进一步健全完善了监管场所和刑罚执行监督机制。

为；[①]在执行监督程序上，明确执行监督的若干程序要求；[②]在执行监督方式上，明确执行监督可以采用抗诉、纠正意见、检察建议等方式。[③] 但现有法律规定或者仅明确执行检察工作的某一方面，不够系统和全面，或者较为笼统和模糊，或者存在法律空白，完善的执行检察法律规范体系有待形成。

一是明确执行检察的法律规定。法律对检察机关开展执行检察，特别是对民事执行检察和行政执行检察只作出了原则性的规定。如《民事诉讼法》第 14 条规定："人民检察院有权对民事诉讼实行法律监督。"《行政诉讼法》第 11 条规定："人民检察院有权对行政诉讼实行法律监督。"诉讼活动包括审判活动和执行活动，对诉讼活动的监督包括对执行活动的监督，但这些总则条文的规定由于缺乏分则条文的支撑，仍然较为笼统。与民事诉讼法、行政诉讼法的规定相比，2018 年 10 月新修订的《人民检察院组织法》对执行检察的规定相对更为具体，

① 2017 年 1 月 1 日开始施行的"两高"《关于民事执行活动法律监督若干问题的规定》(法发〔2016〕30 号)(简称《民事执行监督规定》)将执行实施活动的监督对象扩展至人民法院执行生效民事判决、裁定、调解书、支付令、仲裁裁决以及公证债权文书等法律文书的活动。

② 2008 年 12 月 5 日，中共中央转发《中央政法委员会关于深化司法体制和工作机制改革若干问题的意见》(中发〔2008〕19 号)，在"改革和完善民事、行政案件执行体制"部分将"明确检察机关对民事执行工作实施法律监督的范围和程序"列为一项司法改革任务。参见王建国：《法理视域下的民事执行检察监督》，载《江苏社会科学》2013 年第 4 期。2009 年最高人民检察院《关于进一步加强对诉讼活动法律监督工作的意见》提出，加强刑罚执行和监管活动监督，研究检察机关对民事执行工作实施法律监督的范围和程序。具体内容包括：完善对刑罚执行活动的监督制度，建立刑罚执行同步监督机制；健全检察机关对违法监管活动的发现和纠正机制；加强对执行死刑活动的监督工作。会同有关部门，研究人民检察院对民事执行裁定、执行决定和执行行为进行法律监督的范围、途径和措施；执行人员有贪污受贿行为或者因严重不负责任、滥用职权致使当事人或者他人利益遭受重大损失的，应当依照人民检察院关于直接受理案件侦查分工的有关规定立案侦查。2011 年 3 月，"两高"联合发布的《关于在部分地方开展民事执行活动法律监督试点工作的通知》(高检会〔2011〕2 号)(简称《民事执行监督试点通知》和《民事执行监督规定》)也明确了民事执行监督的程序要求。

③ 2005 年 8 月，最高人民检察院检察委员会《关于进一步深化检察改革的三年实施意见》进一步提出："探索人民检察院对民事执行活动进行监督的方式。"《民事执行监督试点通知》重申了检察机关的民事执行检察工作的检察建议监督方式，《民事执行监督规定》则明确检察机关在民事执行检察活动中为履行法律监督职责可以进行调查核实，并规定了督促履行职责和检察建议的监督方式。

执行检察工作的方式和手段也更为丰富,[①]但有关执行检察的规定仍然较为原则,对行政强制活动的法律监督缺乏规定,[②]执行检察监督的法律依据不够充分。法律的原则性规定需要有明确的规定、具体的配套措施和完备的程序才能真正发挥作用。[③] 由于法律对执行检察监督的对象、条件、程序等问题,缺少可操作性的规定或者存在法律漏洞,检察机关开展执行检察监督时缺少具体规定的支持,在司法实践中检察机关往往只能参照适用对审判活动的法律监督的有关规定,或者虽然在行政强制的部分领域开展尝试性的执行检察探索,[④]但由于缺失明确的法律规定,探索广度和深度都相对有限,这在一定程度上限制了此项工作的开展。[⑤] 最高人民检察院执行检察总局职能作用的充分发挥,在法律层面首先要细化民事诉讼法、行政诉讼法和人民检察院组织法的有关规定,填补执行检察(尤其是对行政强制活动的法律监督)的法律空白,明确执行检察的监督范围、[⑥]监督事由、监督对象、监督程序、监督方式和保障措施,为执行检察总局开展执行检察监督提供充足的法律准备。

二是扭转规定畸轻畸重的局面。执行检察的相关配套司法解释虽然对刑事执行监督、民事执行监督和行政执行监督均作出了规定,但规定的内容很不平衡。《刑事诉讼监督规则》在第十四章"刑事诉讼法律监督"的第六至九节分别规

① 《人民检察院组织法》第 20 条规定:"人民检察院行使下列职权:……(六)对判决、裁定等生效法律文书的执行工作实行法律监督;(七)对监狱、看守所的执法活动实行法律监督"。人民检察院组织法的规定,更加明确了检察机关开展对刑事、民事、行政和公益诉讼执行工作的法律监督的法律依据。第 21 条又进一步规定,人民检察院行使职权可以进行调查核实,并依法提出抗诉、纠正意见、检察建议。

② 王春业:《论行政强制措施的检察监督——以涉及公民人身、财产权益的行政强制措施为对象》,载《东方法学》2016 年第 2 期。

③ 孙加瑞:《关于民事执行检察监督的质疑与回答(上)》,载《检察日报》2007 年 9 月 6 日第 3 版。

④ 近年来,一些地方检察机关在涉及公民人身和财产权益的行政强制措施、行政机关违法行使职权(不行使职权)等方面开展了探索实践,初步积累了一些改革经验。参见谢鹏程等:《行政执法检察监督论》,中国检察出版社 2016 年版,第 116 页。

⑤ 吴邦凤:《当前基层检察机关开展民事执行监督工作的困境》,载《法制生活报》2018 年 9 月 3 日第 8 版。

⑥ 在我国检察机关开展执行监督,以检察权制约执行权,在执行监督中赋予检察机关新的职能是大势所趋。参见田凯主编:《执行监督论》,中国检察出版社 2010 年版,第 4 页。

定了羁押和办案期限监督、看守所执法活动监督、刑事判决、裁定执行监督和强制医疗执行监督,共 54 条(第 614～667 条)。《民事诉讼监督规则》在第八章专章规定了“对执行活动的监督”,但仅有 3 条(第 102～104 条)。《行政诉讼监督规则》在第五章一并规定了“对审判程序中审判人员违法行为的监督与对执行活动的监督”,涉及行政执行法律监督的仅有 4 条(第 29～32 条)。《刑事诉讼监督规则》《民事诉讼监督规则》和《行政诉讼监督规则》关于刑事执行检察、民事执行检察和行政执行检察的规定明显失衡。最高人民法院、最高人民检察院《关于民事执行活动法律监督若干问题的规定》也主要对民事执行检察监督作出了规范,对行政执行检察监督一笔带过。法律规范的不平衡导致在司法实践中重刑事执行检察,轻民事、行政和公益诉讼执行检察。要改变刑事执行检察、民事执行检察、行政执行检察和公益诉讼执行检察的发展不全面、不均衡、不充分的现象,首先要扭转执行检察规定畸轻畸重的局面,对刑事执行检察、民事执行检察、行政执行检察和公益诉讼执行检察的规定作出全面、均衡、充分的规定。

三是强化执行检察专门性规定。在法律规范中作出“执行检察监督”的专门性规定,是填补执行检察法律规范制度短板,强化执行法律监督效果的重要保障。一是在《民事诉讼法》和《行政诉讼法》中增加执行检察的专门性规定。《民事诉讼法》和《行政诉讼法》均没有关于“执行检察监督”的专章甚至专节规定。《民事诉讼法》第三编“执行程序”共 4 章(第 19～22 章)计 35 条,仅在第 19 章“一般规定”的第 235 条规定,“人民检察院有权对民事执行活动实行法律监督。”《行政诉讼法》第九章“执行”共 4 条(第 94～97 条),对执行法律监督也是只字未提。执行法律监督专门性规定的空白,导致总则的抽象性规定缺乏分则程序性规定的支撑。在《民事诉讼法》和《行政诉讼法》的修改过程中,其有必要增加执行检察的专门性规定。二是在《民事强制执行法》《行政强制法》中设置执行检察的专章或专节。2018 年 9 月,十三届全国人大常委会立法规划公布,民事强制执行法被列入二类立法项目,即需要抓紧工作、条件成熟时提请审议的法律草案。全国人大常委会将民事强制执行法列入了立法规划后,[①]最高人民法院根据立法机关的授权,作为牵头起草单位提出民事强制执行法草案初稿。民事强制执行法草案基本框架包括立法的指导思想、基本原则,并从执行机构及人员、

① 张红兵:《加快立法进度　健全综合治理长效机制》,载《法制日报》2019 年 4 月 24 日第 2 版。

执行权的运行、执行保障体系、执行当事人的权利及其救济、执行监督五个方面展开。[①] 目前,民事强制执行法草案基本框架并未设置“执行检察监督”专章,是否会设置“执行检察监督”专节不得而知。2012 年 1 月 1 日起施行的《行政强制法》,也并未专门规定检察机关对行政强制活动的法律监督。行政强制是最直接影响公民、法人和其他组织权利义务的行政执法方式,涉及对公民人身权和公民、法人财产权的处分,属于典型的损益行政行为。[②] 人民法院生效裁判的执行权与行政主体的行政强制权在权力属性、法律后果等方面高度一致,两者均具有行政权属性;[③]两者均具有强制性,涉及对公民人身权以及公民、法人或其他组织财产权的强制。作为“执行监督”的关键一环,在《民事强制执行法》立法和《行政强制法》修法的过程中均应当设置“执行检察监督”的专章或专节,明确执行检察监督的范围、程序、方式和保障措施等内容,在专门性规定方面增加执行检察的法律供给,保证执行检察监督的质效。三是制定专门的《执行监督规则》。刑事执行检察监督、民事执行检察监督、行政执行检察监督和公益诉讼执行检察监督规则的内容,散见于《刑事诉讼监督规则》《民事诉讼监督规则》和《行政诉讼监督规则》之中,并未单独作出规定。基于执行检察监督与审判检察监督的差异,执行检察监督规则与审判监督规则并不相同,由于涉及对行政强制活动的法律监督,执行检察监督规则的内容也并非诉讼监督规则所能涵盖的,将执行监督规则拆分并分别放入相应的诉讼监督规则,不仅降低了执行检察的地位和角色,也忽视了执行检察的制度特色,必然造成执行监督规则的供给与执行检察监督的需求不相适应,导致执行检察工作的弱化。在修改人民检察院《刑事诉讼监督规则》《民事诉讼监督规则》和《行政诉讼监督规则》时,我们有必要提炼出其中的执行检察监督规则,并以此为基础,结合刑事、民事、行政和公益诉讼执行监督工作需要,制定人民检察院《执行监督规则》。同时,我国以最高人民法院、最高人民检察院《关于民事执行活动法律监督若干问题的规定》为基础,在充分协调、沟通和凝聚共识的基础上,研究制定“两高”《关于刑事、民事、行政和公益诉讼执行活

---

① 朱宁宁:《为破解执行难提供法律支撑》,载《法制日报》2019 年 4 月 16 日第 5 版。

② 应松年主编:《行政强制法教程》,法律出版社 2013 年版,第 34 页。

③ 行政强制权的行政权属性毋庸赘言。人民法院生效裁决的执行权同样属于行政权(执行裁决权除外)而非司法权。参见陈瑞华:《司法体制改革导论》,法律出版社 2018 年版,第 45 页;董少谋:《民事强制执行法学》,法律出版社 2016 年版,第 10 页。

动法律监督若干问题的规定》,对执行检察作出系统、全面的规定,消除"两高"对执行检察监督的理解分歧,形成执行检察监督的制度共识。

(二)构建执行检察线索供给体系

执行检察监督涉及对人民法院生效裁判的执行机关和行政强制的实施机关执行行为合法性的法律监督。前者包括对人民法院执行裁决的监督,对执行措施的监督,以及对执行人员执行行为的监督;[①]后者包括对行政强制决定的监督,对行政强制措施实施程序和行政强制执行程序的监督,以及对行政执法人员行政强制行为的监督。[②] 总体而言,与执行活动的数量相比,执行检察监督实际办理的案件数量要少得多。[③] 执行活动信息不对称导致的案源渠道不畅,是造成执行检察监督案件数量少的重要原因。构建执行检察监督案件线索发现机制,是强化执行检察监督实效的基础性条件。

一是确立执行法律文书同步送达制度。根据《刑事诉讼法》的规定,判决书应当同时送达当事人和提起公诉的人民检察院、辩护人和诉讼代理人。刑事执行过程中形成的有关法律文书(书面意见、决定、建议书等),刑罚执行机关均要抄送人民检察院。[④] 但《民事诉讼法》和《行政诉讼法》并未规定民事、行政裁判文书和民事执行、行政执行活动中形成的法律文书应当送达人民检察院。《行政处罚法》《行政强制法》等法律法规也未规定行政强制实施过程中形成的法律文书应当送达人民检察院。除非当事人或者行政相对人控告、举报、申诉或者媒体报道,人民检察院往往难以同步知悉人民法院裁判的执行情况,也无从知晓行政强制的实施情况,只能事后在履行法律监督职责的过程中发现。由于执行活动具有较强的时效性,事后监督往往会错过执行检察监督的最佳时间节点,甚至产

---

① 俞玲华、赵建国、张国忠、宾辉:《论民事裁判执行检察监督的范围》,载《中国检察官》2007 年第 7 期。

② 张牧遥:《行政强制措施检察监督新论》,载《云南大学学报(法学版)》2016 年第 4 期。

③ 基层检察院的一份统计数据显示,2012 年《民事诉讼法》修订以来,独山县人民检察院共办理民事执行监督案件 57 件,其中多数是依职权发现,少部分是当事人申请监督,这相比法院每年办理上千件的执行案件而言,我院办理的执行监督案件仅达到百分之一。参见吴邦凤:《当前基层检察机关开展民事执行监督工作的困境》,载《法制生活报》2018 年 9 月 3 日第 8 版。

④ 《刑事诉讼法》第 202 条、第 266 条至第 267 条、第 273 条至第 276 条。

生高昂的纠错成本。赋予人民检察院获取人民法院生效裁判执行活动的法律文书[①]和行政强制实施活动的法律文书[②]的权力,有助于检察机关及时发现执行活动中存在的问题,提高执行检察监督的效率,确保执行人员和行政执法人员遵守法律法规。[③] 有鉴于此,对进入执行活动的案件,人民法院生效裁判的执行机关和行政强制的实施机关应当分别将民事、行政生效判决、裁定、调解书、支付令、仲裁裁决以及公证债权文书等[④]执行裁决的法律文书和行政强制实施程序中作出的通知书(如冻结通知书)、催告书(如督促履行催告书)、决定书(如行政处罚决定书、行政强制执行决定书)等法律文书同步送达同级人民检察院。人民检察院认为法律文书违法的,可以自接到通知之日起,在规定时间以内向人民法院生效裁决的执行机关或行政强制的实施机关提出书面意见,人民法院生效裁决的执行机关或行政强制的实施机关接到人民检察院的书面意见后,应当立即对执行法律文书进行重新核查,并将核查结果告知人民检察院。

二是建立检察机关提前介入执行制度。刑事执行检察监督伴随着刑罚执行、刑事强制措施执行、强制医疗执行等刑事执行活动始终,体现了刑事执行检察与刑事执行活动的同步性和对刑事执行活动的参与性。[⑤] 民事执行检察、行政执行检察和公益诉讼执行检察往往采取事后抗诉、检察建议等监督方式,这就存在滞后性和旁观性。[⑥] 由于执行活动会在瞬间引发对生命的剥夺(死刑执

---

① 其不仅包括申请执行所依据的裁判文书,还应当包括人民法院在执行过程中作出的不予受理、中止执行和终结执行的裁定,查封、扣押、冻结、拍卖、变卖等措施的裁定,对当事人采取拘留、罚款的强制措施的决定,以及在执行过程中作出的其他裁定。参见俞玲华、赵建国、张国忠、宾辉:《论民事裁判执行检察监督的范围》,载《中国检察官》2007 年第 7 期。

② 包括行政强制措施实施程序、行政机关强制执行程序和申请人民法院强制执行程序中行政强制的实施机构作出的法律文书。

③ 杜承秀、李静雅:《对民行执行检察监督实践的反思——以案件来源渠道为切入点》,载《江汉大学学报(社会科学版)》2016 年第 2 期。

④ 最高人民法院、最高人民检察院《关于民事执行活动法律监督若干问题的规定》(法发〔2016〕30 号)第 3 条规定:"第三条人民检察院对人民法院执行生效民事判决、裁定、调解书、支付令、仲裁裁决以及公证债权文书等法律文书的活动实施法律监督。"

⑤ 袁其国主编:《刑事执行检察业务培训教程》,中国检察出版社 2015 年版,第 4～5 页。

⑥ 覃昕、张贺:《检察监督行政强制措施存在的问题及原因》,载《广西法治日报》2015 年 11 月 3 日第 B03 版。

行)、人身自由的强制或者财产的转移,就执行活动的检察监督而言,事后监督远不如事前监督或事中监督更为可行。检察机关提前介入执行活动,监督和制约执行机关的执行活动,可以将发现和解决执行违法或不作为问题的时间点提前,避免执行错误或执行延误造成损失;同时,还可以增强执行活动的权威性和公正性。[①] 特别是对重大、复杂或有其他特殊情形的案件(如社会影响较大、案情较为复杂、双方分歧较大),人民法院生效裁判的执行机关或者行政强制的实施机关应当申请检察机关派员到场监督,检察机关根据执行检察工作需要,在必要时得同意派员参与人民法院生效裁判的执行机关或者行政强制的实施机关对重大、复杂或有其他特殊情形的案件的执行活动履行法律监督职责。[②] 检察机关在收到人民法院生效裁判的执行机关或者行政强制的实施机关同步送达的执行法律文书后,认为有必要到场监督的可以派员到场监督,也可依职权自行决定派员提前介入执行活动。检察机关应执行机关申请或依职权自行决定提前介入执行活动的,人民法院生效裁判的执行机关或者行政强制的实施机关应当予以配合。检察机关发现执行行为违法或不作为的,可以提出纠正意见、检察建议或者要求暂缓执行。

三是构建执行违法犯罪线索双向移送机制。构建执行违法犯罪线索和执行检察案件线索的双向移送反馈机制,是确保及时发现执行违法犯罪线索的有效手段。一是明确移送范围。执行检察总局在对执行活动实行法律监督中发现司法工作人员利用职权实施的滥用职权、徇私枉法、民事行政枉法裁判等侵犯公民权利、损害司法公正等违法犯罪线索的,或者行政执法人员利用职权实施的重大违法犯罪线索的,移送负责司法人员相关职务犯罪侦查工作和行使检察机关机动侦查权的第五检察厅办理。第五检察厅在对司法工作人员利用职权实施的非法拘禁、刑讯逼供、非法搜查等侵犯公民权利、损害司法公正等职务犯罪案件或者对直接受理的国家机关工作人员利用职权实施的重大犯罪案件进行侦查过程中,发现案件涉及执行活动的,应当将执行检察案件线索移送执行检察总局办

---

① 例如,法院在执行活动中的角色不同于在审判活动中的角色,在审判活动中法院超然于诉讼双方居中裁判,但在民事、行政和公益诉讼执行实施活动中,法院往往是代表胜诉方针对败诉方采取执行措施,容易造成被执行人对司法公正的质疑和对执行活动的不满。

② 沈亚平、沈旸:《检察机关介入民事执行监督问题探析》,载《云南大学学报(法学版)》2012 年第 2 期。

理。二是规范移送程序。第五检察厅和执行检察总局对办案过程中发现的执行违法犯罪线索,要明确移送时间和移送要求,实行线索归口管理,指定专门部门和人员负责线索移送、接收。三是建立反馈机制。无论是执行检察总局向第五检察厅移送执行违法犯罪线索,还是第五检察厅向执行检察总局移送执行检察案件线索,对案件线索的办理情况均应在规定时间以书面形式反馈给移送部门,从而形成有效案件线索反馈机制。

(三)构建执行检察监督保障体系

检察机关的诸多监督手段或多或少存在刚性不足的问题,[①]为更好地实现执行检察监督效果,这就需要为执行检察权的行使提供有力的保障措施。构建执行检察监督保障体系,就是要通过强化执行检察监督措施的刚性,为检察机关更好地履行执行检察监督职能提供制度支撑,推动对执行活动的法律监督顺利进行,保障国家法律在执行活动中的统一正确实施。

一是构筑执行网络查控信息共享平台。检察机关开展执行检察监督特别是对涉及财产的执行活动进行监督时,需要查询被执行人或行政强制相对人的财产情况,但检察机关和人民法院、行政强制的实施机构、银行业金融机构等之间缺乏共享协作平台,难以查询被执行人的财产情况、核实执行部门作出的涉及公民财产的执行活动的准确性以及做出监督与否的决定。[②] 最高人民法院与公安部、民政部、自然资源部、交通运输部、人民银行、中国银行保险监督管理委员会等16家单位和3900多家银行业金融机构联网,建立起了"总对总"的网络查控系统,可以查询被执行人全国范围内的不动产、存款、金融理财产品、船舶、车辆、证券、网络资金等16类25项信息,基本实现对被执行人主要财产形式和相关信息的有效覆盖。[③] 建立网络查控信息共享制度,实现最高人民检察院与最高人民法院、公安部等单位和银行业金融机构联网,建立"总对总"网络查控系统,使得检察机关能够对被执行人或行政强制相对人在全国范围内的主要财产形式进行信息查询,核查执行机关基于被执行人或行政强制相对人的财产状况进行的

---

① 陈国庆:《刑事诉讼法修改与刑事检察工作的新发展》,载《国家检察官学院学报》2019年第1期。

② 吴邦凤:《当前基层检察机关开展民事执行监督工作的困境》,载《法制生活报》2018年9月3日第8版。

③ 周强:《最高人民法院关于人民法院解决"执行难"工作情况的报告》,法律出版社2018年版,第8页。

执行活动，进而作出是否以及如何进行执行检察监督的决定，提高执行检察监督效率。

二是实行卷宗正卷、副卷一并调阅制度。对检察机关在民事执行、行政执行和公益诉讼执行活动的检察监督工作中的调卷权，“两高”作出了规定。根据最高人民法院、最高人民检察院《关于民事执行活动法律监督若干问题的规定》第8条的规定，“人民检察院因办理监督案件的需要，依照有关规定可以调取人民法院的执行卷宗，人民法院应当予以配合”。人民检察院对人民法院的行政执行活动和公益诉讼执行活动实施法律监督参照本规定执行。尽管司法解释明确了人民检察院的调卷权和人民法院的配合义务，但这一规定在司法实践中的执行情况并不乐观。人民法院的各类诉讼文书分为正卷和副卷，[①]案件材料的归类、装订、立卷实行内外有别。[②] 执行卷宗分别立正卷和副卷。阅卷笔录、执行方案、承办人与有关部门内部交换意见的材料或笔录、有关案件的内部请示与批复、上级法院及有关单位领导人对案件的批示、承办人审查报告、合议庭评议案件笔录、执行局(庭)研究案件记录及会议纪要、审判委员会研究案件记录及会议纪要，须归入副卷。[③] 各级人民法院对卷宗副卷长期实行严格保密、严禁查阅的工作原则，[④]检察机关可以调取的实际上仅是正卷，但反映执行程序案件线索的大量信息源保存在副卷当中。行政强制行为的卷宗也分别立正卷和副卷，调取

---

① 最高人民法院办理的一审、终审、再审、复核审及有实质性改判意见的申诉卷也都要分立正卷和副卷。对那些不宜公开、需要保密的材料要立在副卷内，副卷一律不对外查阅。参见最高人民法院办公厅关于印发《诉讼档案收集、整理、立卷、归档、借阅的操作程序》的通知(2003年8月26日)。

② 案件的请示、批复，领导的批示，有关单位的意见，合议庭评议案件的记录，审判委员会讨论案件的记录，案情报告以及向有关法院、有关单位征询对案件的处理意见等书面材料，必须装订在副卷内。参见《最高人民法院关于保守审判工作秘密的规定》(1990年9月5日)第5条。1991年，副卷的内容又进一步细化为：“(1)卷宗封面；(2)卷内目录；(3)阅卷笔录；(4)案件承办人的审查报告；(5)承办人与有关部门内部交换意见的材料或笔录；(6)有关本案的内部请示及批复；(7)合议庭评议案件笔录；(8)审判庭研究、汇报案件记录；(9)审判委员会讨论记录；(10)案情综合报告原、正本；(11)判决书、裁定书原本；(12)审判监督表或发回重审意见书；(13)其他不宜对外公开的材料；(14)备考表；(15)卷底。”参见《人民法院诉讼文书立卷归档办法》(1991年12月24日)第21条。

③ 《人民法院执行文书立卷归档办法(试行)》(2006年5月18日)第14条。

④ 刘仁文：《论我国法院副卷制度的改革》，载《法学评论》2017年第1期。

案卷材料同样是调查和审查行政强制行为的必要手段。[①]“卷宗里包含的文件并不是旨在帮助某一位特定官员组织其活动的官方内部文件,而是为初始决策和复核决策提供基础的信息源。”[②]确立卷宗正卷、副卷一并调阅制度对保障执行检察监督的顺利进行必不可少。因此,应当明确检察机关根据执行检察工作需要,向人民法院生效裁判的执行机关和行政强制的实施机关调取生效裁判执行、行政强制措施的实施程序和行政强制执行程序卷宗的正卷、副卷,有关单位应当予以配合。

三是强化调查核实权的保障性措施。检察机关开展对执行活动的法律监督,必然要开展调查核实工作,以查明是否存在违法犯罪事实。根据现行法律和司法解释,人民检察院行使法律监督职权,可以进行调查核实,有关单位应当予以配合。对妨碍人民检察院依法行使职权的违法犯罪行为,依法追究法律责任。[③] 理论上讲,对妨碍调查核实的有关单位和个人,检察机关可以向有关单位或者其上级主管部门提出检察建议,责令其纠正;涉嫌犯罪的,依法追究刑事责任。但由于妨碍调查核实权的法律条款规定较为模糊,在司法实践中往往难以

---

① 例如,检察机关对行政处罚案卷材料的调取权,就可能包括调阅和审查行政处罚案卷材料,查阅、复制行政机关的立案文书、行政处罚文书及相关证据材料的权力。参见谢鹏程:《行政处罚法律监督制度简论》,载《人民检察》2013年第15期。

② [美]米尔伊安·R.达玛什卡:《司法和国家权力的多种面孔》,郑戈译,中国政法大学出版社2015年版,第65页。

③ 《人民检察院组织法》第21条规定,人民检察院行使法律监督职权,可以进行调查核实,并依法提出抗诉、纠正意见、检察建议。有关单位应当予以配合,并及时将采纳纠正意见、检察建议的情况书面回复人民检察院。《刑事诉讼法》第57条规定,人民检察院接到报案、控告、举报或者发现侦查人员以非法方法收集证据的,应当进行调查核实。《民事诉讼法》第210条规定,人民检察院因履行法律监督职责提出检察建议或者抗诉的需要,可以向当事人或者案外人调查核实有关情况。《人民检察院民事诉讼监督规则(试行)》第65条规定,人民检察院因履行法律监督职责提出检察建议或者抗诉的需要,有四种情形之一的,可以向当事人或者案外人调查核实有关情况。《人民检察院行政诉讼监督规则(试行)》第13条规定,人民检察院因履行法律监督职责提出检察建议或者抗诉的需要,有四种情形之一的,可以向当事人或者案外人调查核实有关情况。《人民检察院组织法》第48条规定,对妨碍人民检察院依法行使职权的违法犯罪行为,依法追究法律责任。

操作,所能起到的保障作用有限。[①] 检察机关行使调查核实权经常面临"被拒绝、不配合"的困境,致使调查核实权难以有效行使。[②] 有鉴于此,为确保执行检察监督的顺利开展,我国应当进一步强化检察机关调查核实权的保障措施,在立法上明确妨碍调查核实权的法律后果,即对妨碍人民检察院依法行使调查核实权的行为,情节较轻的,向有关单位或者其上级主管部门提出检察建议,责令其纠正,或者予以罚款、拘留;构成犯罪的,依法追究刑事责任。

四是加大相关职务犯罪的查办力度。刑事诉讼法修改后,检察机关自侦案件的范围调整为人民检察院在对诉讼活动实行法律监督中发现的司法工作人员利用职权实施的非法拘禁、刑讯逼供、非法搜查等侵犯公民权利、损害司法公正的犯罪,共 14 个罪名。这些罪名很多都可能涉及司法工作人员在执行活动中利用职权实施的犯罪。[③] 检察机关的诸多监督手段有了职务犯罪侦查权作为后盾,法律监督的效果就有了更有力的保障。[④] 同时,刑事诉讼法赋予了检察机关对公安机关管辖的需要由人民检察院直接受理的国家机关工作人员利用职权实施的重大犯罪案件的机动侦查权。机动侦查权是实现法律监督职能的利器,[⑤] 为检察机关侦查国家机关工作人员在执行活动中利用职权实施的重大犯罪提供了法律依据。强化执行检察监督实效,需要检察机关秉持客观公正的立场,进一步加大了对司法工作人员在执行活动中利用职权实施的职务犯罪和对其他国家机关工作人员在执行活动中利用职权实施的重大犯罪案件的侦办力度,为最大

---

① 法律对法律监督调查核实权的必要的措施没有作规定或者规定不全面,在职务犯罪侦查权归属于检察机关时还不是多大的问题,但在职务犯罪侦防部门转隶后,问题就变得突出起来:一旦监督对象对检察机关的调查不予配合甚至对抗调查,检察机关往往无可奈何。参见朱孝清:《国家监察体制改革后检察制度的巩固与发展》,载《法学研究》2018 年第 4 期。

② 王志道:《检察公益诉讼调查核实权的路径完善》,载《江苏法制报》2019 年 7 月 1 日第 3 版。

③ 如虐待被监管人罪;滥用职权罪(非司法工作人员滥用职权侵犯公民权利、损害司法公正的情形除外);玩忽职守罪(非司法工作人员玩忽职守侵犯公民权利、损害司法公正的情形除外);徇私枉法罪;民事、行政枉法裁判罪;执行判决、裁定失职罪;执行判决、裁定滥用职权罪;私放在押人员罪;失职致使在押人员逃脱罪;徇私舞弊减刑、假释、暂予监外执行罪。

④ 陈国庆:《刑事诉讼法修改与刑事检察工作的新发展》,载《国家检察官学院学报》2019 年第 1 期。

⑤ 童建明:《切实履行好新修改刑事诉讼法赋予检察机关的职责》,载《人民检察》2019 年第 1 期。

限度地释放执行检察监督效能提供了坚实保障。

新时代人民群众对民主、法治、公平、正义、安全、环境提出了更高的新需求。检察机关提供的法律监督产品在量上和质上都还相对不足,深化司法体制改革就是要通过供给侧改革努力解决这些问题。① 只有将人民群众满意作为检察工作的根本标准,检察机关才能担起新时代的法治使命,②更好地履行法律监督职能,促进严格公正司法、确保法律统一正确实施。③ 检察机关内设机构承担着特定的检察职能,是检察工作的重要组织保障。④ 深化最高人民检察院内设机构改革,就是要从供给侧解决检察产品供给不足的问题。⑤ 作为最高人民检察院新一轮内设机构改革的桥头堡,设立执行检察总局,构建集中统一、权威高效的执行检察体系,就是要为执行检察工作提供坚实的组织保障,解决执行检察发展不平衡、不充分与人民群众的执行检察监督需求的矛盾,充分履行好宪法赋予的执行检察职责,提供满足人民群众新时代执行监督需求的执行检察产品,切实担负起新时代的法律监督使命。

---

① 张军:《关于检察工作的若干问题》,载《人民检察》2019 年第 13 期。

② 张雪樵:《对标平衡充分全面发展开启新时代民事行政检察工作新局面》,载《人民检察》2018 年第 18 期。

③ 孙谦:《刑事侦查与法律监督》,载《国家检察官学院学报》2019 年第 4 期。

④ 邱学强:《恢复重建以来检察机关内设机构改革的历史经验与启示》,载《人民检察》2018 年第 23～24 期。

⑤ 2019 年 1 月 3 日,在国务院新闻办公室举行的新闻发布会上,最高人民检察院张军检察长在介绍最高人民检察院改革内设机构、全面履行法律监督职能有关情况时表示,“司法机关、人民检察院怎么样在新时代按照习近平总书记在十九大报告中提出的任务,从供给侧满足人民群众对民主、法治、公平、正义、安全、环境等方面的更高水平的需求,这是我们要解决的问题、要做的文章。把十九大报告的要求变成我们的实际行动,深化司法改革、内设机构改革,就是回答这个问题。”参见《国新办举行 2019 年首场新闻发布会最高检领导就内设机构改革答记者问》,载《检察日报》2019 年 1 月 4 日第 1 版。

员额法官绩效考核指标之优化分析

刘俊峰*

摘要：无论考核的功过是非，对正在进行的考核而言，必须直面指标取舍的现实问题。办案数量考核以绝对数量基准为优，宜注重社会属性的方法解决"件"的差异给公平考核带来的障碍。办案质量考核宜采案件质量评查和二审发改相结合。办案效率的考核只考核年度内已结案件是否超法定审限和是否有长期未结案件。办案效果的考核宜采服判息诉率加信访投诉和引发负面舆情。庭审直播和文书上网放在效果考核内较为合理。除此之外的争议指标，建议舍弃，以促进考核的科学性。

关键词：员额法官；绩效考核；案件系数；办案质量；考核基准

目前，法官绩效考核制度已经成为各级法院常态化的法院管理制度。[①] 学界更多的是从这一制度的功能或导向作用去认识、评价或论述这一制度。比如有观点认为，当下的绩效考核制度被官方视为一种实现法官管理的有效形式。然而，该制度背后的"规训逻辑"与司法规律形成尖锐的冲突，对法官的实质理性构成了严重的伤害，其中"刷数据"的现象形成了逆向奖励和淘汰机制。[②] 有观点认为，制度的意图与支配制度的文化之间的内在张力才是制度运行中出现异化的根本原因。[③] 有观点从"为了满足结案考核要求，法官们选择尽量少立案、体外循环、案件协调、控制审判节奏以及统计数字的技术处理等行动策略"角度

* 作者系山东省阳信县人民法院审管办副主任，法学硕士。

① 李拥军、傅爱竹：《"规训"的司法与"被缚"的法官》，载《法律科学》2014 年第 6 期。

② 李拥军、傅爱竹：《"规训"的司法与"被缚"的法官》，载《法律科学》2014 年第 6 期。

③ 张建、李瑜青：《法官绩效考评制度的功能与反思》，载《华东理工大学学报（社会科学版）》2016 年第 5 期。

直陈考核制度应当引起反思。① 笔者认为,学界对法官绩效考核的质疑建立在"考核是什么样的考核"这一基础之上。考核的问题与考核的指标体系或设置有很大关系。学界对此却鲜有论述。有实务工作者以工作量为中心精心研究和论证了法官绩效精准评价体系,②但是对诸多指标的取舍仍然鲜有涉及。"绩效指标是一套用于衡量考评对象工作努力程度和具体绩效水平的相对客观化的标志,而绩效考评(performance measurement)就是定义、衡量和运用这些指标的过程"③。最高人民法院《法官、审判辅助人员绩效考核及奖金分配指导意见(试行)》(下文简称为《绩效考核意见》)仅原则性地规定了法官绩效考核的必要内容,并未规定每项考核内容的对应指标以及相应的权重值,将这些内容授权地方法院自行制定。④ 所以,指标取舍是任何实施考核制度法院都必须面对的现实问题,也是具有基础地位的理论问题。

本文以S省L法院、M法院、Y法院、G法院和Z法院五家基层法院的考核样本为主要研究对象,参考S省高院和S省B中院两家上级法院的考核办法,就员额法官审判业绩考核的基本内容所涉及的主要指标和个中利弊展开分析,以期对形成科学的考核办法提供有益参考,或者抛砖引玉,引起学界对考核指标优化的更多关注。《绩效考核意见》规定,法官绩效考核应当包括办案数量、办案质量、办案效率和办案效果等基本内容。⑤ 下面分述之。

一、办案数量的考核:绝对基准和"件"的公平解决

员额法官办案数量考核分设考核基准和不设考核基准两大类。前者是指对员额法官年结案数量提出要求(基准),然后按此要求对员额法官实际结案数进

① 张建:《法官绩效考核制度中结案考核及其悖论——以J市基层人民法院的司法实践为例》,载《法律社会评论》2015年第10期。

② 杨维松:《破与立:法官绩效精准评价体系重构——以H法院"沭法币"精准称重工作量为中心》,载《山东法官培训学院学报》2019年02期。

③ 艾佳慧:《中国法院绩效考评制度研究——"同构性"和"双轨制"的逻辑及其问题》,载《法制与社会发展》2008年第5期。

④ 王静:《法官绩效考核制度实证研究——基于地方性规则样本的分析》,载《中国应用法学》2018年第6期。

⑤ 王静:《法官绩效考核制度实证研究——基于地方性规则样本的分析》,载《中国应用法学》2018年第6期。

行考核。不设考核基准是指没有具体要求,结多少算多少。L 法院采不设基准的考核方法。法官办结的每件案件均对应一定的“币值”,结案情况反映在币值的数量上。比如,办结 1 件一般商事案件,可得 3.5 币值,结 10 件就是 35 币值。其中某件缴纳诉讼费 5000 元,这一件再增加 0.5 币值。换言之,除了案件类型,还有案件诉讼费、案件当事人人数等情况分别会增加一定币值,综合反映所结案件的工作量,但是没有基准。

设考核基准,根据基准的不同又可分为三类:第一,按平均基准考核;第二,按最高基准考核;第三,按绝对数量基准考核。比如 G 法院规定:法官结案数达到本院法官年人均结案数的计 30 分;未达到的每低于 1%扣 0.5 分,扣完为限;超过的每高于 1%加 0.5 分,不设上限。这里法官的人均结案数就是平均基准。Z 法院规定:民事法官、刑事法官在本类别法官中结案数量最高的法官得结案贡献分满分 30 分,其他法官按比例折算得分。比如,结案最多的民事法官结案 180 件,180 件就是 30 分;结案 120 件的法官就是 20 分。这里法官的最高结案数就是考核基准。再比如,某基层法院规定:2019 年审判类办案标准值暂定为 130 件,办案标准值至少每 3 年度作一调整。审判类普通员额法官年结案数量达不到标准值的,每少 1 件扣 0.3 分,扣完为止。这就是以绝对数量为基准的考核。

不设基准的考核并非对办案数量没有任何要求,实质上是通过一系列机制形成一个综合的质效管理体系,以确保员额法官倾其所能办结更多的案件,将其理解为“无形基准”或许更合理些。其优点:在制度配套比较完善科学的情况下,竞争平台公平开放,可以为潜力巨大的法官提供良好的舞台。理论上,结案数很少甚至为零也可,但实际上在整个质效体系作用下,这样的员额法官压力很大。另一方面,任何员额法官对结案数的追求均没有止境,只有更多没有最多。所以,不止要上进,而且要永不松懈。这样一种机制,必然激励法官尽最大能力办结更多的案件。缺点是整个机制决定了法官始终处于一种较为激进和紧张的状态,容易身心疲惫焦虑。

平均基准即以期间内所有员额法官平均结案数为基准进行考核。超过平均数的会得到正向激励,达不到的则得到负面评价。在无法确定基准,或基准不容易确定时,采平均基准考核自然公允。其弊端是无论如何总要有低于平均基准的法官。即使原本结案数较低的法官均大幅提升结案数以后,因为此时平均数也会同步提升,还存在达不到标准值的人。如果按绝对数量基准考核就不存在这一问题,它不排斥全体均进入优秀之列,也不排斥全体均位于不优秀之列。只要数量设置合理,就不难产生科学的考核结果。

最高基准,是指以结案数最高的法官为基准,将其他法官结案数与此相比折算考核分值。这一基准突出了最高结案数的风向标意义,工作日常类似"头雁效果",可以激励全体员额法官向着高远目标努力。其不足则是最高结案数可能并不能充分适应所有员额法官,作为全体的要求往往不是很合适。最高结案数有可能是极端结案数,按照一定比例折算下来的考核分值也有可能差距较大,这在一定程度上可能会对考核的公平性产生影响。

按绝对数量考核,是指直接规定员额法官具体的年结案数,以此为基准进行考核。达到或超过这一基准就奖,达不到就罚。这一考核方式相对直观,有不少优点。不过,基准的确定是个难点。如果基准太低,则没有激励作用;太高,又会影响努力完成目标的积极性。

比较上述几种考核方式,以结案绝对数量为基准进行考核较为理想。这一基准可以根据所在法院近三年的平均案件受理数,结合案件类型、法官的办案比例综合确定。比如,某基层法院近三年诉讼案件受理情况如下:

表1 某基层法院近三年诉讼案件平均受理数(件)

年度	民事					刑事	行政		合计
	民初	重审再审	再审审查	财保	特别程序		行初	行审	
2016	1866	6	2	113	3	176	27	0	2193
2017	1797	8	2	69	5	170	24	29	2104
2018	2178	1	6	100	1	189	25	4	2504
合计	5841	15	10	282	9	535	76	33	6801
平均	1947	5	3.3	94	3	178	25	11	2266.3
标准案	1947	15	1.7	9.4	0.6	356	75	2.2	2406.9

注:折算为标准案系数如下:

1.民商事案件(含执行异议案件) 1
2.财保字的案件 0.1
3.刑事案件 2
4.行政案件 3
5.行政非诉审查(含司法救助审查) 0.2
6.申请再审审查案件 0.5
7.发回重审案件、再审案件 3
8.特别程序 0.2

通过上表，我们发现该院年均受理诉讼案件数2266件，折合为标准案约2400件。

该院拟安排诉讼员额法官26人。这26人情况如下：

表2　员额法官统计表

职 务	数 量	办案比例	标准员额
院长	1	10%	0.1
副院长	2	30%	0.6
其他院党组	2	30%	0.6
专委	2	50%	1
庭长	6	70%	4.2
审管办主任	1	30%	0.3
普通员额法官	12	100%	12
合 计	26		18.8

由上表我们知道，26位员额法官相当于18.8个标准员额。用2400件除以18.8标准员额得出128件，就是结案标准值，可以作为普通员额法官年结案数量的考核基准。其实质内涵是在案件数量既定，办案比例既定，实现结收比100%的情况下，普通员额法官年结案数量需要达到的要求。它有以下特点：

第一，近三年平均案件受理数是所在法院"实际情况"，以此确定考核基准，比较踏实。原则上员额法官只需要完成本院的审理任务，不需要承办他院受理之案件。故本院结收比达到100%，蕴含着结案数量应达到的理想基准。第二，这一基准可事先预知。平均基准或最高基准都需要期末才能确定。绝对数量基准则是期初就已经确立的数量要求。员额法官从年度一开始就目标清晰，而且在不同时间点可以随时关注自身的结案进度。比如，半年结束时，可以判断一下自己全年的结案任务是否已完成过半。这种状态所产生的激励效果要比不确定的状态更为明显和有效。第三，这一基准效果是"跟自己比"。平均基准或最高基准都是跟他人比。因为只需要完成自己的办案任务，并非自己结案数多，就会造成平均基准或最高基准发生变化，这在一定程度上减少了法官之间的竞争矛盾和摩擦。第四，可以判断法官工作量是否饱和。正确科学的考核和相关激励必然促使法官尽最大能力多结案。如果很多法官的结案数仍然达不到基准，有可能是案多人少,需要增加法官员额。如果大多数法官能够达到基准,相对轻松,则说明目前该院的案件数量与员额法官数量相匹配。第五,在基准过高的情况下,仍然不影响考核的公平性。根据近三年的平均案件受理数确立当年的办案基准,仍然有可能不符合当年的实际案件受理情况。如果当年案件数量猛增,或者近三年案件数量一直高位运行,则有可能出现大面积员额法官均完不成结案数量要求的情况。但是因为基准是绝对值,员额法官之间横向比较仍然不会失衡,不影响考核的公平性。因此,这一基准反馈了更多的信息,激励作用较好,很少存在负面影响,值得采用。其不足则是目标达成后容易满足。比如,业务能力强的法官可能提前两个月即完成全年的办案任务,剩下的时间,可能会放慢工作节奏。不过,整体上,法官工作量不能无限扩大,一定程度上放缓一下步伐不能认为就是消极现象。特别是在工作机制、办公条件等基本稳定后,或者采用平均基准或最高基准一段时间后,转用绝对基准,实质上是在注重效率的前提下兼顾法官的身心健康,从而有利于稳固事业长久发展的根基。

办案数量的考核还有"单位值"的问题,通常理解为"件"。不过,件与件之间差异很大,以致于不少法院在考核案件数量时,均采用了辅助手段。比如Z法院规定:法官工作室审判团队案件系数0.83;劳事医患专业审判团队一案件系数1.41。Z法院法官工作室审判团队年度内结案100件,按0.83系数换算后,只相当于结案83件。

件与件之间的差异必然存在,但是在解决思路上有两个进路:一是"自然科学范畴",其基本方法是让"件"更精确。比如上海高级人民法院作为课题研究的案件权重系数。[①] 二是"社会科学范畴",注重用社会学手段弥补这种差异。比如,婚姻家庭案件有的复杂疑难,有的却相当简单。两个法官年度内婚姻家庭案件各结案100件。如果前一法官的100件均是复杂疑难,后100件均是简单案件,两个100件显然不能等量齐观。我们可以规定简单的2件抵复杂的1件,从而一个法官的结案数量换算成50件,以实现公平考核。这是自然科学的进路。另外,可以引入随机分案机制。比如,两个法官按姓氏笔画排名,总是按照这一顺序轮流承办所在庭室案件。虽然案件还是有复杂和简单之分,但是,随机分案产生的结果不能认为复杂的案件都分给了某一位法官。因此,两个100件划等

① 卫建萍、谢钧:《上海完成案件权重系数课题并成功应用》,https://www.chinacourt.org/article/detail/2015/05/id/1614376.shtml,访问日期:2019年11月29日。

号,两个法官对考核结果都接受认可。这是社会属性的解决方法。

综上,结案数量以绝对数量基准考核更为科学,有更多的优点。计算数量的件,应侧重结合分案机制等社会属性的方法实现公平考核。

二、办案质量的考核

(一)优秀考核指标:质量评查和二审发改

一般均将二审改判、发回重审等在后诉讼程序中确认先裁判确有问题的情况作为考核重点。比如,Z法院规定:1.二审全部改判的,每案扣2分;在此基础上,有的法院增加了常规考核项目。比如,M法院规定:每季度每位法官由相关部门庭审观摩一次,抽评文书二篇,抽查卷宗二卷,符合评查标准的得一定分数为满分;不合格的按照评查标准扣除相应的分数。

发改类似于在后工序发现"质量问题",给予负面评价自然合理;另外,"本工序"发现机制也不容忽视。并非所有案件均会提起上诉或申请再审。单纯根据发改案件情况评价法官的审判质量并不全面。"在法官个体绩效考评中,如果对案件质量的评判仍然浮于数据表面,往往出现评价结果与实际情况双向背离。因此,必须建立案件质量评价体系,深入个案内部,以个案评鉴的方式考察法官的审判质量。"①卷宗评查可以包括卷宗里面的文书,两者综合为"案件质量评查",实质是以卷宗为根据或主要根据,对员额法官承办案件质量进行评鉴的管理方法。所结案件如果不能全面评查,则需要科学确定评查样本。可以视法官一个年度所结案件为一个"批次",由法官从当年度所结案件中自荐2件,再由评查机构随机抽取2件,作为样本进行评查。因为法官对自己承办的案件非常了解,自荐2件可以反映该批次的最高质量;再随机抽取2件代表一般情况,以此形成的样本可以有较好的代表性。

(二)争议考核指标:上诉率或服判息诉率

有的法院将庭审观摩纳入质量评查的范畴,理论上也算合理。不过,囿于基层法院的具体情况,通常也不过是庭审规范的评查,很难有实质性的突破。有的法院将上诉率或服判息诉率作为案件质量指标进行考核。虽然案件质量有问题容易引发当事人上诉,但是当事人上诉并不意味着案件质量有问题。实际上,它

① 上海市第一中级人民法院课题组:《审判绩效考核与管理问题研究》,载《中国应用法学》2019年第3期。

们作为办案效果指标更合理一些。

综上,考核案件质量采案件质量评查加发改案件情况相结合较为理想。这一指标不宜采上诉率或服判息诉率指标,也不必拓展到庭审观摩等领域。

三、办案效率的考核

(一)优秀考核指标:已结案件法定审执限和长期未结

"法官要严格遵守审限规定,除法定扣除的审限情形和依法批准延长审限外,应当做到无超期限案件的基本效率目标。"①一般均将法定审执限作为考核要求。比如,M 法院规定:承办案件全部在法定审限内结案的得 4 分,出现一件超审限的扣 0.2 分。Y 法院规定:无故超审执限的,超一个月,每件扣承办法官 10 分。G 法院则规定:超过法定审理期限应当办理延长手续而未办理的,每件扣 1 分。Z 法院规定:正常审限内结案率达 100%,得满分(4 分),其他得分依次换算得出。

关于效率的上述几种考核方式各有特点。M 法院的特点是只要超就扣 0.2 分。确有原因不能在法定审限内结案,可以经批准延长审理期限,一概扣分过于绝对。Y 法院考核"无故超审执限",易言之,经批准的正常超审执限均不扣分。审限延长或扣除等审批权的行使并没有绝对量化的客观标准,一定程度上是院庭长的自由裁量权。从而,有些情况履行内部审批手续可能并不困难。只要批准就不扣分,容易助长员额法官放任超审限。虽经批准也轻微扣分,会刺激员额法官无论能否得到批准均尽最大可能在法定期限内结案,从而产生良好的考核激励作用。Z 法院规定,正常审限内结案率达 100%就得满分,考虑到目前法院的审判管理系统所统计的"正常审限内结案率"包含了经批准延长或扣除审限等情形,也就是说案件在经批准的延长或扣除后审限内结案仍统计为正常审限内结案。其不足跟只要批准就不扣分的 Y 法院相同。而且,超审限的案件毕竟是少数,按件考核并没有多大困难,取"正常审限内结案率"反而不怎么方便。再者,比如法官 A 和法官 B,年度内均有 2 件案件超审理期限。但是,两者的结案数不一样,按率统计指标就不一样。当然不能说结案数多就可以有的案件超审理期限。审理期限是法定期间,无论年度内结 1 件还是 100 件均要遵守法定期

① 李广兴、尹洪茂:《法官业绩考核评价机制解构》,载《山东审判:山东法官培训学院学报》2004 年第 6 期。

间。针对件数考核,也是为了强调超审执限的要求必须落实于“每一件”而不是整体的什么率。综上,对效率的考核宜取法定审执限,按件数考核;同时,区分超法定审理期限是否经过批准。未经批准的超过法定审执限给予严重扣分考核。经批准的超过法定审理期限,也应当酌情扣减一定的分值。比如,可以规定:超过法定审执限未按规定报经批准的,超限不满 1 个月结案的,每件扣 1 分;超限满 1 个月的,每件扣 2 分。虽经批准,但实际审执限长于 6 个月的,每件扣承办法官 0.2 分;长于 12 个月的,每件扣 2 分。超过 18 个月的长期未结案件,每出现 1 件扣 3 分。

长期未结是指审执时间超过 18 个月的案件。一般而言,一审案件超过 18 个月仍未结案应当视为严重不效率状态,作为效率考核指标处理。

考核的时间点。通常是否超审执限只考核年度内已结案件即可。未结案件尚不能确定是否超审限或者确定要超审限总有一天要结案,在结案年度考核中并无疏漏。但是,超 18 个月长期未结是一种严重的不效率状态,不能等到结案时再考核,只要出现即予以考核扣分。

(二)争议指标分析

有的法院以案件平均审理天数作为效率考核的重要指标。平均审理天数在一定程度上反映了结案效率。但是这一指标有问题:首先,可能忽略个案超审限的严重情况。比如,某法官有两件案件超审限,但是,其他案件审理天数相对较短,平均审理天数反而低于全院平均值。在考核时,超审限的那两件案件就影响不大。其次,平均审理天数的考核容易导致对效率的过度追求。考核这一指标一般取平均基准。这里容易产生一个问题:平均审理天数有极限吗?是不是只有更少没有最少?如果是,终有一天,法官要崩溃。考核的导向或激励作用存在偏差。办案效率的考核需要清醒地把握效率的正确基准,即:效率达到什么状态,应当认为合格。并不是平均审理天数越短,效率越合格。我们还有结案数指标考核法官年度内的结案数量。实际上,为了多结案,法官必然压缩个案的办理周期,从而使平均审理天数不用考核也会尽可能缩短。当然,理论上也有极端情况,比如,所有具备结案条件的案件,法官却不结,留到年底突击结案。先不讨论结案均衡度指标,表面看起来考核平均审理天数对这种情形有抑制作用,不过,同时存在副作用。比如,某案的审理期限是 3 个月,法官可以 1 个月结案,也可以 2 个月结案。如果法官此时手里还有另外一些即将到审理期限的案件,其完全可以将该案再放一个月,优先办结快届审理期限的案件。但是,按平均审理天数考核,法官可能缺少平衡动力,从而能结即结,超审限的也任其超,只要整体上短的多、长的少,考核结果就会相对理想。如果认为这一指标对法官人为拖延结案时间有抑制作用,实际上忽略了必要的人为控制以保证所有案件均不超审理期限也是法官正确的自我管理。在追求结案数量尽可能多的基础上,同时追求"每一件"案件均不超审执限,实现两个指标的相互交融,对审判质效整体状态的把握较为理想。结案数和平均审理天数同时追求,有一部分内容是指标的重复设计,并且不能兼顾结案虽多,平均审理天数虽短,但同时存在个别案件严重超审限的情况。如果这些都不存在,比如结案数多,平均天数也少,并且也无一案超审限,则存在对效率过度追求或关注的问题。实质上,只要保证结案至多,每案均不超审限,将基准限定在这一状态即可,不必人为拔高。此时,平均审理天数再去计算或考核就打破了质效的最佳状态。

有的法院取结案率平均值作为效率指标考核。有的情况,结案率越高,就意味着期间内的结案数越多,效率也越高。但是,结案率并不总是反映结案效率。比如,结案速度不变,收案速度加大,结案率会下降,实际上法官的办案效率并没有下降。因此,这一指标考核办案效率也不理想。

有的法院设结案均衡度指标以考核办案效率。在基层法院,应当严格控制案件审理期限。只要不超法定审理期限,并且收案是均衡的,基本上就不存在控制结案是否均衡的问题。如果收案是不均衡的,要求结案均衡也没有道理。并且,收案不均衡,并不是审案的员额法官能够左右的,作为员额法官的考核指标当然不合理。在所有案件均不超法定审限的情况,刻意追求结案均衡度也不必要,除非抛开审限不顾,人为地扎堆结案或年底突击结案。因此,有审执限这一指标把控,只要收案没有太多的人为控制,结案均衡度这一指标的激励导向作用就并不明显。原则上,收案均衡或者随机并且每案均不超审执限,就不必再设结案均衡度指标考核。如果一定要设这个指标,最好用来考核法院,不是具体的办案法官。

综上,办案效率考核,只考核年度内已结案件是否超审执限,再结合有无长期未结案件情况即可。根据审限审批情况,规定虽经批准也扣一定分值较为理想。宜考核每一件案件,舍弃法定审限内结案率这样的指标。案件平均审理天数、结案率、结案均衡度以及一些深入节点的控制指标均不是效率考核的理想指标。

四、办案效果的考核

(一)优秀考核指标:服判息诉率加信访投诉和引发负面舆情

一般均将服判息诉率作为考核指标。服判息诉率是指非上诉案件数与同期结案数的比。服判息诉率通常意味着案结事了的社会效果,作为办案效果的基本考核指标较为理想。

服判息诉率指标需要在一定案件数量基础上反映法官办案效果。单纯从某一个案件观察,比如当事人就某案提起上诉,并且本周仅结一案,那本周的服判息率就是0,显然不能全面反映法官办案的社会效果。因此,这个指标的统计期间不宜太短。在考核里取年度服判息诉率即可,每月或每季度的服判息诉率均不必作为考核依据。

"实践中,对办案效果一般只能从其事后发生的不良影响来作相对的客观评价。"①信访投诉作为办案效果的考核指标也非常合理。但是在考核方式上有不少差异。信访投诉的考核,直接以信访投诉是否存在进行考核较为合理,根据报告与否进行考核有些畸轻。考虑到信访投诉一般不会很多,统计信访投诉率可能不是很必要,直接按照信访投诉件数进行考核较为合理。就基层法院而言,根据信访级别进行考核通常较为合理。经过这些取舍所形成的考核办法对法官容易形成相对合理的导向作用。

引发负面舆情通常也作为办案效果的考核内容。Y法院对此分三个环节考核:源头防范、同步推进、实际效果。其实质上是将舆情防范工作设定为考核标准。当然,有的法院对此不予规定。虽然舆情防范工作很重要,但是对基层法院而言,毕竟发生的概率有限,不作为考核项目也可。从办案效果考核整体考虑,将其规定为考核内容更合理。

裁判文书公开和庭审直播是司法公开的重要内容,有必要列入考核项目。通常认为,其属于办案的社会效果,在效果部分进行考核相对合理。比如,G法院规定:裁判文书应上网而未上网的,每件扣2分。

(二)争议考核指标

有的法院将调解或撤诉情况作为办案效果指标考核。调撤的结案方式通常

---

① 李广兴、尹洪茂:《法官业绩考核评价机制解构》,载《山东审判:山东法官培训学院学报》2004年第6期。

意味着办案效果较好，如此考核不能认为不合理。不过，调撤率通常会是法官控制服判息诉率指标的自觉手段。如果法官认为自己的服判息诉率有风险，可以主动提高调解或撤诉的结案数。故，服判息诉率指标可以涵盖或指挥调撤率指标。另一方面，只要服判息诉率达到要求，调撤率是高或低并不重要。极端情况，比如，某法官所有结案全部判决，调撤率为0；但是，无一案上诉，服判息诉率是100%。我们说，办案效果应当获得肯定。此时，如果对调撤率强行要求，反而让考核机械而不自然。因此，办案效果考核可以舍弃调撤率。但是，有的法院将调解结案并且如期履行作为效果加分项考虑，则有合理性。因为考核的不是结案方式，是调解的自动履行情况。实际上，围绕这一考核目的还可以拓展一下，不限于调解，即使判决结案，当事人自觉履行，不需要强制执行，也可以认为办案的社会效果较好。将调解或判决结案并自动履行一并作为办案效果的正向激励考核项目完全可以。

综上，办案效果考核，取服判息诉率，不要调撤率，再加信访投诉和负面舆情两方面的内容较为理想。若要更进取一些，可以考虑再加判决调解的自动履行考核。另外，裁判文书上网和庭审直播情况放在这里考核也相对合理。

五、结语

考核可以有很多条款，但是必须围绕一个最大的“基准”，即：员额法官做到什么程度就是优秀或合格，这是考核之前需要先行解决的问题。按照这一“基准”对考核指标准确取舍才会是一个合理的考核。“不合适的指标或不平衡的一组指标可能会在实践中导致目标转化，造成管理行为从提高绩效的方面走向它的反面”。① 对每个考核指标必须准确把握其内涵和对应的实际状态，选取与某个需要考核的状态相对应的最佳指标，并坚决去掉不必要的指标，优化重复或交叉的指标，这样才会是一个科学的考核。正确的考核相对审判团队的激励无疑是如虎添翼，作用和效果功不可没，并且鲜有副作用。因此，在审判团队激励的范畴一定要重视考核的价值，一定要准确把握考核基准，用心选取和优化诸多考核指标。

① 转引自艾佳慧：《中国法院绩效考评制度研究——“同构性”和”双轨制”的逻辑及其问题》，载《法制与社会发展》2008 年第 5 期。

附　　　　考核指标分解表

<table>
<tr><th>内容</th><th colspan="2">考核指标明细或方法分类</th><th>基本评价</th><th>建议采用与否</th></tr>
<tr><td rowspan="4">数量</td><td colspan="2">不设基准</td><td>激励作用强烈,同时法官容易身心疲惫。</td><td>否</td></tr>
<tr><td rowspan="3">设基准</td><td>平均基准</td><td>基准相对公允,但无论怎么优秀总要有低于平均基准的法官。</td><td>否</td></tr>
<tr><td>最高基准</td><td>目标高远,激励空间大,但适应性差,公平性差。</td><td>否</td></tr>
<tr><td>绝对基准</td><td>基准的确定较难,但是反馈信息更多;不是最强激励,但是激励程度适中且能够持久。</td><td>是</td></tr>
<tr><td rowspan="3">质量</td><td>质量评查</td><td>二审发改</td><td>发改类似于在后工序中发现“质量问题”,作为质量考核指标自然合理;但是,并非所有案件均会提起上诉或申请再审,“本工序”发现机制也不容忽视(质量评查)。两者结合考核质量较为理想。</td><td>是</td></tr>
<tr><td colspan="2">庭审观摩</td><td>理论上合理,但囿于法院的具体情况,通常也不过是庭审规范的评查,很难有实质性的突破。</td><td>否</td></tr>
<tr><td colspan="2">上诉率或服判息诉率</td><td>与案件质量有一定关系,但是并不能准确反映案件的质量问题,宜作为效果考核指标。</td><td>否</td></tr>
<tr><td rowspan="5">效率</td><td>已结案件法定审执限</td><td>长期未结</td><td>审执限的要求必须落实于“每一件”而不是整体的什么率,对效率的考核宜取已结案件的法定审执限,按件数考核;超 18 个月的长期未结应当视为严重不效率状态,予以考核合理。</td><td>是</td></tr>
<tr><td colspan="2">平均审理天数</td><td>一定程度上反映结案效率,但是可能忽略个案超审限的严重情况;容易导致对效率的过度追求。</td><td>否</td></tr>
<tr><td colspan="2">法定审限内结案率</td><td>反映宏观效率状态,但是可能忽略个案严重超审限。</td><td>否</td></tr>
<tr><td colspan="2">结案率</td><td>与效率有一定联系,但并非总是反映结案效率。</td><td>否</td></tr>
<tr><td colspan="2">结案均衡度</td><td>这个指标最好用来考核法院,而不是具体的办案法官。原则上,收案均衡或者随机并且每案均不超审执限,就不必再设结案均衡度指标。</td><td>否</td></tr>
</table>

续表

内容	考核指标明细或方法分类	基本评价	建议采用与否
效果	服判息诉率加信访投诉和引发负面舆情	服判息诉率通常意味着案结事了的社会效果,作为办案效果的基本考核指标较为理想。这三个指标虽然与案件质量有一定联系,但整体上属于办案效果的范畴,因此作为效果考核指标更为合理。	是
	裁判文书公开	司法公开的重要内容,适宜放在效果范畴考核。	是
	庭审直播	司法公开的重要内容,适宜放在效果范畴考核。	是
	调撤率	一定程度反映了办案效果,但是可以被服判息诉率指标包涵和指挥,在判决的服判息诉率较高时,考核调撤率又存在机械不合理的问题。	否
	判决调解的自动履行	作为效果指标较为合理,出于拓展考核考虑可以采用。	否

审判委员会专职委员的角色重构与复归[*]

——基于A省法院122个样本的考察

张文波[**]

摘要：自人民法院设立审委会专职委员制度以来，由于职务设置的权宜性、职责界定的模糊性以及选任程序的不确定性等原因，产生了专委不专、职能虚化、考核缺失等一系列弊端，进而影响了审判委员会的专业化建设。为进一步适应审判权力运行机制改革的要求，应当加强专职委员履职保障，明确专职委员的法律地位、功能角色、职责权限；同时，还应建立与员额制改革相契合的专职委员选任制度，拓宽遴选范围、扩大配备比例、限制行政兼职，最终建立以专职委员为主导的审委会工作运行机制。

关键词：审委会制度；专职委员；司法改革；审判管理

早在1989年4月，时任最高法院院长任建新就提出了设立审判委员会专职委员的构想。① 2004年5月，中央编办批复同意最高法院配备一到两名副部级审委会专职委员。② 2006年5月，中共中央批准地方各级法院均有权设置两名左右审委会专职委员，并参照同级党政部门副职的规格和任职条件配备。③ 作

---

* 本文系中国法学会法理学研究会2019年青年专项课题“当代中国治理型司法的兴起与变迁”(项目编号:ZGFL201901)的阶段性成果。

** 作者系中国社会科学院研究生院法学系博士研究生。

① 任建新:《关于加强最高人民法院审判委员会工作的意见》(1989年4月29日)，载《最高人民法院历任院长文选》，人民法院出版社2010年版，第245～247页。

② 《中央编办关于最高人民法院审判委员会、最高人民检察院检察委员会配备副部级专职委员问题的复函》，2004年5月17日，中央编办〔2004〕47号。

③ 《中共中央关于进一步加强人民法院、人民检察院工作的决定》，2006年5月3日，中发〔2006〕11号。

为司法改革的阶段性产物,审委会专职委员工作机制在实践中运转如何、是否取得预期效果,是各界关注但尚未深入研究的问题。为此,本文选取A省三级法院审委会专职委员的人员配置、职权行使、作用发挥等情况作为分析样本,①考察审委会专职委员的设立状况、日常工作及其存在的若干问题,这不仅能够让我们更好地理解当代中国司法实践中错综复杂的权力关系,也有助于预测未来中国司法改革的走向与趋势。

一、先天不足:审委会专职委员的设置缺陷

由于缺乏精准系统、统一协调的制度顶层设计,加之受到地方法院"现实政治生态"和"党管政法"原则下干部选任方式的限制,致使审委会专职委员的设置更多是从短期的政治效果出发,而并非为了完善司法改革配套措施。同时,地方各级法院抱着实用主义态度,对审委会专职委员工作机制纷纷进行了"因地制宜""各取所需"式的改造,导致这一制度实践在某些地方已经变得面目全非,进而引出了后续一系列问题。

(一)职务设置的权宜性

结合A省各级法院审委会专职委员的设置情况,其主要包括以下四种情形:一是规避任职限制。尽管现有干部人事政策并非完全"唯年龄论",但"德才兼备"的人才选拔标准毕竟难以量化,因而年龄越来越成为干部提拔的"硬杠杠"。对那些不再有机会担任法院党组成员或副院长的老资格庭长们而言,审委会专职委员的设立相当于给了他们一次解决法院副职政治待遇的宝贵机会,因而许多法院是将专职委员作为"二线荣誉性领导岗位"来对待的。如此一来,既能调动广大中层领导干部的工作积极性,又能在一定程度上缓解法院领导职数的紧张程度,亦不违反当地党委组织部门关于任职年龄的限制。二是拓展晋升渠道。法院内部传统的晋升路径,主要包括从内部提拔或上级法院"空降"两种

① 作为本文调研样本的A省,地处我国华北地区,下辖11个地级市,168个区、县,地域覆盖东部沿海地区、中部平原工业区及西部山地农业区,具有较为理想的样本研究价值。截至2019年8月,A省现有191个法院,审判人员8711人,三级法院共配备审委会专职委员122名,其中省高院3名,中级法院24名,基层法院95名,另有29个基层法院因人员退休、调离岗位以及编制审批等问题暂未配备专职委员。

模式。经过人民法院人员编制及内设机构的不断扩张，[①]在数量上已远超其他同级党政部门，但是在领导职数的分配上组织人事部门并不会厚此薄彼，这就导致相当比例的庭室负责人难以在本院直接升任副院长，因而一些法院把专职委员作为晋升副院长的“特殊通道”。[②] 三是回任中心城区。由于区域经济、社会发展的不平衡，广大基层法院地处较为偏远的农村区域，而中心城区的生活、工作环境相对县城要更为优越，加之部分中级法院的审委会专委可以高配为正处级，[③]因此，对相当一部分基层法院院长特别是上级法院的“空降”干部而言，转任平级甚至晋级的中级法院审委会专职委员仍然具有吸引力。四是保留级别待遇。由于各地党委组织部门掌握的担任实职领导的年龄上限不同，一些已经卸任党组成员、副院长的法院领导干部，距离其正式退休又尚有时日，在此“空窗期”内会“专任”审判委员会委员一职，成为非经遴选而“逆向选择”产生的专职委员。这些已退居二线的院领导，通过其留任的审委会委员而得以享受或保留之前的职级待遇。

(二)职责界定的模糊性

尽管审委会专职委员工作机制已在相关文件中有了初步描述，[④]但对其工作范围、角色定位尚无明确规定，导致司法实践中专职委员的职责设定较为混乱。目前，人民法院领导班子的构成和运行机制，实际上是一种传统的归口管理制度，即院长主抓全面工作的同时，经院党组确定分工后，每位副职院领导也被委托管理、监督、指导若干部门的日常工作，并负责相应部门的职称调整、职级晋

---

① 由于法院受累案件量激增和社会治理的需要，当代中国法院内设机构普遍呈不断膨胀趋势。目前，A省高院内设机构数量高达34个。参见刘忠：《规模与内部治理：中国法院编制变迁三十年》，载《法制与社会发展》2012年第5期。

② 这从最高法院审委会专职委员的晋升路径中也可以得到印证，例如，景汉朝、黄尔梅、贺荣先后在审委会副部级专职委员的任上被全国人大常委会任命为最高法院党组成员、副院长。

③ 自1985年起，基层法院院长的行政级别定为副处级，中级法院院长的行政级别定为副厅级，中级法院副职领导则可以配备为副处级或正处级。参见《中共中央办公厅关于加强地方各级法院、检察院干部配备的通知》，1985年9月1日，中办发〔1985〕47号。

④ 《最高人民法院关于改革和完善人民法院审判委员会制度的实施意见》，2010年1月11日，法发〔2010〕3号。

升、业绩考评、队伍建设工作。① 既然审委会专职委员被视为法院领导班子中的一员，也就自然而然适用“归口管理模式”。反过来讲，如果专职委员没有被分配若干部门来管理，不论是本人还是外界都或多或少存在“明升暗降”“被边缘化”或“坐冷板凳”的疑虑。同时，随着人民法院受理案件量的激增，大量非审判工作如信访、维稳、宣传、基建、党建、信息化、财务、政工、对外联络等行政事务总量愈加膨胀。这些事务有的需要与上级主管部门对接，有的需要接受上级法院的考核，繁重的日常事务让院长、副院长等领导班子成员疲于应付，不得不将一部分工作交给专职委员主管或协管。例如，最高人民法院审委会副部级专职委员刘贵祥、胡云腾还分别兼任第一、第二巡回法庭庭长。需要注意的是，专职委员分管若干庭室尽管客观上减轻了其他领导班子成员的工作压力，但也让专职委员不得不承担相应的管理风险，甚至有个别法院的专职委员曾因分管部门干警违纪而被追究廉政监督主体责任，从而加剧了司法行政化的趋势。②

(三)选任程序的不确定性

毫无疑问，审委会专职委员首先应当具备法官、审委会委员身份，然后才可以被选任为专职委员。根据《人民法院组织法》的规定，法官、审委会委员的任命必须经过当地人大常委会任命，但专职委员究竟由地方人大常委会还是当地党委组织部门任命，则各地做法不一。③ 有的地方以选拔领导干部的方式遴选专职委员，有的地方则以考察任命非领导职务的方式选拔专职委员。有的地方党委组织部门直接对拟任法院审委会专职委员的人选进行公示，④而有的法院专

① 张文波:《功能、身份与政治:人民法院党组的治理机制》,载《交大法学》2018 年第 2 期。

② 2015 年 6 月，吉林省磐石市法院多名财会人员因公款私用等严重违纪行为受到行政撤职处分，该院主管财务工作的审会专职委员宋光辉因履行“一岗双责”不到位，受到行政警告处分。参见罗书臻:《最高法院通报七起法院领导干部责任追究案件》,载《人民法院报》2015 年 12 月 28 日第 1 版。

③ 即便是对最高法院审委会专职委员而言，也只能在《中华人民共和国最高人民法院公报》等相关公开文件中查阅到被全国人大常委会任命为审委会委员以及被任命为二级大法官的公告，而并无被明确任命为“审委会专职委员”的内容。

④ 参见《省委组织部发布干部任前公示》,载《四川日报》2016 年 2 月 1 日第 2 版;《中共安阳市委组织部公示公告》,载《安阳日报》2015 年 11 月 3 日第 2 版。

职委员则由当地人大常委会进行任免。[①] 各地对专职委员角色的认知差异，导致在专职委员究竟是行政职务还是法律职务问题上尚存在争议，这在某种程度上也产生了一个潜在的法律问题，即不经人大常委会任命是否意味着审委会专职委员在人大常委会的监督之外。由此可见，不同的选拔方式不仅意味着专职委员的政治待遇存在差别，也必然影响到各级法院专职委员的职权安排和角色定位。

二、身份焦虑：审委会专职委员工作机制问题聚焦

尽管审委会专职委员的设立被视为法院系统“振奋人心的一件大好事”，[②] 但部分法院审委会专职委员工作机制在实际运行过程中的效果并不能令人满意，特别是来源构成、职能定位、考核机制等方面还存在诸多问题。由于偏离了岗位设置目标，“种了别人的地，荒了自家的田”，导致专职委员工作机制陷入“专职不专、地位尴尬、职能变异”的困境。[③]

（一）身份同构与分身之术

从A省各级法院审判委员会的组成情况来看，绝大多数审委会委员都会担任相应的院、庭长等领导职务，而专职委员与其他委员在来源上具有高度的重叠性，基本遵循了中层正职/基层法院院长/退居二线副院长转任本级或上级法院专职委员的路径，几乎没有发现从员额法官、中层副职中直接产生审委会专职委员的例证。其任职情况和主要来源具体可分为以下四类：

第一，以党组成员身份兼任审委会专职委员，其分管领域主要分为四类：一是分管审判管理、调研、统计工作；二是分管刑事、民事审判等业务工作；三是分管人事、宣传、工会等党建工作；四是分管基建、后勤、行政等工作。由于党组是法院内部最为重要的权力机构，作为党组成员不仅有权参加审委会研究具体案件，还能够参加法院党组会议讨论决定本院重大事项，因而，此类专职委员的政

---

① 唐嘉艺：《内蒙古人大常委会公布任免名单 涉及多地检法两院干部》，载《内蒙古日报》2013年5月30日第2版；《金华市人大常委会任免名单》（2013年7月9日金华市第六届人大常委会第二十次会议通过），载《金华日报》2013年7月11日第2版。

② 洪浩、操旭辉：《基层法院审判委员会功能的实证分析》，载《法学评论》2011年第5期。

③ 郭瑞、薛海明：《基层法院审判委员会专职委员工作现状描述和机制完善构想》，载张卫平、齐树洁主编：《司法改革评论》第15辑，厦门大学出版社2012年版，第245页。

治地位也相对最高,但也总容易导致其“专职委员”身份的虚化。

第二,虽不进入法院党组但作为领导班子成员协管若干审判或职能部门,排名一般列于党组成员和副院长之后,在一般审委会委员之前,并有权列席党组会或院长办公会,这是A省法院系统内审委会专职委员目前最为常见的一种任职情形。其中,有两家中级法院的专职委员分别协管办公室、计财装备管理处及机关党委工作,这也从侧面反映出一些法院对审委会工作机制建设还缺乏足够的重视。

第三,不属于院领导班子成员序列,但作为荣誉性职务在行政级别或法官等级上高配,①因而在政治地位上高于普通中层领导,并视情况协助分管院长管理若干部门。也就是说,审委会专职委员的设置,使得法院领导班子在内部事实上出现了“甲类职务”和“乙类职务”,而专职委员的地位和职权,则介于副院长和一般中层正职之间,从而在分管院长与业务庭之间无形中增加了一道行政位阶,反而降低了司法工作的效率。

第四,担任专职委员的同时,继续兼任部门负责人且主要精力仍然放在处理本部门事务上,被任命为专职委员仅仅是为了解决政治待遇问题。有个别基层法院的庭长被任命为专职委员时,当地人大常委会在任命公告上直接注明“审判委员会专职委员(兼)”,并在法官等级上高于普通审委会委员。专职委员兼任业务庭室负责人的做法,可能导致其在审委会讨论本部门议题时不够客观中立,进而影响审委会决策的质量和公信力。

(二)遴选与履职考核机制欠缺

有学者指出,审委会专职委员这一职位,鲜明地呈现出技术上的专业性与政治上的官僚性兼具的一体两面的特点。② 从制度设计层面来看,审委会专职委员既有职业法律人的角色,也有管理者甚至政治人的角色。但实际上,专职委员自身存在深刻的身份焦虑,如何产生、如何履职、如何考核审委会专职委员,至今缺乏明确、清晰和统一的标准。

---

① 根据中央组织部、最高人民法院的联合发文规定,高级人民法院、直辖市中级人民法院中,担任专职委员的二级高级法官按照规定职数确定。因此,专职委员得以在法官等级上享受更高待遇。

② 左卫民:《审判委员会运行状况的实证研究》,载《法学研究》2016年第3期。

1.任职年龄结构不尽合理

目前,A省各级法院审委会专职委员45岁以下的有11人,仅占总数的9.01%;45～50岁的32人,占总数的26.23%;50岁以上的79人,占总数的64.75%。尽管对法官而言,年龄越长意味着审判经验越丰富,但如此悬殊的年龄层次分布,仍暴露出专职委员这一岗位带有明显的“养老”性质。另外,有个别法院过于强调进入审委会的政治资历,整个审委会组成人员几乎是法院党组的翻版。其中,有一家中级法院的政治部主任、纪检组组长、办公室主任以担任党组成员的“职务便利”顺利进入审判委员会,甚至审委会委员中还有两名不兼任其他职务的“专职”党组成员,但其却没有设立审委会专职委员。

2.“任职终身制”的隐忧

目前,无论法院内部还是地方党委组织部门,都对专职委员的任期及工作年限并无明确规定,导致实践中几乎所有的专职委员均按照同级党政部门副职的任职年限来操作。也就是说,除了提拔、转任或调离工作岗位之外,专职委员的任期会一直持续到该行政级别的任职上限。这种安排既不利于专职委员岗位激励机制的建立,也不符合司法责任制的要求——一旦缺乏任职考核、竞争机制,无论其本人的能力和业绩如何,专职委员都将能上不能下、能进不能出,这显然不利于审委会吐故纳新,并可能影响审委会的整体水平与决策质量。

3.职务履行上的缺失

审委会专职委员,顾名思义就是对审委会工作负有“专门职责”的特别委员。按照“循名责实”的传统,专职委员的主战场理应在审判委员会,并在其中扮演重要角色。但从实践情况来看,A省法院的多数专职委员都身兼数职,有的还分管多个部门和领域。尽管此举或许对其掌握审判动态和司法前沿问题有所帮助,但分管诸多与审判无关的事务性工作,则很有可能无暇顾及主业,在频繁、琐碎的各种协调性会议中消解审委会工作机制的专业化、职业化需求。在审判委员会讨论重大疑难案件时,专职委员的功能作用往往被忽略,审委会的“行政化”色彩依然浓厚,只是把专职委员视为一种领导待遇,而不是作为法院内部的“审判业务权威”来对待。还有一些专职委员对审委会工作重视不够,对提交审委会研究的案件没有发挥审核、筛选功能,甚至由于自身业务能力的欠缺,在审委会议事过程中处于“失语状态”。同时,由于欠缺审委会专职委员考核机制,因而,上述情形往往没有引起足够的重视,导致审委会运转或不堪重负、或流于形式,影响了审委会整体性功能的发挥。

三、返璞归真:审委会专职委员的角色重构

长期以来,各级法院之所以普遍存在“专委不专”的现象,正是由于没有准确认定专职委员的功能与定位。为解决上文列举的诸问题,我们应当从完善司法改革综合配套制度的角度,对审委会专职委员的法律地位、功能角色、职责权限、选任方式、考核机制加以明确,并制定具有可操作性的相关规定,逐步改变目前在审判委员会中仍然存在的行政化色彩,最终建立以专职委员为主导的审委会运行机制。

(一)进一步加强专职委员履职的制度保障

1.明确专职委员的履职依据

首先,随着司法改革的深入推进,应进一步明确审委会专职委员在审判委员会中的性质与定位,并将其列入《法官法》《人民法院组织法》之中,使专职委员在履职时名正言顺、有法可依;其次,鉴于审判工作专业程度强、独立性要求高的性质和特点,应在坚持“党管干部”原则的前提下,进一步理顺专职委员的推荐、提名、任免机制。特别是在推行省以下法院垂直管理改革后,建议由最高法院制定专门文件,[①]规范专职委员的法律地位、任职条件、奖惩考核等事项,消除任职模糊空间,使专职委员做到职能明确、分工合理、权责一致;最后,审委会专职委员代表了人民法院在审判业务方面的最高水准,应当隆其地位、厚其待遇、实其职能,为专职委员配备必要的助手或办事机构,[②]并在办公条件、履行职责等方面提供充分保障。

2.厘清专职委员的角色功能

具体而言,审委会专职委员主要具有以下特点:一是工作上的专门性。审委

---

① 目前,最高人民检察院已经制定了专门的检委会专职委员工作规则(《人民检察院检察委员会专职委员选任及职责暂行规定》,高检发政字[2010]133号,2010年12月13日),而最高法院尚未颁布关于审委会专职委员具体职责的专门性文件。在省级法院层面,仅有广东高院制定了相关文件(《广东省高级人民法院关于充分发挥审判委员会专职委员作用的意见》,粤高法发[2009]14号,2009年2月19日)。

② 各级法院普遍设立的“审委会秘书”一职,其主要职能基本上是审委会召开会议时负责记录以及联络审委会各位委员等工作,而在审委会议程设置、决议跟踪以及推动司法改革方面所起作用不大,因此可以作为审委会专职委员的助手,进一步充实和加强审委会日常工作力量。

会专职委员是为了提高审委会议事质量和决策效率而设立的，因此，其工作内容应具有一定的针对性和较强的专业性。专职委员的“专职”二字，既表明了其在审委会中的特殊地位，也暗含了对从事其他审判工作及行政事务的限制。可以说，不具备全时、单一、专门等属性，也就不能称其为“专职”。二是地位上的中立性。只有当专职委员不再分管其他具体业务，才能够摆脱普通审委会委员从分管领域或本部门角度发表意见的本位主义倾向，以较为超脱、理性的立场来调查、研究问题，从而有利于保障审委会决策的公正性、民主性与科学性。三是业务上的权威性。《最高人民法院关于改革和完善人民法院审判委员会制度的实施意见》曾提出，“各级人民法院应当加强审判委员会的专业化建设，确保组成人员成为人民法院素质最高、水平最高的法官”。该规定对审委会中普通成员的选任已然如此严格，故对专职委员的知识层次和专业水准自然要求更高，因而发表的意见在审委会上更具有权威性与指导性。四是知识上的示范性。专职委员作为审委会中的专家型法官，应当通过担任审判长直接审理案件，以其深厚的法学功底、丰富的司法经验为其他法官塑造出主持庭审、释法明理、撰写文书的典范，让审判经验与智慧在案件审理过程中得到自然传承。①

3.划定专职委员的职责权限

尽管不同层级法院的审判委员会运作在方式上存在一定差异，但确定审委会专职委员的基本职责与权限仍然是可能而且必要的。大体而言，审委会专职委员的职权主要包括以下几个方面：一是业务指导权。专职委员凭借扎实的法律专业知识和丰富的司法实践经验，通过对疑难案件的法律适用、审判经验总结等方式提高本院整体办案质量，在本院或辖区法院范围内发布、总结、汇编典型案例或召开专题会议，以集中解决类型化案件中的共性问题，以充分保障人民法院裁判案件的权威性和公正性。二是会议提案权。根据《人民法院组织法》有关规定，目前审委会议题只能由院长、副院长提出，但由于上述领导日常工作繁忙，无暇对相关议题进行过滤，加之一些涉及司法改革或存在部门交叉工作的议题，在“归口管理”模式下很可能不能进入议事程序。因此，立法应赋予专职委员独立的提案权，在对审判业务工作进行调研并形成较为成熟的意见后，有权按程序向审判委员会提起议案，并对提交审委会的议题进行程序过滤与实体把关。三是党组会议列席权。为便于及时了解、分析、研判审判工作动态，专职委员有权

① 吴仕春：《审委会制度的进与退》，载《人民法院报》2015 年 3 月 1 日第 2 版。

列席党组会和院长办公会,并可就改进审委会工作机制在会上提出建议。需要说明的是,列席党组会并非仅仅为体现专职委员的"院领导地位",而是从为审判工作服务、为加强审委会工作的角度出发,因而应当根据党组会和院长办公会的具体讨论事项有选择地安排专职委员列席会议,以防止将"列席权"再次异化为"政治待遇"。

(二)建立与员额制改革相契合的专职委员选任制度

1.拓宽专职委员的遴选范围

首先,应当明确专职委员是专业技术岗位而不是单纯的行政职务,是身处一线的资深法官而不是临近退休前的荣誉岗位。因此,我们应当打破从法院中层正职领导中选拔审委会专职委员的惯例,探索从资深的员额法官中遴选专职委员的相关做法,确保由素质最好、水平最高的法官来主持审判委员会日常工作,转变过去将审委会专职委员单独作为解决职级待遇的错误做法。① 其次,利用法院与高校专家学者交流挂职的机会,邀请法学专家学者挂职担任审委会专职委员,进一步提升审委会人员构成的专业化、精英化水平。最后,严格界定专职委员的任职年龄和任期。我们既要限定选任审委会专职委员的年龄上限,防止把专职委员单纯作为解决法院干部级别的阶梯,又要设计审委会专职委员的定期遴选机制,避免这一岗位沦为事实上的"终身制"或"养老院"。

2.扩大专职委员的配备比例

目前,各级法院对配备专职委员的比例并无统一做法。最高法院在"二五改革纲要"中曾提出,"最高人民法院审判委员会设刑事专业委员会和民事行政专业委员会;高级人民法院、中级人民法院可以根据需要在审判委员会中设刑事专业委员会和民事行政专业委员会"。② 根据上述精神,中级以上人民法院应可考

① 按照当前员额制改革的基本政策,法院内部行政、纪检、政工、后勤等综合部门的负责人应当被排除在员额法官的范围之外,一些法院甚至明确规定"综合部门领导一律不得入额"。在此背景下,应当与上述限制综合部门领导入额的政策相配套,这一群体同样不得担任审委会专职委员。参见《北京二中院启动司法改革——强调审判机构岗位设置员额入额法官必须办案》,载《人民法院报》2016 年 4 月 1 日第 4 版。

② 《人民法院第二个五年改革纲要(2004—2008)》,2005 年 10 月 26 日,法发[2005]18 号。

虑设置四名专职委员，并分属刑事、民事、行政审判及执行工作领域；[①]而基层法院则应根据法院受案数量、人均结案量等具体情况酌情设置两到三名专职委员。同时，其还应逐渐改变过去由法院党组推荐、地方党委组织部门考察任命的传统模式，转而建立由法官遴选委员提名、推荐，并由同级人大常委会任命的选任模式，让审委会专职委员成为在法院组织人事领域突破司法行政化的先行者。当然，这并不是说专职委员的选任就可以不要党的领导。相反，同级党委和党委政法委落实中央提出的对各级人民法院工作积极支持的要求，特别是支持深化司法改革、完善审判委员会制度，就是实现党对司法工作领导的最好方式。

3.限制专职委员行政兼职

设置审委会专职委员的出发点，在于强化审判委员会工作机制。专职委员所呈现出的专业性、中立性等特点，也就意味着专职委员的日常工作应当“去行政化”。否则，既担任专职委员又兼任部门负责人或者以院领导身份分管其他工作，往往会陷于事务性工作而偏离其核心功能，最终导致审委会专职委员的角色被虚化。[②] 因此，应明确审委会专职委员不得履行法院副院长的行政职权或承担相应的行政职责，亦不得兼任业务庭负责人，这样便于专职委员以更加超脱的地位在审委会中发挥作用。[③] 也就是说，审委会专职委员要有“进”有“退”。惟其如此，专职委员才能从繁杂琐碎的日常行政管理事务中解脱出来，潜心于审判实务的钻研，不仅为审判委员会作出重要决策担当专家顾问，而且可以为各职能部门提供法律咨询或必要的业务指导。

(三)建立以专职委员为主导的审委会工作机制

针对审委会在运行机制方面存在的“讨论事项泛化”“违背司法亲历性”“行

---

① 由于中院审理刑事一审案件一般为无期徒刑和死刑案件，在证据上需要严格把关，在定罪量刑上需要丰富的审判经验，因此应当保证中级以上法院配备一名熟悉刑事审判业务的专职委员。

② 肖仕卫：《基层法院审判委员会“放权”改革的进程研究——以对某法院法官的访谈为素材》，载《法制与社会发展》2007 年第 2 期。

③ 鉴于审委会专职委员在负责审委员日常工作时必然涉及审判管理、审判调研等工作，因此在条件允许的情况下分管或协管审管办或研究室等部门。

政色彩浓厚"等弊端,[①]专职委员的设置恰可以克服以上局限性,并从以下几个方面发挥主导作用:

1.负责对审委会的讨论事项过滤筛选

为避免审委会在个案讨论上耗费过多精力,以至于挤占其他宏观指导功能的发挥,可由专职委员对提交审委会讨论的案件审理报告在形式及实质审查上严格把关,以"合议庭穷尽一切审判资源"为标准,只有经过专业法官会议或审判长联席会议充分讨论后仍存在重大争议的案件,才有权提交审委会讨论,从而将审委会的主要任务从讨论具体案件过渡到研究审判运行规律上来。同时,对可能判处死刑、合议庭成员意见有重大分歧的、检察院抗诉的以及舆论关注程度较高的案件,为减少外界对审委会"判者不审,审者不判"的诟病,可由专职委员以旁听案件庭审、列席合议庭评议、参加专业法官会议并向审委会进行报告的形式,最大限度提升审委会决策的透明度。

2.负责对审委会决议事项进行跟踪反馈

审判委员会作出的决议能否被各业务部门及相关合议庭贯彻落实,取决于是否有专人负责督促、检查和落实。[②] 在此过程中,专职委员可通过口头督办、进度询问、听取汇报等方式予以监督、核查,维护审委会在规范审判运行方面的权威性。[③] 特别是对审委会决议中关于统一裁判尺度具有重要意义的内容,专职委员应当据此充分关注、收集、归纳相关典型性案件,推进类型化案件审理模式与案件质量考核体系的形成,最终提升司法标准化和规范化水平。

3.负责对审委会宏观职能进行扩充强化

在限制审委会讨论决定个案职能的同时,应当在专职委员的主导下进一步强化审委会总结审判经验、统一裁判尺度、讨论重大事项、强化审判监督的功能,

---

① 冯之东:《司法体制改革背景下的审判委员会制度》,载《时代法学》2016 年第 1 期。审委会工作机制甚至被批评为"上命下从的行政管理模式",参见谢佑平、万毅:《司法行政化与司法独立:悖论的司法改革》,载《江苏社会科学》2003 年第 1 期。

② 《最高人民法院关于改革和完善人民法院审判委员会制度的实施意见》,2010 年 1 月 11 日,法发[2010]3 号。

③ 夏孟宣、胡苗玲:《司改背景下审判委员会职能合理定位的路径选择——以温州市中级人民法院审判委员会改革为视角》,载《法律适用》2015 年第 11 期。

从而使审委会回归到法院审判业务最高决策中心的角色定位。[①] 另外，区别于院长工作的复杂多样和庭长工作的微观化、个案化，[②]专职委员有条件在宏观层面保障审委会行使审判管理与一般性指导的有关职能。在此过程中，专职委员可就审判实践中的共性问题与司法改革中的难点问题开展专题调研，定期向审判委员会提交书面材料，经全体委员审议后对外公布规范性意见或指导性案例。必要时，可由委员会专职委员作为审判委员会的"新闻发言人"，就司法工作动态定期召开专题新闻发布会，及时回应社会的关切，提高司法公信力。

4.负责对审委会委员进行履职考评

在审委会议事过程中，其普遍存在委员简单附议或不发表意见致使审委会讨论流于形式的弊端。[③] 一些审委会委员由于身兼院、庭长等领导职务，以至经常因行政事务繁忙而缺席审委会，所谓的"集体智慧"常常不能体现出来。[④] 为切实解决审委会委员工作成效无人评价的问题，可由审委会专职委员具体负责对其他委员进行履职考评，推进审判委员会会议材料、会议记录全程留痕工作，将委员的出席频率、发言次数、议事质量纳入绩效档案，避免出现审委会委员人人议事却又无人负责的情形。对此，最高人民法院第五个司法改革纲要也提出要"深化审委会事务公开，建立委员履职情况和讨论事项在办公内网公开机制"，而负责上述工作的最佳人选正是审委会专职委员。

四、结语

在各级人民法院审判委员会中设立专职委员，是完善审委会人员结构、提升审委会议事效率、增强审委会专业水平的一项重要举措，特别是在推进"以审判为中心"的诉讼制度改革的过程中，审委会专职委员对优化审判权力运行机制甚至可以起到"四两拨千斤"的关键作用。但通过实地调查可以发现，一些法院在设置审委会专职委员时，多为因人设岗而非因事设岗，首先考虑的是"先把位子

---

① 鲁为、张璇、廖钰：《论"审判权统一行使"在基层法院的实现路径——以基层法院审判委员会的微观运行为视角》，载《法律适用》2014 年第 1 期。

② 左卫民：《审判委员会运行状况的实证研究》，载《法学研究》2016 年第 3 期。

③ 吉罗洪、胡嘉荣、伍涛：《审判委员会制度的变与不变》，载《人民司法》2015 年第 7 期。

④ 特别是随着院庭长办案制度的推行，大量审委会委员的主要精力用于主持庭审，可能会导致与审委会会议召开时间经常发生冲突。

占住”,将符合任职条件的法院干部迅速填补到审委会专职委员的位置上,而对如何充分发挥审委会专职委员在推动司法改革和健全审委会工作机制方面则考虑不多,这在某种程度上也反映了当代中国司法实践中的实用主义逻辑。因此,审委会专职委员运行模式中存在的种种弊端,与人民法院审判委员会存在的诸多问题息息相关,也是司法场域去行政化效果不彰的后遗症。调整与完善审委会专职委员履职内容、考核方式、遴选机制,是推进“以审判为中心”的诉讼制度改革的重要保障措施,也促使审判委员会从关注个案讨论转型为宏观管理。可以说,审判委员会专职委员工作机制既是当代中国司法实践的产物,也是检验司法改革成果的试金石。因此,重塑审委会专职的角色定位,实现审判管理职能的强势回归,将是提升人民法院审判业务水平和决策、执行效率的关键节点,也是推动审判委员会走向专业化、规范化的必由之路。

检察机关提起刑事附带民事环境公益诉讼的实践反思与制度完善*

贾 科** 黄 晨*** 黄 琦****

摘要：环境法律制度的包容性强调对已有制度的适度修改与创新，以延拓可承载的环境保护功能。基于环境公共利益保护的有效性和效率性追求，由检察机关提起的刑事附带民事环境公益诉讼，以刑民一体化的方式解决民事责任与刑事责任实现途径截然分开的困境，是环境保护实践需求催生的改革探索。基于环境公益诉讼长远发展与当下目标的协调，该项制度能否成为环境诉讼新的实践增长点，取决于其能否实现审判质量与效率兼顾、刑事诉讼程序和民事诉讼程序兼容、环境公益保护和法检职能定位契合。结合实证考察反映的刑事附带民事环境公益诉讼制度运行存在的问题，重点应从统一刑民起诉主体、准确甄别并完整提出公益请求、规范履行诉前程序、合理区分刑民审理规则、明晰职权主义行使边界五个方面，对制度予以优化，在实践探索与立法稳定之间探求符合制度目标的改良路径，维护刑附民环境公益诉讼在价值理念、规则体系和适用路径上的一致性。

关键词：环境公益诉讼；刑事附带民事公益诉讼；实践反思；制度完善

---

* 本文系2017年重庆市教育委员会人文社会科学重点研究基地项目“环境民事公益诉讼实施状况评估与对策建议”(项目编号：17SKJ009)的阶段性成果。

** 作者系重庆市两江新区(自贸区)人民法院副院长，法学硕士。

*** 作者系重庆市第一中级人民法院研究室副主任，西南政法大学经济法学院2017级博士研究生。

**** 作者系重庆市第一中级人民法院环境资源审判庭法官助理，法学硕士。

一、问题的提出

面对日益严峻的环境污染问题，积极探索并推进新的诉讼模式予以应对，具有重要的现实意义，环境公益诉讼即是之一。自2015年推行检察公益诉讼试点以来，环境公益诉讼得到了较快发展，并成为新的实践增长点，[①]实践中出现了刑事附带民事环境公益诉讼的进一步探索。[②] 2018年3月两高联合发布《关于检察公益诉讼案件适用法律若干问题的解释》，首次明确检察机关可以刑附民公益诉讼的方式提起环境公益诉讼，对实践探索予以肯定。

据不完全统计，检察公益诉讼试点期间，基于环境犯罪而引发环境民事公益诉讼的案件约有80%采取单独提起的方式，仅有少数案件适用刑附民环境公益诉讼程序处理；检察公益诉讼全面推开以后，近七成环境民事公益诉讼案件采用刑附民方式提出。如何冷静地看待初现端倪的“刑事附带民事环境公益诉讼热”，理性分析其利弊得失，进而明确发展方向和完善对策，是实践探索提出的迫切问题。一方面，必须肯认，刑附民环境公益诉讼作为一项制度创新，在保护环境公共利益方面有其独特优势：其一，减省诉讼环节，提高诉讼效率，实践中多数环境民事公益诉讼均因环境犯罪产生，刑附民公益诉讼有利于刑民争议一体化解决，并促进刑民裁判结果统一；其二，刑附民程序可一定程度缓解司法资源有限性与环境保护需求日趋增长的矛盾；其三，与环境审判专业化发展趋势和检察机关公益诉讼改革方向相契合，能够提升法检应对环境纠纷的专业水平。但另一方面，刑附民环境公益诉讼存在的问题也逐渐浮出水面，引发了诸多质疑。在公益诉讼试点结束而有待于进一步发展的背景下，梳理总结司法实践探索，发现并解决相应的问题，对促进该项制度完善以及丰富环境公益诉讼理论均有重要意义。

---

① 据统计，2015年7月1日至2016年12月31日期间，全国法院共受理检察机关提起公益诉讼一审案件77件。参见魏文超、刘小飞、孙茜：《检察机关提起公益诉讼试点工作若干问题的思考》，载《人民司法·应用》2017年第13期。

② 为保持行文统一与简洁，刑事附带民事环境公益诉讼以下简称刑附民环境公益诉讼。

二、实践考察：刑事附带民事环境公益诉讼的现实困境

(一)刑事与附民公益诉讼起诉主体分离

与环境公益诉讼管辖不同，因绝大部分环境资源类一审刑事案件由基层法院管辖，故刑附民环境公益诉讼管辖权会随之下沉到基层。法院系统较早就在环资审判中推进机构专门化和集中管辖，截至目前，全国部分法院已实行环资审判“三合一”模式①。根据刑事诉讼起诉与审判的地域及级别管辖相对应的原则，环资类刑事案件审查起诉在无形中也实现了集中管辖，但在刑附民环境公益诉讼的管辖上，由于缺乏明确规定，加之检察机关出于锻炼基层检察队伍、对案件受理绩效考核的妥协等考虑，故在实践中出现了刑事公诉主体与附带民事公益诉讼调查取证或起诉主体相分离的情况，进而导致刑附民环境公益诉讼管辖上的混乱(见表1)。一般而言，调查取证实行属地管辖为应有之义，但在刑附民环境公益诉讼中，如果刑事起诉实行集中管辖而民事调查取证仍遵循属地管辖的话，则会因审查起诉主体和附民部分调查、起诉主体不同而导致在案件移送和证据审查中不必要地耗费司法资源。

表1 刑事附带民事环境公益诉讼案件移送起诉模式

法检管辖模式	刑事审查起诉主体	附民证据调查收集主体	起诉主体	出庭主体
法检均实行集中管辖	集中管辖检察机关	集中管辖检察机关	集中管辖检察机关	集中管辖检察机关
法检均未实行集中管辖	犯罪行为地检察机关	犯罪行为地检察机关	犯罪行为地检察机关	犯罪行为地检察机关
法院集中管辖，检察机关不实行集中管辖	集中管辖法院对应检察机关	犯罪行为地检察机关调查后移送集中管辖法院对应检察机关	集中管辖法院对应检察机关	集中管辖法院对应检察机关
	集中管辖法院对应检察机关	犯罪行为地检察机关调查后移送集中管辖法院对应检察机关	集中管辖法院对应检察机关	集中管辖法院对应检察机关＋犯罪行为地检察机关

① 指由专门的环境资源审判庭或合议庭统一审理辖区环境刑事、行政、民事案件。

（二）案件选取与诉讼请求选择不当

经查阅中国裁判文书网中100件由检察机关提起的刑附民环境公益诉讼案件发现，[①]此类案件在民事部分普遍存在案件选取与诉讼请求选择不当的情况。

1.案件选取不当

环境公益诉讼案件几乎都来源于相关的刑事案件，环境资源类[②]犯罪或多或少均会损害公共利益，但显然并非所有该类案件都可以或有必要衍生出环境公益诉讼，而从目前检察机关提起的刑附民环境公益诉讼来看，其在案件选择上具有很大的随意性，并未凸显对公益损害的代表性和典型性，（见表2）从而影响了该制度效益的发挥。

表2 案件选择不当事例列举

案件类型	案情关键词
非法捕猎、狩猎	朱某非法捕猎、杀害2只国家二级野生保护动物白鹇。
	廖某非法狩猎，杀害鸟类70余只，涉及7个鸟类品种，但均不属于国家保护野生动物。
盗伐、滥伐林木	张某采伐其本人承包的经济林45.4立方米，数量超过其经审批许可的采伐数量。
	杨某未经审批，采伐国家生态林林木30株。
	王某擅自砍伐集体所有的经济林70余株。
非法捕捞水产品	李某在禁渔期间，在禁渔区采取电击形式捕鱼，捕捞鲫鱼约8斤。
	江某在禁渔期间，在禁渔区使用电瓶、网兜等形式捕鱼，捕捞草鱼、鲤鱼、黄辣丁、鲫鱼等20余斤。
非法占用农用地	赵某为建采石场，非法占用集体林地12亩。
	刘某非法占用国有林场林地，种植玉米等农作物15亩。

① 以上案件裁判选取时间跨度从2017年3月8日至2018年7月30日，是推进检察公益诉讼试点以来适用刑附民环境公益诉讼程序审理的案件，共涉及全国19个省份，其中判决81件，调解18件，撤诉1件。

② 含环境污染、生态破坏、资源破坏类。

2.诉讼请求偏离环境公益

一是未能较好地把握公共利益的内涵与外延，将公共利益与个人利益、集体利益、国家利益等概念混同，在个人利益、国家利益、公共利益等多重利益聚合的情况下，易遗漏对公益受损的主张。（见表3）

表3　诉讼请求偏离环境公益的具体表现

认识误区	基本案情	问题分析
将“集体利益＋国家财产”等同于公共利益	杨某租赁集体土地非法采集矿砂，对土地造成了破坏，检察机关请求判令杨某对土地恢复原状或赔偿土地复垦费，并支付矿产资源损失费。	1.涉案土地系集体所有，非法采矿破坏土地，侵犯的是集体利益； 2.矿产资源系国家所有，杨某未经审批私自采矿，侵犯了国家对矿产资源享有的所有权。 以上诉请均不涉及公共利益。
将个人财产权益等同于公共利益	魏某等人未办理林木采伐许可证，砍伐他人所有的林木47株。检察机关请求魏某等承担补植费用。	受损林木系个人所有，不涉及公共利益。
公共利益与其他性质利益聚合情况下，未对公益受损提出请求	张某等非法经营化工厂，将产生的废酸倒入渗坑内。检察机关请求被告人赔偿当地环保部门为清理101.9吨废酸垫付的处置费用。	1.应急处置费系环保部门为履职支出费用，不涉及公益； 2.对废酸可能造成的土壤和地下水污染，检察机关未提出请求。

二是能够充分体现环境公益诉讼特征的生态损益主张遭到忽视。其包括：针对资源减少和河流、土壤等环境介质遭受污染等情况，可请求被告履行修复责任，对受损资源或环境不利的改变进行修复，恢复生态系统的平衡状态，实现环境利益的代际公平；针对环境受损后较长时间内无法恢复而丧失的服务功能，可请求赔偿恢复期间的服务功能损失，弥补环境供给功能、承载功能的损失。

样本案件中，在环境受损的情况下，仅有2件案件提出修复期间服务功能损失请求（见图1）。虽有61件案件提出了履行修复责任，但在提出履行修复行为的37件案件中，仍有部分案件没有对修复行为的履行时间、地点、方式等予以明确阐释(见图 2)。

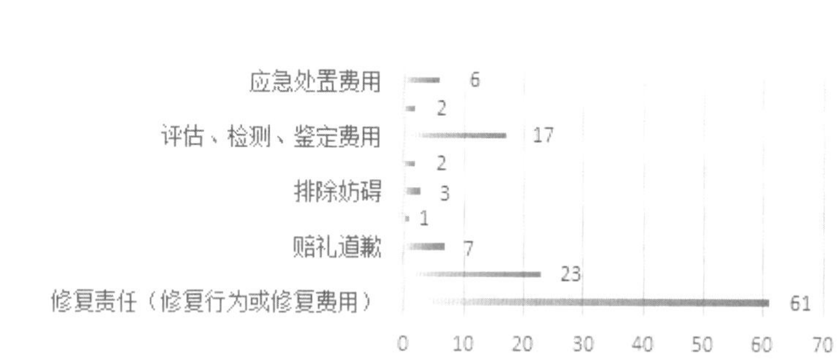

图 1　诉讼请求分布图(单位:项)

说明:样本案例中有 1 件二审案件及 16 件调解结案案件未载明诉讼请求,本图对载明诉讼请求的 83 件案件共计 122 项诉讼请求作出分析。

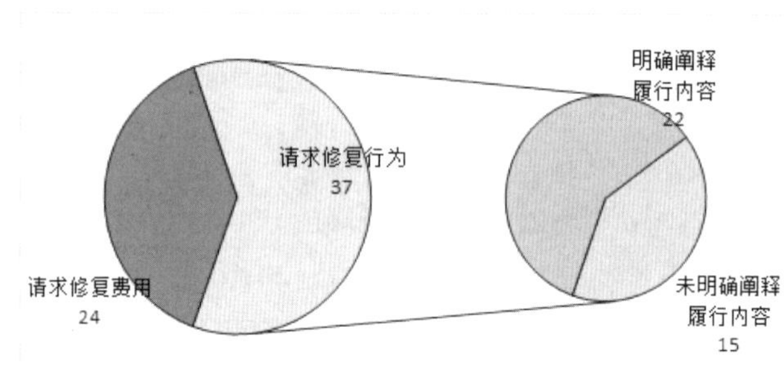

图 2　修复责任诉讼请求基本情况(单位:件)

(三)程序适用不当

1.诉前程序履行不规范

检察机关公益诉讼试点的相关规范性文件中,明确了检察机关提起民事公益诉讼应提交已经履行诉前程序的证明材料。但实践中刑附民环境公益诉讼诉前程序履行并不规范,样本判决中有 83%的案件直接由检察机关提起附民公益

诉讼,未履行诉前程序;有部分案件以函询的方式替代公告。①(见图 3)

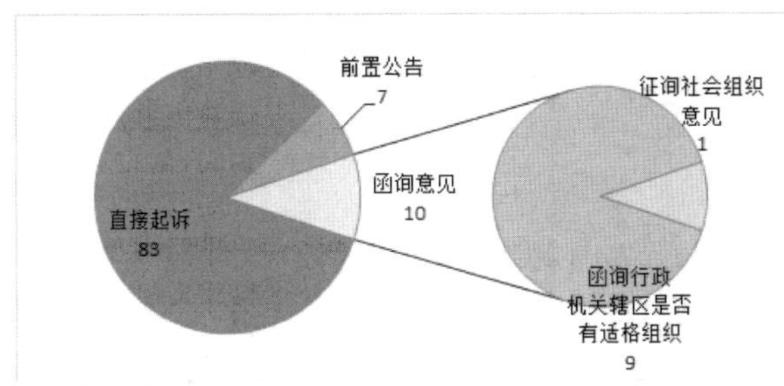

图 3 诉讼前置程序适用情况(单位:件)

2.认罪认罚从宽处理程序适用不当

刑附民环境公益诉讼程序适用应注意与其他刑事诉讼制度的协调,认罪认罚从宽是易与其交叉适用的制度。样本案件中,有 2 件刑附民环境公益诉讼适用了认罪认罚从宽并以速裁程序进行审理,检察机关以被告人在刑事部分的自首、缴纳罚金等情节认为可对其从宽处罚,忽略了被告人对公益损害的民事责任承担是否到位的问题,有悖于刑附民程序对刑事和民事责任一体化处理的原则,也有违认罪认罚从宽制度以实质上的认罪认罚为前提换取从宽处理的本质属性。对于该程序适用问题,法院在审理阶段也未能纠偏,导致被告人仅基于刑事部分的认罪认罚即获得了量刑的从宽处理,致使受损的环境公益没有得到有效救济。

(四)刑民事实认定未体现差异化

1.刑民证据举示和事实认定混同

检察机关在民事部分举证薄弱。附带民事环境公益诉讼的本质属于环境侵权,应遵循环境侵权的举证证明责任分配原则,样本案件中,检察机关对侵权行为和公益受损行为与后果之间关联性的举证不足(见表 4),绝大多数案件的民事部分直接适用刑事证据。故法院在审理阶段缺乏充分证据认定民事部分的事实。

① 公益诉讼试点结束后,两高于 2018 年联合发布的检察公益诉讼司法解释将检察机关列为补充性地位,要求检察机关起诉前应先进行公告。

表 4　附带民事环境公益诉讼部分举证不足的表现

证明对象	应当举示的证据		实际举示的证据	
公共利益受损	环境供给功能丧失,承载能力下降,可利用资源紧缺等	反映公益受损的实质特征	修复费用 损失金额	仅能证明公益受损的量化价值
被告人的侵权行为	侵权行为实施手段、方式、持续时间等	反映侵权行为的危害性及对损害后果的参与度	刑事部分的犯罪事实	无法反映侵权行为的危害性及对损害后果的参与度

2.民事侵权认定逻辑缺失

环境侵权案件可能涉及隐蔽行为认定和成因分析,需缜密的认证过程才能完成事实到法律的逻辑映射。但样本文书中,大部分案件认定民事侵权的说理较为简单,多使用"诉讼请求于法有据,本院予以支持""被告人行为侵犯公共利益,应当承担责任"等一笔带过,缺乏对构成环境侵权的严谨推演。

(五)职权主义行使混乱

民事诉讼程序中,法院对诉讼请求的释明权仅限于请求不明确的情形,调查取证权也受到了严格限定。环境民事公益诉讼基于维护公益的需要,在诉讼请求释明和调查取证上赋予法院更多的职权主义色彩。刑附民环境公益诉讼中,被告人的权利保障与公益保护均应受到相应的关注,多重因素交织下,法院对职权主义如何行使产生困惑,这些困惑又导致做法上的各行其是,问题集中体现为:

第一,检察机关普遍忽视对修复期间生态环境服务功能损失的请求,使该项损失几乎成为刑附民公益诉讼的救济盲区,此时能否通过释明要求检察机关补充相应的诉讼请求。

第二,刑附民环境公益诉讼中,对法院能否为维护社会公共利益而依职权调查取证的认识不一。持肯定意见的法官认为,环境违法案件具有行为隐蔽性、损害后果潜伏性等特点,有别于普通刑附民案件,依职权调查才能更好地保护环境公益,但调查取证范围、内容、方式等需符合法律和司法解释的相关规定。持否定观点的法官认为,法院依职权调查旨在弥补因原告举证能力不足、举证成本较高所带来的缺憾,但检察机关提起附民公益诉讼,其本身就有较强的取证能力,如法院主动调查取证会造成诉讼构造失衡,侵害被告人的权益。

三、原因剖析:刑事附带民事环境公益诉讼现实困境的反思

(一)制度层面:规则缺乏体系化

1.刑附民环境公益诉讼规定粗疏

刑附民环境公益诉讼是检察机关推进公益诉讼试点中创新的制度,目前仅有司法解释的一个条文对其予以肯认,基本制度建构尚未完成,对适用过程中存在的争议和诸多分歧也未做出明确回应,留待实践继续探索(见表5),存在"立法休眠、司法躁动的趋势"。①

司法实践中该制度主要参照刑附民和环境民事公益诉讼的相关规定。刑附民制度虽已运行多年,但实践中针对其赔偿范围、刑民责任关系等问题一直争议不断,需要进一步完善。② 民事公益诉讼作为新生的制度设计,仅在两部法律中各用一个条文予以表述,审理程序和诉讼规则主要依靠法检发布的司法解释和规范性文件予以明确,规范层级较低,也未能起到具化程序的作用。刑附民公益诉讼融合了刑附民与民事公益诉讼两种不同的制度,因而两种制度固有不足也会在刑附民环境公益诉讼中得以延续,且在制度融合的过程中还会衍生出新的问题。

表5 公益诉讼和刑附民环境公益诉讼发展情况梳理

规范层级	规范名称	主要内容
法律	《中华人民共和国民事诉讼法》(2012.8.31)	明确环境民事公益诉讼制度,社会组织起诉主体资格
	《中华人民共和国环境保护法》(2014.4.24)	
	全国人民代表大会常务委员会关于修改《中华人民共和国民事诉讼法》和《中华人民共和国行政诉讼法》的决定(2017.6.27)	明确检察机关可提起环境民事公益诉讼

① 魏文超、刘小飞、孙茜:《检察机关提起公益诉讼试点工作若干问题的思考》,载《人民司法·应用》2017年第13期。

② 杨良胜主编:《刑事附带民事诉讼理论与实践探索》,人民法院出版社2015年版,第43页。

续表

规范层级	规范名称	主要内容
司法解释	《最高人民法院关于审理环境民事公益诉讼案件适用法律若干问题的解释》(2015.1.6)	明确环境民事公益诉讼主要程序性事项、法院审理规则等
	《最高人民法院关于适用〈中华人民共和国民事诉讼法〉的解释》(2015.1.30)	
	◆《最高人民法院、最高人民检察院关于检察公益诉讼案件适用法律若干问题的解释》(2018.3.1)	首次明确检察机关在刑事诉讼程序中可一并提起附带民事公益诉讼
规范性文件	《人民检察院提起公益诉讼试点工作实施办法》(2015.12.16)	规定试点地区检察机关可提起环境民事公益诉讼
	《人民法院审理人民检察院提起公益诉讼案件试点工作实施办法》(2016.2.25)	规定试点期间审理检察机关提起公益诉讼的程序和规则等

说明:表中标注◆的司法解释是现有规范中唯一提及刑附民公益诉讼的规定

2.私益与公益、刑事与民事诉讼差异协调不足

环境法包容性特征强调规则创新与既有规定的协调,对已有制度进行适度修改与延拓,以实现满足环境公益保护的需要。① 刑附民环境公益诉讼即涉及刑民诉讼、公益与私益诉讼差异等问题。一方面,刑附民环境公益诉讼是在刑附民诉讼基础上的创新,刑附民制度附带的是私益,而刑附民环境公益诉讼则吸收了环境民事公益诉讼的内容,其附带的是公益,公益和私益保护理念的差异,使传统的刑附民必然无法完全兼容公益保护的要求,在具体的程序设计上需要突破刑附民的程序规定,以达到保护公益的目的。如:刑附民诉讼限于财产损失的规定,并不能满足生态环境对服务功能的特殊需要。② 再者,公益诉讼为弥补双方诉讼能力不对等对公正裁判的影响,较之私益诉讼更强调法院职权主义,如此

① 张忠民、陈乾:《检察机关试点环境公益诉讼的环境法审视》,载《人民司法·应用》2017年第13期。

② 吕忠梅:《环境公益诉讼辨析》,载《法商研究》2008年第5期。

一来,法院在刑事诉讼中对中立、被动立场的严格恪守与在公益诉讼中对国家职权主义的强化难免形成内在冲突。另一方面,刑附民环境公益诉讼包含刑事诉讼与民事公益诉讼两种制度,二者在修复理念层面有一定的融合,但在价值基础、证明标准、审理思路方面仍有明显差异,实践中对刑民未能合理区分会使二者差异模糊化,导致民事部分公共利益受损救济不足。

(二)观念层面:履职主体的认识偏差

检察机关提起刑附民环境公益诉讼时,由于观念上的认识偏差,导致其未能完全有效履行自身职能。

1.忽略刑附民公益诉讼起诉主体的职能定位

传统意义上,检察机关的主要职能是以国家公诉人的身份提起刑事诉讼。受公诉人思维惯性影响,检察机关在履行职能的过程中,并未充分意识到刑事诉讼与刑附民公益诉讼的在维护利益性质、诉讼进路、价值目标等方面存在的差异,在公共利益的甄别上易与国家利益产生混同,提出的诉讼请求往往忽视公益诉讼的特性;在案件选择上缺乏经济成本思维和价值判断思维,对自身在环境公益诉讼中的职能定位缺乏系统性认识。对认罪认罚从宽制度的不当适用即反映出检察机关对刑事诉讼的偏重以及公益保护意识的不足,而且,也不能合理界分公诉人与公益诉讼起诉人在诉讼地位、程序要求方面的区别,进而在诉讼过程中混同公诉人与公益诉讼起诉人的角色定位,影响刑附民公益诉讼的履职效果。

2.保护公益未能体现应有的担当

受具体国情所限,仅依靠社会内部成员自主交涉或社会组织提起公益诉讼,无法解决一些深层次的根本性难题。[①] 探索由检察机关提起公益诉讼,在一定程度上可借助公权力对社会进行适度干预,发挥检察机关专业水平和举证能力的特有优势,弥补社会组织或个体保护环境公益的不足。实践中检察机关就公益受损证据举示不到位,其中虽有环境损害鉴定条件和水平无法达到预期效果的客观局限,[②]但检察机关并未尽力通过强化其他类型证据举示的方式予以弥补。且提起附民诉讼案件的类型较为单一,不仅制约了公权力机关遏制环境污

① 刘艺:《检察公益诉讼的司法实践与理论探索》,载《国家检察官学院学报》2017 年第 3 期。

② 环境鉴定难主要包括符合资质的主体有限,现有技术、水平无法做到完全精准、全面。

染的应有作用,也无法通过多样化的实践样本更好地总结和积累经验,提升检察机关应对公益诉讼的能力和水平。

(三)实践层面:探索中的功利化倾向与纠偏不足

应对日益严峻的环境污染态势是确立公益诉讼制度的重要原因,社会公众对环境保护的迫切需求,更希望公益诉讼对环境保护发挥应有作用而非虚置。但以胜诉结果而不是诉讼规律作为评价标准,会使公益诉讼在探索中难免陷入功利化的偏差,并衍生出诸多问题。

1.检察机关推行公益诉讼的功利化倾向

在试点改革任务和绩效考核的双重驱动下,一方面,检察机关为迎合社会对公益诉讼的道德评判,体现出对胜诉率的偏好与追逐。① 实践中,检察机关多选择举证难度较低、损害后果相对较轻的资源类犯罪(如渔业、林业类犯罪)提起刑附民环境公益诉讼,而环境污染类案件因行为发生隐蔽、成因复杂、后果具有潜伏性,以及污染方式、因果关系、损害后果证明难度大,成为检察机关不愿意触碰的"硬骨头"。另一方面,检察机关既希望刑民一体化解决环境污染问题,但在程序运行中又基于自身履职便利试图突破诉讼法框架,如对诉前公告、附带民事公益诉讼部分举证等方面的简省,或是迎合考核要求而减损程序便利,如为均衡案件受理而将刑事与附带民事公益诉讼的证据收集交由不同的检察机关处理。

2.法院对检察机关的纠偏不足

在环境公益诉讼试点推行过程中,法院审判既需要妥当的创新规则,以满足环境保护需要;同时面对社会对公益诉讼胜诉的偏好,更应审慎地坚守法律基本理念,保障程序准确适用和实体的正确处理,发挥审判机关的程序矫正功能与实体纠偏作用,确保刑附民环境公益诉讼制度既不被滥用也不被弃用。环资审判"三合一"模式要求从事环资审判的法官应当具备民事、刑事和行政审判所必需的专业知识储备和裁判思维,而现有环资审判队伍同时具备三类审判经验的法官并不多,其应对刑事与民事审判差异化的水平有待提升,难以通过案件审理为检察机关在案件选择、举证规则、诉讼请求、程序适用等方面

① 据统计,检察机关公益诉讼试点期间,提起的公益诉讼案件胜诉率接近100%。参见张忠民、陈乾:《检察机关试点环境公益诉讼的环境法审视》,载《人民司法·应用》2017年第13期。

提供明确的指引。① 对于检察机关在推进诉讼过程中突破现有立法的做法是否妥当，也未表明基本态度或予以纠偏，甚或对检察机关为实现工作目标而进行的协调作出妥协。

四、完善路径：刑附民环境公益诉讼程序的合理优化

在对侵犯环境公益的行为缺乏有效监督的情况下，由检察机关提起刑附民公益诉讼有其现实的必要性和可行性。针对实践中存在的争议和分歧，我们应当通过制度的优化予以解决。刑附民环境公益诉讼的完善，应以审判质量和效率兼顾、刑事诉讼程序和民事诉讼程序兼容、环境公益保护需求与法检职能定位契合、环境公益诉讼长远发展与当下目标协调等因素作为考量基点，从以下五个方面切入，进行制度优化。

（一）案件管辖：刑事公诉和附民诉讼主体统一

在环资案件尚未实行集中管辖的地区，管辖问题按照刑附民诉讼一般管辖原则处理即可，恰恰是在实行集中管辖的地区，刑附民环境公益诉讼的管辖规则亟须统一，关键是对附带民事部分的诉讼主体是采用与刑事公诉主体相分离还是相一致的模式。

从诉讼效率和便宜的角度考虑，推行检察机关刑事公诉与附民公益诉讼起诉主体一体化处理模式更为合理，该模式不仅强调刑事公诉和附民诉讼起诉主体的协调，还强调附民部分开展诉讼准备工作与起诉主体的协调。其优势在于：其一，集中管辖在一定程度上可排除地方干扰；其二，集中管辖符合专业化要求，起诉阶段将案件集中到同一检察机关便于其内部沟通，避免刑民证据收集及诉讼思路的冲突；其三，便于公安机关及时将案件证据和事实情况向检察机关告知并移交，使检察机关可尽早启动附民公益诉讼程序，确保刑民程序同步推进；其四，符合环资审判集中管辖和检察机构专门化改革的趋势，实现法检管辖方式的协调。

① 吕忠梅等参与的最高人民法院2014年度审判理论重大课题“环境司法专门化研究”部分成果形成的调研报告：《“环境司法专门化研究”调研报告——以环保法庭的建设和运行为中心》。

(二)案件受理:准确甄别案件与提出诉讼请求

1.受案范围的准确识别

识别受案范围包括两方面:判断是否涉及公共利益,以及有无提起公益诉讼的必要。需注意的是,因公共利益系价值判断,且外延具有不确定和开放性,是否涉及公益应由法官在个案中进行判断。有无必要以提起公益诉讼的方式弥补环境受损后果,应结合是否符合环境保护价值、政策导向和诉讼经济等因素做出评判。在具体判断上,我们可参照适用比例原则(见表6)。

表6　适用比例原则确定受案范围

比例原则内容	考量因素
适当性	附带民事环境公益诉讼诉讼标的与保护生态环境有关联,且有助于该目的的达成
必要性	行政机关监管、行为人自发修复、环境自我恢复等方式不足以满足环境受救济的迫切需要,不利于环境保护立法目的的实现,偏离了环保政策导向
均衡性	较之生态环境损害赔偿或其他诉讼方式,刑附民环境公益诉讼是弥补环境损害最恰当、最经济的手段

2.诉讼请求全面且准确地提出

刑附民环境公益诉讼的民事部分本质是公益诉讼,因此可参照环境民事公益诉讼的诉请类型,针对个案侵害环境的具体情况,提出相应的诉讼请求。因环境受到侵害具有长期性、潜伏性的特点,且环境修复也有周期性,提起诉讼请求时应全面考量以上因素,以确保所提请求能够完全覆盖和救济受损环境公益(见表7)。

表7　环境民事公益诉讼请求类型及适用情形

环境民事公益诉讼请求类型	具体内容	可适用的情形
停止侵害	1.控制污染源头 2.防止损害扩大	污染环境、破坏生态的行为尚在持续

续表

环境民事公益诉讼请求类型	具体内容	可适用的情形
排除妨碍	消除妨碍状态	侵害行为妨碍了公益实现
消除危险	1.停止危险行为 2.消除危险状态	侵害行为可能造成环境危害
恢复原状	1.将受损的生态环境修复到损害发生前的状态和功能 2.无法对受损生态环境完全修复的,可进行替代性修复 3.承担修复费用	侵害行为造成区域内污染物浓度超标,动植物种群数量或物种的减少等损害
赔偿损失	1.生态环境恢复期间服务功能的损失 2.生态环境功能永久性损害造成的损失	侵害行为造成的生态环境损害通过恢复原状请求无法完全满足的
赔礼道歉	在有影响力的公开媒体上书面道歉	被告存在主观过错,且侵害了社会公众的精神性环境权益
其他	检察机关承担的检验、鉴定费用,以及为诉讼支出的其他合理费用	为保护环境、实现社会公共利益产生的合理费用

(三)程序适用:规范履行与审慎适用

1.规范履行诉前程序

刑附民公益诉讼实践中履行诉前公告并不规范,从立法精神和维护公益的有效性考虑,应将诉前公告程序作为必经程序,理由在于:其一,保障适格主体参与诉讼。虽然检察机关提起公益诉讼在专业、举证能力等多方面具有优势,但其作为公诉机关暨公权力代表人的传统角色定位,易导致其维护的利益与公益有所偏离,而公益组织作为起诉主体对公益的保护则更加“名正言顺”,故检察机关应当在诉权行使上保持谦抑。其二,符合法律及司法解释规定。

在环境保护社会组织并不发达的现状之下,尽可能鼓励社会组织提起公益诉讼,保障适格主体参与,对助推公益诉讼发展尤为重要,也符合立法引导公益诉讼发展的初衷。[①] 其三,如刑附民公益诉讼不需公告,则检察机关更倾向于以此程序提起公益诉讼,使公告规定被虚置,并导致民诉法关于公益诉讼审级的规定落空。

为避免公告造成附民与刑事部分无法同步,检察机关可通过公告前移予以解决。因刑附民最早可于侦查阶段提起,[②]也即在刑事案件立案后即可公告,并将公告与鉴定评估等公益诉讼准备工作与审查起诉同步推进。在刑附民由同一检察机关办理的情况下,公告和刑事审查起诉时间更易于协调。

2.谨慎适用认罪认罚从宽制度

刑附民环境公益诉讼能否适用认罪认罚从宽制度,应将民事责任的实际履行情况纳入考量。因刑附民环境公益诉讼涉及公共利益,审查起诉阶段即使通过鉴定等方式可确定民事赔偿责任的范围和大小,在案件未经审理的情况下,对环境公共利益损失缺乏准确的认定,民事责任不具备履行条件,此时不能做出民事责任是否得到恰当履行的判断,因此,刑附民环境公益诉讼一般不宜适用认罪认罚从宽制度,否则易使环境公益无法得到充分救济。

(四)审理规则:刑事与民事的合理区分

1.证据举示与认定

其一,刑附民环境公益诉讼基于同一环境犯罪行为提起,因此,刑事和附带民事部分的证据具有较高的一致性。但需注意的是,民事部分举证围绕侵权构成要件展开,此部分证据不一定与刑事部分证据完全一致,重点应就侵权行为、损害后果、行为与后果的关联性进行举证[③](见表8)。

---

① 孙茜:《我国环境公益诉讼的司法实践与反思》,载《法律适用》2016年第7期。

② 《刑事诉讼法》第99条规定:"被害人由于被告人的犯罪行为而遭受物质损失的,在刑事诉讼过程中,有权提起附带民事诉讼",即在刑事诉讼的侦查、起诉、审理各阶段均可提起附民。

③ 关于公益诉讼中生态破坏类案件是否实行举证责任倒置,理论与实务界均存在不同的观点。即使按照举证责任倒置规则,检察机关对被告人行为与损害后果之间关联性的证据举示亦不充分,更达不到因果关系的证明要求。

表 8 民事部分举证证明责任内容及证据形式

证明目的	证明内容	证据形式列举
被告实施了污染环境或者破坏生态的行为	行为方式、手段,行为持续时间,污染物种类,超标情况,排放数量,实施行为的次数、频率等	生效裁判文书、行政法律文书、行政执法证据、监测数据、检测报告、行业协会标准等
公共利益受到损害或者具有损害的重大风险	公共利益受到损害的情形:空气质量下降,水土流失,生物链失衡,物种减少等;公共利益具有损害风险的情形:自然灾害风险上升、对生态环境保护构成现实威胁等	专家评估意见、鉴定报告、科学理论依据等
行为与损害或风险之间的关联性	污染源及暴露路径的排他性,污染物种类,次生污染物的成因分析等	生效裁判文书、行政法律文书、专家评估意见、科学分析材料等

因环境侵权行为隐蔽、损害成因复杂等特点,加之公共利益概念本身的开放性,客观上易导致举证难。为实现公益保护目标,在委托事项无法鉴定或鉴定意见无法达到证明目的时,检察机关可举示专家评估意见、行业协会意见等予以佐证,并注意举示被告的行为方式、采用手段、污染物排放数量和范围等证据,帮助法官形成内心确信。法院在审查被告行为造成公益损害后果或具有损害公益重大风险时,掌握标准不宜过于严苛,避免标准过严而使公益救济受阻。

其二,证明标准上,刑事遵循排除合理怀疑标准,民事适用高度盖然性标准。事实认定中,对刑、民证据应按各自标准分别认定。刑事部分未采纳而又被纳入民事部分举示的证据,适用民事标准审查。民事部分应侧重对侵权行为发生方式、公共利益损害后果、污染物暴露路径等重要待证事实的认定。

2.释法说理

裁判说理中,应结合在案证据,分别按照刑事犯罪构成要件和民事责任构成要件进行论证推理,体现刑民论证的差异。如对被告人主观因素的考察,刑事重在区分故意或过失,而民事则适用无过错责任原则,仅在数人侵权的情况下探究行为人是否构成意思联络;对责任认定,刑事重在考察犯罪情节、被告人在共同犯罪中的作用和地位等,民事则需根据损害后果、行为与后果之间的因果关系作出判断。需注意的是,民事部分应重点对损害后果、行为对损害后果的参与度等问题予以详细评析论述。

3.责任承担

刑附民环境公益诉讼中刑民责任承担应把握两个原则:第一,刑民责任并非泾渭分明,二者可转化。如被告人在民事程序中积极地履行生态修复责任,可将受损环境公益获得赔偿的情况,作为认定刑事责任时的考量因素,因此较之单独提起公益诉讼,刑附民环境公益诉讼更有助于促使被告人主动履行修复责任。① 第二,为有效保护环境公益,在刑附民公益诉讼中可对责任形式预留一定的创新空间,在传统私法和公法责任形式的基础上,扩充或创新符合环境诉讼特点的责任形式。

(五)职权主义:合理限定行使边界

由检察机关提起的刑附民公益诉讼,应合理限定法院职权主义行使的限度,以衡平当事人权利保护与环境公益保护两种价值目标。

1.释明的限度

其一,请求权释明不能替代当事人的主张、辩论和处分,也不得主动代替当事人攻击或防御。具体如,检察机关在民事公益诉讼部分提起的请求不足以保护环境公益,或者遗漏了与生态环境保护密切相关的必要请求,法院可释明由检察机关补充。其二,遗漏附民被告应区分对待:如系共同犯罪或并案处理被告人在附民部分被遗漏起诉的,法院可向检察机关释明或依职权追加;如系共同犯罪人尚未到案的,是否追加视检察机关提供的证据而定。如遗漏非刑事被告人的附民被告,则根据责任类型(连带责任、不真正连带责任、补充赔偿责任等)区别处理是否释明。

2.依职权调查取证的限度

职权主义旨在弥补公益诉讼双方诉讼能力的差异。在检察机关提起的附带民事公益诉讼中,因检察机关在举证能力方面通常明显优于公益组织,如此时法院仍可依职权启动调查取证,则会导致诉讼构造的失衡,故刑附民环境公益诉讼一般不宜依职权调查取证。但法院经审查认为需要补充证据的,可以通知并允许检察机关补充调查取证。

① 样本案件中适用刑附民环境公益诉讼的案件,被告人主动履行修复责任的比例高达54%。

五、结语

“法律是一个由规则、原则和标准组成的体系，在它们面对新的复杂事件时，需要对它们进行梳理、筛选和重铸，并要根据某种目的加以应用”。刑事附带民事环境公益诉讼亦是如此，当环境公益保护能够在刑事和民事诉讼程序中一并实现时，刑事附带民事诉讼应当彰显包容性，在价值理念、规则体系和审理路径方面实现制度创设的和谐，将公共利益保护的特殊需求予以吸收，避免遗留下权利救济的真空，从而在实践创新冲动和法律稳定保守之间寻求符合制度目标的改良路径。

刑事法律前沿

认罪认罚从宽制度的规范检视与实践思考

——检察视角的模型构建与系统探索

胡公枢*

摘要:认罪认罚从宽制度开启了全新的刑事诉讼时代,正在使刑事诉讼发生深刻的变革。该项制度从模糊的概念到具体的实践,经历了约5年时间。从促使法院案件繁简分流为基本目的,到站在推动国家治理体系和治理能力现代化的高度,保障当事人司法人权、优化司法资源配置、提高刑事诉讼效率、化解社会矛盾纠纷、促进社会和谐稳定等功能价值,该项制度的理念发生了重大的革新。认罪认罚案件办理中,存在检察机关能否胜任、值班律师变见证律师、不同检察官之间办案的协调、案件临界量刑、庭审虚化等问题。建议法院在尊重认罪认罚量刑建议的基础上重构与检察机关监督制约的关系;大力加强检察机关资源配备;完善值班律师制度,提升值班律师的工作质效;规范案件办理的方式;完善案件的量刑;探索建立庭审规范化机制。

关键词:认罪认罚从宽制度,量刑,值班律师,法院观念

2018年10月《刑事诉讼法》修订,从立法上确立了认罪认罚从宽制度。该项制度从诞生之日起就被披上了浓厚的"辩诉交易"色彩,但实践状况却远非西方的"辩诉交易"。修订后的《刑事诉讼法》第174条第1款规定:"犯罪嫌疑人自愿认罪,……应当在辩护人或者值班律师在场的情况下签署认罪认罚具结书。"第176条第2款规定:"犯罪嫌疑人认罪认罚的,人民检察院应当就主刑、附加刑、是否适用缓刑等提出量刑建议……"第201条第1款规定:"对认罪认罚案

* 作者系浙江省乐清市人民检察院员额检察官,公共管理硕士。

件，人民法院依法作出判决时，一般应当采纳人民检察院指控的罪名和量刑建议……”上述规定可归纳为：犯罪嫌疑人签署认罪认罚具结书，检察机关提出量刑建议，法院一般应当采纳检察机关指控的罪名和量刑建议。如何理解法院一般应当采纳检察机关指控的罪名和量刑建议，在实践中产生了一定的分歧。法院认为检察机关提出的量刑建议侵犯了审判权，①检察机关则认为法院应当事实上让渡审判权给检察机关。②

一、认罪认罚从宽制度的源起

较早提出认罪认罚从宽制度的官方文件来自2014年10月党的十八届四中全会作出的《中共中央关于全面推进依法治国若干重大问题的决定》(以下简称《2014决定》)。《2014决定》原文为“完善刑事诉讼中认罪认罚从宽制度”。对该表述，从当时《2014决定》的上下文、文义、内在逻辑等方面可作如下理解：(1)“完善刑事诉讼中认罪认罚从宽制度”非一项统领性、系统性的制度安排。这可从该提法在《2014决定》中的位置看出。该提法位于《2014决定》第四大点“保证公正司法，提高司法公信力”中的第二小点“优化司法职权配置”下的第四款。该第四款提出了三项内容，分别是关于改革法院受立案制度、打击虚假诉讼等以及完善认罪认罚从宽制度，完善认罪认罚从宽制度列最末。(2)“完善刑事诉讼中认罪认罚从宽制度”易被误解为一项法院庭审制度的完善。该项制度所在段落提出的三项内容中，前两项内容均侧重法院职权的优化，难免使人产生这样的解读。事实上可能存在这样的侧重，这也可能是一项涵盖公、检、法职权优化的笼统提法。(3)“完善刑事诉讼中认罪认罚从宽制度”的雏形在于既已普遍实行的司法实践。《2014决定》的提法是“完善”而非“构建”，可知该项制度本身在实务中已经存在并实施。有的学者称“该项制度的法律精神在我国当前刑事政策、刑事立法及刑事司法中均有体现”。③ 其基本内容为，犯罪嫌疑人或被告人认罪，法院在量刑上对其酌情从轻处罚。只不过《2014决定》首次将该项制度称为“认罪认罚从宽制度”，将之上升为一项规范的制度。

---

① 胡云腾：《认罪认罚从宽制度的理解与适用》，人民法院出版社2018年版，第37页。

② 孙谦：《认罪认罚从宽制度实务指南》，中国检察出版社2019年版，第14页。

③ 庄永廉、张相军等：《检察环节认罪认罚从宽制度的适用与程序完善》，载《人民检察》2016年第9期。

在《2014决定》发布不久，时任中央政法委书记孟建柱撰文指出："探索在刑事诉讼中对被告人自愿认罪、自愿接受处罚、积极退赃退赔的，及时简化或终止诉讼的程序制度，落实认罪认罚从宽政策，以节约司法资源，提高司法效率。"①该表述较为明确地界定了，提出认罪认罚从宽制度的目的，在于简化或终止诉讼程序，节约司法资源，提高司法效率；认罪认罚的条件，在于被追诉人认罪、认罚、积极退赃退赔。从当时的情形看，认罪认罚从宽制度未包括认罪协商的内容，亦未显露出一项独立制度将要形成。

(一)法、检两家就"完善认罪认罚从宽制度"的初期思维

《2014决定》发布后，最高人民检察院于2015年1月最先制定了《关于贯彻落实〈中共中央关于全面推进依法治国若干重大问题的决定〉的意见》，其中在第19项"坚决打击影响人民群众安全感的严重刑事犯罪"中，提到要"探索建立刑事案件速裁机制，完善检察环节认罪认罚从宽处理机制"。最高人民法院于2015年2月制定《关于全面深化人民法院改革的意见——人民法院第四个五年改革纲要(2014—2018)》，其中在第三大点"全面深化人民法院改革的主要任务"中的第二小点"建立以审判为中心的诉讼制度"下，提出"完善刑事诉讼中的认罪认罚从宽制度"。与检察机关的表述不同，法院在该项下作了具体内容的阐述，包括："明确被告人自愿认罪、自愿接受处罚、积极退赃退赔案件的诉讼程序、处罚标准和处理方式，构建被告人认罪案件和不认罪案件的分流机制，优化配置司法资源。"法院将"认罪认罚从宽制度"置于"建立以审判为中心的诉讼制度"之下，与《2014决定》的体例不同，从实质上看，两者具有统一性，但从形式上看，两者又具有一定的矛盾性；从法院这时出台的文件精神看，其遵循的是时任中央政法委孟建柱书记的指示，侧重的是该制度对案件繁简分流的作用，尚未对该制度是否会导致庭审虚化进行过多的思考。

从最高人民法院、最高人民检察院随后发布的涉及"完善认罪认罚从宽制度"的文件精神看，该项制度初期的核心定位与刑事案件的速裁程序以及速裁思想紧密联系，目的是促进案件的繁简分流，其核心思想即"认罪"和"从宽"，与以往办理认罪案件主要的不同是，强调了"从宽"，将"认罪"上升为一种法定的"从宽"处罚情节，配合速裁程序的完善和推进。该时期法院的主导旨意明显，检察

① 孟建柱：《完善司法惯例体制和司法权力运行机制》，载《人民日报》2014年11月7日第6版。

机关因仍有反贪、反渎侦查权，总体职能体量较大，故在该制度的实施上处于配合的定位。这从《2014决定》发布后，2015年全年及2016年上半年法、检发布的相关文件可予佐证。法院发布的文件，总是将该项制度与速裁程序一起表述，并强调案件的繁简分流，而检察机关则强调该项制度实施的检察职能发挥。这还可从法院长期以来倡导建立“速裁程序”得到佐证。相关文件显示，法院2005年就已提出要探索在民事简易程序的基础上建立速裁程序制度，[①]此后发布了较多涉及速裁程序的文件。如2007年最高人民法院发布的《关于为构建社会主义和谐社会提供司法保障的若干意见》中提出“研究和探索速裁程序制度、诉辩交易制度，尝试小额诉讼案件的快速处理机制”。

关于刑事案件的快速办理，法、检两家之间具有共识。长期以来，刑事案件案多人少的矛盾十分突出。一些简单案件，严格按照刑事诉讼程序办理，耗费了较大的司法资源；一些地方审前羁押期限较长，“关多久判多久”的现象普遍，[②]未能体现人权保障的理念。重大案件，本应投入更多的时间、精力去办，但由于承办人总体办案负荷过重，导致在办理该类案件时的办案态度与办理普通案件时并无二致，致使办案质量不高。可以说，刑事诉讼长期以来都在致力于提高办案效率：1996年《刑事诉讼法》确立了简易程序，2003年增设“认罪案件”普通程序简化审理，[③]2007年轻微刑事案件快速办理，[④]2012年《刑事诉讼法》扩大简易程序范围，2014年速裁程序试点，[⑤]2016年认罪认罚从宽制度试点、速裁程序继续试点，[⑥]2018年《刑事诉讼法》确立了认罪认罚从宽制度、速裁程序。

（二）认罪认罚从宽制度的分际与实现

2016年全国人大常委会《关于授权最高人民法院、最高人民检察院在部分

---

① 最高人民法院《关于印发〈人民法院第二个五年改革纲要〉的通知》（法发[2005]18号）。

② 孟昭文：《依法快速办理轻微刑事案件的实践操作》，载《人民检察》2008年第18期。

③ 最高人民法院、最高人民检察院、司法部《关于适用普通程序审理“被告人认罪案件”的若干意见（试行）》（已失效）。

④ 最高人民检察院《关于依法快速办理轻微刑事案件的意见》。

⑤ 全国人民代表大会常务委员会《关于授权最高人民法院、最高人民检察院在部分地区开展刑事案件速裁程序试点工作的决定》。

⑥ 全国人民代表大会常务委员会《关于授权最高人民法院、最高人民检察院在部分地区开展刑事案件认罪认罚从宽制度试点工作的决定》。

地区开展刑事案件认罪认罚从宽制度试点工作的决定》(以下简称《2016 决定》)是认罪认罚从宽制度从《2014 决定》中的"认罪认罚从宽制度"过渡至带有"认罪协商"性质的"认罪认罚从宽制度"的分际。《2016 决定》创造性地提出"对犯罪嫌疑人、刑事被告人自愿如实供述自己的罪行,对指控的犯罪事实没有异议,同意人民检察院量刑建议并签署具结书的案件,可以依法从宽处理",可谓对《2014 决定》发布以来"认罪认罚从宽制度"全新内涵或未来发展方向的阶段性厘定,亦使这一期间理论和实务关于"认罪认罚从宽制度"的论争暂告段落。

《2014 决定》发布后的一年,理论和实务关于"认罪认罚从宽制度"的讨论并不热烈,以篇名查询知网,仅有 6 篇论文,无核心期刊论文,真正开始广泛深入讨论始于 2016 年上半年,相关研究论文有 38 篇。这些研究中关于"认罪认罚从宽制度"的阐述以陈光中、陈瑞华、陈卫东、樊崇义、顾永忠等知名学者的观点为典型代表。顾永忠教授在一次主题探讨中提出,"目前,理论界和实务界对认罪认罚从宽制度的内涵还在学习研究中,尚未形成广泛共识","目前有一种相当普遍的认识,就是把认罪认罚从宽制度理解为或等同于认罪认罚协商从宽制度"。[①] 顾永忠教授不赞同这种等同性,认为还应当包括犯罪嫌疑人、被告人主动认罪认罚的情况。可以说,认罪认罚从宽制度从讨论伊始,就不是讨论认罪认罚从宽制度,而是讨论认罪认罚协商从宽制度。因此,理论上争论的方面不是该项制度的目的、条件、是否包含认罪协商,而是如何认罪协商、证据标准有无变化、如何审理,以及整个刑事诉讼程序是否均适用等问题。除理论界外,实务观点以及速裁程序的试点过程中,大都主张认罪认罚从宽制度应包含认罪协商,或在试点过程中就已将认罪协商融入认罪认罚从宽制度之中。如陈瑞华教授在对速裁程序的考察中指出,一些地方的基层司法机关为提高诉讼效率,促使被告人认罪认罚,推出了一种认罪协商机制,签订《认罪协商承诺书》。[②] 山东省高级人民法院的一个课题组在调研报告中提出,公诉机关应与被告人进行认罪协商,以较轻的量刑建议,换取被告人自愿主动认罪。[③] 天津市某区检察长撰文认为,应建立认罪

① 庄永廉、张相军等:《检察环节认罪认罚从宽制度的适用与程序完善》,载《人民检察》2016 年第 9 期。

② 陈瑞华:《"认罪认罚从宽"改革的理论反思——基于刑事速裁程序运行经验的考察》,载《当代法学》2016 年第 4 期。

③ 山东省高级人民法院刑三庭课题组:《关于完善刑事诉讼中认罪认罚从宽制度的调研报告》,载《山东审判》2016 年第 3 期。

协商制度，丰富认罪认罚从宽的内容。[①] 北京市海淀区人民法院就在速裁程序的试点报告中提出，要以认罪认罚为基础构建速裁程序，辩护律师应与检察机关进行量刑协商，为犯罪嫌疑人争取更宽宥的量刑奖励。[②]

理论和实务在较短的时间内形成了认罪认罚从宽制度应包含"认罪协商"的共识。其原因有其必然性。从理论层面看，较早发表认罪认罚从宽制度研究的陈卫东教授在 2002 年就已主张建立被告人有罪答辩制度，引入辩诉交易，[③]而陈瑞华教授则在 1995 年就对美国的辩诉交易进行过专题研究，[④]魏晓娜副教授亦在 1998 年研究过美国的辩诉交易。[⑤] 这些学者主张认罪认罚从宽制度包含认罪协商符合其学识背景。辩诉交易在欧洲的盛行，在美国的广泛适用，亦不能不激起学者们的高度兴趣。[⑥] 从实务层面看，司法办案人员有实施认罪协商的内生动因。刑事案件快速办理的前提是认罪，认罚是认罪的应有之义。推进案件的快速办理，不再使办案停留于过去消极的讯问犯罪嫌疑人是否认罪，而是要采取积极的方式寻求犯罪嫌疑人认罪，这就要求在教育、劝说犯罪嫌疑人之外，给予犯罪嫌疑人以量刑上的减让。减让的过程，必然产生认罪协商。如检察官在同犯罪嫌疑人签署认罪认罚具结书的时候，先根据犯罪嫌疑人的犯罪事实和情节，结合其认罪认罚的情况，向犯罪嫌疑人提出一个刑期，听取犯罪嫌疑人的意见，犯罪嫌疑人可能直接同意检察官提出的量刑，也可能向检察官提出再减让量刑的要求，或者检察官提出的量刑建议超出了其预计的刑期，一时之间难以接受，希望刑期能够再低一些。此时，检察官一般会面临三种情境：一是继续做犯罪嫌疑人的思想工作，使其明白检察官提出的量刑已考虑了其认罪认罚的因素，

---

① 吉树海、周德松：《从检察监督视角研究认罪认罚从宽制度》，载《检察日报》2016 年 7 月 25 日第 3 版。

② 北京市海淀区人民法院课题组：《关于北京海淀全流程刑事案件速裁程序试点的调研——以认罪认罚为基础的资源配置模式》，载《法律适用》2016 年第 4 期。

③ 陈卫东：《从建立被告人有罪答辩制度到引入辩诉交易——论美国辩诉交易制度的借鉴意义》，载《政法论坛》2002 年第 6 期。

④ 陈瑞华：《美国辩诉交易程序与意大利刑事特别程序之比较（上）》，载《政法论坛》1995 年第 3 期。

⑤ 魏晓娜、马晓静：《美国辩诉交易根由之探析》，载《研究生法学》1998 年第 2 期。

⑥ [美]卢拉、[英]玛丽安：《跨国视角下的检察官》，杨先德译，法律出版社 2016 年版，第 79～84 页。

是最低刑期，不能再低；二是经过做犯罪嫌疑人的思想工作，犯罪嫌疑人不肯接受量刑建议，检察官认为案件量刑可以适当降低，接受了犯罪嫌疑人提出的要求；三是同第二种情形相似，但检察官认为量刑不能再减让。上述过程，即当下认罪认罚从宽制度实施中实务层面的"认罪协商"。随着认罪认罚从宽制度的全面实施，类似认罪协商的情形会越来越多，尤其是在当事人委托辩护律师的情形下，这种量刑协商会更加普遍，有时可能还会复杂而尖锐、棘手。

但值得注意的是，当前我国的认罪认罚从宽制度中实施的认罪协商，不同于西方国家的辩诉交易。第一，未降低刑事案件的证明标准。不会因为犯罪嫌疑人认罪认罚与否，而降低犯罪本身的证明标准，仅规定，如犯罪嫌疑人曾签署认罪认罚具结书，后又反悔的，相关的认罪认罚具结书可以作为其曾经做出有罪供述的证据。第二，未达到大幅压缩刑事诉讼期间的效果。犯罪嫌疑人认罪认罚，能够简化案件的办理，但由于仍要全面审查卷宗材料，故在办案的期间上，未体现出大幅度缩短的效果。第三，认罪协商的量刑幅度有限。当前，实践中一般案件的认罪协商幅度仅限于一个月至数月之间，检察官亦无权超范围减让量刑，犯罪嫌疑人一般只会询问可能判处的刑期，认罪认罚能够减少的刑期，希望检察官尽量从轻量刑的建议，而极少会提出具体的刑期，要求检察官如不答应则不认罪认罚。第四，尚未出现普遍地与律师进行认罪协商的现象。法律规定检察官在律师在场的情况下与犯罪嫌疑人、被告人签署认罪认罚具结书，同时应听取律师的意见。实践中，听取律师的意见，往往包含着与律师的认罪协商。值班律师极少提出量刑的意见，但辩护律师常常会提出量刑意见，对认为量刑偏高或未适用缓刑的量刑意见，提出辩护理由和要求，这个过程伴随着一定的协商内容，但与西方的律师协商则完全不同。

二、认罪认罚从宽制度的功能价值

2019 年 10 月，最高人民法院、最高人民检察院、公安部、国家安全部、司法部联合印发了《〈关于适用认罪认罚从宽制度的指导意见〉的通知》（以下简称《2019 意见通知》），该通知和相关意见首次对认罪认罚从宽制度的适用作出了较为系统的原则和程序性规范。这既是认罪认罚从宽制度全面实施近一年来有关情况的阶段性总结，又是继续全面深入实施该项制度的纲领性文件。文件指出认罪认罚从宽制度的重大意义反映了该项制度的主要功能价值。

(一)有利于推动国家治理体系和治理能力现代化

刑法的主要目的在于打击犯罪,刑事诉讼法的主要目的在于规范刑法的适用程序。如果要再进一步追问为什么要以刑法的规范打击犯罪,要以刑事诉讼法的规范保障刑法的适用程序,则可以得出社会治理的终极目的之答案。亦即,这些规范的终极目的都是为了维护一个良好的社会秩序,促进好的社会治理。古今中外,均系如此。刑法、刑事诉讼法的发展进步程度,反映出社会治理能力的程度。在远古时候,刑法规范尚不完善,人们只能以简单的"同态复仇"方式作为化解社会纠纷矛盾的方法;①随着社会的发展,人们逐渐发现"同态复仇"的私力救济方式有可能导致社会秩序更加混乱,不利于好的社会秩序的形成,从而产生了公力救济的法律规范。"同态复仇"从逐步限制,到完全禁止,代之以国家的刑法规范,体现了社会治理能力的进步。刑法规范出现后,人们发现适用刑法规范的程序如果缺失,肆意专断,则不仅不能使断狱达到定纷止争、实现报应以维护社会秩序的目的,反而会产生更大的恶,这时程序法就开始出现了。在刑法和程序法均出现并自成体系之后,人们时常沉浸在部门法的内在逻辑之中,而忽视了法的终极目的。如同认罪认罚从宽制度,其从产生之初,就更多的是一种对西方辩诉交易的整体借鉴,以缓解法院系统案多人少的矛盾。在深入分析认罪认罚从宽制度的内在合理性之后,会发现其所蕴含着对国家治理体系和治理能力现代化的重大功能价值。这种功能价值,某种程度而言,具有超出刑法和刑事诉讼法的规范体系而自成体系的特点。相关的理论研究范畴至少可以包括:对被害人的考虑对公平正义或社会秩序的影响,对案件办理期限的考虑对公平正义或社会秩序的影响,刑事案件快速审理对公平正义或社会秩序的影响,检察机关主导刑事诉讼程序对国家治理体系的影响,认罪协商对公平正义或社会秩序的影响,化解矛盾或定罪判刑对社会秩序的影响。无论哪个问题,均非传统刑法或刑事诉讼法所关注的核心问题,却与国家治理体系和治理能力现代化的功能价值密切相关。其中体现的原则较为复杂,但现代国家治理,以强大的信息化为技术支撑,不应顾虑原则的复杂会导致难以执行的问题。

(二)有利于节约司法资源与提高司法效率

司法有两大本体性的要求,即公正和效率。该两者之间存在某种程度的此消彼长。提高司法效率,会降低司法公正;提高司法公正,则会降低司法效率。

① 王龙飞、刘志:《试析同态复仇》,载《政治与法律》2011 年第 10 期。

贝卡里亚说过,“惩罚犯罪的刑罚越是迅速和及时,就越是公正和有益”,“在被宣判为犯罪之前,监禁只不过是对一个公民的简单看守;这种看守实质上是惩罚性的,所以持续的时间应该尽量短暂”,“监禁的严密程度只要足以防止逃脱和隐匿犯罪证据就可以了”。[①] 德国的刑事诉讼法理论认为,“速审原则”是刑事诉讼的一项基本原则。“因刑事诉讼程序很容易就会不当地侵犯了被告的权利范围,也因为证据的品质会因时间一长而衰弱(例如,尤其是证人的记忆力),所以需要有一迅速的刑事司法程序。”[②]日本的刑事诉讼法也认为“刑事程序的整体目的要求‘迅速裁判’”。[③] 日本曾经因为通过《裁判迅速化法》,而导致法官对裁判迅速化产生疑虑,但这些疑虑“挡不住外界对诉讼迟滞所带来的不正义排山倒海的不满”。[④] 美国的学者从犯罪控制的角度提出实施刑法“效率”的必要性,他说,“‘效率’要求刑事程序之运作迅速地处理大量案件,从而使社会治安得以维持”。[⑤] 我国学者提出司法工作应注意提高效率,因为这有助于节约司法成本,更重要的是使犯罪分子及时得到惩罚,使无罪的人早日免受刑事追究,使被害人及时得到精神的慰藉。[⑥] 上述学者关于刑事诉讼效率在实质上、总体上、客观上先于公正或者说应当提高诉讼效率的观点,可归为几个方面的原因:一是保护当事人权利方面;二是国家机器负荷方面,司法资源总量有限而案件量增多;三是刑事诉讼的追诉原理方面,证据品质会随时长而下降;四是社会控制方面,需要通过快速审判实现社会良治,某些时候需要迅速回应社会期待。关于这四个方面的原因,还可以有如下的解答:当事人要求快速审判,是一项程序上的自然法,作为自然的人均会要求案件快速审判;国家机器受限,是由一定的生产力发展水平所决定的;证据品质随时长而下降,也是一项自然法,是一种自然的规律;通过快速审判实现社会良治,是社会治理方面的原理,总体而言,快判比慢判更有利

---

① [意]切萨雷·贝卡里亚:《论犯罪与刑罚》,黄风译,北京大学出版社2008年版,第47页。

② [德]克劳思·罗科信:《刑事诉讼法》,吴丽琪译,法律出版社2003年版,第130页。

③ [日]田口守一:《刑事诉讼法》(第5版),张凌、于秀峰译,中国政法大学出版社2010年版,第20页。

④ 蔡碧玉:《检察手记:你所不知道的台湾检察官》,中国检察出版社2013年版,第51~53页。

⑤ 李心鉴:《刑事诉讼构造论》,中国政法大学出版社1992年版,第24页。

⑥ 陈光中:《刑事诉讼法》,北京大学出版社2009年第3版,第19页。

于社会秩序的维护，更代表了时代的进步。除了上述原因外，认罪认罚从宽制度还有其他方面的诱因或作用，如能够促进案件的侦破，某一案件证据经常性地只缺乏犯罪嫌疑人的认罪供述，认罪认罚从宽制度促使犯罪嫌疑人认罪，亦即促使案件的侦破；还能够促进对法院量刑的实质监督，提升案件判决的公平正义，以往法院掌握着案件量刑的绝对权力，检察机关只建议一个较宽的幅度刑，法院在量刑建议的幅度内有较大的自由裁量权，而认罪认罚后，检察机关主导着量刑，并且尽可能提精准刑，这就检视着以往法院的量刑，同时法院与检察院之间亦互相检视量刑，促进了判决的公正。认罪认罚从宽制度更多地是由第二个方面的原因所直接推动的，即司法负荷过重，需要进行案件的繁简分流，实现司法资源更有效利用。认罪认罚从宽制度确实提高了司法效率，特别是法庭审理阶段，大量案件因认罪认罚而减少了刑事审判的对抗。从效率与公正的辩证关系可知，提高效率，节约司法资源，可能使司法公正下降，但会促使作为效率和公正的上位概念司法正义得以提高。上述学者对司法效率的提倡，均系建立在司法正义提高的基础之上。认罪认罚从宽制度开启了提高司法效率的通道。

三、认罪认罚从宽制度实施中存在的问题

当前关于认罪认罚从宽制度的研究，可以分为三部分。一部分是建立在认罪认罚从宽制度之前的研究，如认罪认罚从宽制度的目的、实体法与程序法的价值等，这些研究，在认罪认罚从宽制度正式提出之前，实质内容已经存在于法律条文和司法实践中，2018 年《刑事诉讼法》对一些不成文的规定进行了规范化，对一些成文的规定进行了修订完善；一部分是建立在认罪认罚从宽制度理论范畴提出之后的研究，如值班律师制度、认罪认罚犯罪嫌疑人的翻供和上诉问题等；还有一部分研究包含上述两部分研究的内容，如证据标准问题、被害人权力保护问题、法庭审理问题、宪法关系问题、刑法关系问题等，这类研究事实上包含了认罪认罚从宽制度前后的规范内容。认罪认罚从宽制度在全面实施后，问题较多，相关研究的内容和体量庞大。

（一）检察机关能否胜任的问题

有研究称，检察机关从实体和程序两个层面主导着认罪认罚案件的办理。[①]

① 曹东：《论检察机关在认罪认罚从宽制度中的主导作用》，载《中国刑事法杂志》2019 年第 3 期。

但是认罪认罚从宽制度首先要追问的就是检察机关能否胜任的问题。犯罪嫌疑人在检察阶段签署认罪认罚具结书,法庭在审理的时候,一般采纳检察机关认罪认罚具结书上的量刑建议,而且,根据《2019 意见通知》要求,"人民检察院一般应当提出确定刑量刑建议",这意味着检察机关实质上承担了绝大部分法院的审判职能。从审查起诉,到承担绝大部分法院的审判职能,至少在检察人员的人员配备、案件审查能力、证据采信能力、量刑能力、矛盾调解能力、与律师沟通能力、促使犯罪嫌疑人认罪认罚的能力等方面要面临能否胜任的考验。加之认罪认罚从宽制度的实施与检察机关"捕诉一体"的全面实施几乎同时进行,检察人员还未来得及适应"捕诉一体"改革,随即便要开启全面认罪认罚案件办理,很可能导致检察人员负荷过重而影响案件的办案质效。

(二)值班律师变见证律师的问题

《刑事诉讼法》在 3 个条文中规定了"值班律师",分别为第 36 条、第 173 条和第 174 条。其中第 36 条总体性地规定了值班律师为犯罪嫌疑人、被告人提供法律帮助的范围,犯罪嫌疑人有权约见值班律师,第 173 条、第 174 条分别规定了检察机关应听取值班律师意见和犯罪嫌疑人须在值班律师在场时签署认罪认罚具结书。从第 36 条看,《刑事诉讼法》在试图区别对待值班律师与辩护律师。从第 173 条看,这种试图区别对待面临着难以调和的矛盾,其规定了检察机关应听取值班律师的意见,又未规定值班律师的会见权、阅卷权、介入时间点等,这样听取值班律师的意见显得极为有限。第 174 条亦存在同样情形。值班律师制度尽管在认罪认罚案件的办理中已全面实施,但相关作用的发挥仍十分有限,《刑事诉讼法》第 36 条第 2 款规定的犯罪嫌疑人、被告人主动约见值班律师的规定,在实践中未能得到实施,一些地方值班律师的经费保障迟迟得不到落实,值班律师还处于配合检察机关与犯罪嫌疑人签署认罪认罚具结书的地位和作用,未真正站到犯罪嫌疑人、被告人的权利保护人的立场上来。从目前实施的情况看,绝大部分认罪认罚案件在办理中,值班律师不提出任何意见,只简单地询问犯罪嫌疑人是否自愿认罪认罚,有无受到刑讯逼供,告知认罪认罚相关权利义务等。这些问题,检察机关在讯问犯罪嫌疑人的时候已十分关注,而且是检察机关的法律监督职责。值班律师更多地应关注犯罪嫌疑人是否构成犯罪以及量刑是否合理,恰恰这两方面,值班律师完全无法提出意见。对是否构成犯罪方面,值班律师未进行阅卷,甚至未对案件事实询问犯罪嫌疑人,故而难以从刑法上对犯罪嫌疑人的行为是否构成犯罪以及证据是否确实、充分等提出意见;对量刑是否合理方面，由于量刑的规范一般均不公开，检察机关对量刑规范的获取尚且十分匮乏，更不要说值班律师。总体而言，实践中的值班律师基本处于见证律师地位。

（三）不同检察官之间办案的协调问题

当前检察官办案实行司法责任制，即员额检察官负责制，大部分案件均由员额检察官一人决定，仅重大、疑难、复杂等特殊情形下的案件，由检察长或检察委员会决定。认罪认罚案件的办理赋予检察官较大的自由裁量权，实践中出现不同检察官对个别案件的处理产生较大不同的现象。其具体表现在：(1)对证据的认识不同。有的检察官认为案件的证据已达到确实、充分的要求，有的检察官则认为案件存疑。如贩毒案件中，指控犯罪嫌疑人涉嫌犯罪的证据有购毒证人的证言、毒资的转账记录、(购毒证人将毒品再提供给下家)下家的证言。认为证据确实、充分的观点认为，贩毒、购毒的毒资转账记录连贯，且有两位上下关系的购毒证人指证，可以证实有贩卖毒品的事实，加之毒资转账记录，主客观证据均有，可以认定证据确实、充分。认为证据存疑的观点认为，仅有转账记录和一名购毒证人的指控不足以认定犯罪嫌疑人具有贩卖毒品的犯罪事实，不能排除犯罪嫌疑人收到资金系归还借款的辩解、提供毒品系毒品被盗取等的辩解。又如另一贩卖毒品案件中，指控犯罪嫌疑人涉嫌犯罪的证据有该犯罪嫌疑人的认罪供述、购毒证人的证言，有的检察官认为可以定罪，理由为该犯罪嫌疑人认罪，又有证人证言印证；有的检察官认为缺乏客观性证据，不能定罪，一旦犯罪嫌疑人在法庭上翻供，则案件有可能要被判无罪。(2)对定性的认识不同。对定性认识的不同要多于对证据认识的不同。有时发生此罪与彼罪的认识不同，有时发生罪与非罪的认识不同。一些情形，认为有罪观点的案件诉至法院，获法院采纳判决，认为无罪观点的案件未诉至法院，最终撤案或存疑不起诉；一些情形，认为定此罪的观点诉至法院，获法院采纳，改变了以往法院对该类罪的认识；极个别情形，不同定性的案件诉至法院，均获法院采纳作出判决。案件定性存在争议较为普遍，如一起故意杀人案件，有监控视频，犯罪嫌疑人多次试图将被害人抱起从二楼楼梯口摔下，被害人紧紧抓住楼梯扶手，同时被害人的家属在一旁拉住，被害人未被从楼梯口摔下，另犯罪嫌疑人此前多次在微信中扬言要将被害人杀死。认为有罪的检察官认为，假设案发系十楼的楼梯口，或者更高，一般人认为犯罪嫌疑人的行为系杀人行为将无争议，既然如此，则要讨论的是二楼摔下能否导致人死亡的后果问题，显然其存在死亡的可能性，那么行为人在二楼试图将人摔下的行为就是一个杀人行为，已经着手而未得逞，属犯罪未遂。认为无罪的检察官又分三种观点:一种观点笼统地认为犯罪嫌疑人的情节较轻,被害人紧紧抓住楼梯扶手,又有其家人拉住,被摔下去的可能性较小,另一种观点认为犯罪嫌疑人虽然多次试图将被害人摔下,但其主观上可能没有真正想要将被害人摔下,而是等着被害人家属来拉,还有一种观点则认为二楼不足以致人死亡。类似这种定性的争议,因人而异的情形较大,检察官的内心感受往往决定了犯罪嫌疑人的罪与非罪。(3)认罪认罚办案方式的不同。检察官独立办理认罪认罚案件,对待认罪认罚案件的办理方式不同影响了整体认罪认罚案件的办理以及犯罪嫌疑人的刑事处遇。有的检察官为了使犯罪嫌疑人认罪认罚,可能对不认罪的犯罪嫌疑人多次提审,直至该犯罪嫌疑人认罪认罚为止;有的检察官则最多两次提审犯罪嫌疑人,认为要保持检察官和检察机关的权威,对不认罪认罚的犯罪嫌疑人,直接起诉至法院,并对其建议较高的刑期,犯罪嫌疑人如在开庭前同意认罪认罚,检察官甚至不愿意去做,即使愿意做也要给予其较少的刑期减让。有的检察官为了犯罪嫌疑人认罪认罚,会同意犯罪嫌疑人协商的量刑,如原本提出九个月有期徒刑的量刑建议,犯罪嫌疑人提出要八个月有期徒刑才肯签署认罪认罚具结书,该检察官予以同意;有的检察官则认为不能同意犯罪嫌疑人协商的量刑,其理由为,给予犯罪嫌疑人的认罪认罚量刑建议已经是经过减让的,如其不同意,那就以更高的量刑建议起诉至法院。上述检察官认罪认罚的办案方式,或可归为刚性办案方式和柔性办案方式。刚性办案方式可能指责柔性办案方式破坏认罪认罚从宽制度,导致犯罪嫌疑人不愿认罪、向检察官提出更大量刑减让要求、导致案件难办、检察官没有权威;柔性办案方式则认为,为了促使犯罪嫌疑人认罪认罚,多付出一些工作和努力是值得的,从小而言,有利于简化庭审,缓解庭审办案压力,从大而言,有利于消除犯罪嫌疑人自身的戾气,缓和社会矛盾,同时认为,检察官多做犯罪嫌疑人认罪认罚工作的过程,也是教育感化犯罪嫌疑人的过程,不仅不会降低检察官或检察机关的权威,反而可能成为检察官办理认罪认罚案件的重要内容。

(四)认罪认罚案件临界量刑的问题

《刑事诉讼法》第 15 条规定,犯罪嫌疑人、被告人认罪认罚的,可以从宽处理。《2019 意见通知》专门对“从宽”进行了具体的规定,但还遗漏了一种常见的临界量刑的情形。一是法定刑幅度内的临界量刑。实践中,在法定刑的幅度内,法院对某一罪的量刑具有一定的临界,如贩卖毒品罪案件,虽然《刑法》规定可以判处拘役,但在司法实践中一般不判处拘役,这就是法定刑幅度内的量刑临界,即使犯罪嫌疑人的犯罪情节较轻，还有自首情节，一般也要判处 6 个月以上有期徒刑。在认罪认罚从宽制度出现之前，这样的量刑没有问题，但在认罪认罚从宽制度出现之后，原本判处 6 个月有期徒刑的案件，是否仍判处 6 个月有期徒刑，还是可以判处拘役，在实践中仍存在争论。二是法定刑幅度以外的临界量刑。如贩卖毒品罪案件，最高人民法院《关于审理毒品犯罪案件适用法律若干问题的解释》规定，多次贩卖毒品属情节严重，法定自由刑为 3 年以上 7 年以下，实践中一些帮忙代买少量毒品未获取利益的行为被认定为贩卖毒品，由于情节相对较轻，但又不能突破司法解释关于量刑的规定，法院一般判处 3 年有期徒刑。这种情形下，犯罪嫌疑人、被告人又认罪认罚的，能否在法定刑幅度以下进行量刑，尚无相关规定。

（五）法庭审理虚化的问题

《刑事诉讼法》第 189 条规定："人民法院审判公诉案件，人民检察院应当派员出席法庭支持公诉。"《人民检察院刑事诉讼规则》第 390 条第 2 款规定："公诉人应当由检察官担任。检察官助理可以协助检察官出庭。根据需要可以配备书记员担任记录。"从上述规定以及实践情况看，出席法庭支持公诉只能由检察官担任，即使速裁程序亦应如此。另一方面，认罪认罚案件，被告人承认指控的犯罪事实，自愿认罪认罚，对犯罪事实、罪名、证据、量刑均无异议，法庭审理的过程变得较为虚化。公诉人宣读起诉书，法官询问被告人有无异议，被告人无异议，公诉人宣读证据目录提请质证，被告人对证据无异议，法庭调查几乎没有，之后，公诉人发表公诉意见，一般寥寥数语就"请法庭依法判决"，法官询问被告人有无意见，被告人无意见，法庭再次询问被告人最后陈述意见，被告人一般也无意见。在有辩护律师的场合，辩护律师只在公诉人发表完公诉意见后，发表简短的辩护意见，一般不进行质证和询问被告人等，对检察机关提出精准量刑建议的案件，辩护律师的辩护意见只具有形式上的意义。从上述庭审情况看，认罪认罚案件法庭审理虚化较为普遍。实践中，多数案件还进行多个案件的集中审理，公诉人两小时内，多的情况可开七个庭，如系危险驾驶罪案件，则可开更多庭或用时更短，其中案件并非均由该公诉人办理，公诉人只对自己办理案件的情况熟悉，对其他检察官请其代开庭案件并不熟悉。如此庭审，某种程度可能对法庭审理的严肃性造成影响。

四、认罪认罚从宽制度实施的建议

(一)法院应在尊重认罪认罚量刑建议的基础上重构与检察机关监督制约的关系

检察机关与犯罪嫌疑人签署认罪认罚具结书的时候，量刑与审查存在形式上倒置的特点，检察机关需要花费大量的时间精力或者说要提前投入全部的办案时间精力，打乱自身的办案节奏，提前全面审查案件，形成量刑判断，某种程度上充当了法官的角色。是何种动因驱动检察机关不惜打乱工作节奏，投入更多的时间精力办理认罪认罚从宽案件，决定了法院观念的根本转变。

最高人民法院大法官撰文指出："办理认罪认罚案件，公、检、法三机关之间的分工负责、相互配合和相互制约关系没有变化，裁判权只能由人民法院依法行使。定罪量刑作为审判权的核心内容，具有专属性，检察机关提出的量刑建议，本质上仍然属于程序职权，是否妥当应由人民法院依法判决。"①该论述十分正确，但却看不出认罪认罚从宽制度的革新理念。如果认罪认罚从宽制度与以往制度相比在理念上无根本改变，那么检察机关为何要实施该制度。最高人民检察院副检察长编写的实务指南指出了检察视野下完全革新的理念："(认罪认罚从宽制度)实际上是在犯罪嫌疑人与检察机关之间达成一致，最终由法院予以确认，这实际上是将法院定罪量刑的权力在某种程度上部分让渡给了检察院，特别是在80%左右轻微刑事案件的处理上，检察机关将有很大的自主权。"②检察机关的观点现实地反映了认罪认罚从宽制度具有一定程度认罪协商的运行本质。从法的源起和现实情形看，法院主导着认罪认罚从宽制度的确立，并且希望以认罪认罚从宽制度助力速裁程序、简易程序等朝着更加精简的方向推进，从而更加优化法院审判资源的配置。从初期来看，检察机关虽然赞同对案件进行繁简分流的理念，但是缺乏大的动因和手段。作为国家机器负荷过重的认罪认罚从宽制度，引入认罪协商或法定量刑减让，法院事实上地让渡量刑权于检察机关，检察机关才能产生推动案件繁简分流的持续动力。法院观念的根本转变正是基于

---

① 胡云腾：《准确适用认罪认罚从宽制度 在更高层次上实现刑事司法公正与效率相统一》，收录于胡云腾编：《认罪认罚从宽制度的理解与适用》，人民法院出版社2018年版，第8页。

② 孙谦：《认罪认罚从宽制度实务指南》，中国检察出版社2019年版，第14页。

此。法院应看到认罪认罚法定量刑减让以及与认罪认罚量刑建议的普遍采纳制度,是作为国家机器负荷过重的认罪认罚从宽制度得以实施的生命力。

需要特别注意的是,正如最高人民法院大法官撰文所指出的,法、检之间互相制约的关系没有变化。应切实防止检察机关偏离对案件的实体审查,将认罪协商等同于辩诉交易。检察机关严格办理认罪认罚案件,工作顺序被打乱,工作量不减反增,在此情形下,会产生偏离实体审查的诱因。这就需要法院不能因为过度审查认罪认罚的自愿性、真实性、合法性,而放弃对案件的实体关注。对简单案件的实体关注,并不会过度增加法院审理案件的工作量,而是会保持法、检之间互相制约的张力。法院审查案件可以灵活进行,不限于庭上,亦可以庭下,法院反馈的意见亦如此,并且法院应本着维护认罪认罚从宽制度的立场,维护检察机关认罪认罚案件办理的权威,尽可能事前与检察机关沟通问题,反馈意见,共同协商解决。

至于一些法院的观点认为,完全采纳检察机关的量刑建议,是一种偏离审判中心的错误导向,会导致庭审形式主义,这种观点是在片面地看待审判中心主义和庭审实质化。案件的繁简分流不是偏离审判中心主义,而是促进审判中心主义,该点应无异议;完全采纳检察机关的量刑建议本身并不是庭审形式主义的借口,相反是法官要极力避免庭审形式主义的缘由,亦即法院不应自动放弃对案件实体的审查。

(二)大力加强检察机关认罪认罚案件办案资源的配备

认罪认罚从宽制度实施成功与否,主导认罪认罚案件办理的检察机关是关键。应切实认识到检察机关做犯罪嫌疑人的认罪认罚工作不仅是为法院审判节约司法资源,提高司法效率,更重要的是在,教育感化犯罪嫌疑人,修复被破坏的社会关系,推动国家治理体系和治理能力的现代化。应从如下方面大力加强检察办案资源的配备:一是加大人员的配备。在检察员额制实施的初期,一些地方实行“1+1”模式,或“1+1+1”模式,即一个员额检察官配备一个检察官助理,或一个员额检察官配备一个检察官助理及一个司法雇员。由于“认罪认罚从宽制度”的实施,检察官在审查起诉阶段就要对案件的量刑作出精准的判断,近乎要审理完成一个案件,办案的工作量明显提升,而且要对犯罪嫌疑人做认罪认罚,在值班律师在场下,签署认罪认罚具结书,值班律师同时要对犯罪嫌疑人制作笔录,这使得“办案工作时间”大幅提升。另一方面,由于认罪认罚从宽制度的实施,以及案件管理部门对案件填录信息要求的大幅增多,办案耗费在填录案卡的时间也占据了总办案时间相当大的比例。以上变化的情况,无论是"1+1"还是"1+1+1"均远不能适应检察办案工作量的需要,亟须"1+1+2"或"1+2+2"的办案模式,增加员额检察官的辅助人员的配备。二是优化软件的功能。在认罪认罚案件办理中,极易忽视的一个问题是员额检察官负担的案卡填录工作量。伴随着智慧检务、大数据信息的应用等理念和方略的具体实施,办案数据或案件信息越来越受到重视,由此使得一个案件的办理需要填录的案卡信息也越来越多,并且经常性地需要补录过往案件的案卡信息,经常性地需要补录新办案件遗漏的案件信息。员额检察官的案卡填报工作量和案件管理部门的工作量均大幅度提升。"智慧检务""智慧大脑""信息化"和"大数据"应释放信息员的工作量,让数据说话,而非增加信息员的工作量。为此,我们应不断优化办案软件的功能,提高运转速度和智能化数据的抓取能力。在数据抓取方面,应促使案卡信息由"填取"变为"抓取"。大数据技术之所以使数据变为信息,关键的一点就是靠抓取数据库内的数据进行计算分析,有规则地填录数据事实上反而不利于大数据分析。由大数据技术原理可知,在办案软件数据库内的数据才是大数据分析的源泉,而非人工填录的、以人工或简单数据分析软件进行分析的数据为智慧检务的目标数据。我们要分析的是数据库内的数据,而非填录的数据,填录的数据本身就是分析数据库内数据的一种成果形式,无须"填录",只需分析数据库即可"抓取"到数据。如此,不仅释放工作时间,优化配置司法资源,而且会使数据分析结果更加精准、全面。

(三)完善值班律师制度以提升值班律师的工作质效

应赋予值班律师工作的软件条件和硬件条件。一要为值班律师阅卷提供便利条件,可以通过建立软件系统,与公、检、法工作网办案系统对接,为值班律师注册专门账号,一旦值班律师分配到案件,则自动向其推送案件的全部电子卷宗,如此便能较好地解决值班律师的阅卷问题。二要逐步公开相关罪名的量刑标准,使得值班律师能够在犯罪嫌疑人签署认罪认罚具结书时,结合阅卷发挥监督或辩护的作用。对未完全建立量刑细则的罪名,应吸收律师代表共同参与制定,尽快完成制定,并不断加以完备。三要建立更加完善的公、检、法、司、律等部门和人员之间的衔接机制和保障机制,使得值班律师的介入更为顺畅、对接更为及时、覆盖更为广泛、工作更为积极。四要逐步赋予值班律师以辩护律师的地位。明确规定侦查阶段、审查逮捕阶段或审查起诉阶段,认罪认罚的犯罪嫌疑人有获得值班律师法律帮助的权利,值班律师行使权利同辩护律师。同时,为避免犯罪嫌疑人权益不平衡，应赋予不认罪的犯罪嫌疑人也有获得值班律师帮助的权利。

(四)规范检察官办理认罪认罚案件的方式

检察机关内部应建立检察官办理认罪认罚案件的数据分析机制。定期对案件办理情况进行分析，均衡案件量刑，避免类似案件不同量刑的情形。同时，应尽快建立更高层次的认罪认罚案件办案理念，以此统领认罪认罚案件的办案规范，使得案件的办理不再是刚性的办理或柔性的办理，而是统一的规范办理。对此，应做到：一是尽最大可能使犯罪嫌疑人、被告人认罪认罚。不能因为担心犯罪嫌疑人、被告人、律师知道检察机关这样的理念会增加量刑协商的概率，就不敢大声地说出来。尽最大可能使犯罪嫌疑人、被告人认罪认罚应成为检察办案的核心理念。以此，作为一种宣示，也使包括犯罪嫌疑人、被告人、律师等社会各界人士，包括普通群众知道检察机关办理认罪认罚案件的情况，明白认罪认罚案件办理的功能价值。二是建立犯罪嫌疑人不认罪认罚专门办案组。不认罪认罚的案件往往存在着问题，有必要建立专门的办案组进行分析、研判。设立这样的控制措施，有利于降低冤假错案发生的概率。三是扩大社会矛盾化解工作。将社会矛盾化解作为认罪认罚案件办理的内在要求予以坚持。积极构建社会矛盾化解、社会关系修复、犯罪嫌疑人认罪认罚从宽处理的新型刑罚模式。

(五)进一步完善认罪认罚案件的量刑

对犯罪嫌疑人、被告人的量刑情节属于实体法应规范的内容，而当前认罪认罚从宽制度被规定在《刑事诉讼法》程序法之中，以至于认罪认罚情节与自首、坦白的情节存在一定程度的冲突问题。第一，认罪认罚从宽应包含减轻处罚。《2019 意见通知》中的表述为“认罪认罚的从宽幅度一般应当大于仅有坦白”。从该表述的旨意看，认罪认罚应介于自首与坦白之间。对犯罪情节处于法定刑临界的情形，应可以减轻处罚。第二，认罪认罚与坦白不可以重复评价。《2019 意见通知》指出，“认罪认罚与自首、坦白不作重复评价”。认罪认罚与坦白具有相似性。《刑法》第 67 条第 3 款规定，坦白是指“如实供述自己罪行”，《刑事诉讼法》第 15 条规定，认罪认罚是“自愿如实供述自己的罪行，承认指控的犯罪事实，愿意接受处罚”，显然认罪认罚包含坦白。故认罪认罚与坦白不应重复评价。第三，认罪认罚与自首可重复评价。《刑法》第 67 条第 1 款规定，一般自首是指“犯罪以后自动投案，如实供述自己的罪行”。与认罪认罚规定相比，两者在“如实供述自己的罪行”方面有重合，自首多了一层“犯罪以后自动投案”，认罪认罚从形式上看多了一层“承认指控的犯罪事实,愿意接受处罚”,但该层旨意基本包含在自首的情节中,因此认罪认罚与自首可重复评价。

(六)探索建立认罪认罚案件庭审规范化机制

认罪认罚案件的庭审规范化反思,应从认罪认罚案件的办案理念、功能价值出发进行重构。以往的庭审目的在于发现案件的事实,准确对事实进行定性,因此,特别强调亲历性原则和检察监督。认罪认罚案件,庭审的理念应有所变化,发现案件的事实应居相对次要的地位,查清被告人是否自愿认罪认罚、认罪认罚的合法性,案件的定性是否正确,以及庭审的警示教育意义,应居相对主要的地位。为此,应适当调整庭审的结构。亲历性原则和检察监督仍十分重要,即使检察员代开庭的现象普遍,但监督法庭的程序性意义重大,故不应改变《刑事诉讼法》关于检察机关派员出席法庭庭审的规定。在庭审结构上,可借鉴速裁程序一般不进行法庭调查和法庭辩论的做法,规定一般不进行法庭辩论,简化法庭调查,同时可增设认罪认罚特有阶段,如被告人悔罪、道歉,检察官阐述社会关系修复情况等环节。

监察调查阶段职务犯罪认罪认罚从宽建议的困境与出路

师法起[*]　米　卿[**]

摘要：监察调查阶段职务犯罪认罪认罚从宽建议是监察体制改革的重要组成部分，认罪认罚从宽建议的科学运用，对全面提升反腐败效果具有十分重要的意义。但是，职务犯罪认罪认罚从宽建议制度在监察调查阶段面临着需求与困境并存的现状，而且这种现状造成了认罪认罚从宽建议使用率较低，并没有真正发挥其应有的作用。进一步完善认罪认罚从宽建议的适用程序，加强与司法机关的协作配合，不断提升认罪认罚从宽建议的效用，进一步彰显监察体制改革的治理效能。

关键词：职务犯罪；监察调查；认罪认罚；从宽建议

一、监察调查阶段职务犯罪认罪认罚从宽建议的价值定位

党的十九大报告指出："不敢腐的目标初步实现，不能腐的笼子越扎越牢，不想腐的堤坝正在构筑，反腐败斗争压倒性态势已经形成并巩固发展"，在新的反腐败形势之下，监察体制改革的制度优势转化为治理效能也应当进一步得到彰显。将监察体制改革的制度优势转化为治理效能也是监察体制改革不断走向深入和成熟的重要标尺。

《中华人民共和国监察法》（以下简称《监察法》）第 31 条规定涉嫌职务犯罪的被调查人主动认罪认罚，存在有自动投案、真诚悔罪悔过，积极配合调查工作、如实供述监察机关还未掌握的违法犯罪行为，积极退赃、减少损失，具有重大立

* 作者系浙江省舟山市纪委监委三级主任科员，法学硕士。

** 作者系浙江省舟山市人民检察院四级高级检察官，法律硕士。

功表现或者案件涉及国家重大利益等情形的,监察机关经领导人员集体研究,并报上一级监察机关批准,可以在移送人民检察院时提出从宽处罚的建议。《监察法》中明确规定,认罪认罚从宽建议具有明确的目的和价值定位。

(一)体现了惩前毖后与治病救人的反腐政策

《监察法》中明确规定认罪认罚从宽建议制度是为了鼓励被调查人能够改过自新、将功折罪,积极配合监察机关的调查,从而争取宽大处理。这是当前国家反腐败政策以法律的形式予以明确的。惩前毖后、治病救人,体现了惩处腐败并不是最终目的,预防减少腐败的发生,甚至杜绝腐败的发生才是目的。

认罪认罚从宽制度出台初期,立法目的明确单一:"简繁分流,提升诉讼效率。"认罪认罚制度正式试点阶段,其立法目的逐渐由一元向多元化转变:贯彻宽严相济的刑事政策,提高诉讼效率,加强人权司法保障。[①] 可以说以提升效率为目的是认罪认罚从始至今未曾有所改变的。监察调查阶段认罪认罚从宽建议也将效率作为重要的考量因素。监察体制改革留置取代双规,具有划时代的法治意义。从目前的实践情况来看,留置措施已经成为监察机关办理严重违法案件的有力措施,但是,留置措施本身的特点也决定了监察机关必须要投入大量的人力和物力,反腐败成本是一个值得权衡的重要因素。被调查人能够主动认罪认罚对提高办案效率,缩短留置期限,节省办案资源具有十分重要的作用。

(二)有利于全面提升反腐的效果

监察体制改革以来,反腐败的含义得到了进一步丰富。将涉嫌职务犯罪的被调查人移送检察机关起诉,接受刑事审判,只是反腐败的重要手段而非最终目的。反腐败的最终目的是实现清廉政府,不断减少腐败的发生。认罪认罚从宽建议制度,也是秉承了这一理念,为"惩罚"这个词汇增加其他的修饰性成分,让惩罚成为有警醒意义的惩罚,让惩罚成为不是不计成本的惩罚,让惩罚成为具有一定修复意义的惩罚。认罪认罚中规定的四种情形无不体现了这一点。如自动投案,真诚悔罪悔过,体现了警醒和教育,体现了挽救;如积极退赃,减少损失,体现了修复,减少危害。

再者,从反腐的目标追求来讲,被调查人的认罪认罚也是反腐败效果的重要体现。当前的反腐败是惩前毖后、治病救人,职务犯罪被调查人无论是否开除党

---

① 张泽涛:《认罪认罚从宽制度立法目的的波动化及其定位回归》,载《法学杂志》2019年第10期。

籍或者公职，这些人必将要回归社会。职务犯罪被调查人以一种什么样的心态面对调查，以什么样的心态接受处罚，直接影响着他们以什么样的心态回归社会，看待社会。职务犯罪被调查人的认罪认罚有利于将其转变为正面的社会积极力量，成为预防腐败，抵制腐败的重要力量。可以说认罪认罚从宽建议制度，有利于进一步提升反腐败政治效果、法律效果、社会效果的全面统一。

（三）有利于与刑事诉讼法的衔接

监察体制改革以来，纪委和监委合署办公，如何较好地实现纪法衔接、法法衔接，成为一项重要的课题。而且这项课题完成的好坏直接关系到能否理顺反腐败工作的各个环节，更直接关系到反腐败的成效以及后续的监察体制改革向纵深推进。

2018 年 11 月 26 日，新修改的《中华人民共和国刑事诉讼法》（以下简称《刑事诉讼法》）正式确立了认罪认罚从宽制度，认罪认罚从宽制度从试点走向全面推行，2019 年 10 月 24 日，最高人民检察院联合最高人民法院、公安部、国家安全部、司法部召开新闻发布会，共同发布《关于适用认罪认罚从宽制度的指导意见》，该项制度在刑事诉讼阶段不断走向成熟。该意见明确了认罪认罚从宽制度贯穿于刑事诉讼的全过程，适用于侦查、起诉、审判各个阶段。认罪认罚制度在刑事诉讼阶段的确立与推行，对提升司法效益等多方面都起到了积极的作用。监察调查阶段，作为刑事诉讼的前置阶段，虽然不属于刑事诉讼阶段，但是调查与侦查有着一定的相似性，那就是通过调查活动或者侦查活动还原事实，而且调查还原的犯罪事实同样要经过司法审判的最终检验。因此，如何有效地实现与刑事诉讼阶段认罪认罚制度的衔接，发挥监察调查阶段认罪认罚从宽建议制度的作用和优势，全方位地提升认罪认罚制度在职务犯罪调查阶段、起诉、审判阶段的作用至关重要。因此，《监察法》中明确规定监察调查阶段认罪认罚从宽建议制度，是对刑事诉讼阶段认罪认罚从宽制度的积极回应。

（四）有利于规范职务犯罪案件的从宽处理

相关实证研究同样表明，认罪认罚从宽制度主要适用于少数的几类案件。[①] 职务犯罪案件被调查人的特殊身份属性，使得职务犯罪案件被调查人的刑罚轻重成为社会较为关注的热点之一。职务犯罪案件被调查人，尤其是

① 刘方权：《刑事速裁程序试点效果实证研究》，载《国家检察官学院学报》2018 年第 2 期。

被调查人在被调查之前就已经被媒体所关注,就必然造成了其之后的被调查、起诉、判决,尤其是判决结果,成为媒体和民众关注的重点内容。《刑法修正案九》出台之后,职务犯罪刑罚的轻重问题一度成为司法界,甚至是全民关注的内容。监察体制改革以来,刑法的调整与反腐败机制的变革相互交织在一起,如何保证职务犯罪得到合理、公正的处罚,同时又能为民众的朴素认知所接受,也是监察体制改革所要关注的内容。反腐败要保证做到这一点,就要做到职务犯罪的每个阶段,无论是调查、起诉还是审判阶段,刑罚从宽都要有规范的程序,严格的标准。

《监察法》明确规定了职务犯罪认罪认罚从宽建议制度的目的就是为了保证在监察调查阶段,职务犯罪被调查人的从宽在源头阶段就有规范的程序和明确的标准作为依据,从而保证职务犯罪处罚的从轻或者减轻、甚至免除处罚的依据从调查阶段就是有据可查的。

二、监察调查阶段职务犯罪认罪认罚从宽建议的现实困境

认罪认罚从宽建议制度面临的困境涉及多个方面的因素,这些原因交织在一起造成了当前认罪认罚从宽建议制度难以得到全面施行。

(一)监察调查阶段程序审批层面上的双刃剑

《监察法》在规定认罪认罚从宽建议时,从程序上进行了严格设置,规定必须监察机关经领导人员集体研究,并报上一级监察机关批准,才可以在移送人民检察院时提出从宽处罚的建议。其在审批上既要求了集体研究,同时也规定了上提一级批准的要求。严格的审批程序保证了认罪认罚从宽建议的公正和合理,防止认罪认罚从宽建议的滥用。但是,另一方面,严格的审批程序也客观上会导致认罪认罚从宽建议适用的降低。

从目前《监察法》规定的可以适用认罪认罚的情形来看,规定的第二种情形和第三种情形,积极配合调查工作、如实供述监察机关还未掌握的违法犯罪行为,积极退赃、减少损失的,设置的条件和标准并不高,对被调查人而言做到的难度也并不大。结合当前监察机关公开通报的情况来看,具备以上两种情形的应该也占据了一定比例。但是,在实际运行中,监察机关出具认罪认罚从宽建议却面临着一定的困难。如若集体研究通过,并经上级批准之后,被调查人的态度有较大的转变,必然会形成比较棘手的局面,监察机关也并未有更好的应对措施,这样在一定程度上降低了监察机关向上级申请适用认罪认罚从宽建议的动力。

另外，监察调查的认罪认罚从宽建议并非终端的，从某种程度上而言，只是一个动议或者开始阶段，监察调查阶段的认罪认罚从宽建议必须要在后续的刑事诉讼阶段得到进一步的落实。在当前监察调查阶段，以集体，再加上提一级的方式，在效率或者适用的动力上都受到了较大的限制。

（二）监察调查范畴对认罪认罚从宽建议的影响

纪委和监委合署办公，违纪违法以及犯罪都是在同一阶段完成调查工作，所有的工作是交织在一起同步进行的。如此，监察调查的对象除了被调查人涉嫌职务犯罪的内容之外，还包括了被调查人违纪行为，以及其他违法行为，被调查人的所有问题都应当在同一阶段内调查清楚。所以，监察调查阶段的被调查人职务犯罪认罪认罚也必然和其违纪问题以及其他违法问题交织在一起。在此种情况之下，被调查人如果仅仅是针对职务犯罪部分认罪认罚，但是对其他违纪问题以及违法问题拒绝配合，拒绝认错悔错，监察机关是否可以针对被调查人启动认罪认罚从宽建议？如果被调查人只针对职务犯罪认罪认罚可以启动认罪认罚从宽建议，则可能出现对同一对象的两种评价情况；如果单独针对职务犯罪认罪认罚不可以启动认罪认罚从宽建议，则被调查人违纪和其他违法行为拒绝认错悔错的标准如何确定。

（三）监察调查阶段认罪认罚从宽建议的幅度较难把握

监察机关没有具体的量刑建议权，监察机关对职务犯罪认罪认罚的从宽建议只能是从轻处罚、减轻处罚、免除处罚的建议。基于监察机关从宽建议的概括性，其在认罪认罚从宽建议适用时面临着一些障碍。被调查人认罪认罚之后所获知的只是一个幅度，但是对具体自己会受到怎样的惩罚并不清楚，并没有一个相对确定的量化的处罚让其知晓，这就会造成被调查人内心不够确信是否选择认罪认罚。

设置合理的从宽处理制度是调动被追诉人自愿选择刑事速裁程序积极性的关键之一，也是确保程序适用合法性、正当性的应然之意。它既属于认罪制度改革的有机组成部分，又有其特殊性。① 监察调查阶段是一个过程，是一个慢慢还原犯罪事实的过程，在这个过程当中，被调查人在哪个阶段认罪认罚对调查工作的推进作用是有所区别的。正是基于这种区别，如何在作用区别之下区别认罪

---

① 周新：《论从宽处理的基本原则及其类型——基于刑事速裁程序试点的分析》，载《政治与法律》2017 年第 3 期。

认罚从宽建议的幅度变成一个较难合理解决的问题，因为这个作用是难以进行量化的。再者，监察调查阶段被调查人认罪认罚的情形主要有四种，每种情形之间是有较大的区别的，如何保证不同的情形具有相对合理的从宽建议幅度也是需要解决的问题。

在遵循从宽处理区别化原则的基础上，应当明确设定从宽处罚的幅度和标准。具体而言，其从立法规范层面就规定，在认罪程序中最大限度的量刑减让不得超过的比例，比如在意大利，依当事人的要求适用的刑法程序中就明确规定了对嫌疑人、被告人的减刑不得大于1/3。[①] 职务犯罪认罪认罚从宽建议一旦脱离合理公正的范畴，所带来的负面效果是非常巨大的，不但从个案方面影响国家的公信力，而且还会给整个反腐败事业带来较大的冲击。因此，监察调查阶段职务犯罪认罪认罚从宽建议不仅要用，而且必须用好。

(四)监察调查阶段缺乏律师的参与

认罪认罚协商必须由公、检、法等国家专门机关、当事人以及值班律师等诉讼参与人相互协商，通力合作。[②]《监察法》并未规定律师可以介入其中为被调查人提供法律服务，尤其是对被采取留置措施的被调查人而言更无法获得律师的帮助。监察调查阶段被调查人针对职务犯罪的认罪认罚其实演变成了只是一个调查机关和被调查人之间的简单的两方关系，这种关系给监察调查阶段认罪认罚从宽建议带来了一定困难。这种困难主要体现在两个方面。

一是被调查人的权利保障问题。被调查人在监察调查阶段尤其是对已经被采取留置措施的被调查人，其所处的环境决定了其在调查机关与被调查人的双方关系当中处于明显的弱势地位。从调查工作推进的角度而言，留置是一项经过严格审批的正当措施。但是，从认罪认罚的角度而言，被调查人和检察机关之间并不必然处于敌对状态或者说一定要区分一个强弱方。可以说在认罪认罚上，一定程度上提升被调查人的地位，更利于双方的对话和沟通。被调查人如若没有律师方面提供咨询和帮助，其自身所拥有的知识储备以及所处的客观环境必然会对其认罪认罚的权利保障产生不利的影响。

二是监察机关与被调查人之间共识的达成与调和。在某种程度上讲，监察

---

① 赵恒:《论从宽处理的三种模式》，载《现代法学》2017年第5期。

② 张泽涛:《认罪认罚从宽制度立法目的的波动化及其定位回归》，载《法学杂志》2019年第10期。

机关和被调查人之间是一种对立,或者说某种程度上是博弈的双方,如何在博弈双方之间建立相互的足够信任,或者说在博弈双方的主导之下,认罪认罚是否能保证被调查人权利的充分保障。被调查人在被调查阶段对刑罚从宽的幅度期待,往往与现实有一定的差距,或者说与调查机关调查清楚的犯罪事实应当受到处罚的严重程度之间往往是难以达成共识的。被调查人如果最理想的结果是三年以下,那么被调查人希望的结果就是能否缓刑。如若被调查人可能被判处缓刑,那么被调查人期望的结果必然是免除刑事处罚,甚至保留公职。如何让被调查人在调查阶段能够正确地认识刑罚以及从宽的幅度,单纯依靠监察机关是难以实现的,双方在刑罚轻重认识上出现较大出入的情况更是难以达成共识,更难说得上达成认罪认罚。

(五)监察调查阶段认罪认罚从宽建议如何有效衔接诉讼

"从现实司法需求来看,建立认罪认罚从宽制度既是进一步强化繁简分流,提高诉讼效率的需要,也是合理配置司法资源,顺应以审判为中心诉讼制度改革的要求。"①监察调查阶段认罪认罚从宽建议如何有效地衔接到诉讼阶段直接关系到监察调查阶段职务犯罪认罪认罚是否能产生实际的效果。而且是否产生实际的效果一方面是从案件办理效率的角度考虑,另一方面也直接关系到监察机关的公信力问题。因为,在监察调查阶段监察机关没有具体的量刑建议权,这就造成了对被调查人而言没有具体可以量化的从轻或者减轻直观地体现出来,其选择认罪认罚的意愿会一定程度受到影响,担心所谓的从宽只是一个难以落实的空头政策。在监察调查阶段监察机关所能够给予被调查人认罪认罚从宽兑现的情况只能是从措施的采取方面予以调整,比如已经采取留置措施的被调查人,被调查人认罪认罚的监察机关可以根据实际情况决定是否解除留置措施。

被调查人最为关心和关注的还是后续刑事诉讼阶段是否有从轻或者减轻处罚,以及是否采取强制性较低的措施等。因此,监察机关针对被调查人认罪认罚从宽建议的情况必须要与司法机关形成良好的衔接,让被调查人在进入形式诉讼阶段之后能够真正兑现从宽的利益。

① 刘计划、孔祥承:《论认罪认罚从宽制度的建构——理论与现实的双重展开》,载《烟台大学学报(哲学社会科学版)》2018年第2期。

三、监察调查阶段职务犯罪认罪认罚从宽建议的完善路径

(一)进一步明确认罪认罚程序中监察机关的权力与义务

随着 2018 年《刑事诉讼法》第 15 条将认罪认罚从宽纳入“基本原则”范畴，并在第 120 条明确侦查人员负有告知从宽处理和认罪认罚法律规定的义务，这就意味着认罪认罚从宽贯穿于整个刑事诉讼活动之中，适用于所有诉讼阶段。[①]第 162 条第 2 款规定：“犯罪嫌疑人自愿认罪的，应当记录在案，随案移送并在起诉意见书中写明有关情况。”新出台的《关于适用认罪认罚从宽制度的指导意见》进一步明确了在侦查阶段犯罪嫌疑人享有的认罪认罚的权利。

监察机关的职权由《监察法》进行规定，监察机关虽然不属于刑事案件侦查机关，履行的也是监察调查权而非刑事犯罪侦查权，但是监察机关在《监察法》的授权下，可以对职务犯罪案件开展调查，且调查过程中形成的证据可直接进入刑事诉讼程序，作为指控犯罪和定罪的证据。从实质上看，《监察法》规定的职务犯罪案件的特殊调查权是与刑诉法规定的刑事侦查权相类似的权力，属于二元程序下的监察机关专有的案件调查模式，同时得出的证据都属于可以直接为刑诉法所认可的一元证据模式，即表现为二元办案程序下的证据效力一体模式。

因此，刑诉法规定的刑事案件侦查机关在办理刑事案件过程中必须告知犯罪嫌疑人认罪认罚的后果让其选择，同时对选择的结果如实进行记录，监察调查阶段也可以采取此种模式。《监察法》规定的监察机关调查职务犯罪的目的既是为了打击腐败犯罪，同时也是为了起到震慑和教育作用。因此，虽然《监察法》第 31 条规定：“涉嫌职务犯罪的被调查人主动认罪认罚，有下列情形之一的，监察机关经领导人员集体研究，并报上一级监察机关批准，可以在移送人民检察院时提出从宽处罚的建议”……。也即，在监察机关对职务犯罪案件开展调查阶段，是否认可被调查人的认罪认罚最终是由办案机关的领导集体和上一级监察机关共同决定的。但是，该规定只是规定了监察机关对职务犯罪案件被调查人认罪认罚如何认定的问题，并未规定监察机关不认可被调查人的认罪认罚行为且未提出从宽从轻建议时，是否要在调查阶段的笔录中予以载明并在移送检察机关的起诉意见书中予以写明相关情况。

综上所述，现阶段在《监察法》与刑诉法均未对监察机关移送检察机关的职

---

① 胡云腾：《认罪认罚从宽制度的理解与适用》，人民法院出版社 2018 年版，第 88 页。

务犯罪案件的认罪认罚衔接程序进行明确规定的情况下，应当明确监察机关在案件移送时，按照《监察法》第31条有权提出的从宽从轻建议包括了建议被调查人可以适用认罪认罚的情形，同时，明确监察机关有义务在案件调查的过程中告知涉嫌职务犯罪的被调查人可以适用认罪认罚程序及其后果，并在调查形成的笔录中对相关情况予以载明。对起诉意见书中是否提出对被移送审查起诉的被调查人建议适用认罪认罚程序的，同意建议适用的，则由监察机关的领导集体研究后报上一级监察机关决定，并在监察机关的移送起诉意见书中予以说明；不同意适用的，则应当在案件移送的同时另外以书面的形式告知检察机关不予适用的决定及其理由。对监察机关建议检察机关适用认罪认罚程序的，检察机关直接依照相关程序办理即可。

（二）监察调查阶段认罪认罚的范畴及从宽建议的幅度

陈光中教授认为："认罚是被追诉人对可能刑罚的概括意思表示。"①监察调查阶段认罪认罚从宽建议不同于刑事诉讼阶段的认罪认罚从宽，鉴于这种不同，以及监察调查阶段认罪认罚从宽建议的价值定位，在监察调查阶段被调查人认罪认罚的范畴有别于刑事诉讼阶段认罪认罚的范畴。被调查人在监察调查阶段应该严格按照《监察法》规定的情形认定认罪认罚。结合纪委监察委合署办公的特点，被调查人同时存在其他违纪行为的，也应当认错悔错，对违纪所得应当积极退赔。如果被调查人对自身违纪行为不能认错悔错，对违纪所得拒绝退赔的，监察机关有权决定是否对被调查人启动认罪认罚从宽建议。但是，监察机关应当针对被调查人对涉嫌犯罪的部分认罪认罚的情况在案卷中予以记载并在移送审查起诉时随案移送。

监察调查阶段认罪认罚从宽建议的幅度如何把握应当区别具体的情形看待，同时，监察调查阶段关于认罪认罚从宽建议的幅度必须严格遵守罪责相适应的原则，在考虑其从宽幅度的时候也应当同步将其违纪以及其他违法行为纳入考量的范畴。在具体情形的划分上，我们可以重点从以下几个方面考虑。第一，被调查人认罪认罚的阶段，分为调查初期、调查中期和调查后期。被调查人认罪认罚的阶段不同对提高办案效率、节省办案资源所起到的作用就有明显的区别，因此，必须有所区别，鼓励被调查人尽早认罪认罚。第二，被调查人所涉罪行的严重程度，可以刑法的规定为参照。被调查人所涉罪行的严重程度是从宽幅度

① 陈光中、马康：《认罪认罚从宽制度若干重要问题探讨》，载《法学》2016年第8期。

十分重要的因素,这是遵守罪责相适应原则所必需的。监察机关对涉嫌犯罪的问题同样必须遵守。第三,被调查人是否有其他严重违纪、违法行为。被调查人认罪认罚从宽建议幅度充分考虑到被调查人是否有其他违纪、违法行为是监察调查阶段认罪认罚从宽建议区别于刑事诉讼阶段认罪认罚从宽的显著特点。

就认罪认罚从宽制度设计的初衷而言,"从宽"主要是指实体上的从轻处罚,其中包括未决羁押的减少适用,强制措施的从宽应当是从宽内涵的应然部分。① 监察调查中被调查人的认罪认罚从宽建议可以从程序方面予以考量,如对被留置的被调查人可以在移送审查起诉之前解除留置措施。对利用认罪认罚从宽制度"供小骗大"骗取从宽,获得人身自由后串供、毁灭犯罪证据的,依法严格处罚。② 监察调查阶段被调查人以认罪认罚为缓兵之计,后者解除留置措施后实施其他对抗调查行为的应当从重处罚。在被调查人移送检察院审查起诉时,其可以向检察院提供被调查人社会危险性等情况,为检察机关采取强制措施提供必要的信息。

(三)探索赋予律师有限的介入权

《监察法》中并未明确律师可以介入监察调查程序和为被调查人提供法律服务,律师是否能够介入监察调查程序并无明确的法律授权和法律依据,这也从另一个侧面说明,在无具体明确规定的前提下,《监察法》也并未否定律师可以在监察调查程序中会见被调查人和发挥相关的作用。从《监察法》第四章监察权限的规定可以看出,监察机关既可以调查职务违法,也可以调查职务犯罪,监察机关的权力适用范围比较广泛,律师能够介入监察案件不可能包含监察机关的全部调查范围和程序。

同时,《监察法》第 22 条规定:"被调查人涉嫌贪污贿赂、失职渎职等严重职务违法或者职务犯罪,监察机关已经掌握其部分违法犯罪事实及证据,仍有重要问题需要进一步调查,并有下列情形之一的,经监察机关依法审批,可以将其留置在特定场所:(一)涉及案情重大、复杂的;(二)可能逃跑、自杀的;(三)可能串供或者伪造、隐匿、毁灭证据的;(四)可能有其他妨碍调查行为的。对涉嫌行贿

① 闵春雷:《认罪认罚从宽制度中的程序简化》,载《苏州大学学报(哲学社会科学版)》2017 年第 2 期。

② 李仲学、宋芳:《职务犯罪侦查中应如何适用认罪认罚从宽制度》,载《福建法学》2017 年第 2 期。

犯罪或者共同职务犯罪的涉案人员，监察机关可以依照前款规定采取留置措施。”由此可见，监察机关能够对被调查人采取的限制行动的措施仅留置一种，且采取留置措施的条件是相当严格的。当前，在监察机关的办案实践中，尚未出现留置案件律师可以会见的情况，但是对一些案件事实清楚、认罪态度较好的轻微职务犯罪案件，在案件调查过程中并未采取留置措施，而是由被调查人按调查机关的要求配合开展工作，被调查人本身处于相对自由的状态，此种情况下，并未有明确规定被调查人不能接触律师或相关可以提供法律咨询的人员。因此，结合实践，建议可以在监察机关办理的职务犯罪案件中探索赋予律师的有限介入权。

律师这种有限介入权的达成必须符合以下前提：一是被调查人涉嫌职务犯罪必须是明确的，且涉嫌犯罪的主要事实经查证属实；二是被调查人在监察调查阶段清楚知道认罪认罚的后果，且始终自愿认罪认罚的；三是监察机关对被调查人认罪认罚情况予以认可，且拟提出从宽从轻建议的；四是案件符合刑诉法快速办理的条件且监察机关有快速办理需求的。

律师有限介入权的实现必须达成以下条件：一是被调查人有聘请律师的意愿；二是介入时间限定在监察机关案件调查终结后移送审查起诉前的期限内；三是律师有限介入必须由监察机关主要负责人批准同意，且在监察留置场所或监察机关指定的场所内进行；四是有限介入的目的是在监察机关、被调查人及律师之间达成适用认罪认罚程序的一致，且就该种结果制作笔录，并签署专门的监察调查阶段的认罪认罚协议。

律师这种有限介入权并非必然程序，而是根据监察机关就所调查的职务犯罪是否需适用认罪认罚程序进行的特定授权，特别是在涉及重大、疑难、复杂案件是否适用认罪认罚程序时，更能体现出律师此种介入的价值。对律师提前有限介入而达成的上述认罪认罚协议，在案件移送检察机关审查起诉的时候，检察机关可以直接启动认罪认罚程序，同时明确规定监察机关调查阶段达成的此类认罪认罚协议可以直接适用于审查起诉阶段，检察机关仅对被调查人签署协议的自愿性进行审查，从而缩短刑事诉讼阶段相关案件办理的时限和程序。

(四)完善检察机关的提前介入权及加强后续监察与检察之间的沟通

公、检、法未形成统一的从宽幅度标准抑制了侦查阶段适用认罪认罚制度的现实效果。[1] 监察机关如何与检察机关形成良好的互动和沟通，达成较为统一的标准同样十分重要。《监察法》和刑诉法中对检察机关提前介入监察机关案件的办理并未进行规定，但是提前介入作为强化刑事案件中检察机关与相关机关加强案件的配合和制约的作用却是被实践予以证明的，这在检察机关提前介入公安机关刑事案件办理的实践中得到了有效的证明。

2018 年 4 月，《国家监察委员会与最高人民检察院办理职务犯罪案件工作衔接办法》第一次以文件形式明确检察机关可以提前介入监察机关调查案件。虽然该文件中仅规定检察机关在重大、疑难、复杂案件中经监察机关邀请可以介入监察机关正在办理的案件，但是，这种提前介入是被动的和有限制范围的，检察机关并不能主动介入监察机关正在办理的案件。然而，此种对监察机关正在办理的职务犯罪案件的提前介入规定的出台，在当前法律对监察机关办理的职务犯罪案件认罪认罚程序没有进行明确规定的情形下，为更好地在职务犯罪案件中适用认罪认罚从宽制度创造了条件。

因此，建议监察机关认为正在办理的职务犯罪可以适用认罪认罚程序的，可以邀请检察机关提前介入，从而让员额检察官提前熟悉案情，按照提前介入证明标准和裁判要求引导调查取证，提出全面的意见，督促监察机关及时完善证据，确保认罪认罚相关程序和证据准备在案件移送检察机关审查起诉时达到要求，从而有效实现了移送审查逮捕和审查起诉中相关认罪认罚工作的无缝衔接及程序耗损的减少。检察机关介入引导调查将监察机关较为封闭的办案模式转变为审判的证据标准模式，直接促进监察机关按照刑事诉讼的要求处理被调查人认罪认罚问题，严格遵守证据裁判原则和言词证据原则办案取证，客观上提高了调查办案人员的证据意识，扎实证据基础，排除非法证据，对有瑕疵的证据进行补证，将认罪认罚程序适用可能出现的问题尽早排除，保持案件从移送到审判认罪认罚的稳定性和一致性。检察机关提前介入，以及移送检察之后监察机关与检察机关积极进行沟通，都保障在移送审查起诉之后，被调查人在监察调查阶段的认罪认罚真正发挥作用。

---

① 周新:《公安机关办理认罪认罚案件的实证审思——以 G 市、S 市为考察样本》,载《现代法学》2019 年第 5 期。

认罪认罚案件上诉和抗诉问题新论*

周宇婷**

摘要:认罪认罚从宽制度能够简化诉讼程序,提高司法效率。上诉权是被告人当然享有的救济权利。认罪认罚的被告人在一审获得从宽处罚后提出上诉,检察机关以失去从宽基础且量刑畸轻为由提起抗诉,这种"反制性抗诉"将上诉权与抗诉权互相对立,存在合法性与正当性不足的问题。应当从三个方面解决认罪认罚从宽案件中的"上抗矛盾":二审法院应当充分发挥上诉审查功能,严格审查全案事实与证据,针对不同的上诉情形作出区别处理,适当缩短二审程序,打消被告人的投机心理,兼顾上诉审程序的多元价值和功能;检察机关应当恪守客观义务,避免过度当事人化,容忍被告人依法行使上诉权;辩护律师应当注重对案件事实的客观分析,防范被追诉人自利偏差的风险,从源头降低认罪认罚后的上诉率。

关键词:认罪认罚从宽;上诉权;抗诉权

2018年《中华人民共和国刑事诉讼法》(以下简称《刑事诉讼法》)修订增设了认罪认罚从宽制度,规定了相关适用程序,明确了认罪认罚的法律后果。立法机关明确指出:完善认罪认罚从宽制度,有利于合理配置司法资源,确保无罪的人不受刑事追究,维护当事人的合法权益,促进司法公正。③ 认罪认罚从宽制度

* 本文系2019年最高人民检察院检察理论研究课题"认罪认罚后被告人反悔研究"(项目编号:GJ2019C30)的阶段性研究成果。

** 作者系西南政法大学法学院2018级刑事诉讼法专业硕士研究生。

③ 王爱立主编:《中华人民共和国刑事诉讼法释义》,法律出版社2018年版,第25页。

从试点运行到如今全面实施,不断完善且成效显著①,但也存在一些亟待解决的问题,尤其是人民法院采纳检察机关的量刑建议作出一审判决后,被告人能否以"量刑过重"为由提起上诉,检察机关可否对此通过抗诉收回量刑优惠,理论上分歧较大,实践中做法不一。"量刑过重"的表现形式既有一审法院未按照量刑建议的最低刑期从轻判处,也包括上诉人预期可判缓刑而最终判处实刑等情况。司法实践中,二审法院的裁判各不相同,有采纳"被告人认罪动机不纯,不应从宽"的抗诉意见,加重处罚的;有通过全面审查发现了未作为一审量刑依据的事实,改判较轻刑罚的;也有认为原判量刑适当,审判程序合法,检方抗诉理由不能成立,遂裁定驳回上诉、抗诉,维持原判的。鉴于在目前认罪认罚案件办理中,"上抗矛盾"问题较为突出,各方争议很大,故本文以此类案件被告人上诉权的正当性价值为切入点,指出检察机关提出"反制性抗诉"在理论与实践层面均存在误区,提出解决控辩双方"上抗矛盾"的具体进路,以资指导司法实践。

一、权利行使:认罪认罚被告人以一审"量刑过重"为由提起上诉的正当性分析

诉权理论的价值既体现在对被告人自身的救济,也包含着对裁判权的制约。有观点认为,一审程序已经对认罪认罚的自愿性和具结书内容的真实性、合法性进行了监督,若再适用上诉审程序将动摇认罪认罚从宽制度的安定性,被告人应予放弃上诉权。根据《关于适用认罪认罚从宽制度的指导意见》(以下简称《指导意见》)的规定,被告人在法院判决前均有权反悔,而基于程序选择权,被告人在判决后仍然可以提起上诉。只有保有被告人对认罪认罚反悔上诉的权利,才能使其拥有对审判程序和诉讼结果的自由选择权,进而对最终的裁判结果不产生

---

① 2019年前三季度,适用认罪认罚从宽审结案件404142件486842人,同期决定起诉440717人,不起诉44312人,其中适用普通程序46454件,简易程序159440件,速裁程序113967件,简易程序和速裁程序合计273407件,占85.5%。统计数据参见最高人民检察院网上发布厅:《2019年1至9月全国检察机关主要办案数据》,https://www.spp.gov.cn,访问日期:2019年12月20日。

在重庆,73.04%的刑事案件适用速裁程序,审查起诉平均周期减少4.5天,当庭宣判率93%;认罪认罚案件适用率82.03%,上诉率仅为1.56%。统计数据参见满宁、李立峰、李益:《认罪认罚从宽:为司法办案赋能》,http://newspaper.jcrb.com,访问日期:2019年12月20日。

抵触情绪，坚定其选择认罪认罚程序的决心，增强其对认罪认罚结果的接受度。[①] 因此，保留认罪认罚案件中被告人的上诉权具有正当性，有助于实现司法价值与社会价值的统一，其主要体现在以下方面：

（一）有利于实现对被告人诉讼权利的充分保障

我国《刑事诉讼法》第 227 条[②]赋予了被告人完整的上诉权，其中第 3 款强调不得以任何借口剥夺被告人的上诉权。对一审判决不服提出上诉是被告人享有的一项绝对的诉讼权利，不应当因为其认罪认罚而受到限制。现阶段，司法实践中仍然存在认罪认罚的自愿性保障不足、量刑协商不充分、量刑情节及认罚后果告知不明确等问题，保障认罪认罚从宽案件被告人的上诉权，是保障被追诉人认罪认罚自愿性、真实性和合法性的最后一道防线，直接关系到当事人合法权益的维护。因此，尽管当前上诉权被不当利用的情况时有发生，但这绝不能成为限制认罪认罚案件被告人行使上诉权的理由，哪怕司法机关需投入更多的时间和司法资源，花费更大的司法成本，亦不能阻却被告人行使该项法定诉讼的权利。

尤其需要指出的是，在以量刑过重为由提起上诉的案件中，很多被告人的真实动因是留所服刑。办案机关认为，被告人为拖延诉讼行使上诉权降低了诉讼效率、浪费了司法资源、背离了上诉制度的设计初衷，将对认罪认罚从宽制度的全面推行产生冲击。然而，我国刑事诉讼法规定的上诉理由是“不服”一审判决即可，至于不服的理由是否成立、提起上诉的动机是什么并不能影响上诉权的行使，立法机关作出此规定原本就有充分保障被告人上诉权的本意。《刑事诉讼法》第 227 条规定：“对被告人的上诉权，不得以任何借口加以剥夺”，其正是强调了立法意旨。因此，即使认罪认罚从宽案件中的被告人以量刑过重为名上诉，行争取留所服刑之实，办案机关也应当保障被告人充分地行使上诉权。从另一个角度来看，正确对待被告人留所服刑的意愿，允许被告人基于此动机而上诉，既是人权保障的深层次要求，也是认罪认罚从宽制度社会价值的体现。

---

① 苗生明、周颖：《认罪认罚从宽制度适用的基本问题——〈关于适用认罪认罚从宽制度的指导意见〉的理解和适用》，载《中国刑事法杂志》2019 年第 6 期。

② 2018 年《刑事诉讼法》第 227 条规定：“被告人、自诉人和他们的法定代理人，不服地方各级人民法院第一审的判决、裁定，有权用书状或者口头向上一级人民法院上诉。被告人的辩护人和近亲属，经被告人同意，可以提出上诉。附带民事诉讼的当事人和他们的法定代理人，可以对地方各级人民法院第一审的判决、裁定中的附带民事诉讼部分，提出上诉。对被告人的上诉权，不得以任何借口加以剥夺。”

(二)有利于实现"两审终审"制度设计的程序功能

被告人上诉权的行使不仅是其权利保障的重要体现,更是二审程序发挥纠错功能的重要途径。两审终审制度的设立是对审判机关履行职责的要求,同时也蕴含着权利救济的内容。上级人民法院通过二审程序对下级人民法院实行有效的监督,使错误的一审裁判在发生法律效力之前得到及时纠正,为不服一审裁判的被告人提供具体救济,避免和减少冤假错案,维护司法公正。当前,适用简易程序和普通程序简易审的认罪认罚案件,因其适用条件不像速裁案件案情确定、简单,证据确实、充分那样严格,原则上做到"主要犯罪事实清楚、主要证据确实充分"即能达到起诉标准,①程序已然从简的认罪认罚案件更需要坚持两审终审制度,防范提高效率给司法公正带来的风险。此外,我国认罪认罚从宽制度中的协商无法就罪名和罪数进行协商,而只限于量刑范围。② 司法实务中,尚难以完全排除一审判决存在认定事实错误的情况,若仅因控辩双方进行了量刑协商,从而取消被告人对罪名、罪数、案件事实等内容的上诉权,显然是不合理的。审级制度的设置为认罪认罚案件被告人上诉提供了重要法律支撑,在被告人对一审判决提出异议的情况下,通过二审程序检视全案事实与证据确有必要,尊重被告人的上诉权既是立法规定的本身要求,也是司法规律的应然面向。

(三)有利于在保障公正的基础上充分实现诉讼效益

现代刑事诉讼既追求公正,也讲究效率。刑事诉讼效益原则就是在坚持公正的前提下,以最小的诉讼成本投入,最大限度地实现惩罚犯罪和保障人权的目的,以实现诉讼效益最大化。③ 公正与效率既对立又统一,诉讼效益的实现需要在冲突中寻找最佳平衡状态,而非二者间的简单取舍。

最高人民法院院长周强就《关于授权在部分地区开展刑事案件认罪认罚从宽制度试点工作的决定(草案)》作说明时指出,为缓解司法机关"案多人少"的矛盾,合理配置司法资源,需要实现认罪认罚案件快速办理,在确保司法公正的基

① 张雅芳、丁慧洁:《认罪认罚从宽制度试点中的问题与建议》,载胡卫列、董桂文、韩大元主编:《认罪认罚从宽制度的理论与实践——第十三届国家高级检察官论坛论文集》,中国检察出版社 2017 年版。

② 顾永忠、肖沛权:《"完善认罪认罚从宽制度"的亲历观察与思考、建议——基于福清市等地刑事速裁程序中认罪认罚从宽制度的调研》,载《法治研究》2017 年第 1 期。

③ 李晓明、辛军:《诉讼效益:公正与效率的最佳平衡点》,载《中国刑事法杂志》2004 年第 1 期。

础上进一步提高司法效率。正因如此,有学者认为,“公正为本,效率优先”应当是认罪认罚制度改革的核心价值取向。① 而上诉审程序本就是追求司法公正的产物,上诉权的设置体现了“公正优先”的价值选择。据此,有学者提出,上诉权公正优位于效率的价值选择与认罪认罚从宽制度的价值取向相冲突,②允许上诉势必会影响诉讼效率,应当限制乃至取消认罪认罚从宽案件中被告人的上诉权。笔者认为,此种观点脱离了认罪认罚从宽制度的司法实务。最高人民法院、最高人民检察院在《关于在部分地区开展刑事案件认罪认罚从宽制度试点工作情况的中期报告》中提到,检察机关抗诉率、附带民事诉讼原告人上诉率均不到0.1%,被告人上诉率仅为3.6%。通过报告中的数据可以看出,认罪认罚从宽制度在司法实践中运行良好,上诉率并不高,因而进入二审程序的案件数量并不大,赋予被告人上诉权未必会造成繁重的司法负担,那些寄希望于通过限制被告人的上诉权降低诉讼成本、提高诉讼效率的主张,并没有显著的实践意义。此外,根据《指导意见》,认罪认罚从宽制度没有适用罪名和可能判处刑罚的限定。其中,重罪案件处理的是国家与个人之间的重大利益冲突问题,专门机关享有多种强制权力,而处于相对方的犯罪嫌疑人、被告人则往往受到各种条件的限制,控辩双方地位不平等;轻罪案件由于量刑较轻、审限较短,也容易出现冤假错案。上诉审程序满足了被告人对公正审判的合理诉求,二审法院通过维持正确裁判、纠正错误裁判,保证生效裁判的准确性。

完善刑事诉讼中认罪认罚从宽制度的价值取向只能是“公正优先,兼顾效率”,即在坚持司法公正的前提下,通过程序机制的完善,努力提高诉讼效率。③司法实践中,公安司法机关首先要树立公正司法的理念,把公正视为诉讼的生命,在尚难以保证绝对杜绝冤假错案之前,这种明显的效率化的改革取向,将实体上的从宽误读为程序上的从简,程序简化的有形收益是以刑事司法制度的正当性为代价的。④ 无因上诉可能变相鼓励心存侥幸的被告人提起“空白上诉”,甚至为企图逃避监狱服刑的被告人提供“技术性上诉”的空间,这固然有损认罪

① 陈卫东:《认罪认罚从宽制度研究》,载《中国法学》2016年第2期。

② 臧德胜、杨妮:《论认罪认罚从宽制度中被告人上诉权的设置——以诉讼效益原则为依据》,载《人民司法(应用)》2018年第34期。

③ 王彪:《刑事诉讼中认罪认罚从宽制度争议问题研究》,载《刑事法评论》2017年第1期。

④ 左卫民:《认罪认罚何以从宽:误区与正解》,载《法学研究》2017年第3期。

认罚制度的效率价值,但是认罪认罚案件中上诉权问题的争论不能仅仅着眼于诉讼效率,更应兼顾上诉审程序的多元价值和功能,保障被告人的上诉权是实现诉讼效益的根本路径。

二、权力反制:对检察机关为遏制被告人上诉而提出抗诉的质疑

一直以来,检察机关十分重视宪法赋予的法律监督地位,提出抗诉是其行使审判监督权的重要方式。有观点认为,从维护制度运行和认罪认罚严肃性的角度出发,认罪认罚的被告人不但“反悔”的成本几乎为零,还存在进一步获得从宽改判的机会,因此应当发挥检察机关抗诉的威慑作用,防止部分“心术不正”的被告人利用该制度逃避法律制裁。[①] 笔者认为,认罪认罚从宽案件的检察机关为遏制被告人上诉而提出“反制性抗诉”有欠妥当,检察机关应当秉持客观公正的立场正确认识和把握认罪认罚案件的上诉、抗诉问题,具体而言有以下几个方面:

(一)检察机关的“反制性抗诉”背离抗诉权的理论基础

依据我国《宪法》与《刑事诉讼法》的相关规定,人民检察院是国家的法律监督机关,对人民法院的审判活动实行法律监督。抗诉权是人民检察院行使法律监督权的重要组成部分,人民检察院只要“认为本级人民法院第一审的判决、裁定确有错误”都应当提起抗诉。对认罪认罚案件,即便法院采纳了人民检察院指控的罪名和量刑建议,被告人仍有可能提出上诉,相关办案人员认为被告人提出上诉的行为表明其已不再认罪认罚,不再适用一审时从宽的处理方式,原判存在量刑畸轻的问题。例如,2018 年 9 月广州市天河区人民检察院审查起诉犯罪嫌疑人姜某某贩卖毒品一案,姜某某以量刑过重为由提起上诉。检察机关认为,在证据并未发生任何变化的情况下,姜某某以量刑过重为由提起上诉,属于以认罪认罚形式换取较轻刑罚,再利用上诉不加刑原则提起上诉,认罪动机不纯,不应再适用一审时从宽的处理方式,遂依法提起了抗诉,主张取消被告人因认罪认罚

---

① 赵赤:《对认罪认罚后“反悔”的案件提出抗诉应当慎重》,载《检察调研与指导》2017 年第 4 期。

获取的量刑优惠。[①]

笔者认为,被告人"认罪动机不纯"导致的"量刑畸轻"不同于"判决确有错误"。首先,不能因为被告人提出上诉而反推其认罪认罚的动机不纯,在逻辑上得不出必然结论。正如实践中"留所服刑"是此类案件被告人上诉的主要动因一样,被告人在认罪认罚协商过程中完全可能出于正常的获取轻判的动机,而只是在判决之后为了不到监狱服刑而上诉,这并不等于其不认罪,只是一种技术性措施,判后上诉动机和判前认罪动机实际上是两回事。其次,"认罪动机不纯"不能得出不适用认罪认罚从宽制度的结论。认罪认罚从宽制度的适用前提是确保被告人认罪认罚的自愿性,自愿性的认定并非依赖纯主观审查,而是有客观化的判断标准的,主要包括获得有效法律帮助,理解认罪认罚的性质与法律后果,结合退赃退赔、赔偿损失、赔礼道歉等表现考量悔罪态度等,若要求审查"认罪动机"这一过于主观的因素,未免强人所难。抗诉检察院为了惩戒被告人的道德失信而剑走偏锋,作出不利于被告人的选择,实有主观归责之嫌。再次,司法裁判的依据是审判之时的事实和证据情况,事后行为的效力不能溯及事前行为,不能反推之前的判决"确有错误"。[②] 在认罪认罚案件的审理过程中,被告人当庭表示对案件事实、适用法律和量刑没有异议,法院全面审查案卷材料,严格审查涉及定罪、量刑的关键事实和证据,对量刑建议的合理性、认罪认罚具结书的真实性、合法性予以确认。可见,法院判决时依据的事实和证据均成立,判决结果不存在事实认定、法律适用、量刑不当方面的问题。

从刑事抗诉权的制度定位、法律功能与价值追求来看,抗诉权针对的对象是法院的审判活动及其裁判结果,而不是被告人。其一,依托于检察机关的宪法定位,刑事抗诉权理应定位为法律监督权。检察机关对法官在诉讼中的职权活动进行监督,遏制司法腐败,从源头上促进司法公正。法院对案件作出判决后,检察机关发现或者认为裁判确有错误,依法提请法院重新处理并予以纠正。其二,检察机关应当始终坚持客观义务,发挥纠正错误裁判、维护司法权威的法律功

---

① 广州市人民检察院网上检察院:《毒贩"认罪认罚"获轻判后反悔上诉……广州检察机关抗诉加刑,被法院采纳!》,https://www.jcy.gz.gov.cn,访问日期:2019 年 12 月 20 日。

② 赵赤:《对认罪认罚后"反悔"的案件提出抗诉应当慎重》,载《检察调研与指导》2017 年第 4 期。

能。《人民检察院刑事诉讼规则》第 584 条①为抗诉权的行使设置了严格的启动条件,符合抗诉条件时,无论是否有利于被告人,检察机关都会依法提出抗诉,刑事抗诉权为裁判结果负责,为社会公众服务。其三,检察机关作为"国家法律守护者",应当将客观公正的价值追求融入角色设定,而非一方当事人,应当以客观中立的角度评判原审案件中存在的问题。在认罪认罚上诉案件中,检察机关的抗诉权与被告人的上诉权不是对抗与制衡的关系,检察机关对被告人谋取二次利益的上诉案件提起抗诉,表面上是为纠正"错误裁判",实质上是对被告人合法诉权的警告与限制,曲解了抗诉权的制度定位、法律功能与价值追求,是对抗诉权理论基础的背离。

(二)检察机关的"反制性抗诉"是误把接受裁判结果作为"认罚"的必要条件

认罪认罚从宽制度改革为刑事司法制度中的"认罚"赋予了新的内涵。关于"认罚"这一基本概念的界定,法学界展开了激烈的讨论,形成了以下三种不同的观点。第一种观点认为,"认罚"是指被告人对检察院提出的量刑建议不持异议。② 第二种观点认为,"认罚"是被追诉人对可能刑罚的概括意思表示,③即接受公安司法机关在不同诉讼阶段提出的处理结论。第三种观点认为,"认罚"首先表现为自愿接受所认之罪带来的刑罚后果,并积极退赃退赔;同时,"认罚"还要最终表现为接受法院判处的刑罚。④ 这些观点关于"认罚"的核心内涵基本达成一致意见,强调被追诉人愿意接受处罚的悔罪态度,但在是否必须接受法院裁判结果的问题上存在分歧。2018 年《刑事诉讼法》第 15 条以及"两高三部"《指导意见》均沿用了"愿意接受处罚"的表述,值得注意的是,《指导意见》将"认罚"分阶段具体化,"愿意接受处罚"相较于认可量刑建议、签署具结书更具包容性,

---

① 2013 年《人民检察院刑事诉讼法规则》第 584 条规定:"人民检察院认为同级人民法院第一审判决、裁定有下列情形之一的,应当提出抗诉:(一)认定事实不清、证据不足的;(二)有确实、充分证据证明有罪而判无罪,或者无罪判有罪的;(三)重罪轻判,轻罪重判,适用刑罚明显不当的;(四)认定罪名不正确,一罪判数罪、数罪判一罪,影响量刑或者造成严重社会影响的;(五)免除刑事处罚或者适用缓刑、禁止令、限制减刑错误的;(六)人民法院在审理过程中严重违反法律规定的诉讼程序的。"

② 陈瑞华:《"认罪认罚从宽"改革的理论反思——基于刑事速裁程序运行经验的考察》,载《当代法学》2016 年第 4 期。

③ 陈光中、马康:《认罪认罚从宽制度若干重要问题探讨》,载《法学》2016 年第 8 期。

④ 朱孝清:《认罪认罚从宽制度的几个问题》,载《法治研究》2016 年第 5 期。

应当结合退赃退赔、赔偿损失、和解结果等客观行为因素来考量认罚的自愿性[①]，接受裁判结果并非“认罚”的必要条件，从深圳市中级人民法院对程某开设赌场案[②]作出的二审裁定也得以窥见法院处理此类案件的立场。

“认罚”并不意味着对裁判结果的当然接受，也不必然带来被告人期望的裁判结果。被告人在判决前认罪认罚，接受检察机关提出的量刑建议，是被告人为规避不确定量刑与严厉刑罚作出的笼统意思表示，旨在向司法机关表明认罪认罚的态度，并不等于对判决结果的无条件接受。检察机关应当尊重被告人的上诉权，不能动辄以抗诉加刑的方式进行反制。即使法院判处的宣告刑在检察机关量刑建议幅度内，其结果仍然可能不符合被告人的预期，被告人提出上诉是基于人性本能的自然现象，检察机关不应苛求被告人自觉坚守司法诚信、节约司法资源，更不能以此提起抗诉进行警示教育，毕竟诉讼诚信原则不能用于制约私权利，而应该用于管束公权力。[③] 被告人“认罚”并不包含对上诉权的自我放弃，认罪认罚从宽制度也不要求被告人放弃上诉权，检察机关要有容忍被告人依法行使上诉权的度量。

（三）检察机关的“反制性抗诉”有滥用抗诉权之虞

在 2019 年全国“两会”上，最高人民检察院首次将检察官办理认罪认罚案件

---

① “两高三部”《关于适用认罪认罚从宽制度的指导意见》第 7 条、山东省印发《关于适用认罪认罚从宽制度办理刑事案件的实施细则（试行）》第 6 条规定的不认定“认罚”的情形包括：（一）犯罪嫌疑人、被告人不接受人民检察院的量刑建议，或者对已签署的具结书所记载的量刑建议表示反悔的；（二）犯罪嫌疑人、被告人表面上“认罚”，暗中却串供、毁灭证据或者隐匿、转移财产，有赔偿能力而不赔偿的。

② 2018 年，深圳市宝安区人民检察院办理的一宗开设赌场案，由于主犯程某具有认罪认罚情节，宝安区法院以开设赌场罪，判处程某有期徒刑八个月，并处罚金人民币 1000 元。一审判决后，程某提起上诉，认为其是初犯，且归案后自愿认罪认罚，原判量刑过重。宝安区检察院知悉后遂提起抗诉，认为程某以认罪认罚形式换取较轻刑罚，再利用上诉不加刑原则提出上诉，反映其认罚动机不纯；程某上诉违背认罚承诺，不应再适用认罪认罚的从宽量刑幅度，原判量刑畸轻，应判处更重的刑罚，以维护适用认罪认罚从宽制度的司法效果。深圳市中级人民法院认为，检方抗诉理由不能成立，程某请求再予从轻处罚的理由也不成立。原判量刑适当，审判程序合法。二审裁定驳回上诉、抗诉，维持原判。案例参见张薇、李磊：《适用认罪认罚制度后被告人反悔上诉不应加重刑罚（检察院因此抗诉）》，http://www.sohu.com/a/306194372_654603，访问日期：2019 年 12 月 20 日。

③ 骆锦勇：《认罪认罚案件的上诉和抗诉问题》，载《人民法院报》2019 年 8 月 8 日第 6 版。

中的主导责任写入工作报告。认罪认罚从宽制度强调被追诉人的诉讼主体地位,控辩双方的量刑协商在一定程度上削减了检察机关的公诉权,但这一诉讼模式转型并不影响检察机关之于认罪认罚诉讼进程的作用。张军检察长指出,从我国检察机关法律监督的宪法定位和刑事诉讼法的制度设计看,检察官在整个刑事诉讼中是承担主导责任的。这种主导责任不仅体现在庭前,而且体现在审判期间,包括审判后检察官认为判决不当的还要抗诉。①

在我国刑事诉讼法中,专门机关作出的重大决定均有听取意见的要求。根据 2018 年《刑事诉讼法》第 173 条第 2 款②的规定,认罪认罚案件即便被告人同意检察机关的量刑建议并且签署认罪认罚具结书,审查起诉阶段检察机关仍应当"听取犯罪嫌疑人、辩护人或者值班律师、被害人及其诉讼代理人的意见"。听取意见模式虽然存在双方的对话沟通,却不同于"诉讼主体通过对话与协商,达成互惠的协议,以此来解决刑事争端的"③协商模式,本质上是检察机关主导下的单方决定机制。一方面,程序启动被动。听取意见模式只能由专门机关决定,且以被追诉人认罪认罚为前提。换言之,被追诉人需要以认罪认罚的积极态度申请专门机关对其予以从宽处理。另一方面,沟通过程缺乏实质意义上的讨价还价。专门机关在确定具体的从宽利益之前,需要听取相关人员的意见,但此处的听取意见是对被追诉人同意适用认罪认罚从宽制度的确认,是被告人妥协后的"合意"而非协商结果。本就主导量刑协商这一重要环节的检察机关更应当在后续的诉讼程序中恪守客观公正义务,否则极易发生权力滥用,妨碍法院查明案件事实。司法实务中出现的检察机关提出"反制性抗诉"的现象,虽然体现了检察机关的斗争精神,却有违客观公正的立场,有滥用抗诉权之虞,而这与我国检察机关作为法律监督机关,要保证法律得到公正实施,其中也包括检察机关抗诉权必须正当行使相悖。

---

① 张军:《关于检察工作的若干问题》,载《国家检察官学院学报》2019 年第 5 期。

② 2018 年《刑事诉讼法》第 173 条第 2 款规定:"犯罪嫌疑人认罪认罚的,人民检察院应当告知其享有的诉讼权利和认罪认罚的法律规定,听取犯罪嫌疑人、辩护人或者值班律师、被害人及其诉讼代理人对下列事项的意见,并记录在案:(一)涉嫌的犯罪事实、罪名及适用的法律规定;(二)从轻、减轻或者免除处罚等从宽处罚的建议;(三)认罪认罚后案件审理适用的程序;(四)其他需要听取意见的事项。"

③ 马明亮:《协商性司法:一种新程序主义理念》,法律出版社 2007 年版,第 26 页。

三、困境破解：认罪认罚从宽案件中“上抗矛盾”的解决路径

认罪认罚从宽制度通过激励机制促进被追诉人与国家和解、与被害人和解，实质性地修复了被犯罪破坏的社会关系，能够有效化解罪犯再次犯罪或报复社会的风险；同时也会有效化解犯罪分子与被害人之间因矛盾没有化解而发生的相互侵害风险，并有助于减少刑事申诉信访现象，从而达到防范刑事案件处理所可能产生的“次生风险”，维护社会和谐和秩序稳定的目的。[①] 妥善处理认罪认罚从宽案件中的“上抗矛盾”，必须充分重视控、辩、审三方的作用，形成合力，从而确保该制度在实践中能够良好运行。

（一）二审法院应当针对不同上诉情形作出区别处理

《刑事诉讼法》规定：第二审人民法院应当就第一审判决认定的事实和适用法律进行全面审查，不受上诉或者抗诉范围的限制。就原审法院所认定的事实和适用的法律进行审查，体现了我国刑事诉讼二审程序所遵循的全面审查原则。笔者认为，认罪认罚从宽案件的二审程序仍需对事实和法律进行全面审查。一是由于现阶段控辩双方的诉讼地位不平等，被追诉人的诉讼权利仍受到制约，被追诉人在刑事诉讼中作出认罪认罚选择的正确性有待查证。我国法院的审判权独具能动性，主动对一审判决进行全面审查正是为了帮助被追诉人查找一审中可能存在的错误，保障被追诉人的权利。二是考虑到我国刑事诉讼一贯坚持实事求是、有错必究的指导思想，适用简易程序和普通程序简易审的认罪认罚案件，因其适用条件不及犯罪事实清楚、证据确实充分那样严格，虽然被告人仅以“量刑过重”为由提起上诉，但二审法院有必要在认罪认罚的自愿性和认罪认罚具结书内容的真实性、合法性之外审查全案证据、事实及适用的法律。司法实务中已经出现了法院经二审全面审查，采纳未作为一审量刑依据的事实，如被告人符合缓刑适用条件，被告人在侦查期间向公安机关提供了他人的犯罪线索具有立功情节等，进而改判的案例。[②] 可见，在认罪认罚从宽案件二审程序中开展全

---

① 胡云腾：《正确把握认罪认罚从宽 保证严格公正高效司法》，载《人民法院报》2019 年 10 月 24 日第 5 版。

② 中国裁判文书网：(2019)渝 05 刑终 988 号，(2019)渝 04 刑终 78 号，http://wenshu.court.gov.cn，访问日期：2019 年 12 月 26 日。

面审查对查清案件事实、正确适用法律具有重要意义。

认罪认罚从宽制度在我国传统的国家与被追诉人对立的刑事诉讼模式基础上开辟了协商合作的新途径，一定程度上调和了控辩双方的关系，但并未撼动法院依法独立审判、公正裁量刑罚的地位。二审法院要充分认识到认罪认罚案件有可能受量刑规则不完善、检察机关量刑建议经验有限、律师帮助难以真正实现等因素的影响，若被告人以“量刑过重”为由提起上诉，二审法院应当进行严格的审查，并针对不同上诉情形分别处理。一是区分“技术性上诉”与“实质性上诉”。这是上诉审查的首要环节，也是提高诉讼效率的要求。二审法院经审查后发现系“技术性上诉”的，遂采用书面审理的方式及时予以驳回。二是对适用速裁程序作出一审判决的认罪认罚案件，法院可以采取不开庭的审理方式，依据《指导意见》[①]的相关规定进行处理。三是对适用简易程序和普通程序简易审的认罪认罚案件进行全面审查，并参照《刑事诉讼法》第236条、第238条[②]的规定从以下四个方面作出裁判：第一，原判认定事实和适用法律正确、量刑适当的，应当裁定驳回上诉、维持原判。据统计，在87%的案件中，认罪认罚案件的二审上诉并未改变结果；[③]第二，原判量刑偏重的，二审法院应当讯问被告人，听取其他当事人、辩护人、诉讼代理人的意见，经审理后依法改判；第三，原判认定的事实、证据

---

① 2019年《关于适用认罪认罚从宽制度的指导意见》第45条：“被告人不服适用速裁程序作出的第一审判决提出上诉的案件，可以不开庭审理。第二审人民法院审查后，按照下列情形分别处理：(一)发现被告人以事实不清、证据不足为由提出上诉的，应当裁定撤销原判，发回原审人民法院适用普通程序重新审理，不再按认罪认罚案件从宽处罚；(二)发现被告人以量刑不当为由提出上诉的，原判量刑适当的，应当裁定驳回上诉，维持原判；原判量刑不当的，经审理后依法改判。”

② 2018年《刑事诉讼法》第236条规定：“第二审人民法院对不服第一审判决的上诉、抗诉案件，经过审理后，应当按照下列情形分别处理：(一)原判决认定事实和适用法律正确、量刑适当的，应当裁定驳回上诉或者抗诉，维持原判；(二)原判决认定事实没有错误，但适用法律有错误，或者量刑不当的，应当改判；(三)原判决事实不清楚或者证据不足的，可以在查清事实后改判；也可以裁定撤销原判，发回原审人民法院重新审判。”第238条规定：“第二审人民法院发现第一审人民法院的审理有下列违反法律规定的诉讼程序的情形之一的，应当裁定撤销原判，发回原审人民法院重新审判：(一)违反本法有关公开审判的规定的；(二)违反回避制度的；(三)剥夺或者限制了当事人的法定诉讼权利，可能影响公正审判的；(四)审判组织的组成不合法的；(五)其他违反法律规定的诉讼程序，可能影响公正审判的。”

③ 牟绿叶：《认罪认罚案件的二审程序——从上诉许可制展开的分析》，载《中国刑事法杂志》2019年第3期。

确有重大错误的，为查明案件真相，维护被告人的审级利益，二审法院应当裁定撤销原判、发回重审；第四，控辩协商的过程违反法律规定，导致被告人非自愿认罪认罚的，此时适用认罪认罚从宽制度的基础已然不复存在，为确保案件公正处理，二审法院应当裁定撤销原判、发回重审，重新考虑是否适用认罪认罚从宽制度。

在认罪认罚从宽案件中设置专门的上诉审查程序，体现了对被告人诉讼权利的重视，却对诉讼效率产生了消极影响。我们应该看到，认罪认罚案件在一审程序中已经通过程序从简的方式提高了诉讼效率、节省了司法资源，二审程序就需要充分发挥其查明真相、维护司法公正的功能，因此，现阶段二审程序对整个认罪认罚从宽制度不可或缺。但我们可通过缩短二审程序的方式，打消一些被告人拖延诉讼进程的投机心理，将“技术性上诉”带来的副作用尽可能降低到社会可容忍的程度。如此一来，既能确保二审法院及时发现认罪认罚的瑕疵和一审程序中的其他问题，又能提升诉讼效率，最大限度地降低“技术性上诉”被告人投机成功的可能性，减少被告人滥用上诉权为刑事诉讼带来的影响，具备相当的可行性。

（二）检察机关应当恪守客观义务，避免过度当事人化

刑事诉讼中，代表国家追诉犯罪的检察机关在控辩关系中具有天然的优势，如果不对检察机关的权力予以限制，控辩平等将无从谈起。检察机关当事人化强调辩方享有与作为控方的检察机关平等的诉讼地位，这在一定程度上规范了公诉权。然而，“当事人化”只是促进控辩平等的方式，检察机关并不是刑事诉讼中的当事人，与案件结果不具有直接利害关系。检察机关对案件提起公诉，是基于职责的要求，其本质是代表国家行使检察权，追究犯罪嫌疑人的刑事责任。因此，为实现实质上的平等，检察机关应当积极履行诉讼监督的职权，对整个刑事诉讼活动开展的合法性进行监督，在客观义务的指引下保护被追诉人的诉讼利益，避免过度当事人化。

在认罪认罚从宽案件中，检察机关应当以理性平和的态度对被告人的上诉行为予以充分尊重。属于两造一方的检察机关，无论适用何种诉讼程序，被告人上诉时都可能产生心理抵触，检察机关需要摆正自身的诉讼地位，调整好控诉心态，将被告人上诉视为监督自身履职情况的方式，不断提升揭露案件事实真相的能力，实现司法公正。被告人认罪认罚后的“空白上诉”与“技术性上诉”，即便不合情理，也需要着眼于刑事诉讼程序已有的制度与价值选择，探寻解决方案，切

忌情绪性、冲动型抗诉。正如最高人民检察院相关部门负责人所指出的:检察机关应当区分情况,理性看待被告人的上诉。如符合抗诉条件的,检察机关依法抗诉,维护司法公正;对检察机关提出精准量刑建议,法院采纳后被告人无正当理由上诉的,原则上抗诉;对检察机关提出幅度量刑建议,法院在幅度中线或者上线量刑后,被告人上诉的,则不宜抗诉;至于被告人出于“留所服刑”目的而策略性上诉的,抗诉需要慎重,由人民法院依照二审程序依法裁判为宜。①

(三)辩护律师应当防范被追诉人自利偏差的风险

认罪认罚从宽案件中的被追诉人明知量刑建议的内容,自愿签署具结书,却为何以“量刑过重”为由提起上诉? 被追诉人的自利偏差便是其内在原因。被追诉人出于趋利避害的本能,通常会避重就轻地从有利于自己的角度解读案件信息,忽视公安司法机关已经掌握的证据,从而不自觉地扭曲自己对犯罪事实的价值评判,对有利于自己的量刑结果抱有过高的期待。一旦量刑结果偏离自己的预期,或者出于“留所服刑”等其他更有利于自己的处理方式的考量,他们就会不考虑案件的客观实际情况,而动辄提起上诉,导致案件不必要地进入二审程序。

作为被告人的天然盟友,辩护律师应当是防范被追诉人由于自利偏差而形成错误诉讼决策的“第一责任人”。其中关键是辩护律师应当注重对案件事实的客观分析,提出尊重事实和证据的中肯的辩护意见,使被告人对刑事责任问题有正确的认识。作为辩护律师,其存在的意义在于提出证明犯罪嫌疑人、被告人无罪、罪轻或者减轻、免除其刑事责任的材料和意见,维护犯罪嫌疑人、被告人的合法权益。虽然辩护律师并没有协助法庭查明案件事实的义务,但为了帮助被追诉人准确地了解自身犯罪行为的性质与严重程度,保证被追诉人认罪认罚的明智性,辩护律师需要通过阅卷全面把握案件事实和证据情况,根据案件材料为被追诉人进行客观理性的利弊分析。辩护律师运用专业的法律知识与丰富的诉讼经验,区分有利、不利的证据材料,向被追诉人指出不利的事实,引导被追诉人反向思考,降低盲目乐观,在签署认罪认罚具结书之前充分沟通,告知被追诉人有可能的量刑结果,而不是让被追诉人在量刑建议幅度内形成自我感觉良好的心理预期。

此外,需要指出的是,为防范被追诉人的自利偏差,检察机关应当在认罪认

① 苗生明、周颖:《认罪认罚从宽制度适用的基本问题——〈关于适用认罪认罚从宽制度的指导意见〉的理解和适用》,载《中国刑事法杂志》2019 年第 6 期。

罚文书中列明量刑依据。现阶段，认罪认罚从宽制度告知书与认罪认罚具结书列明的都只是检察机关提出的量刑建议，无论检察机关提出的量刑建议是幅度刑还是确定刑，对被追诉人而言都只是一个结果，被追诉人不清楚具体的量刑计算过程，也没有相关规定要求检察机关明确告知其指控所依据的证据。因此，在量刑协商过程中，被追诉人及其辩护律师很难准确、全面地理解量刑建议的确切依据以及认罪认罚的全部法律后果。为减小被追诉人对量刑结果的心理落差，检察机关应当在相关文书中列明量刑情节，对涉及缓刑适用的案件需要明确刑罚执行方式。

四、结语

认罪认罚从宽制度是我国刑事司法的重大转型，注入了更多宽容精神，也赋予了被追诉人更多的自主性。认罪认罚应当回归被追诉人权利的基点，明确其享有的认罪认罚权利，强化办案机关与此相对应的制度保障和程序救济。[①] 被追诉人通过程序选择让渡了一部分诉讼权利，却并未同时放弃上诉权。无论被告人基于何种理由提起上诉，被追诉人的上诉权都应当得到司法机关的同等尊重。构建规范有序的认罪认罚上诉机制，实际上是在公正与效率的价值取向之间进行权衡和博弈，司法机关理应客观理性地处理上诉与抗诉的关系问题，从而保障认罪认罚从宽制度在施行中产生良好的法律效果和社会效果。

① 闵春雷：《回归权利：认罪认罚从宽制度的适用困境及理论反思》，载《法学杂志》2019年第12期。

刑事速裁程序中被告人上诉权问题再认识

朱 悦[*] 杨 华[**]

摘要:速裁程序中被告人是否应当继续享有上诉权是一个饱受争议的问题。争议之一是速裁程序案件是否应该坚持一审终审;争议之二为是否可以对速裁程序案件中被告人上诉权进行限制。从比较法视野来看,实行诉辩交易制度的国家普遍存在上诉权限制的规定。就我国而言,认罪认罚案件尤其是速裁程序案件中被告人的上诉权在理论和实践层面也存在限制的必要。

关键词:速裁案件;上诉权限制;认罪认罚

一、引言

认罪认罚从宽制度是为了缓解有限的司法资源与与日俱增的案件数量之间的矛盾而产生的,同时该制度也是为了更好地贯彻"宽严相济"的刑事政策。认罪认罚从宽制度背后的理念在于被追诉人放弃部分权利,加快诉讼进程,提高诉讼效率,从而换取量刑优惠。但是实践中存在的问题是,被追诉人在审查起诉阶段乃至审判阶段均同意检察机关的量刑建议,一审法院也采纳了量刑建议,被告人却在一审判决宣告后提起了上诉。而由于目前我国实行的是无理由上诉,因此被告人上诉必然启动二审程序。此时的问题是,既然被追诉人已经认罪认罚,是否还需要赋予其上诉权。就国外诉辩交易的经验来看,无论是大陆法系国家还是英美法系国家,均存在区分情形对有罪答辩的被告人的上诉权进行限制的规定。我国也有学者主张,速裁程序案件由于是经协商处理的简单轻微刑事案

* 作者系西南政法大学法学院 2018 级刑事诉讼法专业硕士研究生。

** 作者系西南政法大学法学院 2017 级刑事诉讼法专业硕士研究生。

件，且被告人也已经认罪认罚，再允许其上诉将严重影响该制度带来的效率价值。[①] 但也有观点认为，我国目前尚不具备取消认罪认罚被告人上诉权的条件，尤其是目前认罪认罚案件中对认罪认罚的自愿性审查不足，如果取消上诉权，那么，所谓被告人认罪认罚的自愿性，就将缺乏任何制度保障。[②] 2018 年新修订的刑事诉讼法将速裁程序的适用范围拓宽至可能判处三年以下刑期的案件，而三年往往被视为是我国区分轻罪与重罪案件的界分点，因此，本文仅对速裁程序案件是否需要限制被告人上诉权进行理论基础和实践需要的分析。

二、速裁程序不适用一审终审

首先，对认罪认罚案件实行一审终审制，实则是剥夺了被告人在一审判决宣告后的反悔权和救济权。目前，虽然已经实现了认罪认罚案件中的值班律师全覆盖，但是值班律师的定位尚存在争议，同时，值班律师在侦查阶段并不享有阅卷权等辩护律师享有的权利。实践中，即便在赋予值班律师阅卷权的地方，值班律师也基本不会进行阅卷等工作，主要是提供一般性法律知识的告知，或者根据被追诉人的主观陈述解答法律咨询。[③] 而由于速裁程序对法庭调查、法庭辩论环节的省略导致在拿到裁判文书前，被追诉人可能并不了解控方的证据体系，其认罪认罚的表示甚至是在控方的诱导下作出的。如果剥夺其一审判决作出后的救济权，可能会导致被告人不服判，对判决产生抵触情绪。

其次，目前我国对认罪认罚自愿性的保障存在诸多不足。由于自愿性概念比较模糊，我国司法机关在评价认罪认罚的自愿性时，通常青睐一些比较客观化的尺度或标准，但完全忽略被追诉人内在心理因素的考察，无疑也会违背认罪认罚从宽制度的初衷。[④] 同时，如果一审法院没有对自愿性给予足够的关注，被告方再不能诉诸二审法院的上诉审查程序，那么，所谓被告人认罪认罚的自愿性，就将缺乏任何制度保障。[⑤]

最后，依据最高人民法院、最高人民检察院、公安部、国家安全部、司法部《关

---

① 陈卫东：《认罪认罚从宽制度研究》，载《中国法学》2016 年第 2 期。

② 陈瑞华：《认罪认罚从宽制度的若干争议问题》，载《中国法学》2017 年第 1 期。

③ 闫召华：《论认罪认罚自愿性及其保障》，载《人大法律评论》2018 年第 1 辑。

④ 闫召华：《论认罪认罚自愿性及其保障》，载《人大法律评论》2018 年第 1 辑。

⑤ 陈瑞华：《认罪认罚从宽制度的若干争议问题》，载《中国法学》2017 年第 1 期。

于适用认罪认罚从宽制度的指导意见》(以下简称《指导意见》)对速裁程序的二审程序的相关规定,一审采用速裁程序审理的案件,被告人上诉,二审法院按照被告人上诉理由的不同分别进行处理。因此,依据该规定的精神,速裁程序案件并未剥夺被告人的上诉权。

综上,我国在目前尚未形成较为完善的认罪认罚自愿性保障机制的情况下,不应当直接剥夺被告人寻求上诉审查的权利。但问题是,速裁程序中被告人的上诉权是否应当完全不受限制。《指导意见》第 45 条规定了速裁案件的二审程序。被告人不服适用速裁程序作出的第一审判决提出上诉的案件,可以不开庭审理。第二审人民法院审查后,按照下列情形分别处理:(一)发现被告人以事实不清、证据不足为由提出上诉的,应当裁定撤销原判,发回原审人民法院适用普通程序重新审理,不再按认罪认罚案件从宽处罚;(二)发现被告人以量刑不当为由提出上诉的,原判量刑适当的,应当裁定驳回上诉,维持原判;原判量刑不当的,经审理后依法改判。如前所述,该规定以区分上诉理由的方式对速裁程序的二审程序进行了规定,那么是否可以换个角度来看这条规定,也即,该规定是否为我们提供了一个思路——速裁程序案件的上诉应当是有理由的上诉。

三、速裁程序被告人上诉权限制的理论视野

速裁程序审理的案件一般被视为轻罪案件,而国外关于有罪答辩被告人上诉权的限制的规定通常也会区分案件类型,因此笔者认为,鉴于目前我国的司法环境条件,对认罪认罚被告人上诉权问题的讨论,可以先从速裁程序入手。新出台的《指导意见》对认罪认罚的内涵、反悔情形作出了明确,因此,本文将主要从这两方面以及比较法视野的理论角度来讨论速裁程序案件中被告人的上诉权问题。

(一)认罪认罚从宽制度的内涵与上诉权限制

被告人之所以能在认罪认罚从宽制度中获得量刑优惠,是因为其主动放弃部分权利,节约诉讼资源并以此与控方进行协商,换取量刑从宽。而问题的关键即在于被追诉人放弃的权利是否应当包括上诉权,被追诉人与控方协商的内容对被追诉人而言是否具有绝对的约束力。上述问题可以在认罪认罚从宽制度的内涵中寻找答案,也即上述问题可以转化为,认罪认罚是否要求被追诉人必须接受一审法院的裁判结果而不得上诉。

关于认罪的内涵,学界主要存在以下几种观点。一种观点认为认罪只要求

被追诉人自愿承认被指控的事实,也即如实供述罪行。[①] 第二种观点认为认罪不仅有前述的要求,还要求被追诉人应当承认其行为构成犯罪。[②] 第三种观点认为认罪的要求应当是既要如实供述罪行,承认其行为构成犯罪,还应当承认检察机关指控的罪名。[③] 除此之外,孙长永教授跳出"认事、认罪、认罪名"的框架,从实体法、程序法、证据法三个角度对认罪进行了界定。[④]《指导意见》中对"认罪"内涵的界定为:认罪认罚从宽制度中的"认罪",是指犯罪嫌疑人、被告人自愿如实供述自己的罪行,对指控的犯罪事实没有异议。承认指控的主要犯罪事实,仅对个别事实情节提出异议,或者虽然对行为性质提出辩解但表示接受司法机关认定意见的,不影响"认罪"的认定。就该条来看,"认罪"最核心的要求就是如实供述罪行,对指控的犯罪事实没有异议。该规定并没有将同意指控罪名作为"认罪"的要件,同时,与《最高人民法院关于被告人对行为性质的辩解是否影响自首成立问题的批复》精神一致[⑤],犯罪嫌疑人、被告人对行为性质提出辩解但表示接受司法机关认定意见的,不影响"认罪"的成立。基于此,如果犯罪嫌疑人、被告人对指控的犯罪事实提出异议,则不再符合"认罪"条件,不得再享受量刑优惠。因此,《指导意见》第 45 条规定,被告人以事实不清、证据不足为由提出上诉的,应当裁定撤销原判,发回原审人民法院适用普通程序重新审理,不再按认罪认罚案件从宽处罚。从上述两条规定可以看出,《指导意见》并没有否定速裁程序案件中被告人针对事实提出上诉的权利,只是规定了上诉后的处理办法。笔者认为,此可谓权宜之计,一方面,目前我国的认罪认罚从宽制度尚不完善,贸然取消速裁程序案件被告人的上诉权并不现实,也确实不利于保障被告人的权利;另一方面,该规定也是为了应对实践中出现的犯罪嫌疑人、被告人利用认罪

---

① 黄京平:《认罪认罚从宽制度的若干实体法问题探讨》,载《中国法学》2017 年第 5 期。

② 陈光中、马康:《认罪认罚从宽制度若干重要问题探讨》,载《法学》2016 年第 8 期。

③ 陈瑞华:《"认罪认罚从宽"改革的理论反思——基于刑事速裁程序运行经验的考察》,载《当代法学》2016 年第 4 期。

④ 孙长永:《认罪认罚从宽制度的基本内涵》,载《中国法学》2019 年第 3 期。

⑤《最高人民法院关于被告人对行为性质的辩解是否影响自首成立问题的批复》是就广西壮族自治区高级人民法院《关于被告人对事实性质的辩解是否影响投案自首的成立的请示》下发的批复。其内容为:根据刑法第 67 条第 1 款和最高人民法院《关于处理自首和立功具体应用法律若干问题的解释》第 1 条的规定,犯罪以后自动投案,如实供述自己的罪行的,是自首。被告人对行为性质的辩解不影响自首的成立。

认罚来获取量刑优惠后,又利用上诉不加刑原则提起上诉,从而形成的“不认罪”却能获得量刑优惠的现象。但此处的问题是,由于我国目前仍然实行无因上诉制度,即便是速裁程序案件也同样如此,那么如何应对被告人未明确上诉理由的上诉呢?该规定是否已经建立了速裁程序案件的有因上诉制度?笔者认为,上述规定可以看作是对速裁程序案件实行有因上诉,同时二审法院应当对上诉进行初步审查。“事实不清、证据不足”应当限于主要事实不清、足以影响犯罪事实认定的情形。理由如下:

1.坚持证据裁判原则

《指导意见》第3条规定,“办理认罪认罚案件,应当以事实为根据,以法律为准绳,严格按照证据裁判要求,全面收集、固定、审查和认定证据。坚持法定证明标准,侦查终结、提起公诉、作出有罪裁判应当做到犯罪事实清楚,证据确实、充分,防止因犯罪嫌疑人、被告人认罪而降低证据要求和证明标准”。因此,无论是认罪认罚案件还是其他案件,都必须坚持证据裁判原则,必须坚持证据标准,也即“事实清楚、证据确实充分”。从证据标准的角度来看,被告人以“事实不清、证据不足”为由提起上诉,二审法院对一审法院的判决进行证据标准审查,也即,二审法院此时应当审查一审判决是否达到“事实清楚、证据确实充分”的要求。而《指导意见》中规定了“事实不清、证据不足”,二审法院应当裁定撤销原判,发回重审,同时不再按照认罪认罚从宽处罚。该条规定本质上符合刑诉法关于二审裁判的规定。因此,被告人如果对一审判决认定的事实不服,欲提起上诉,那么其所提出的理由应当是实质意义上的事实不清、证据不足。

2.从“认罪认罚”的内涵看被告人上诉

《指导意见》第45条规定,被告人以“事实不清、证据不足”为由提起上诉,不再按认罪认罚案件从宽处罚。基于此,被告人以“事实不清、证据不足”为由提起上诉,必须构成对“认罪”的实质否定,从而导致适用认罪认罚从宽制度的基础不复存在。也只有这样,《指导意见》规定的“不再按认罪认罚案件从宽处罚”才具有正当性。此时,对“事实不清、证据不足”的界定又应当回到“认罪”的内涵之上。《指导意见》规定,承认指控的主要犯罪事实,仅对个别事实情节提出异议,或者虽然对行为性质提出辩解但表示接受司法机关认定意见的,不影响“认罪”的认定。换言之,对“认罪”的否定应当是对主要犯罪事实的否定,而不是个别事实情节的异议。

就认罚的内涵而言,《指导意见》中关于“认罚”内涵的界定为:认罪认罚从宽制度中的“认罚”,是指犯罪嫌疑人、被告人真诚悔罪,愿意接受处罚。“认罚”,在侦查阶段表现为表示愿意接受处罚;在审查起诉阶段表现为接受人民检察院拟作出的起诉或不起诉决定,认可人民检察院的量刑建议,签署认罪认罚具结书;在审判阶段表现为当庭确认自愿签署具结书,愿意接受刑罚处罚。同时,依据前述提到的,速裁程序案件,被告人可以在一审判决宣告后以量刑不当为由提起上诉。

笔者认为,此处存在的问题是,“认罚”要求犯罪嫌疑人在审查起诉阶段认可量刑建议,却只是要求被告人在审判阶段确认自愿签署具结书,愿意接受处罚。从《指导意见》的表述来看,审判阶段对“认罚”审查的重点是自愿认罪认罚以及笼统地表示愿意接受刑罚处罚。而依据《指导意见》第45条,被告人可以以量刑不当为由提起上诉,那么此时的问题是,犯罪嫌疑人在审查起诉阶段对量刑建议的认可与被告人在审判阶段对认罪认罚具结书的确认是否对一审判决的量刑部分具有约束力。换言之,虽然《指导意见》规定了被告人可以针对量刑部分提出上诉,但是否可以将其限定为法院未采纳检察机关的量刑建议而判处更重刑罚的情形?笔者认为,虽然《指导意见》在速裁程序的二审程序中规定了被告人以量刑不当为由提起上诉的情况,但是应当对“量刑不当”的情形予以限定,具体而言,被告人仅可以就未采纳检察机关的量刑建议,而判处更重刑罚的情形提起上诉。理由如下:

首先,在《指导意见》出台前,检察机关所作的量刑建议只是检察机关作为控方提出的一个建议幅度,而不是具体的量刑结果。因此,有观点认为,“认罚”是被追诉人对可能刑罚的概括意思表示,具体而言,被追诉人“认罚”的判断标准应当为接受公安司法机关提出的抽象刑罚。[①] 所谓“被告人对量刑建议没有异议”往往只是被告人笼统的意思表示,被告人未必准确、全面地理解检察机关量刑建议的确切含义。[②] 但是《指导意见》第33条明确规定,办理认罪认罚案件,人民检察院一般应当提出确定刑量刑建议。换言之,审查起诉阶段,犯罪嫌疑人签署认罪认罚具结书时,所看到的是一个明确、具体的刑罚,是一个确定的数字,此时,前述学者所指出的即便按照量刑建议作出判决也仍可能超出被告人预期的

---

① 陈光中、马康:《认罪认罚从宽制度若干重要问题探讨》,载《法学》2016年第8期。

② 王彪:《刑事诉讼中认罪认罚从宽制度争议问题研究》,载《刑事法评论》2017年第1期。

情况基本不会再出现。同时,依据新修改的《刑事诉讼法》第201条的规定:对认罪认罚案件,人民法院依法作出判决时,一般应当采纳人民检察院指控的罪名和量刑建议。此处法条采用的表述为"一般应当",基于此,有学者认为,认罚最后还是指向法院的裁判结果,如果法院依法根据被告人具结同意的量刑建议判处了刑罚,自愿认罪认罚的被告人没有理由拒绝接受。①

其次,上述已经提到,"认罚"在审查起诉阶段的表现是接受人民检察院拟作出的起诉或不起诉决定,认可人民检察院的量刑建议,签署认罪认罚具结书;在审判阶段表现为当庭确认自愿签署具结书,愿意接受刑罚处罚。虽然在审判阶段,对"认罚"审查的中心是"自愿性",但是"确认自愿签署具结书"本身应当包含对具结书内容的确认,否则"自愿性"的确认将失去意义,而量刑建议本属具结书的内容。因此,笔者认为,认罚内涵的核心仍然应当是确定在同意量刑的建议之上的,同时只要一审法院是依据量刑建议作出的裁判,被告人就应当接受。被告人能够获得量刑优惠,是审查起诉阶段与检察机关进行"交易"的结果,而在审判阶段,被告人当庭确认其是自愿签署具结书,愿意接受刑罚处罚,此时被告人的认罚已经不再只是控辩双方协商的结果,其还包括了被告人向法官认罚,因此,在法庭当庭对具结书签署的自愿性予以确认的情况下,该"认罚"应当对被告人具有约束力。当然,法院如果没有采纳检察机关的量刑建议,而是超出量刑建议的幅度对被告人判处更重的刑罚,此时,应当肯定被告人针对量刑部分的上诉权。

最后,从《指导意见》第45条的规定可以看出,被告人以量刑不当为由提出上诉,二审法院经审查后发现,原判量刑适当的,应当裁定驳回上诉,维持原判;原判量刑不当的,经审理后依法改判。本条明显区别于因"事实不清、证据不足"为由而提起的上诉的处理,也即被告人以"量刑不当"为由提起的上诉,并没有"不再按认罪认罚从宽案件办理"的规定,同时,受制于上诉不加刑原则,二审法院也不得在一审法院所判处的刑罚基础上再加重被告人的刑罚。因此,笔者认为,《指导意见》的规定其实是没有将以"量刑不当"为由提起上诉视为对"认罚"的否定,而基于前述分析,如果一审法院依据检察机关的量刑建议作出判决,被告人却以"量刑不当"为由提起上诉,就构成了对"认罪"的否定。因此,我们应当将此种情形排除于以"量刑不当"为由提起上诉之外,换言之,以"量刑不当"为由

① 孙长永:《认罪认罚从宽制度的基本内涵》,载《中国法学》2019年第3期。

提起上诉应当限定为一审法院未采纳检察机关的量刑建议而对被告人判处更重的刑罚的情形。

综上,从认罪认罚从宽制度本身的内涵来看,被告人以"事实不清、证据不足"为由提起上诉应当限于案件主要事实不清、足以影响犯罪事实的认定的情形;以"量刑不当"为由提起上诉应当限定为一审法院未采纳检察机关的量刑建议而对被告人判处更重的刑罚的情形。

3.对"认罪认罚"内涵的理论探讨

在此,笔者还想讨论一个问题,《指导意见》并未规定"认罪"的内涵包含对罪名的同意,那么从理论上讲,"认罪"是否应当包括对"罪名"的同意呢?笔者认为,就速裁案件来看,被追诉人签署认罪认罚具结书后,认罪的内涵即是如实供述罪行、承认检察机关指控事实、对指控罪名无异议。首先,从刑诉法的规定来看,被追诉人自愿认罪是签署认罪认罚具结书的前提。刑诉法第 174 条规定:犯罪嫌疑人自愿认罪,同意量刑建议和程序适用的,应当在辩护人或者值班律师在场的情况下签署认罪认罚具结书。其次,结合认罪认罚具结书的相关规定对"自愿认罪"进行进一步的解释。人民检察院送达犯罪嫌疑人的《认罪认罚从宽制度告知书》载明:"犯罪嫌疑人、被告人未提出书面撤回申请,但对《认罪认罚具结书》确认的《起诉书》载明的主要犯罪事实、罪名和认罪表述提出异议或者变更的,视为撤回《认罪认罚具结书》。"①从上述告知书中可以看出,认罪认罚具结书是控辩双方进行协商之后,犯罪嫌疑人对同意起诉书内容的意思表示的确认,因此,认罪认罚具结书类似于犯罪嫌疑人单方面向办案机关呈交的保证书②,而保证的内容即是同意起诉书载明的主要犯罪事实、罪名以及程序选择、量刑建议。最后,依据刑诉法对适用简易程序和速裁程序的不同规定,速裁程序中的认罪应当包括承认检察机关指控的罪名。刑诉法第 214 条规定的简易程序适用前提之一为:被告人承认自己所犯罪行,对指控的犯罪事实没有异议的。而第 222 条对速裁程序适用前提的规定表述为:被告人认罪认罚并同意适用速裁程序。笔者认为,从上述两条规定的不同表述可以看出,适用速裁程序对被告人认罪的要求更高,其要求已经突破简易程序认事、认罪的规定,还要求被告人必须同意检察机关指控的罪名。

---

① 孙长永:《认罪认罚从宽制度的基本内涵》,载《中国法学》2019 年第 3 期。

② 魏晓娜:《结构视角下的认罪认罚从宽制度》,载《法学家》2019 年第 2 期。

(二)反悔权和上诉权限制

在认罪认罚案件中,作为控方的检察机关与被追诉人之间应当是平等协商的关系,而不是司法机关以居高临下的姿态单方面给认罪认罚的被告人的一种"恩赐"。[①] 因此,检察机关的量刑建议应当是控辩双方的合意,控辩双方就量刑达成的协商也就成为一种"契约"。而"契约"背后最重要的精神就是诚实信用原则,也即双方有义务遵守其同意的内容,如果被告人违反契约,就可以对其进行惩罚和制裁。[②] 基于此,如果被追诉人是明确知道协商内容及后果,并在自愿的基础上与检察机关达成合意的,那么被追诉人就有义务接受合意的结果,而不得随意反悔。然而,基于被追诉人反悔权理论,被追诉人作为刑事诉讼程序的主体,既然享有程序参与和选择的权利,就当然享有对其选择进行反悔的权利,这也是因为被追诉人在整个刑事诉讼进程中处于弱势地位。反悔权基于控辩平等武装理念下的延伸,赋予了被追诉人更多的主动权,使其能够拥有更多的机会,能更为主动地参与到诉讼程序中来并更能真实、自愿地表达自己的诉讼主张,作出选择或决定。[③] 问题在于,不得违反契约和被追诉人反悔权理论之间是否是矛盾的呢?

如前所述,认罪认罚协商过程中,被追诉人手中最重要的筹码便是权利的放弃。被追诉人通过放弃一系列权利,加快诉讼进程,减轻控方证据收集的负担,以此获得从宽的奖励。反悔权之所以被提升至一个更重要的地位,是因为被追诉人的反悔权是实现平等对抗、平等协商,保障被追诉人认罪认罚的自愿性的重要工具。如果被追诉人作出认罪答辩并与控方进行量刑协商之后,被禁止反悔,那么一旦有罪答辩的作出非出于自愿或协商过程,被追诉人的核心权利如律师帮助权受到侵犯,被追诉人将丧失及时获得救济的机会。而反悔权并非是毫无限制地行使的,而对反悔权进行限制的正当性基础就在于不得违反契约。即便是在平等主体之间的契约之中,也并非绝对禁止一方撤销契约,比如民法上关于合同可因重大误解、显失公平等理由被撤销的规定。

笔者认为,在一审判决宣告前,被追诉人可以随时行使反悔权,撤回有罪

① 魏晓娜:《结构视角下的认罪认罚从宽制度》,载《法学家》2019年第2期。

② 王洋:《认罪认罚从宽案件上诉问题研究》,载《中国政法大学学报》2019年第2期。

③ 洪浩、方姚:《论我国刑事公诉案件中被追诉人的反悔权——以认罪认罚从宽制度自愿性保障机制为中心》,载《政法论丛》2018年第4期。

答辩，否定认罪认罚的成果。理由如下，首先，之所以将反悔权行使的界分点定位在一审判决宣告时而不是案件进入审判程序的原因是，以审判为中心要求以一审为中心，因此，在限制被告人上诉权之前，其至少有一次无理由撤回有罪答辩而接受普通程序审理的机会。一审判决宣告后，被告人再行使反悔权便意味着被告人在享受了实体上"从宽处罚"的优待之后可以单方面推翻这种合意，从而使得实体上的从宽处罚以及程序上的简化均失去正当基础。[①]因此，一审判决宣告后，被告人的反悔权应当受到限制，即被告人只有在具有正当理由的情形下得以行使反悔权。其次，《指导意见》以区分诉讼阶段的方式规定了认罪认罚的反悔。具体而言，犯罪嫌疑人认罪认罚，签署认罪认罚具结书，在人民检察院提起公诉前反悔的，具结书失效，人民检察院应当在全面审查事实证据的基础上，依法提起公诉。案件审理过程中，被告人反悔不再认罪认罚的，人民法院应当根据审理查明的事实，依法作出裁判。从上述规定可以看出，审查起诉阶段以及审判阶段，被追诉人撤回认罪答辩，行使反悔权是没有实质限制的，此时的后果体现为检察机关和法院查明案件事实、依照法定程序对案件作出处理。

就速裁案件而言，不得违反契约应当成为原则，而反悔权应当属于原则中的例外，该例外的设置旨在保障被追诉人权利和证明标准的贯彻。"在考虑是否允许被追诉人反悔、能在多大程度上反悔、反悔可能带来的后果时，需要在遵循契约基本原理与尊重具结书作为公法契约的特殊性之间进行平衡。"[②]而对被告人上诉权进行限制，即是速裁案件中平衡契约和反悔权的重要途径。通过对上诉理由进行限制，构建速裁案件的有理由上诉制度，也就是构建一审判决宣告后被告人行使反悔权的正当理由制度。

(三)比较法视野下的上诉权限制

虽然我国的认罪认罚从宽制度与国外的诉辩交易存在诸多区别，但是已经经过多年发展的诉辩交易制度却能为我们提供一些借鉴和参考。

---

① 孙长永：《比较法视野下认罪认罚案件被告人的上诉权》，载《比较法研究》2019年第3期。

② 秦宗文：《认罪认罚案件被追诉人反悔问题研究》，载《内蒙古社会科学(汉文版)》2019年第3期。

1.美国诉辩交易的实践

在美国,上诉权被视为被追诉人的宪法权利,同时认罪契约被认为是一种宪法合同。[①] 因此,在立法上,即便是作出有罪答辩的被告人,仍然享有上诉权,一审判决宣告后,被告人可以通过上诉或者申诉程序要求撤销有罪答辩。同时,依据美国《联邦刑事诉讼规则》第 32 条第 9 款的规定,不论被告人作出的是有罪答辩还是无罪答辩,他都有权对量刑提出上诉,但原则上只有作出无罪答辩的被告人才有权对定罪提出上诉。[②] 然而,在实践层面,控方一般要求被追诉人放弃包括量刑问题在内的上诉权。而对这一做法,美国绝大多数州和联邦上诉法院均持肯定态度。因此,基于上诉权的宪法权利的地位,"上诉权成为控辩双方谈判的一种筹码,换言之,如果被告明确放弃上诉权,可获得国家在追诉上的一些让步"。[③]

2.英国对有罪答辩被告人上诉权的限制

英国有罪答辩制度下被告人的上诉权受到了严格的限制,同时对被告人上诉权的限制在案件的一审法院是治安法院还是刑事法院方面又存在区别。具体而言,依据英国《1980 年治安法院法》第 108 条的规定,在治安法院,作出有罪答辩的被告人只能对量刑提出上诉,而无权就定罪提出上诉,除非存在特定情况,如有罪答辩"含混不清",或者系被迫作出。[④] 与治安法院严格限制有罪答辩的被告人的上诉权不同的是,经正式起诉在刑事法院被定罪的被告人,不论当初是否作出了有罪答辩,均可以经初审法官或者上诉法院法官许可后,就定罪或量刑问题向上诉法院提出上诉。[⑤]

3.意大利认罪协商程序中被告人的上诉权

意大利 1988 年修改后的刑事诉讼法典的原始条文中,将认罪协商程序的适

---

① 洪浩、方姚:《论我国刑事公诉案件中被追诉人的反悔权——以认罪认罚从宽制度自愿性保障机制为中心》,载《政法论丛》2018 年第 4 期。

② 孙长永:《比较法视野下认罪认罚案件被告人的上诉权》,载《比较法研究》2019 年第 3 期。

③ 张宏宇、谢祺:《美国辩诉交易中反悔后的救济问题研究及制度启示——基于对 2018 年刑事诉讼法再修改的分析》,载《天津法学》2019 年第 2 期。

④ 孙长永:《比较法视野下认罪认罚案件被告人的上诉权》,载《比较法研究》2019 年第 3 期。

⑤ 孙长永:《比较法视野下认罪认罚案件被告人的上诉权》,载《比较法研究》2019 年第 3 期。

用刑罚限定于“单处或与财产刑并处不超过两年监禁刑”的案件,而 2003 年新法拓宽了认罪协商程序可以适用的刑罚上限,也即认罪协商程序可以适用于“单处或与财产刑并处不超过五年监禁刑”的案件,由此形成了认罪协商程序的“双轨制构造”。[①] 意大利对认罪协商程序适用案件进行刑罚区分,主要是对个别特殊的犯罪类型和犯罪人适用认罪协商程序进行限制。而关于上诉权的规定,两类案件并无区别。依据意大利刑事诉讼法的规定,被告人对依其请求而适用刑罚的案件不得提出普通上诉。但是,根据意大利《宪法》第 111 条第 7 款的规定,对所有司法机关作出的关于人身自由的裁判都可以向最高法院上诉,同时,向最高法院提出的上诉,上诉理由仅限于法律问题,而不得就事实问题进行争辩。[②]

4.我国台湾地区的规定

我国台湾地区同样对认罪协商中被告人的上诉权作出了限制。我国台湾地区《刑事诉讼法》明确规定,依协商程序所为之科刑判决,不得上诉。但为保证实质公正,存在特殊情形可以允许被告人提出上诉,如协商非自愿、被告人所犯之罪不在可以认罪协商的范围内等。[③]

总体来说,上述国家和地区关于认罪协商程序中被告人是否享有上诉权的规定,基本呈现出一个规律,即在认罪协商程序中,如果被追诉人是自愿作出认罪答辩,并与控方进行协商,那么其上诉权或多或少、或轻或重都会受到限制。同时,除了美国绝大多数州检察官在协商实践中要求被追诉人放弃包括量刑在内的上诉权之外,其余国家和地区虽然对上诉权进行了限制,但是并未彻底否定被告人享有上诉权,而是通过列举例外情况的方式对上诉权进行了底线性的保障。笔者认为,英国以区分治安法院和刑事法院审判案件的方式区别对待上诉权,可以为我国提供参考。在我国,被追诉人认罪认罚的轻罪案件基本可以适用速裁程序,因此,我国对认罪认罚被告人上诉权的限制可以从速裁程序开始。

---

① 孙志伟:《意大利认罪协商程序及其对刑事案件速裁程序的启示》,载《河北法学》2016 年第 4 期。

② 孙长永:《比较法视野下认罪认罚案件被告人的上诉权》,载《比较法研究》2019 年第 3 期。

③ 陈光中、马康:《认罪认罚从宽制度若干重要问题探讨》,载《法学》2016 年第 8 期。

四、速裁案件被告人上诉权限制的现实需求

(一)"技术性上诉"问题突出

实践中,速裁案件中的"留所上诉"问题较为严重。由于速裁程序涉及的案件为轻罪案件,其可能判处的刑罚较轻,刑期较短,加之目前我国审前羁押率居高不下,所以在折抵羁押期限后还需执行的刑期通常并不长。因此,所剩刑期不长的被告人为了可以留所服刑,通常会提起上诉,拖延诉讼时间。有学者研究发现,留所服刑、服判不息诉而启动的二审程序使一审判决推迟 2 个月左右生效。① 除此之外,有论者对被告人提交的 370 份上诉状进行了研究,发现被告人认为原判事实和罪名正确,单纯以量刑过重为由提起上诉的 368 件,占全部上诉案件的 99.5%,而经走访被告人及承办法官了解,其中有近 60%的被告人上诉的真正目的在于拖延案件生效时间。② "留所上诉"的被告人对一审判决并无异议,只是利用了无理由上诉制度,拖延诉讼进程。这直接导致了被告人作出有罪答辩并且对最终裁判结果并无异议的判决却要经过二审全面审查的现象,极大地浪费了二审的诉讼资源,也与认罪认罚从宽制度的具有公正基础上的"效率优先"价值取向不相符合。③

其次,一审判决宣告后,被告人企图利用"上诉不加刑"原则获得更多的量刑优惠。此种情形,被告人虽然以量刑过重为由提起上诉,但被告人并没有对量刑的实质异议。受"上诉不加刑"原则的保护,被告人提起上诉后不会获得更重的刑罚,而即便二审法院未改判更轻的刑罚,被告人也能从拖延诉讼进程中获利。虽然实践中存在被告人提起上诉后,检察机关随即提起抗诉以突破"上诉不加刑"的保护的情形,但是检察机关的抗诉本身就存在正当性存疑的问题,因此以抗诉去对抗上诉的办法并不适当。

上述两种情况可总结为"技术性上诉",在被告人认罪认罚的速裁程序案件中,此类上诉占绝大多数。而此类上诉并不符合前述提到的特定情况下保障被

---

① 闵丰锦:《认罪认罚何以上诉:以留所服刑为视角的实证考察》,载《湖北社会科学》2019 年第 4 期

② 臧德胜、杨妮:《论认罪认罚从宽制度中被告人上诉权的设置——以诉讼效益原则为依据》,载《人民司法(应用)》2018 年第 34 期。

③ 孙长永:《比较法视野下认罪认罚案件被告人的上诉权》,载《比较法研究》2019 年第 3 期。

告人反悔权的要求,反而造成了实践中二审资源的极大浪费和对认罪认罚从宽制度"公正为本、效率优先"的背离。因此,速裁程序案件中,应当通过对上诉权的限制将该类上诉排除于二审审查之外。

(二)检察机关的错误应对

目前,在认罪认罚实践中,存在被告人上诉后检察机关提起抗诉的现象。检察机关认为被追诉人以认罚形式换取较轻刑罚,再利用上诉不加刑原则提出上诉,认定其认罪动机不纯,从而提起抗诉。但问题是,首先,检察机关未区分上诉理由而一概认定被告人虚假认罪认罚的做法欠妥。其次,二审抗诉的理由应当是法院的判决确有错误,即抗诉是针对法院的上诉,而在认罪认罚从宽案件中,虽然因为从宽处理,量刑比一般案件轻,但这并不是法院的错误。在这类抗诉中,检察机关对抗的实际上是不诚信的被告人,而非裁决错误的法院。因此,此类案件的抗诉实际上并不是现有刑事诉讼理论意义上的抗诉,而是一种针对被告人的特殊上诉。①

检察机关为了应对"上诉不加刑"原则,将抗诉作为一种威慑被告人的工具,实属错误应对之策。此种做法,无视了检察机关提起抗诉的必要性,也减损了抗诉权的威严性和正当性,但却是目前上诉权不受限制制度下的有效应对之策。这不得不让我们反思认罪认罚案件尤其是速裁程序案件中被告人上诉权的限制问题。

五、速裁案件被告人上诉权限制构想

(一)上诉权限制的路径

前述已经提到,在美国的诉辩交易之中,立法并没有限制作出有罪答辩的被告人就量刑问题的上诉权,只是在实践中,检察官通常要求被追诉人承诺放弃包括量刑在内的上诉权。因此,有观点认为,可以在保留二审上诉的情况下由被告人自愿选择是否放弃上诉权,参照美国诉辩交易的经验,将是否保留上诉权作为控辩双方的协商筹码。② 还有观点认为,应当对速裁程序案件的上诉权进行分层设置,即轻微案件(对适用速裁程序审理,判处被告人有期徒刑一年以下刑罚

① 王洋:《认罪认罚从宽案件上诉问题研究》,载《中国政法大学学报》2019 年第 2 期。

② 张宏宇、谢祺:《美国辩诉交易中反悔后的救济问题研究及制度启示——基于对 2018 年刑事诉讼法再修改的分析》,载《天津法学》2019 年第 2 期。

或者免除处罚的案件)由被告人自愿舍弃上诉权。对较轻案件(适用速裁程序审理的判处被告人有期徒刑三年以下一年以上刑罚的案件)部分限制上诉权,被告人不能针对事实认定、定罪、量刑等实体问题提出上诉,而只能针对程序问题上诉。① 笔者认为,上述观点将速裁程序案件中被告人上诉权限制的主动权形式上过多地交到了被告人手中,而由于目前速裁程序中被告人获得律师帮助的效果并不理想,认罪认罚的自愿性保障机制不足,再加上被追诉人本身无阅卷权,控辩双方关于信息的掌握极不对等,导致被告人自愿选择是否放弃上诉权成为一纸空文。试想,被告人如何在不了解证据信息、未获得律师的实质帮助、不了解放弃上诉权意义的情况下,作出明智的选择?同时,将放弃上诉权的选择权交于被告人并不能有效改善"技术性上诉"问题,"被告人留所服刑的意愿并非产生于一审宣判之后,通常自被捕之日即有"。② 如果被追诉人从一开始便有留所上诉的打算,我们又如何能寄希望于他能放弃上诉权呢?

(二)我国司法实践的选择

笔者认为,速裁程序案件中被告人上诉权的限制应当着眼于立法规制而非被告人的自愿选择。具体而言,我国应当在速裁程序案件中建立上诉审查制度,一审判决宣告后,原则上被告人不得提起上诉,除非符合特定上诉理由。笔者认为,本次《指导意见》的规定对上诉理由的限定具有指导意义,但并不全面。首先,如前所述,应当对《指导意见》中规定的速裁程序案件上诉的两种情形予以限定解释;其次,对特定情形的规定当然还应该着眼于认罪认罚自愿性和明智性的保障,所谓明智性,是指被告人对自己作出某种决定的前提、依据及后果有充分的了解。③ 就自愿性而言,如果被告人提出其认罪认罚的表示系非自愿作出,并且提供相关线索证明可能存在非自愿认罪认罚的情形,二审法院就应当受理上诉。就明智性而言,如果被告人提出其没有得到完整的认罪认罚从宽制度的告知以及放弃上诉权的结果告知,或者是被告人虽然得到告知,但由于没有获得实质的律师帮助导致其不能正确理解告知的内容,或者由于其他原因使得被告人

① 臧德胜、杨妮:《论认罪认罚从宽制度中被告人上诉权的设置——以诉讼效益原则为依据》,载《人民司法(应用)》2018 年第 34 期。

② 闵丰锦:《认罪认罚何以上诉:以留所服刑为视角的实证考察》,载《湖北社会科学》2019 年第 4 期。

③ 孔令勇:《被告人认罪认罚自愿性的界定及保障——基于"被告人同意理论"的分析》,载《法商研究》2019 年第 3 期。

在作出认罪认罚意思表示时不具备明智性，二审法院就应当受理上诉。除了自愿性和明智性保障，笔者认为上诉理由的设置还应当包括对公诉权的监督。换言之，应当将量刑建议不具有合法性纳入上诉理由，如果控方为了完成指控，就量刑之外的、超过法律允许范围的事项与被追诉人进行协商，最后的量刑建议便不具有合法性，就应当允许被告人就量刑问题提出上诉。

我国的认罪认罚从宽制度区别于诉辩交易制度的一个重要方面是，认罪认罚案件的证明标准并未降低，认罪认罚的事实基础较强，因此，被追诉人的认罪认罚至少在理论意义上是贴近案件事实真相的。此时，限制被追诉人的反悔权，不会显著升高错案率。① 综上，速裁程序中被告人的上诉权限制具有理论正当性和现实需要，在认罪协商程序中被告人上诉权受限的国际趋势下，是符合我国司法实践的探索路径。

① 秦宗文:《认罪认罚案件被追诉人反悔问题研究》，载《内蒙古社会科学(汉文版)》2019 年第 3 期。

论刑法扩张解释的合理性及其限制

盛 芳*

摘要:对法律进行解释是法律规范模糊性的必然结果,而对法律进行扩张解释则是法律规则在保持稳定内涵的同时为追求司法公正而作适时调整的必然要求。扩张解释克服语言的“空缺结构”,符合罪刑法定原则,保证了刑法正确适用。为了防止目的性扩张、扩张无底线以致演变为类推解释,罪刑法定原则、解释合目的性原则对扩张解释进行限制,以期解释结果符合刑法保护法益的目的。因此,在扩张解释具体适用时,解释者在解释过程中要满足罪刑法定的特定条件,符合立法精神意图、不得超出条文可能具有的含义。解释结果要做到维护司法公正,保持刑法体系的内部协调,维护刑法的稳定性,增强刑法的社会适应性。

关键词:扩张解释;罪刑法定;宪法监督;司法公正

“法律不是摆在那儿供历史性的理解,而是要通过被解释变得具体的有效。”

——迦达默尔

一、引言

“徒法不能自行”,法律的生命在于人们对它的诠释与应用,而法律所具有的一般性特点决定了成文法律不可能涵盖社会生活的各个方面,这注定为司法者留下了许多可以进行解释的空间。

陈金钊教授认为,法律条文的解释相当于对法律内容的一个研究探索的过程,司法者通过研究案例争议焦点,找寻对解决争议具有独断性特点的法律条

---

* 作者系中国政法大学电子取证工具产品测评认证与大数据侦查研究中心研究员、法学硕士。

文。具有独断性特点的法律条文并不是独立的、任意的，在经过解释、分析研判后要能与其他的法律条文相互融合。刑法体系是法律体系的一个重要组成部分，刑法解释、法律解释之间并不是相互独立的，而是相互融合的，二者之间的互动性、目的性和合法性有着异曲同工之妙。我国法学界对刑法解释主要从立法解释、司法解释、学理解释三个方面进行阐释。但无论是何种解释都要长时间探索和研究，以司法实践为基础，最终目的都是服务司法，保证司法的公平与公正，维护社会稳定。

如果说解释是注定的话，那么扩张的解释就应该是这注定中的一个必然。在以罪刑法定原则为统帅的刑事法领域中，严格解释是刑法解释所应遵循的标尺，但是，坚持罪刑法定，并非要求处处都只能按法律明文规定的词语的本来应有之义来执行，而是应当允许在必要时对法律规定（特别是分则规定）的适用做出合理的、不违反立法意图的扩张解释。[①] 即便在严格的罪刑法定时代，扩张解释仍然以或明或暗的姿态存在着，并随着严格的形式罪刑法定主义向实质罪刑法定主义的过渡而越来越表明了其不可或缺的重要作用。然而，扩张解释毕竟是罪刑法定主义统治下刑法解释的边界，扩张解释如果被滥用，刑法的人权保障机能将无从实现、司法公正将受到威胁。于是，扩张解释应该被控制在什么范围内，或者说，扩张解释在刑事法领域还有多大的生存空间，成为当前刑法解释领域所亟待解决的问题。

二、扩张解释的必要性

杨仁寿先生认为，扩张解释是指法律条文失之于过窄，不足以表示立法真意，乃扩张法律条文之文意，以求正确阐释法律意义内容之一种解释方法[②]。

（一）克服语言本身的缺陷

语言本身具有无法克服的“空缺结构”[③]，希冀通过法条有限的语言表达涵盖无限的社会关系是不可能的，因此，法律从其诞生开始就与解释无法分离。而对法律进行扩张解释则是法律规则在保持稳定内涵的同时针对社会情况而作适

① 王作富：《贯彻罪刑法定原则的几个问题》，载《法学家》1997 年第 3 期。

② 杨仁寿：《法学方法论》，中国政法大学出版社 1999 年版，第 110 页。

③ [英]哈特：《法律的概念》，张文显等译，中国大百科全书出版社 1996 年版，第 124 页。

当调整的必然要求,这也正是扩张解释生存的前提之所在。因此,为了克服刑法用语存在的固有缺陷而又不必劳师动众地修改法律,扩张解释成为唯一、合理的选择。

(二)保证正确适用刑法

面对司法实践中形形色色、千奇百怪的刑事案件,既定的刑法规范的字面意思失之过窄完全可能。若仍按照刑法条文原意进行严格解释,那么可能造成司法不公正的结果。要保证正确适用法律,使得刑法的基本精神、原则得到贯彻,就要超出刑法条文文字的普通含义进行扩张解释。从积极层面看,扩张解释具有弥补刑法缺陷,实现刑法功能,从刑法目的出发解释并适用法律,保证刑法稳定性的功能。

三、扩张解释的限制

固步自封地强调刑法条文原意的重要性,罔顾社会发展与时代进步的需要而不允许扩张解释的存在,这已被理论与实践证实为不可行。但如果不加限制地进行扩张解释,将扩张解释的限度抛弃不顾,就可能造成刑罚处罚范围的随意扩大,使得一部分人为达成个人目的而侵犯他人的权利和自由。扩张解释与类推解释难以区分,如不能准确地把握扩张解释的限度,很容易将扩张解释滑落到类推解释中去,还冠以扩张解释之名。“这对刑法的腐蚀和对权利的危害更为严重,甚至远远超过了类推解释所造成的负面影响。”[①]这样可能造成以合法形式掩盖非法目的的局面。公民会失去对刑法和法律的信任,甚至失去对法律的信仰。绝对限制或极度放纵都不是规制权力的最好办法,在进行解释时要规范扩张解释的运作,防止扩张解释的越权操作。

(一)扩张解释与类推解释

一直以来,扩张解释作为一种被严格限制的解释方法,与类推解释有着难以理清的关系。为了把扩张解释与类推解释区别开来,从而赋予扩张解释以适当的价值定位,客观罪刑法定主义的倡导者一直试图在类推解释与扩张解释之间划一条清晰的分界线。

① 赵运锋:《扩张解释的价值反思和边界厘定》,载《山东警察学院学报》2007 年第 5 期。

1.类推解释

一般认为，所谓类推适用，就是对法律没有规定的行为，适用关于具有类似性质的行为的法律条文加以处罚。[①] 类推并不是对某个词句进行解释，看某种行为包括不包括在此解释内，而是从国家、社会全体的立场来看某一行为的不被允许，然后再设法找出类似的法条以资适用。

2.扩张解释与类推解释的区分

扩张解释完全是从能否纳入法律条文解释的范围这一观点出发来考察社会生活中的各种行为[②]，二者的逻辑起点与逻辑顺序都不同[③]，因而思路是明显相反的。

罪刑法定主义者反对类推而允许扩张解释的最重要原因是，“这种不同在权力与权利的紧张关系激化的场合，极有可能形成实质上的差异而表现出来[④]”。类推适用混淆了法与道德的区别，很容易招来国家权力的恣意行使和对国民自由的不当压制。据此，类推解释被认为违反了罪刑法定原则而被严格禁止，而扩张解释则是在罪刑法定的理论框架之内的正当解释。但是，实际上，关于类推解释与扩大解释的内涵及外延的界定很大程度上是“公说公有理，婆说婆有理”，比如，同是将“电”解释为盗窃罪中的财物，日本法院认为这属于扩大解释，从而将

---

① ［日］西原春夫主编：《日本刑事法的形成与特色》，李海东等译，中国法律出版社、日本国成文堂联合出版1997年版，第124页。

② ［日］西原春夫主编：《日本刑事法的形成与特色》，李海东等译，中国法律出版社、日本国成文堂联合出版1997年版，第128页。

③ 关于扩张解释与类推解释的区别，有学者认为可以从两方面来理解：一是从解释的逻辑起点来看，扩张解释是以刑法条文为起点，考察某种行为是否能纳入法律条文解释的范围，主要是衡量刑法分则条文的内容是否包括某种行为。类推解释是从国家利益、社会对正义的需求等全面的立场出发，对某种行为作否定性的评价，然后设法找出类似的刑法分则条文以资援引；二是从解释的逻辑顺序来看，扩张解释是从刑法分则条文的含义出发，分析是否包含某种行为，当刑法分则条文的词句术语的字面或者通常含义过窄，不能真实、完整、准确地反映法律的目的与价值时，通过扩张解释词句术语的内容、含义，以真正实现罪刑法定的要求。类推解释则是立足行为对法益的侵害，分析侵害的程度，再寻找相关刑法分则条文来加以适用。类推解释并不是对刑法分则条文中某个词句术语进行分析以确定某种行为是否应当包括在该刑法分则条文的适用范围之内，而是反过来，首先确定某种行为的犯罪性，然后从刑法条文中寻找法律依据。

④ ［日］中山研一：《刑法的基本思想》，国际文化出版公司1988年版，第13页。

窃电行为认定为盗窃罪,而德国联邦法院则认为这是类推解释,从而拒绝将窃电行为认定为盗窃罪①。也就是说,基于不同国家不同的法律传统及法律思维习惯,以及各国在各个时期不同的刑事政策,对某个解释是类推还是扩张会得出不同的结论。而且,如果承认扩张解释和类推解释都应该有一个限度的话,那么关于扩张解释与类推解释的争论归根到底不过是用语上的争论。另外,从最终的结果来看,无论该解释当时被认为是类推解释还是扩张解释,只要是实质合理的、符合人们对法律的预期的,他们所达到的目标往往是一致的。如前例中的德国联邦法院最终通过立法的形式将"窃电"行为纳入了盗窃罪的规制范围,从而肯定了"电"作为"财物"的属性。这就等于使被认为是类推的解释通过立法的形式被赋予了合法的地位。如此看来,正当的扩张解释是通过现时的解释而马上适用于个案,而被认为是类推的实质合理解释的作用则相当于事后解释(通过事后立法的方式予以肯定)。在罪刑法定主义时代,实质合理的扩张解释与类推解释仅是在其作用于社会的时间上有着先后之分。因此,给扩张解释以恰当的理论定位无法仅从它与类推解释的区别入手,而只能从它是否符合刑法解释目的性原则的基本要求入手,以充分了解扩张解释的理论价值。

(二)罪刑法定原则对扩张解释的限制

扩张解释的原则与刑法基本原则的关系密不可分。进行扩张解释也必须遵循刑法的基本原则。就我国的刑法基本原则的内容来看,罪刑法定原则的规定成为对扩张解释的最直接、最重要的限制。

1.不得随意入罪与加重刑罚

正如英国功利主义学派先驱边沁所言,"刑罚的存在是必要的,但刑罚本身就是一种恶,在其整个适用过程中,可以表现为一系列的恶。恶产生于法律的威慑与强制,产生于确定被告人可能系无辜之前即遭控诉,产生于司法判决以及对无辜的人所造成的一些不可避免的后果。"②刑罚本身是一种必要存在的恶,用之得当能够以恶去恶,用之不当却也能够以恶生恶。为了最大限度地"去恶"而不是负面地"生恶",刑罚必须坚守罪刑法定原则,坚守对刑罚权的合理限制。因此,罪刑法定原则要求扩张解释不得随意入罪、加重刑罚。

① 张明楷:《刑法格言的展开》,法律出版社1999年版,第35页。

② [英]边沁:《立法理论——刑法典原理》,孙立等译,中国人民公安大学出版社1993年版,第95~96页。

我国刑法对不同的犯罪高度抽象概括类型化为不同的犯罪,具体的法律条文表述高度凝练,仅呈现核心内容,例如犯罪客观行为、犯罪客体等可表达出来,至于其他较为细节的内容就不可能一一列出。在扩张解释中对一个行为是否属于犯罪行为的判断,最主要的是认清其行为性质是否与刑法中所规定的各种犯罪行为的性质相一致。

2.解释结果符合刑法的总体体系

扩张解释的功能之一是协调刑法规定与社会发展的关系,解决社会发展过程中出现的不同的社会关系产生的矛盾。刑法的规定有其自身的精神、原则,这些精神、原则是刑法的灵魂所在。刑法中的其他具体规定必须符合这些精神、原则并与其保持一致,否则刑法规定会被认为自相矛盾、有损刑法的威严与公信力。在进行扩张解释时,其不仅要与刑法其他规定保持一致,而且在不同场合就同一法律词语的解释也必须保持一致,除非立法另有明显含义或者根据具体案情确实需要并且可能解释为不同含义。

在我国,犯罪所侵犯的法益一般被理解为犯罪客体,不同的客体决定着行为社会危害性的大小及其程度,考察对特定刑法条款有无扩大解释的必要时,既要考察行为所侵犯的法益(犯罪客体)的性质,也应当考虑行为侵害法益的样态。某种行为侵犯的客体越重要,其被解释为犯罪行为的可能性就越大。侵犯重大法益时可能构成犯罪,即使侵犯的法益并不重大,但造成严重侵害时也可能成立犯罪。行为侵害法益样态越严重,其解释为犯罪的可能性也就越高,惩罚可能就越重。

(三)目的解释对扩张解释的限制

正如学者耶林所言,"目的是全部法律的创造者。每条法律规则的产生都源于一种目的,即一种实际的动机。"[①]在法律解释尤其是刑法解释中,我们"必须考虑刑法最终要实现何种目的,进而做出符合该目的的合理解释。"[②]在现实司法判决中,法官一旦基于法外的目的和利益而做出考量,则其在事实上已经滑向了目的性扩张、目的性限缩或类推的范畴,而不再是运用扩张解释或限缩解释的严格法律解释方法,这在根本上违背了法律解释的基本准则,从而无法做出符合

① [美]E.博登海默:《法理学:法律哲学与法律方法》,邓正来译,中国政法大学出版社2004年版,第114页。

② 张明楷:《刑法目的论纲》,载《环球法律评论》2008年第1期。

法律真正内在精神和目的的正当判决。因此,司法者在进行法律解释时要尽可能地避免被功利主义影响,杜绝以法外的目的和利益为司法判决的目标取向。

扩张解释虽然有其存在的合理性和必要性,但是它毕竟是作为罪刑法定主义的边缘而存在的,它的作用更多地体现在罪刑法定主义所要求的形式公正与法律解释所要实现的实质公正在某些领域相遇并产生对峙的时候,因而总是作为矛盾的焦点而出现。而这也正是目的解释发挥作用的时刻。"目的解释(或目的论解释),是根据刑法规范目的,阐明刑法条文真实含义的解释方法。"①在进行刑法解释时,必须考虑刑法条文最终要实现何种目的,在进行扩张解释时,决不能忽视保护法益这一点。凡是解释的结果能与其他条文相协调并符合刑法的目的,则这种解释就可以称为扩张解释;反之,则可能进入类推解释。

(四)宪法对扩大解释的限制

宪法是一国的根本大法,宪法表达的是更高级的法,它实际上是不完美的人最为完美的复制。布莱克斯通所尊为"区分善恶的永恒不变的法,这种法连造物主本身在其设定的所有管理制度中都予以遵守,而且只要这种法有一种必要来指导人类行为,那么造物主就使人类理性能够发现它。"

宪法中蕴含的人类理性与价值决定了宪法的最高价值。② 而宪法所蕴含的基本精神,在刑事法领域,可体现为基本的法律原则和政策,因此,依据原则和政策而对刑法典进行解释,就应当让宪法精神在具体的案件中予以体现,这是法治的基本要求,是进行法解释所不容置疑的基本要求。法官依据正义、公平和人道精神对在具体案件中可能导致荒谬结论的具体规则予以修正,并不违背罪刑法定原则的精神。因循政策的需要而对刑法做出更能体现时代精神的解释,与在各案中实现法律之基本精神正相契合。

扩张解释,作为刑法解释的一部分,受到宪法的规制并在宪法监督下运作,是保证扩张解释合法、合理、合目的性的最有力途径。

四、刑法扩张解释的适用

法律解释是否合理的依据并不在于它是对法律条文的限制还是扩张,而在

① 张明楷:《刑法分则的解释原理(上)》,中国人民大学出版社 2011 年第 2 版,第 82～83 页。

② 刘志刚:《宪法诉讼的民主价值》,中国人民公安大学出版社 2004 年版,第 26 页。

于它是否符合立法目的与价值。

(一)契合罪刑法定要求

罪刑法定原则的发展演变为刑法解释提供了机会。耶塞克认为,“刑法规定,无论多么具体,表达多么清楚,难免有抽象的,一般情况下,都需要解释。”刑法解释是一座桥梁,它沟通具体案件与刑法规范,从而使法律工作者更好地运用法律。罪行法定允许扩大解释,但限制了其解释的范围,即法无明文规定不为罪,法无明文规定不处罚。以不利于被告人的类推方法适用法律或解释法律时,据此对被告人定罪量刑,其结果必然违反罪刑法定原则。因此,罪行法定与类推解释水火不容,禁止类推就成为罪行法定自然衍生的原则。

1.符合刑法解释合目的性原则

基于社会基本价值和维护社会最基本秩序的目的解释内容确定刑法保护范围是合理的。1998 年“红蝙蝠茶屋”案中,公安及检察机关根据“法无明文规定不为罪”的罪刑法定原则,没有对《刑法》第 358 条作扩张解释。实际上,“卖淫”一词,由于传统的思维习惯而一直被定义为组织女性向男性进行性交易,但是,随着社会的发展,这个词语的实际含义开始扩张,并已经超越了它本来的意义。在这种情况下,如果仍然固守原来的思维习惯而无视现实的存在,则不能不说是一种违背刑法内在目的与价值的行为。因此,根据合目的解释原则,在这一情况下对《刑法》第 358 条作扩张解释是完全正当的。

当某种扩张的解释不符合社会大众对法的情感要求,并不利于人权的保障与实质正义的实现时,对刑法条文的解释就不能扩张。如日本燃烧瓶制造案中,最高裁判驳回检察官的上告,(昭和 31 年[1956 年]6 月 27 日刑集 10 卷 6 号 921 页)按照严格的限定届时,将燃烧瓶排除在爆炸物之外。判决中还指出“如果把类似本案的燃烧瓶那样的东西作为威胁公共安全的危险品,且认为对其制造和使用等有加以特别取缔必要的话,则只有等到特别的立法而别无他策。”①又如,我国最高人民法院《关于审理盗窃案件具体应用法律若干问题的解释》第 4 条关于把作为盗窃犯罪构成定量标准的“多次盗窃”解释为“1 年内入户盗窃或者在公共场所扒窃 3 次以上”,第 8 条将作为盗窃罪适用死刑法定情节的“盗窃金融机构,数额特别巨大”解释为“盗窃金融机构的经营资金、有价证券和客户资金

① [日]西原春夫主编:《日本刑事法的形成与特色》,李海东等译,中国法律出版社、日本国成文堂联合出版 1997 年版,第 136 页。

等,如储户的存款、债券、其他款物、企业的结算资金、股票,不包括盗窃金融机构的办公用品、交通工具等财物的行为”。这里就是根据社会大众对盗窃行为的法律情感要求和人权保障的要求,作出限制的解释而非扩张解释。

随着时代的发展,刑法规范在不同的情境下可能具有特殊的含义,能否进行扩大解释,扩大解释应当到什么程度,体现并取决于刑法规范的特殊性质与目的,司法者应当结合具体案例,以刑法目标追求为最高导向。

2.必须在宪法监督的框架内进行。

宪法诉讼是宪法最高价值实现的重要保障。宪法诉讼,即违宪审查,具有工具性与目的性的民主价值,它是价值主体的全面需求得到充分发展并实现自由价值的途径和目标。宪法诉讼很久以来是作为对法律、法规及其他法律文件的合宪性进行审查的手段而存在的,而我们可以对此加以借鉴。立法解释实际上是立法的延伸,理应受到宪法的监督,这是毋庸置疑的。而司法解释在我国实际上也具有法律的普遍效力,被广泛地遵守。因此,把我国现行法律解释框架内的刑法解释纳入宪法监督的视野中来,是历史发展的必然。

1998 年 4 月 6 日最高法院《关于审理挪用公款案件具体应用法律若干问题的解释》规定:“挪用公款归个人使用包括挪用者本人使用或者给他人使用。挪用公款给私有公司、私有企业使用的,属于挪用公款归个人使用。”2000 年 3 月 14 日最高检察院《关于挪用公款给私有公司、私有企业使用行为的法律适用问题的批复》重申了最高法院的规定,2001 年 10 月 17 日最高法院《关于如何认定挪用公款归个人使用有关问题的解释》规定:“国家工作人员利用职务上的便利,以个人名义将公款借给其他自然人或不具有法人资格的私营独资企业、私营合伙企业使用的,属于挪用公款归个人使用;国家工作人员利用职务上的便利,为谋取个人利益,以个人名义将公款借给其他单位使用的,属于挪用公款归个人使用。”最高检察院认为,最高法院 2001 年 10 月的解释对挪用公款归个人使用作了过多的限制,给反腐败带来了一些消极影响,遂向全国人大常委会递交报告,要求其作出立法解释。2002 年 4 月 28 日全国人大常委会作出解释,规定:“有下列情形之一的,属于挪用公款‘归个人使用’:(一)将公款供本人、亲友或者其他自然人使用的;(二)以个人名义将公款供其他单位使用的;(三)个人决定以单位名义将公款供其他单位使用,谋取个人利益的。”该立法解释实质上对刑法第 384 条第 1 款作出了符合立法精神的扩张解释。立法机关经研究后认为,挪用公款侵犯的是单位对公款的使用权,其实质是将单位公款非法置于个人的支配之下，也就是公款私用。这里所说的"私用"不是看最终的使用者是个人还是单位，而是指个人非法支配、使用单位公款，侵犯了本单位对公款的正常使用权。该立法解释统一了司法解释的冲突，对刑法条文进行了符合立法精神的扩张解释。尽管我国尚不存在对司法解释进行监督的审查主体，但立法解释作为最高解释对统一司法解释，切实维护罪刑法定原则的执行有重要作用。

当然，在我国现行的宪政体制下，违宪审查制度在审查主体及监督启动机制上仍然有很大的欠缺。扩张解释，乃至整个刑法解释体系的宪法监督机制的形成及完善，仍有赖于违宪审查制度的全面完善，仍有赖于"法治"这一系统性结构工程的健全。虽然这将是一项长期的工程，但毕竟，我们已经迈出了第一步。

(二)符合罪刑法定的特定条件

基于社会需要对刑法进行扩张解释，但为符合罪刑法定原则的要求，扩张解释适用时必须符合特定的条件。即对刑法条文作扩张解释必须符合立法精神意图；对刑法条文的解释不能超出条文可能具有的含义。

1.符合立法精神意图

刑法的目的旨在保护法益免受犯罪行为的侵害，因此，当法律条文需要进行扩大解释时，应在条文可能具有的含义范围内，考察该行为是否具有刑罚处罚的必要性。行为所侵犯的法益是衡量该行为性质的首要标志。

《刑法》第 329 条第 1 款规定，"抢夺、窃取国家所有的档案的，处五年以下有期徒刑或拘役"。倘若行为人"抢劫"国有档案，应该如何处理呢？如果是在民法领域，无疑可以通过"举轻以明重"进行类推解释，但是在刑法中却需要进一步分析。从法条来看，刑法中"抢夺罪"和"抢劫罪"是分开规定的。虽未就抢劫国有档案的行为进行明文规定，但是抢劫较之明文规定的抢夺更重。根据"同类事物同等处遇"的原则，此时应当认为，和"变造货币"的疏漏一样，这里出现了由于立法者的知识局限或者疏忽造成的法律漏洞，并且"抢劫"与"抢夺"在文义上也存在密切的联系，所以在没有新的立法出现时，我们也可以尝试对"抢夺"的含义进行引申，将"抢劫"作为"抢夺"的一种特殊形式，将其涵括在"抢夺国有档案罪"中。

2.不得超出条文可能具有的含义

"如果一道法令要想得到执行，必须保证它在社会心理上的效能。"[①]在法治

① [美]庞德：《通过法律的社会控制·法律的任务》，沈宗灵、董世忠译，商务印书馆 1984 年版，第 123 页。

理念的影响下,为保障公民的基本人权,保证国民预测的可能性,各国立法纷纷建立罪刑法定制度。对刑法的扩张解释必须在刑法条文"可能具有的含义"的范围内,凡超越刑法用语"可能具有的含义"的解释,会因违反罪刑法定的基本精神而无效。判定刑法条文(用语)"可能具有的含义"成为正确适用刑法扩张解释的关键问题。

《刑法》第129条的"丢失枪支不报罪"是否包括枪支被他人"抢劫"或者"盗走"之后,由于没有及时报告造成了严重后果的情形?"丢失"一词按《现代汉语词典》的解释是指遗失……本罪的内涵包括两方面:一是失掉(的状态),二是(由于)疏忽(的原因),但是只要枪支失去合法控制,都必然严重威胁公共安全,因此,凡是具有"造成失枪状态"这一属性的行为,都可以解释为本罪所谓的"丢失"范畴,其中当然包括被盗、被抢、被骗等情形。

实践中,我们以"黄金规则"(Golden rule)作为考察解释结果界限的标准。"黄金规则"提出于帕克法官裁判的"贝克诉史密斯"(Beckev Smith)案(1836),该判例对"黄金规则"的表述为:在法规解释或曰意义的建构中,要使得释的结果符合语词使用的通常含义(ordinary meaning)并符合其语法构造(grammatical construction)。根据该规则,扩张解释必须立足于文本,在刑法条文可能具有的含义范围内进行解释,否则便毫无意义。根据罪刑法定原则,法无明文规定不为罪,解释只能对法律有规定的事项进行,而法律规定则表现为刑法条文。因此,扩张解释必须以刑法条文为立足点,结合具体案例对解释对象在可能的含义内进行延伸。

五、结语

扩张解释在刑法解释中具有不可替代的作用,已成为不可否认的事实。但不加限制地进行扩张解释可能会变为目的性扩张,甚至导致扩张无底线、滑向类推解释。基于此,扩张解释一直以来是司法实务中慎用的方法。扩张解释犹如一处布满陷阱的危地,但它又是通往法治社会的必经之路。因此,在进行扩张解释时,解释者要考虑解释结果合目的性、文字具有的可能含义,结合具体案例,在罪刑法定原则下,获得公正、合理的结论。

宪法与行政法论坛

监察机关协助行政诉讼执行的逻辑理路*

——以行政机关拒不执行责任谱系建构为视角

付大峰**

摘要:行政机关拒不执行落实法院生效的行政裁判是行政诉讼的一大难题,主要表现为行政机关主观上承认执行但实际却并不履行或不完全履行、拒绝履行等形态。行政机关拒不执行裁判是一种行政不作为,情节严重的仍是构成拒执罪的行为。对行政机关不执行落实行政裁判的行为进行规制,就有必要架构党纪、政纪、法纪三个维度的责任体系,建立纪检监察协助行政裁判执行的衔接机制,以实现实质性化解行政争议的诉讼目的,达到重塑行政机关形象及增强政府和法院公信力的价值目标。

关键词:执行难;行政不作为;拒不执行裁判罪;党纪政纪法纪;纪检监察协助执行

一、行政机关拒不执行生效行政裁判问题研究的缘起、现状及其价值目标

我国行政诉讼有三难:“立案难”“审理难”“执行难”。当前“立案难”的问题已基本解决,但“执行难”的问题仍较为突出,尤其体现在行政机关败诉的案件当

* 本文系国家社会科学基金一般项目“国家监察机关行政问责的体系化研究”(项目编号:19BFX051)的阶段性成果。

** 作者系西南政法大学行政法·监察法学院2018级博士研究生。

中,而行政机关不履行落实法院生效的行政裁判业已成为行政诉讼执行的"老大难"问题。究其缘由,一方面在于,中国行政诉讼裁判的执行基本是政策在引领指导执行,整体缺乏基本理论的指引,而诉讼执行制度体系也尚未完全建立起来,致使学界对裁判执行制度的研究集中于民事诉讼执行领域,行政法学界则少有学者针对行政诉讼执行的问题进行专门系统的研究,且又受民事诉讼执行制度影响,使得行政诉讼执行制度还并未完全脱离民事诉讼执行的制度藩篱;另一方面则在于,由于对行政机关拒不执行法院生效行政裁判行为性质的违法性界定不明确,导致了行政机关责任追究机制的缺位,也导致了行政机关历来不重视行政诉讼生效裁判的履行落实,进而形成了目前行政诉讼执行难的困局。

就学界目前对执行问题的总体研究来看,其对民事诉讼执行制度的研究较为深入。在司法体制改革的大背景下,通过文献梳理可以看出,针对民事执行制度改革的研究,主要集中于诉讼执行检察监督、审判权与执行权分离、执行权的性质及其配置等的改革问题上。[①] 但在为基本解决"执行难"的现实境况下,一些研究及其观点在定位上存在一定的偏差,且不同学者间的观点也存在较大的争议。例如,针对民事执行检察监督,有学者就认为,其首要目的在于治理执行乱,而破解执行难、维护公共利益则是次要目的。[②] 这种制度的目的定位明显不利于化解执行难。又如,针对审判权与执行权分离及执行权配置的问题,有学者认为,执行权是包括执行裁判权与执行实施权在内的两种性质不同的权力,执行裁判权属于判断权,应由法院行使,而执行实施权则不宜由法官行使,可从法院分离出去;[③]持相反态度的观点则认为,解决执行难,绝非简单地将执行权从法院分离出来交由司法行政机关行使,[④]审判权与执行权"深化内分、适当外分"的体制才应是我国审执分离改革的最优模式,等等。[⑤] 但针对以上问题,理论界与

① 对此,有学者专门针对在中国法学核心期刊(CLSCI)上发表的有关执行的论文作了详细的统计。详见百晓锋:《中国民事执行年度观察报告(2016)》,载《当代法学》2017 年第 3 期;谷佳杰:《中国民事执行年度观察报告(2017)》,载《当代法学》2018 年第 5 期。

② 马登科:《论民事执行检察监督原则的差异化——兼驳〈人民检察院民事诉讼监督规则(试行)〉执行检察监督目的设置》,载《西南政法大学学报》2015 年第 1 期。

③ 王利明:《也谈审执分离》,载《中国司法》2017 年第 9 期。

④ 季卫东:《重新定位执行权》,载《中国法律评论》2017 年第 3 期。

⑤ 江必新、刘贵祥:《审判权和执行权相分离的最优模式》,载《法制日报》2016 年 2 月 3 日第 12 版。

实务界都难以形成统一的看法和观点。

相较于民事诉讼执行，对行政诉讼执行问题的研究还较为薄弱，且就学界目前已有的研究来看，其在很大程度上也受到民事诉讼执行研究的掣肘。例如，有观点认为，我国行政诉讼执行难与审判权、执行权混同的体制直接对应，是造成执行难症结的主要原因，并通过对比考察各国行政诉讼的执行体制，立基于司法体制改革本位论，认为行政执行权属于行政权，应回归司法行政职能而重构执行权，将其配给与司法行政部门。① 这种研究进路及其观点，基本是将民事诉讼执行制度的研究框架及民诉学者们的观点照搬套用于行政诉讼执行制度的研究。此外，也有学者在对行政诉讼执行难的现状及其成因等进行分析后，较早提出了通过构建中国的行政法院来解决行政诉讼执行难问题的想法。② 但这一化解行政诉讼执行难的方案目前并不实际，也难以落实。

当然，关于行政诉讼执行难问题的研究还有其他，但都未立足于行政机关拒不执行落实生效行政裁判行为本身违法而力求以构建其责任谱系为路径所进行的研究。专责的国家监察机关建立以后，也未有以合署办公的纪检监察机关督促、协助行政机关执行为视角而展开的研究。换言之，针对行政诉讼执行难问题的研究视角、进路与分析框架等都还存在局限性。对此，笔者将试图以其违法性界定为分析框架，以其责任系谱构建为路径，并以纪检监察机关协助执行为视角作这样一种尝试，以求能最大限度地促进行政诉讼执行难问题的解决。

我国建立行政诉讼制度的初衷和根本目的是为了实质性地化解行政争议，而行政机关拒不执行落实生效的行政裁判，就意味着行政争议将得不到实质性的化解。同样，行政裁判得不到有效执行，也将严重损害司法的权威及其公信力。③ 行政机关拒不执行落实法院生效行政裁判的行为，既是导致行政诉讼执行难的直接原因，也是行政机关公信力逐渐丧失而引发行政官民关系紧张冲突的原始诱因，同样还是致使司法公信力被大幅度削弱的重要原因。要解决行政机关拒不执行落实生效行政裁判、破解行政诉讼执行难的问题，首先就必须要明确行政机关拒不执

① 金慎：《行政诉讼执行困境与纾解——以执行权的配置为视角》，载《兰州学刊》2017年第12期。

② 马怀德、解志勇：《行政诉讼案件执行难的现状及对策——兼论建立行政法院的必要性与可行性》，载《法商研究》1999年第6期。

③ 曾哲、赵钟根：《论行政诉讼执行程序》，载《东方法学》2012年第4期。

行法院生效行政裁判行为的违法性质,并在此基础上构建其责任系谱,以对其不履行法定义务的违法行为进行规制。其次,还需进一步加强对行政诉讼执行基本理论的研究,以建立健全行政诉讼执行的理论体系和规则制度体系,构建行政机关拒不执行落实法院生效行政判决的责任追究机制,以求能实际解决行政诉讼执行难的问题,尤其是解决行政机关拒不执行落实生效行政裁判的问题。这样才能实现实质性化解行政争议的诉讼目的,并最终达到修复官民关系,重塑行政机关形象,以及增强政府和法院执行力与公信力的基本价值目标。

二、行政机关执行法院生效行政裁判的基本实践形态

行政诉讼执行既包括对行政裁判案件的执行,也包括对非诉行政案件的执行,其中,对行政裁判案件的执行主要是指法院运用国家执行权依法对已经发生法律效力而当事人拒不执行的行政判决、行政裁定所确定的义务强制义务人履行的行为,包括对公民、法人和其他组织以及行政机关的强制执行。[①] 其目的主要在于实现行政判决、行政裁定所确定的内容,救济和恢复当事人受侵害的权益。在具体执行的过程中,因公民、法人和其他组织相较于作为公权力机关的法院处于弱势地位,法院通过强制执行手段基本能使生效的行政判决、行政裁定得以履行落实。但行政机关则不同,由于其同属于公权力机关,且其实际地位在一定程度上要优越于同级法院,因此使得法院在执行中难以对其实施强制手段,甚至还存在行政机关直接对外公开宣布不执行而公然对抗法院执行生效行政裁判的现象,由此也致使行政机关拒不执行法院生效行政裁判成为行政诉讼执行难中的顽疾。

(一)行政机关主动或者被动执行并完全履行

在执行法院生效行政裁判的具体实践中,对行政机关败诉的案件,因迫于行政裁判既判力的权威构成及法院的强制执行措施,一般只要行政机关的行政行为确实存在违法或者明显不当的情形,其都会执行。即当行政行为违法或明显不当的事实清楚、证据确实充分时,针对法院合法合理正当的行政裁判,行政机关基本都会自觉执行,抑或在法院强制执行的过程中,配合法院将生效的行政裁判予以执行落实。有数据统计分析,从《行政诉讼法》实施始至 2010 年,生效行政裁判进入强制执行的比例已由原来的 73.7%减少到了 7.2%,这即表明了行政

① 向忠诚、罗永琳:《行政机关与行政诉讼执行》,载《广西社会科学》2006 年第 10 期。

机关服从生效行政裁判的程度在提高而抵触在逐渐减少。①

行政机关主动或被动地执行生效行政裁判所确定的义务的行为，在意思表示上，主要就表现为其履行裁判义务的主动自愿性，以及在法院强制执行的过程中，基于对法院的强制执行措施和拒不执行生效行政裁判违法的后果考量，而被动作出自愿履行生效裁判义务的意思表示或承诺；在具体的行为表达上，就集中表现为行政机关主动或者被动地配合法院完全履行落实了生效行政裁判所确定的义务，公民、法人和其他组织受侵害的权益得到了现实的救济，并最终达到了服判息诉、官民紧张冲突关系缓解消弭，以及行政争议被实质性化解的法律效果与社会效果。在这种执行样态下，法院生效的行政裁判基本会完全得到行政机关的执行与落实，也不会出现行政诉讼生效裁判执行难的问题。

（二）承认执行但实际并未履行或未完全履行

在这种情形中，一般表现为行政机关愿意执行法院生效的行政裁判，但并未真正履行落实，或者说未完全履行落实生效裁判所确定的义务。这即是说，行政机关针对生效行政裁判所确定的义务，承诺会履行，或者是采取实施了一定的行为来表明其承认并愿意履行义务，但其要么只是停留在承诺履行的阶段，要么只是履行了生效行政裁判所确定的义务内容的一部分，还有一部分义务并未履行落实。未履行落实，或者未完全履行落实的原因，一方面在于行政机关不愿意完全执行，一方面则在于可能确实存在难以履行或者因特殊客观原因无法履行落实的情况，这就应区别对待“执行难”与“执行不能”。② 但执行不能的情形比较少，基本还是行政机关不愿意履行落实所致。

行政机关愿意或者表面上愿意执行法院生效的行政裁判，但未真正履行落实或者未完全履行落实生效裁判所确定的义务内容的情形，在执行实践当中属于普遍存在的现象，是行政执行几种形态中案件最多的一种类型，大多数行政诉讼执行难的案件也基本属于这一类情形。在这一情形中，行政机关的行为意思表示主要可分为两个层面和两个阶段。从两个层面来说，其主要就表现为行政机关表面上承认愿意履行生效行政裁判所确定的义务，但在实际上却并没有或者并无完全履行落实裁判义务的意愿。此种情况下，行政机关所表达的愿意执行生效行政裁判的外在意思表示及其意志，与内在实质的真实意思和意志并不

① 何海波：《困顿的行政诉讼》，载《华东政法大学学报》2012 年第 2 期。

② 刘建国：《分清“执行难”与“执行不能”》，载《人民法院报》2018 年 7 月 13 日第 2 版。

一致,是表里不一、虚假的意思表示。[①] 这种情形可以划分为两个阶段:一个阶段就表现为,行政机关愿意和承认执行法院生效的行政裁判,并实际履行落实了裁判所确定的一部分义务内容;另一个阶段则表现为行政机关表面上表达出其愿意和承认执行生效行政裁判的义务,但实地里却寻找各种理由和借口来搪塞以便不执行或者不履行落实裁判义务内容中的剩余部分,甚至通过各种非法手段和途径来干预、阻碍法院强制执行,以达到不执行生效裁判的目的。

综合以上两个层面与两个阶段执行的具体表现,与行政机关前一阶段的执行状态相对应的意思表示主要为愿意和承认履行生效裁判,并在此基础上履行落实了部分义务内容;而与行政机关后一阶段执行状态相对应的意思表示则是虚假不真实的意思表示,其行为主要就表现为行政机关拖延、推辞、阻挠执行,消极履行生效裁判义务。正由于行政机关表面上承认执行,实际上又不愿意执行的双面性,使得法院强制执行措施难以施展,进而导致这一类行政执行案件最难得到履行落实,其也成为这一类案件执行难构成要素中最重要的因素。

(三)拒绝执行

行政机关拒绝执行法院生效行政裁判的行为是行政执行难问题中性质和情节最为恶劣的情形。这种情况主要表现为行政机关直接拒绝执行生效行政裁判,甚至通过违法干预、侵犯司法的形式来拒绝执行行政裁判,公然以行政权对抗司法权,对法院采取的强制执行措施进行反抗。当然,在我国目前全面实行依法治国,着力推进法治国家、法治政府与法治社会一体化建设的进程中,尤其是在将解决执行难问题作为司法体制改革重要攻坚任务的当下,这种公然藐视、挑战法院和司法权威,把权力凌驾于法律之上,突破法律和法治底线的行为,在执行实践中比较少出现,这种基本只是个别情形的案件。但是,应引起注意的是,

---

① 有学者认为,行政法上的意思表示分为真实的意思表示和有瑕疵的意思表示两类,而意思表示瑕疵主要又包括欺诈、胁迫和错误等。行政机关的意思表示以相对人知晓为生效标准,意思表示送达相对人后同时也对行政机关自身产生拘束力。换言之,当行政机关对法院或者公民、法人和其他组织作出愿意执行的意思表示后,其意思表示就会对其产生拘束力。参见王学辉:《行政法意思表示理论的建构》,载《当代法学》2018 年第 5 期。

实践中行政机关公然拒绝执行生效行政裁判的情形仍然存在。[①] 针对这种情况，如果不加以规制和惩戒，必将会使我国法治国家、法治政府与法治社会建设，以及司法权威受到重创。

在行政机关拒绝执行生效行政裁判的这种情形之中，其在意思表示上与前面两种情形完全不同。具体就表现为行政机关对法院生效行政裁判所确定的义务内容持不愿意、排斥、拒绝执行，无视其效力的态度。在行为表现上，具体就表现为，行政机关单方面不认可、不承认法院生效的行政裁判，并直接拒绝履行生效裁判所确定的义务。如行政机关通过内部会议的形式作出决策、决定来否认法院生效的行政裁判，或者通过向法院"去函"的方式要求法院终止执行，又或者直接对外公开宣布不执行法院生效裁判，公然对抗法院的强制执行等。行政机关的这些行为，不仅对法院和司法权威造成了极大的损害，而且对行政机关自身来说，拒绝执行生效裁判的行为也会对其自身的形象与公信力等造成难以弥补的损害。

在以上行政执行的三种实践形态中，除行政机关完全履行落实了生效行政裁判的情形外，行政机关虽然承认执行但实际却并未履行或未完全履行生效裁判，以及行政机关拒绝执行生效裁判的这两种情形，是导致生效行政裁判执行难最主要的原因。其问题的关键主要还是对行政机关拒绝执行、未完全履行落实生效裁判义务的惩处不力所致，更进一步的原因则是对行政机关拒不执行生效行政裁判行为的违法性质界定不明确所致，而这同时也导致了难以确定和追究其责任的问题，因此，立法就有必要重新界分和厘定其拒不执行生效行政裁判行为的性质，以对其拒不执行的行为进行规制。

三、行政机关不执行落实法院生效行政裁判的违法性界定

依据行政诉讼法针对行政案件执行所作出的具体规定，将行政机关拒不执行落实生效行政裁判的行为定性为违法行为，应是不存在任何问题和争议的，但这里应对其行为的违法程度和违法性质等作一定的区分。结合行政诉讼执行的实践形态，一般可将其不执行落实生效裁判和对抗法院强制执行的行为，分别界

---

① 如陕西省国土资源厅就曾出现过拒不执行法院生效行政裁判的情形。而且，该生效行政裁判历经三年多之久，陕西省国土资源厅非但没有履行生效的裁判，反而还召开会议并以"会议决定"的形式否定法院的生效判决。参见《新华社发文批评陕西国土厅拒不执行法院判决》，http://news.sina.com.cn/c/2010－07－22/160620736384.shtml，访问日期：2019 年 7 月 19 日。

定为严重违法行为和违反刑法规定而构成犯罪的行为;而针对行政机关承认生效行政裁判并同意或者表面上同意执行,但实际上并未履行落实或者未完全履行落实裁判义务内容的情形,则可将其界定为是一般的违法行政行为。具体来说,关于行政机关不执行生效行政裁判行为违法程度和违法性质的界定,可以从以下两个方面来确定。

(一)行政不作为

行政机关不执行落实法院生效行政裁判的行为,首先是一种典型的行政不作为的违法行为。行政不作为,是指行政机关有积极实施一定作为行为的法定义务,能够履行而未履行、未完全履行或者未正确履行的行为状态,其以行政机关有法定的作为义务为前提,以行政机关未履行、未完全履行或者未正确履行法定义务为必要条件。① 行政机关不执行落实法院裁判要构成行政不作为,必须要以行政裁判有明确须行政机关履行的义务内容且裁判本身生效为基本前提,以生效裁判所确定的行政机关应主动履行的期限经过而其未履行裁判为事实要件。

在行政机关不执行落实法院生效行政裁判构成行政不作为的违法情形中,行政机关法定的作为义务来源于法院生效行政裁判所确定的义务内容,这是行政机关不执行法院生效裁判构成行政不作为违法的前提条件。申言之,行政机关未执行的法院的行政裁判,必须是生效的行政裁判,也只有法院生效的行政裁判所确定的义务内容,才能构成行政机关法定作为义务的来源,行政机关也才负有履行裁判内容的法定义务。生效才意味着裁判具有了法规范意义上的有效性,也才会对行政机关产生法律上之约束力。② 如果法院的行政裁判属于并未生效或者已经失效的情形等,如裁判在上诉期限内、裁判被撤销等情形,即便法院的裁判中包含有需要行政机关履行的义务内容,因其没有法律上的效力,不具有生效行政裁判所具有的执行力,不满足作为义务来源构成所必需的法定性要求。这即是说,法院没有生效的行政裁判,不能成为行政机关法定作为义务的来源,行政机关也并不负有履行其裁判内容的法定义务,行政机关不履行或者拒绝履行其裁判的行为不构成行政不作为,也不构成违法行政。

此外,要构成行政不作为,还必须以行政机关有条件作为、能够作为为其基

① 朱新力:《论行政不作为违法》,载《法学研究》1998 年第 2 期。

② [美]博登海默:《法理学·法律哲学与法律方法》,邓正来译,中国政法大学出版社 1998 年版,第 349 页。

本事实条件。“法律不强人所难”就意味着法律不强行规定人不可能实现的事项,不强求任何人履行其不可能履行的义务,法律所规定的义务必须以能够现实履行为前提条件。这即是说,行政机关不执行法院裁判的行为要构成行政不作为违法,除了行政裁判必须生效构成行政机关法定作为义务来源这一前提要件以外,还须以行政机关有条件履行、能够履行生效裁判而未履行的事实为其基本构成要件。其中,未履行主要就包括没有履行或者没有完全履行以及没有正确履行等情形,主观上就表现为行政机关不愿意履行,但其都以能够实际履行为基础。换言之,如果行政机关确因不能预见、不能避免等不可抗力的客观因素导致无法履行而未履行或未完全履行生效裁判,就不能将其界定为行政不作为,而应认定为客观履行不能。但对行政机关而言,这种情况比较少,基本都是能够履行而不履行的行政不作为。

(二)拒不执行情节严重而构成犯罪

对行政机关有能力执行而拒不执行法院生效的行政裁判,情节严重或者情节特别严重的,依据我国《行政诉讼法》第 96 条第 5 款、《刑法》第 313 条及其相关解释的规定,理应将其定性为构成犯罪的行为。具体来说,立法应将其认定为拒不执行判决、裁定罪。[①] 行政机关拒不执行生效裁判的行为构罪,有两个基本的事实要素、两种不同性质的犯罪情节及两个幅度范围的刑罚。基于犯罪构成及其认定主客观相统一原则的要求,行政机关拒不执行生效行政裁判的行为要构成拒执罪,在主客观方面都必须符合犯罪构成的法定要件。

从主观方面来说,行政机关拒不执行生效行政裁判构罪的罪过形态为故意,且为直接故意。其在意志上则体现为希望能通过积极实施犯罪行为来达到不执行生效裁判的目的。从客观方面来说,行政机关构成拒执罪的两个基本犯罪事实:一是其有能力执行法院生效的行政裁判而实施了拒不执行的行为,其在具体行为上就可能表现为以威胁、暴力等方法公然拒绝、阻碍甚至直接对抗法院的强制执行措施;二是造成了刑法上的严重或者特别严重的危害结果,如造成的社会影响范围广、性质恶劣等。与行政不作为违法相比,拒执罪在违法的性质、程度

① 有学者认为,对行政机关拒不执行构罪的规定,很可能是备而不用的,但其表达的信号却很明确,即行政机关及其官员必须认真对待法院判决,并指出今后行政机关公然抗拒执行的情形应属罕见。参见何海波:《一次修法能有多少进步——2014 年〈中华人民共和国行政诉讼法〉修改回顾》,载《清华大学学报(哲学社会科学版)》2018 年第 3 期。

及危害结果等方面明显严重得多,因此,其在构成犯罪所要求的具体情节上也表现为"情节严重"与"情节特别严重"两种类型。其中,"情节严重"如法院采取强制执行措施后,行政机关仍拒绝执行而致使生效行政裁判无法执行的情形等;"情节特别严重"则如行政机关的工作人员使用暴力冲击执行现场,围攻、殴打、扣押执行人员,造成执行人员受伤而使执行工作无法进行的情形等。而针对以上两种"严重"程度不同的犯罪情节,刑法也分别规定了不同种类、幅度范围的法定刑。基于此,当行政机关拒不执行生效行政裁判而构成拒执罪时,对其实施刑事处罚则应对应适用与其犯罪情节"严重"程度相适应的刑罚。

但需注意的是,依据《行政诉讼法》第 96 条、《刑法》第 313 条的规定,拒不执行判决、裁定罪的适用主体较为广泛,既包含民事执行中的被执行人,也包含行政执行中的被执行人,既包含公民,也包含单位。因此,对行政机关拒不执行生效裁判而构成拒执罪的情形,理应依法将其区分为行政机关与行政机关直接负责的主管人员和其他直接责任人员两种类型的犯罪主体,分别对其进行处罚。其中,针对行政机关这一单位犯罪主体,不论其犯罪情节是"严重"还是"特别严重",依法只能适用罚金刑,但应视其情节严重程度确定具体的罚金数额;而针对行政机关直接负责的主管人员和其他直接责任人员个人犯罪主体,则应根据其犯罪情节的"严重"程度,分别处以相应的刑罚,对犯罪情节"严重"的,或处 3 年以下有期徒刑,或处拘役,或处罚金;对犯罪情节"特别严重"的,则应处 3 年以上 7 年以下有期徒刑,并处罚金。

综上所述,无论是将行政机关拒不执行法院生效行政裁判的行为认定为行政不作为,或者是构罪的行为,将其界定为严重的违法行为是不存在任何异议的。但是,针对行政机关拒不执行裁判而构罪的情形,一般来说,其在构成要件及条件上要多于行政不作为,即除了必须要满足生效的行政裁判、行政机关能够履行而不履行这两个事实条件外,还必须要满足经当事人申请执行、生效裁判所确定的执行期限经过、经法院催告后仍拒不执行,并采用威胁、暴力等手段阻碍、抗拒法院强制执行而使得生效裁判最终无法执行等要件,才能将其认定为"情节严重""情节特别严重"而构成拒执罪。

四、行政机关不执行落实生效行政裁判的规制方法及其路径选择

基于对行政机关不执行落实法院生效行政裁判行为违法的定性,为规范其

违法行为，建构其责任系谱，以及追究其违法责任等奠定了基础。与公民、法人和其他组织等民事主体不执行法院生效行政裁判行为违法不同的是，行政机关的行为违法属于违法行政，本质上属于公权力违法，是权力被滥用的表现。为此，要规制行政机关不执行落实生效行政裁判的违法行为、追究其违法责任，不仅要对其不执行裁判行为本身进行规范，还要着力于对作为公权力的行政权的行使予以制约。正如凯尔森指出的："法律秩序不同于一切其他社会之处就在于法律秩序以一种特种技术来调整人们行为的事实。"[①]基于此，针对行政机关不执行落实生效行政裁判行为的规制手段与方法，法院应采取一些不同于民事执行而更为严厉的特别的措施，以规范行政权的运行，制裁其违法行为，并督促其履行落实裁判义务，具体可从以下几个方面入手。

(一)以违法主体二元划分为基础架构三个维度的责任体系

我国《行政诉讼法》第 96 条所确定的行政机关拒绝履行生效行政裁判违法的法定责任主体有两个，包括行政机关自身和行政机关直接负责的主管人员及其他直接责任人员。所确定的违法责任有两种，包括一般的违法责任与构罪的刑事责任。其中，针对行政机关，该条款赋予了法院强制执行权，并规定其可以采取通知银行从行政机关的账户划拨款额、公告行政机关拒绝履行生效裁判的情况、向有关机关提司法建议的措施等，并将行政机关纳入拒执罪的犯罪主体，构罪时可对其判处罚金。针对行政机关直接负责的主管人员和其他直接责任人员，在其不执行生效裁判时，规定可对其进行罚款、拘留，构成犯罪时，依法追究其刑事责任。据 2017 年至 2018 年数据统计，全国法院累计拘留 15.5 万人次，限制出境 9941 人次，判处拒执违法犯罪 4187 人。[②] 需要注意的是，这里的罚款、拘留等措施并非是行政性质的行政处罚、行政拘留，而是由法院实施的属于司法性质的惩戒措施。因此，要追究行政机关直接负责的主管人员和其他直接责任人员的行政性质的违法责任，就应依据行政组织法、公务员法等法律法规的规定来处理。此外，还需注意的是，如果行政机关拒不执行生效行政裁判情节严重或者特别严重而构成拒执罪时，法院已对行政机关直接负责的主管人员和其他直接责任人员实施的罚款、拘留措施，应当折抵相应的刑罚。

但以上无论是对行政机关及其直接负责的主管人员、直接责任人员等拒不

① [奥]凯尔森：《法与国家的一般理论》，沈宗灵译，商务印书馆 2013 年版，第 59 页。

② 刘贵祥：《人民法院执行工作现状与分析》，载《中国应用法学》2018 年第 1 期。

执行生效裁判的行为实施罚款、拘留,还是追究其行政责任、刑事责任,其担责的形式都仅属于一般意义上的法律责任,并不涉及其他特殊的责任,具有一定的局限性。从“中国共产党领导”这一宪法原则以及国家权力的构造与国家机关的本质属性来说,《中共中央关于加强党的政治建设的意见》明确指出:“中央和地方各级人大机关、行政机关、政协机关、监察机关、审判机关、检察机关本质上都是政治机关,旗帜鲜明讲政治是应尽之责。”①这即是说,行政机关作为党领导下的国家权力机关、政治机关,其机关本身以及其工作人员等都不仅要遵守国家法律,还必须要遵守党的政治纪律,既要执法,也要执纪,这在党政机构合署合并改革的现实背景下显得尤为突出。

同样,这也就意味着,行政机关拒不执行落实法院生效的行政裁判,作为一种国家机关违规行使公权力的行为,不仅违反了国家法律,还违反了政治纪律,不仅应承担法律责任,还应承担政治纪律责任。而针对其党组和具备党员身份的直接负责的主管人员和其他直接责任人员,因其拒不执行生效裁判违法甚至是犯罪的行为必然会同时违反党内法规的相关规定,因此,其还应承担党内法规所规定的责任。例如,依据《中国共产党纪律处分条例》第 9 条的规定,党组织严重违犯党纪,可根据情节严重程度予以改组、解散;依据第 32、33 条的规定,党员因故意犯罪被依法判处刑法规定的主刑的,应给予开除党籍处分,具有公职人员身份的党员依法被追究刑事责任的,由监察机关给予相应的政务处分等。为此,针对行政机关及其有关责任人员拒不执行法院生效裁判的违法或者犯罪行为,就应将党纪、政纪、法纪②三者统一起来,力求实现“法纪贯通、法法衔接”,融合架构三个维度的责任体系及其追责机制,以对其拒不执行生效行政裁判的行为进行规制。

---

① 进一步指出,国家机关履行工作职责,要正确把握政治方向,提高政治站位,注重政治效果与政治影响,确保政治与工作业务开展的统一。参见:《中共中央关于加强党的政治建设的意见》,http://www.gov.cn/zhengce/2019－02/27/content_5369070.htm,访问日期:2019 年 8 月 11 日。

② 其中,党纪是中国共产党机关及其党员必须遵守的行为规则,政纪是国家行政机关及其工作人员必须遵守的行为规则,法纪则是全体公民必须遵守的行为规则。将这三种强制性规范结合用于规制行政机关拒不执行法院生效行政裁判的行为能起到重要作用。参见蒋建民:《试析三种不同的处分方式——法纪、政纪、党纪》,载《乡镇论坛》1989 年第 Z1 期。

(二)建立纪检监察协助司法执行的衔接机制

行政机关拒不执行生效行政裁判的行为违法或者构罪,乃是一种典型的国家公权力机关的违法或犯罪行为,也是公权力违法的表征,再进一步说,其实质是具体行使行政权的行政机关直接负责的主管人员和其他直接责任人员的违法或犯罪行为,且应是一种职务违法或职务犯罪行为。依据我国《行政诉讼法》第96条的规定,法院在行政机关拒绝履行生效裁判时,可以向监察机关提司法建议,而接受司法建议的监察机关也应根据有关规定,依法进行处理,并将处理的情况告知法院。基于对行政机关拒不执行落实生效行政裁判违法的定性,以及责任主体的二元划分,"按照规定进行处理"就意味着行政机关在不执行落实生效行政裁判构成违法甚至犯罪时,监察机关就有权介入到行政案件执行的过程中去,对行政机关直接负责的主管人员和其他直接责任人员进行监察。在纪检监察实行合署办公的体制下,这就为构建纪检监察督促行政机关履行生效行政裁判而协助司法执行的衔接机制奠定了规范基础。

在行政执行实践当中,有行政机关直接负责的主管人员和其他直接责任人员,认为法院对其强制执行即是与其过意不去、作对、干预行政,因而消极不履行生效裁判,甚至利用其职权干扰、阻碍、抗拒法院执行。对这种利用职权干扰、阻碍、抗拒法院执行的违法甚至犯罪行为,理应受到纪检监察机关的专责监督。《监察法》第1条明确表述了制定该法的目的是加强对"所有行使公权力的公职人员"的监督,第3条也明确规定了各级监察机关是行使国家监察职能的专责机关,依法对"所有行使公权力的公职人员"进行监察,调查职务违法和职务犯罪,《监察法》第15条也规定了,监察机关有权对人民政府的公务员进行监察。同样,依据《行政诉讼法》第96条第5款的规定,当行政机关拒不履行裁判,社会影响恶劣时,可以对其直接负责的主管人员和其他直接责任人员予以拘留,而情节严重构成犯罪时,则应依法追究刑事责任。

这即意味着,行政机关拒不执行生效行政裁判违法或者构罪时,合署办公后的纪检监察机关接到法院的司法建议后,可依法对作为监察法上"行使公权力的公职人员"的行政机关直接负责的主管人员和其他直接责任人员进行监察,并根据有关规定进行处理。当然,在此监察机关只能对直接负责的主管人员和其他直接责任人员进行监察,但纪检机关则可以依据党内法规对行政机关的党组及负有责任的党员等进行纪律检查、问责等。此外,这里的根据"有关规定"进行处理,即意味着当行政机关直接负责的主管人员和其他直接责任人员具有党员身份时,具体就可依据党内法规和国家法律的规定,依纪依法追究其违犯党纪、政纪、法纪的责任。处理之后,纪检监察机关还应依法将针对拒不执行生效裁判的行政机关以及其直接负责的主管人员和其他责任人员的处理结果分别告知法院。

构建纪检监察协助司法执行的衔接机制,目的主要在于通过纪检监察机关介入到行政机关拒不执行的案件当中,对行政机关直接负责的主管人员和其他直接责任人员进行监察调查、处置,以督促行政机关履行法院生效的行政裁判。在此,有两个需注意和明确的问题。

其一,纪检监察机关并非是法定的生效行政裁判的执行主体,不具有强制执行权,其不能替代法院行使司法执行权而采取强制执行措施,法院也不能将其执行权通过授权或委托的形式交由纪检监察机关行使。即法院才是法定的生效裁判的执行主体,才具有司法强制执行的权力。纪检监察机关在法院执行生效裁判的过程中,只是通过对行政机关直接负责的主管人员和其他直接责任人员采取纪检监察的措施,来督促行政机关履行裁判以协助法院执行。我们理应将其角色定位为辅助执行者。但纪检监察机关对行政机关主管人员和责任人员进行监察而采取的调查、处置等措施,则是纪检监察机关的法定职权。

其二,纪检监察机关不能主动介入到司法执行的程序当中,即便行政机关拒不执行生效裁判,如果法院未向其提出司法建议,其就不能针对行政机关的有关责任人员主动采取监察措施,而应被动地介入司法执行。其目的一方面在于,在现行的权力配置模式下,充分保证法院依法独立行使执行权而避免司法权受到监察权的干预和侵犯;一方面则在于防止宪制所构造的权力相互制衡的结构被突破,避免纪检监察机关滥用其权力。

五、结语

我国自 1989 年颁布施行《行政诉讼法》以来,中国行政诉讼的制度实践已历经了 30 年,积累了丰富的行政审判经验。正如最高院副院长江必新先生所言,过去的 30 年,是行政诉讼制度从无到有并逐步健全完善的 30 年,是行政相对人从不知告、不敢告、不愿告、不会告到能够主动运用行政诉讼捍卫自己合法权利的 30 年。[①] 这部法律的出台,于我国的民主政治和法治建设具有里程碑式的意

① 江必新:《行政诉讼三十年发展之剪影——从最高人民法院亲历者的角度》,载《中国法律评论》2019 年第 2 期。

义，不仅标志着新中国行政诉讼制度的正式确立，有效化解了大量行政纠纷，还完善和发展了中国的民主政治制度。①

但行政机关拒不执行落实法院生效的行政裁判，不仅背离了建立行政诉讼制度以化解行政争议的初衷，损害了司法权威和行政审判的公信力，还给行政诉讼制度本身及行政裁判执行带来了不利影响，造成了行政执行难的问题。为强化法院的执行工作，切实解决执行难的问题，中央全面依法治国委员会还专门印发了《关于加强综合治理从源头切实解决执行难问题的意见》，明确指出，人民法院执行工作是"维护人民群众合法权益、实现社会公平正义的关键环节"，执行难问题的解决"事关全面依法治国基本方略实施，事关社会公平正义实现"，强调要深化执行联动机制建设，强化对党政机关及其工作人员拒不执行生效裁判以及非法干预、妨害执行等的监督，建立打击拒执罪的常态化机制，并进一步强调纪检监察机关要加强对党政机关及领导干部干扰执行工作的问责和追责。②

这必将对规范和制约行政机关拒不执行法院生效行政裁判的行为、切实解决行政执行难问题发挥重要作用。对此，在国家监察全覆盖的背景下，我国就可借此机会在明确行政机关拒不执行法院生效行政裁判违法性质的基础上，集党纪、政纪、法纪于一体而融合建构其责任体系和问责追责机制，并可以司法建议和监察建议为制度桥梁，构建纪检监察协助司法执行的衔接机制来督促行政机关执行法院生效的行政裁判，以实现实质性化解行政争议，达到解决行政诉讼执行难问题的目标。

---

① 罗豪才：《中国特色行政诉讼制度的发展——在纪念〈行政诉讼法〉颁布 20 周年座谈会上的发言》，载《行政法学研究》2009 年第 3 期。

② 《关于加强综合治理从源头切实解决执行难问题的意见》，载《人民法院报》2019 年 8 月 23 日第 2 版。

经济法论坛

科创板开放双层股权结构的风险剖析及控制权约束

胡晓璇　杨京津　刘雨萱*

摘要:双层股权结构作为西方资本市场的"舶来品",其既有研究不足,有关制度构造建议主要照搬域外经验,而未对潜在风险进行深入分析,监督与救济等制度研究更显薄弱。有关双层股权的制度在我国内地的推行尚需斟酌和进行本土化改造。立足当前中国内地的市场和法律背景,双层股权制度的内地适用存在外部控制权市场失灵、内部监督机制失灵、信息黑幕可能性增大、关联交易风险增大四大风险。针对上述风险,企业应当通过特别表决权制度、独立董事制度、信息监管制度、控制股东制度、证券纠纷解决制度五个方面作出具体的风险防范措施。

关键词:双层股权;控制权约束;表决权差异化安排;科创板;特别表决权限制

一、引言

大数据、云计算等创新技术发展迅猛,以此为发展基础的科技创新型企业也随之快速成长。与传统产业相比,科创型公司的高成长性与高风险性使其具有更明显的人力资本依赖性。而向来推崇单层股权公司结构的内地证券市场却无法满足其对创始人控制权的特殊需求,内地独角兽企业纷纷选择赴境外上市,优

---

* 作者均系西南政法大学国际法学院法学学士。

质上市资源持续流失，中国资本市场无法享受科创企业红利，双层股权结构的呼声日渐高涨。

2019 年 3 月 1 日，证监会正式发布《科创板首次公开发行股票注册管理办法（试行）》（下称《注册管理办法》）和《科创板上市公司持续监管办法（试行）》（下称《持续监管办法》），即日起，中国内地正式于科创板开放双层股权架构，允许公司进行表决权差异安排。这一举措旨在满足内地科创型公司对双层股权结构日益增长的需求，同时也是对观望中国证券市场的境外公司的回应。

在科创板开放之后，相应的信息披露、投资者权益保护、证券纠纷诉讼等制度也在中国金融市场开放的浪潮中得到了进一步完善。2019 年 11 月 8 日，最高人民法院就日前举办的第九次全国法院民商事审判工作会议印发会议纪要（下称"《九民纪要》"），统一了对人民法院审理金融消费者权益保护以及证券纠纷案件的裁判思路。同年 12 月 28 日，全国人大常委会通过新修订的《中华人民共和国证券法》（下称"新《证券法》"）回应了《九民纪要》中的相关裁判精神，并以立法的形式确认了此前只存在于交易所规则中的上市公司信息披露义务。

尽管双层股权结构的研究方法和理论框架日渐成熟，[①]金融监管和规则制定得以改进，但作为一项"舶来品"，在当前内地资本市场发展不成熟、配套体制仍有不足的情况下，其适用存在何种风险，该配之以怎样的制度构造，都是值得深思的问题。

既有文献主要集中于表决权差异化理论研究及域外制度考察，本土环境分析相对欠缺，配套制度研究更显薄弱。表决权差异化理论的研究主要围绕融资多样化与投资偏好差异需求来论证其正当性，如股东异质化理论、多峰偏好理论、资本扩展理论等；[②]域外制度研究考察了英、美、德、日等国以及我国香港地

① 王鹜然、胡波：《双层股权结构研究进展》，载《经济学动态》2018 年第 9 期。

② 汪青松、赵万一：《股份公司内部权力配置的结构性变革——以股东"同质化"假定到"异质化"现实的演进为视角》，载《现代法学》2011 年第 3 期；冯果：《股东异质化视角下的双层股权结构》，载《政法论坛》2016 年第 4 期。

区双层股权结构的创设、监督及股东特别保护措施;[①]而本土环境分析则侧重从企业需求出发,分析双层股权结构在中国适用的必要性和正当性,[②]对其本土化可能带来的风险及对应的配套制度尚没有过多的阐述。[③]

基于此,本文拟以科创板改革为背景,从科创型公司适用双层股权结构的本土动因入手,探析采用双层股权结构可能带来的风险,并尝试提出相关制度建议。

二、科创型公司适用双层股权结构的风险剖析

(一)容易致使外部控制权市场失灵

双层股权结构在帮助公司抵御敌意收购的同时,也导致了并购压力的减弱,使得资本市场的监督作用形同虚设[④]。

首先,双层股权结构限制了外部资本对公司的控制。由于特别表决权股无法在二级市场自由流通,外部资本进行收购时只能购买普通股。而实现对公司的控制又需要极大份额的股票,这使得外部资本难以与创始人相抗衡,也无法取得公司的控制权。

其次,创始人对公司各类事项享有绝对控制权,可以轻松阻断外部并购。特别表决权赋予了创始人一种在享有较小现金流量权时仍可掌握多数投票权的权

① 马一:《股权稀释过程中公司控制权保持:法律途径与边界——以双层股权结构和马云"中国合伙人制"为研究对象》,载《中外法学》2014 年第 3 期;黄臻:《双层股权结构有效运作的条件——基于美国与香港的实证研究》,载《上海金融》2015 年第 6 期;王乐锦、苏琪琪、綦好东:《我国国家特殊管理股制度构建:基于国外经验借鉴的研究》,载《经济学动态》2018 年第 9 期;平力群:《日本公司法修订及其对公司治理制度演化的影响——以种类股制度和股份回购制度为例》,载《日本学刊》2010 年第 5 期;沈朝晖:《公司类别股的立法规制及修法建议——以类别股股东权的法律保护机制为中心》,载《证券法苑》2011 年总第 5 卷,法律出版社 2011 年版。

② 马一:《股权稀释过程中公司控制权保持:法律途径与边界——以双层股权结构和马云"中国合伙人制"为研究对象》,载《中外法学》2014 年第 3 期。

③ 陈洁:《科创板注册制的实施机制与风险防范》,载《法学》2019 年第 1 期。

④ 黄臻:《双层股权结构下如何完善公司监督机制》,载《南方金融》2015 年第 9 期。

力。[①] 学者 Harry DeAngelo 和 Linda DeAngelo 在 1985 年进行实证研究，发现大多数的美国双层股权公司都赋予创始人足够的投票权，公司决策都离不开创始人的控制，[②]管理层控制权竞争压力减小，即使他们滥用表决权或无法胜任，也很难因外部资本绩效压力而被更换。[③]

(二)可能引发内部监督机制失灵

双层股权公司内部监督机制失灵主要表现在独立董事作用的丧失上，本文通过两个结构图来解释。

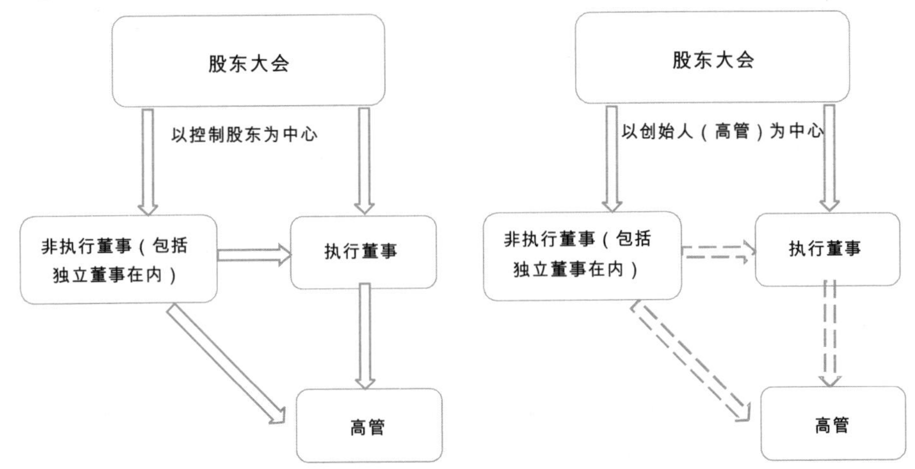

图 1　单层股权结构下公司内部监管机制　　**图 2　双层股权结构下公司内部监管失灵**

现代公司中，股东所持有的股份数与其享有的权利是相匹配的，通常持有不同股份数量的股东在董事会中拥有与其股权相应的代表董事，[④]董事会再投票

① Smart S B& Thirumalai R S& Zutter C J, What's in a vote? The short-and long-run impact of dual-class equity on IPO firm values, *Journal of Accounting and Economics*, Vol. 45, No.1.

② Harry DeAngelo& Linda DeAngelo, Managerial ownership of voting rights: A study of public corporations with dual classes of common stock, *Journal of Financial Economics*, Vol.14, No.1.

③ 韩宝山:《橘兮？枳兮？——权变视角下国外双重股权研究中的争议》，载《外国经济与管理》2018 年第 7 期。

④ 崔宏、夏冬林:《全流通条件下的股东分散持股结构与公司控制权市场失灵——基于上海兴业房产股份有限公司的案例分析》，载《管理世界》2006 年第 10 期。

决定管理层经营管理企业。

在单层股权结构下(见图 1),控制股东通过支配股东大会来决定董事的产生,董事会再投票选出高级管理人员,独立董事独立于控制股东和管理层进行抑制和监督。当高管损害公司或股东利益时,独董及由其担任主任的专门委员会行使监督权,约束和制止高管的不当行为,维护公司和股东利益。

而在双层表决权架构下(见图 2),创始人(在科创公司中往往是高管)可以通过对公司的人事决定权,影响甚至间接决定公司的经营事项,[①]图 1 中"资本雇佣人力"的情况发生了改变:高管可以行使特别表决权决定董事人选,类似"董事长兼总经理"的情况层出不穷,决策权和经营权高度重合。[②] 此时,董事会与高管的界限几乎消失:他们都属于管理团队成员,共同掌控超级表决权。[③] 高级管理人员(创始人)可以轻而易举地将自己的思想贯彻于整个公司,独董的监督作用完全消失。创始人对独董聘用和薪酬的决定权也会使独董无形中迎合其意见,以避免不同意见的发表。[④] 双层股权结构因此也被称为公司的"人治"而非"法治"。[⑤]

目前对上市公司独立董事比例的规定主要来自证监会发布的《关于在上市公司建立独立董事制度的指导意见》,它要求上市公司董事会成员中独董的比例不得少于三分之一,而联交所《主板上市规则》和上交所《上市规则》则均未涉及。在现行规定下,控制股东仍然可以通过控制董事会中的其他董事来影响独董的行为,作出损他利己的交易决策。[⑥]

同时,科创型公司存在高科技、高风险的特点,其独董也相应需要更高的财

---

① 朱大明、行冈睦彦:《控制股东滥用影响力的法律规制——以中日公司法的比较为视角》,载《清华法学》2019 年第 2 期。

② 陈希晖、邢祥娟:《确立劳动力资本,防范"内部人控制"》,载《科学管理研究》2003 年第 3 期。

③ 陈若英:《论双层股权结构的公司实践及制度配套——兼论我国的监管应对》,载《证券市场导报》2014 年第 3 期。

④ 苏欣:《上市公司内部监督机制失效成因及治理路径研究》,载《现代管理科学》2017 年第 1 期。

⑤ 参见 Geoff Colvin 的发言, Dual-class stock: Governance at the Edge, *Directors and Boards*, Vol.36, No.5.

⑥ 危钊强:《双层股权结构在香港地区的最新实践及对内地的启示——兼评联交所最新〈上市规则〉"不同投票权"章》,载《西南金融》2018 年第 8 期。

会、法律专业素养，以更好地监督公司事务。表决权的安排结构复杂，也需要独董投入更多的精力来进行监管。而目前，上市公司鲜有对独立董事任职资格的相关规定。

时间限制也是阻碍独董作用发挥的重要原因。独立董事往往是兼职的外部董事，有自己的本职工作或任职于多家公司，有效工作时间难以保证，不可能如全职高管般完全了解公司经营的详细信息。[①] 这种兼职或忙碌会限制独董的决策、行权能力，[②]并加大了其被管理层蒙蔽和控制的风险。

（三）容易诱发信息黑幕

信息披露是上市公司的基本义务，也是投资者得以自主掌握企业信息、识别企业价值、把握投资方向的重要途径。而由于信息披露具有经济后果，对公司享有实际控制权的股东往往会为了其特殊利益或公司的"形象管理"有选择地进行信息披露。[③] 而双层股权的引入，将使违规披露的成本大幅降低。

在单层股权科创公司，控股股东处于决策的中心，相较外部投资者而言具有显著的信息优势，他们利用自己的权力掏空公司时，往往会通过违规信息披露误导外部投资者。[④] 但考虑到科创公司创始人的特殊地位，控股股东无法独立掌握信息的控制权，且其掏空行为往往受到独董的抑制，信息不对称的程度得以控制。

而对双层股权科创公司来说，公司的创始人（高管）基于专业能力和"超级投票权"独立掌握着公司的内部信息，外部利益相关者几乎被排除在公司运营之外，信息的天平完全向创始人一方倾斜。加之双层股权结构下独董的抑制功能

① 李佳、刘道云：《上市公司高管薪酬畸高问题成因与规制》，载《上海金融》2018 年第 7 期。

② 邱静、谢雨霖：《大股东掏空与独立董事监督失效——以 ST 华泽为例》，载《财会月刊》2019 年第 17 期。

③ 宋璐、陈金贤：《我国上市公司年报业绩预告对股价影响的实证研究》，载《商业研究》2004 年第 19 期。

④ 屈文洲、蔡志岳：《我国上市公司信息披露违规的动因实证研究》，载《中国工业经济》2007 年第 4 期。

缺位,对创始人"自利行为"①的监管仅依赖于创始人自身的道德约束,信息不对称的加剧将为创始人的自利行为提供便利,双层股权试点很有可能成为信息黑幕的温床。

《注册管理办法》及《上市规则》虽明确了上市公司强制信息披露的事项范围和方式,但相关规则仍主要着眼于公众投资者的表决协助,有关双层股权公司外部投资者的特殊保护存在不足。2019 年 12 月 28 日最新通过的新《证券法》增设了信息披露专章,完善了强制信息披露的内容,扩大了信息披露义务人的范围,增强了对投资者保护的水平。其中,新《证券法》第 88 条第一次明确规定了投资者适当性制度,但相关制度的落实仍需进一步的规则细化。新《证券法》另一重大修订之处在于,对违法信息披露等违法行为的惩罚力度大幅提高。但其主要着眼于回应"注册制"全面放开后,"宽进严出"的政策目标,究竟能否对违规信息披露起到真正的遏制作用尚需斟酌。对此,笔者将于下文提出参考建议。

(四)导致关联交易风险激增

如上文所述,《上市规则》第五章至第九章规定了上市公司强制信息披露的有关事项。其中,对关联交易的信息披露要求集中于第七章。《上市规则》第 7.2.3 条、第 7.2.4 条规定了上市公司与关联人发生交易时信息披露及提供报告并提交股东大会审议的义务;第 7.2.8 条、第 7.2.9 条对具体程序进行了规定,明确了独董的认可在关联交易中的决定作用。第 7.2.5 条中规定了上市公司为关联人,特别是为控制股东、实际控制人及其关联方提供担保时的限制条件。上述规定虽为防范上市公司利用关联交易损害股东利益做出了一定的努力,但这些信息披露缺乏强有力的监管,事实上难以消解双层股权结构带来的关联交易风险。

---

① 由于科创型公司的创始人往往是公司的高级管理层,笔者参照管理层自利行为,对创始人自利行为进行如下归纳:(1)自我交易;(2)抵制来自外部的有利于股东价值的收购兼并;(3)拒绝对股东分红,转而投资净现值小于零的项目,以建立其"商业帝国";(4)增加在职消费与自身薪酬。Bebchuk L A& Fried J M& Walker D I, Managerial power and rent extraction in the design of executive compensation, *University of Chicago Law Review*, 2002, Vol.69 (3); Bebchuk L A& Fried J M, Executive compensation as an agency problem, *Journal of Economic Perspectives*, 2003, Vol.17 (3); Jensen M, Agency cost of free cash flow, corporate finance, and takeovers, *American Economic Review*, 1986, Vol.76 (2); Cotter J F& Zenner M, How managerial wealth affects the tender offer process, *Journal of Financial Economics*, 1994, Vol. 35 (1).

首先,关联交易成本降低。双层股权结构下,创始人少量持股即可控制公司,他们有更充裕的资金去设立公司或进行对其他企业的投资,易诱发“价值转移”,即将公司的优质资产转向其自身持有的高额股份的公司。① 同时,创始人关联交易的自身利益损害减少。创始人拥有的表决权与其剩余索取权不成比例,其在无法获得表决权比例下利益份额的同时,也无须承担相同表决权比例下可能负担的损失。②

其次,创始人的道德风险增加。双重股权结构为科创公司带来了控制权与现金流分配权的分离,创始人的人力资本价值凸显,他们无须高比例持股即可掌握公司控制权,容易产生机会主义思想,做出不利于公司和股东的行为。

Ronald W.Masulis, Cong Wang 和 Fei Xie 2009 年的研究表明,美国双层股权公司中,持有与现金流量权相比更多投票权的内部人往往会牺牲外部股东以获取更多的私人利益,具体而言,随着内部人控制权——现金流量权差距变大,首席执行官获得更高的薪酬,管理层进行低效收购和低净现值资本支出的可能性增加。③ 也有中国学者通过双层委托代理模型分析得出控制股东掏空程度与控制权和所有权分离程度成正比例关系这一相同结果,④这些均可说明,双层股权结构下,创始人关联交易的风险激增。

三、科创型公司适用双层股权结构的控制权约束

(一)保护公司控制权市场

1.限定特别表决权适用范围

《上市规则》第 4.5.10 条和《主板上市规则》第 8A.24 条均限定了特别表决权的适用范围。根据上交所规定,在改变每一特别表决权股的表决权数量时,不得适用不同投票权;在改变特别表决权股附带的其他权利如分红权时则无须受限。这为特别表决权股东利用投票权多数,在后期增加特别股的现金流量权而

---

① 黄臻:《双层股权结构下如何完善公司监督机制》,载《南方金融》2015 年第 9 期。

② 刘海东:《双层股权结构下的股东利益保护与董事的忠实义务》,载《东岳论丛》2018 年第 8 期。

③ Ronald W. Masulis&Cong Wang&Fei Xie, Agency Problems at Dual-Class Companies, *Journal of Finance*, Vol.64, No.4.

④ 彭小平、龚六堂:《控制股东的掏空行为与公司的股权结构及公司价值——基于双层委托代理模型的分析》,载《中国会计评论》2011 年第 3 期。

谋取自身利益创造了条件,该限制显然不如联交所上市规则完善。[①] 联交所规定表决"上市发行人自愿清盘"时不得适用不同投票权,而并未如上交所规定那般考虑到公司合并、分立、变更形式的情况,为控制股东进行关联交易和"掏空"行为留下了法律漏洞。[②] 由此可见,在特别表决权适用范围限定方面,两个交易所的上市规则都存在缺陷,可相互借鉴以完善各自的不足。如可将条文规定为:"上市公司股东对下列事项行使表决权时,每一特别表决权股份享有的表决权数量应当与每一普通股份的表决权数量相同:(一)对公司章程作出修改;(二)改变特别表决权股份的附带权利;(三)聘请或者解聘独立董事;(四)聘请或者解聘为上市公司定期报告出具审计意见的会计师事务所;(五)公司合并、分立、解散或者变更公司形式。"

2.引入期限性日落条款

学者提出,特别表决权退出制度的适用可以有效避免表决权过度集中的弊端,对抗控制权的滥用。[③] 美国 SEC 委员 Robert J. Jackson 在 2018 年的演讲中指出,要求投资者给予双层股权公司十足的信任是不合理的。[④] Lucian A. Bebchuk 与 Kobi Kastiel 的实证研究结论显示,由于与市场短期利益隔离,双层股权适用的成本与风险会随时间逐步上升,而期限性日落条款是最有效的解决方法。[⑤] 也有反对者提出科创板新规已有的事件性日落条款足以避免永久性双层股权公司的弊端,期限性日落条款的引入不符合公司与股东的最佳利益,影响交易所的竞争力。[⑥] 但从目前的公司实践来看,科创板新规已有的日落事项不足以避免双层股权适用所带来的外部控制权市场失灵的风险。科创板的开放是双层股权结构首度被引入大陆资本市场,为了增加市场的信任度,从制度上解决双

---

① 参见《科创板上市规则》第 4.5.10 条。

② 参见《科创板上市规则》第 8A.24 条。

③ 朱慈蕴、神作裕之:《差异化表决制度的引入与控制权约束机制的创新——以中日差异化表决权实践为视角》,载《清华法学》2019 年第 2 期。

④ See Robert J. Jackson, Perpetual Dual-Class Stock: The Case Against Coporate Royalty (US Securities and Echange Commission, Feb. 15 2018) <https://www.sec.gov/news/speech/perpetual-dual-class-stock-case-against-corporate-royalty> accessed 26 Dec. 2019

⑤ Lucian A. Bebhuk& Kobi Katiel, The Untenable Case for Perpetual Dual-Class Stock, *Va. L. Rev.*, Vol.103, 2017.

⑥ 傅穹、卫恒志:《表决权差异安排与科创板治理》,载《现代法学》2019 年第 6 期。

层股权内外部控制失衡的问题，双层股权制度应当引入强制的期限性日落条款。

现向科创板提出申请以双层股权结构上市的公司有“优刻得”与“九号智能”。两家公司的预披露文件显示，除了适用《上市规则》强制性转换事项外，两家公司都将双层股权的终止交由特别表决权持有者或股东大会决定。① 但是公司的创始人通常不愿主动终止双层股权结构，并且会千方百计地阻挠终止双层股权结构的决定。② 这样的双层股权终止安排，实际上会导致双层股权结构在公司中无限期存在。尤其是当公司的发展趋于稳定，企业进入成熟期时，双层股权结构已无存在的必要，此时特别表决权优势消减，表决权集中的弊端却日益凸显。③

此外，在优刻得的预披露文件风险的披露中显示，在上市 36 个月期限届满后，特别表决权持有者可以协商一致退出《一致行动人决议》，公司的控制权稳定性有不确定性风险，拥有特别表决权的创始人有可能通过单一行动对公司实施单一重大影响。④《一致行动人决议》失效后，单一创始人在缺乏外部市场控制下更容易作出不利于公司与股东的决定，并且会影响公司整体控制权的稳定，有违双层股权维持创始人团队对公司整体控制的初衷。在这种情况下，期限性日落条款的引入可以避免创始人团队“异心”所带来的风险，将公司的控制权交回外部市场，避免过于集中的表决权失去制衡所带来的弊端。

由于公司之间存在差异性，现难以提出一个具体的双层股权日落期限。笔者认为可由公司在上市前先提交双层表决权到期终止方案，再由交易所审查其期限是否符合公司创始人签署的《一致行动人决议》与公司的经营方案。如此，可以在公司自治与防范控制权失灵中找到一个平衡点，更有利于公司适用双层股权实现自身的健康可持续发展。

---

① 参见《中国国际金融股份有限公司关于优刻得科技股份有限公司首次公开发行股票并在科创板上市的发行保荐书》，2019 年 9 月 18 日；《关于九号机器人有限公司公开发行存托凭证并在科创板上市申请文件上海证券交易所审核问询函的回复》，2019 年 10 月 9 日。

② Andrew William Winden, Sunrise, Sunset: An Empirical and Theoretical Assessment of Dual-Class Stock Structures, Colum. Bus. L. Rev., Vol. 18, 2018, pp.854-951.

③ 周雅妮：《科创板表决权差异安排与中小投资者保护问题》，载《福建金融》2019 年第 10 期。

④ 参见《中国国际金融股份有限公司关于优刻得科技股份有限公司首次公开发行股票并在科创板上市的发行保荐书》，2019 年 9 月 18 日。

(二)完善内部监管制度

1.规定独立董事多数席位

有学者通过实证研究发现,在控制内生性之后的 2SLS 和 3SLS 回归中,独董比例与大股东资金占用显著负相关,[①]可见提高独董比例能有效促进公司治理。美国上市公司中,独董一般占据董事会 2/3 的席位,同时掌握审计委员会、薪酬委员会、提名委员会中的重要权力,极大地保证了内部董事和高管忠实义务的履行。[②] 因此,笔者建议在上市规则中规定独立董事必须占董事会多数,同时专门委员会中的独董多数必须由小股东提名,以强化公司的内部监管,保护中小股东利益。公司章程中也应当规定高管不得对独董施加不当影响,若违反此义务,董事会可以召开会议,投票开除该高管,且本人无表决权。[③] 公司可通过上述措施以保证独立董事的实质性独立。

2.提高独立董事专业胜任能力

《综合主板上市规则》第 8A.36 条规定,双层股权公司的董事、高管及公司秘书在公司上市前需要接受风险培训。此外,笔者建议,公司应将专业分析、判断能力以及职业背景纳入独立董事任职资格的考察范围,优先考虑能力强或拥有财会、法律、企业管理工作背景的人选,确保独董具备监督履职能力,从公司管理层面对独立董事的选任程序加以规范。公司在选择学者型独立董事时,在理论水平之外要注重对其实际经验的考察,避免"花瓶效应"。最后要严格控制独立董事向监事的流动、独立董事身兼数职等情况的出现,避免职业阶层化及上市公司间的人员固化。[④]

3.规定独立董事工作时间

笔者建议于《上市规则》中规定在双层股权公司中任职的独董只能专职服务于一家上市公司,不得同时兼职;或由上市公司将时间因素纳入独立董事的推选

① 叶康涛、陆正飞、张志华:《独立董事能否抑制大股东的"掏空"?》,载《经济研究》2007 年第 4 期。

② 刘海东:《双层股权结构下的股东利益保护与董事的忠实义务》,载《东岳论丛》2018 年第 8 期。

③ 李佳、刘道云:《上市公司高管薪酬畸高问题成因与规制》,载《上海金融》2018 年第 7 期。

④ 苏欣:《上市公司内部监督机制失效成因及治理路径研究》,载《现代管理科学》2017 年第 1 期。

中，优先考虑可以投入充分时间和精力的人选，同时增加独董的必要工作时间以加深其对公司具体情况的了解，平衡信息对称性。如华泽《独立董事工作制度》中要求“独立董事应当保证每年利用不少于10天的时间”对公司有关情况进行现场检查。①

4.设置专门的监督咨询机构

《主板上市规则》第8A.30条、第8A.31条规定，双层股权公司必须设立企业管治委员会，委员由独董担任，并赋予该机构审查监督关联交易的特权。尽管在双层股权结构下，控制股东对独董的“独立性”仍可产生很大的影响，而削弱管制委员会的约束监督作用，该机构仍然对保障外部股东的权益具有重大意义。除此之外，《主板上市规则》第8A.33条、第8A.34条规定双层股权公司自首次上市起就须委任常设合规顾问，公司在安排涉及双层股权的相关事项时必须询问合规顾问的意见。笔者建议《上市规则》借鉴联交所规则的相关条款，要求双层股权公司设置公司内部的专门监督咨询机构。

（三）强化信息披露监管

1.补充特殊披露事项

通过对科创板新规有关双层股权结构公司信息披露事项特殊要求的梳理（见表1），笔者拟对披露事项的特殊要求补充如下。

表1　:科创板双层股权结构公司信息披露事项范围梳理

双层股权科创公司信息披露规则	上交所	证监会
	规则	规定
披露事项特殊要求	(1)以年报形式披露双层股权结构的实施与变化情况、投资者利益保护措施实施情况； (2)及时披露相关事项的重大变化及调整。②	(1)差异化表决安排主要内容、相关风险、投资者保护措施； (2)保荐人和发行人律师对合规与否提供专业意见。③

其一，增设发行人“必要性披露义务”，引入“遵守反之则解释原则”。从域外

① 邱静、谢雨霖：《大股东掏空与独立董事监督失效——以ST华泽为例》，载《财会月刊》2019年第17期。

② 参见《上海证券交易所科创板股票上市规则》第4.5.12条。

③ 参见《科创板首次公开发行股票注册管理办法（试行）》第41条。

经验来看,表决权差异安排必要性的释明与否似乎对市场并无影响。[①] 但考虑到如今内地证券市场存在较多的“非理性”投资者,有关强制披露内容的监管缺乏细则、可操作性较低。如果不对发行人做出双层股权适用必要性的强制披露要求,市场将时刻处于危险状态。此外,由于表决权征集、金股制等替代性方案的存在,近来有关科创行业恶意收购风险畸高的说法又缺乏实证研究,必要性释明的尺度难以把握。有学者建议在此引入“遵守反之则解释原则”,即只有公司能够通过创始人价值、管理层业绩等具体内容,在招股说明书中证明,表决权差异化安排是公司解决其困境或者降低公司治理成本的最优解时,必要性才得以证明。[②]

其二,细化表决权差异安排的具体内容。信息披露文件应当详细指出特别表决权股份的持有人或受益人,包括上述主体的持股数量以及表决范围,特殊表决权股份的表决权比例、锁定期安排、转让限制的具体规定,等等。[③]

其三,强化发行人“安全性披露义务”。一方面,创始人应在招股说明书中披露公司管理层可以被信赖的事由,其中包括但不限于:其在上市前一定期间内公司管理行为的合法性;其在上市前的盈亏状况和成因,以及后续盈利的能力;为维护公司和股东利益所设置的特别规则或所为的特殊保护行为。另一方面,发行人应当设置不公平侵害的防御机制,以限制创始人团队的机会主义行为。[④]

其四,增设“特别表决权股东个人信息披露义务”。若公司侧重对外部股东的信息进行披露,科创板内众多机构投资者的信息需求就会无法得到满足,甚至可能因此怠于投资设有差异表决权的公司,科创板的生命力难以发挥。笔者建议科创板新规应特别要求特别表决权股东个人的信息披露,其中包括但不限于个人的身份信息、财务状况、任职经历、技术背景、业绩能力、所涉重大诉讼、仲裁等。

2.加强信息披露事后监管

---

① 陈若英:《论双层股权结构的公司实践及制度配套——兼论我国的监管应对》,载《证券市场导报》2014 年第 3 期。

② 商鹏:《双重股权结构的制度价值阐释与本土化路径探讨——以阿里巴巴集团的“合伙人制度”为切入点》,载《北方法学》2016 年第 5 期。

③ 朱慈蕴、神作裕之:《差异化表决制度的引入与控制权约束机制的创新 ——以中日差异化表决权实践为视角》,载《清华法学》2019 年第 2 期。

④ 陈若英:《论双层股权结构的公司实践及制度配套:兼论我国的监管应对》,载《证券市场导报》2014 年第 3 期。

科创板新规已经通过简化退市制度、增加中介机构责任有意识地从侧面加大了事后监管力度。但是上交所和证监会对违规信息披露行为的规制手段，除罚款、市场禁入以外，鲜有行之有效的惩罚手段。对此，新《证券法》对违法信息披露的处罚水平大幅提高。具体来看，2014 年《证券法》对违法信息披露的相关责任人员顶格罚款为 60 万元；[①]修订后的信息披露义务人违法报送报告和信息披露的，最高可处以 1000 万元的罚款；对直接负责的主管人员和其他直接责任人员最高额罚款也达 500 万元。相较于美国《萨班斯·奥克斯利法案》(Sarbanes-Oxley Act)，[②]目前违法信息披露的罚款力度已经有所改进。民事赔偿责任优先原则虽早已确立，却一直难以付诸现实；[③]证券刑事责任虽早已入刑，而实践中追究相应刑事责任的案例却并不多见；民事赔偿、行政处罚和刑事制裁规则分散、衔接不足等诸多问题依然存在。[④] 可见我国事后监管措施对单层股权公司的震慑力度尚且不足，对违规披露成本更低的双层股权结构公司则更显单薄。

对我国信息披露乱象丛生、投资者判断能力相对较低的资本环境而言，仅在科创板“2+6”制度框架下对双层股权结构上市公司进行信息披露监管，不足以彰显双层股权结构的特殊性和风险性。笔者建议，在证券法中特别加强对双层股权公司违规披露的处罚力度。对相关负责人的罚款不再设限，而是根据其具体财务状况灵活规定；同时，适当降低刑法中“证券欺诈”入罪门槛，从“定量”转向“定性”为主，使虚假陈述等违法信息披露案件受到刑法规制。[⑤] 另外，通过司法解释解决证券民事赔偿优先执行的程序规范，辅之以行政罚款、刑事罚金的暂缓入库制度以及财政回拨制度，使证券民事赔偿优先原则真正落地。[⑥] 最后，形

---

① 参见《证券法》第 193 条。

② 《萨班斯·奥克斯利法案》(Sarbanes-Oxley Act)规定，如果首席财务官和首席执行官故意违反法案规定而提供虚假、不准确的财务报表，将被处以高达 500 万美元的罚款和上至 20 年的监禁。

③ 陈洁:《证券民事赔偿责任优先原则的实现机制》，载《证券法律与监管》2017 年第 6 期。

④ 鲜铁可、刘博:《操纵证券市场行为的法律责任》，载《人民检察》2012 年第 4 期。

⑤ 鲜铁可、刘博:《操纵证券市场行为的法律责任》，载《人民检察》2012 年第 4 期。

⑥ 陈洁:《证券民事赔偿责任优先原则的实现机制》，载《证券法律与监管》2017 年第 6 期。

成证券监管与司法的执法合力，对行政执法与司法移送进行制度约束，在行政法规中明确适用刑事制裁的具体条款，将行为性质极其恶劣的负责人员移交刑事处罚，以引起发行人的重视，也帮助投资者做出全面和理性的判断。①

3.建立全方位审查机制

通过对科创板新规有关双层股权公司信息披露审查方式的梳理(见表2)，现将其特征归纳如下：(1)审查形式化；②(2)审查被动性；③(3)审查滞后性。④

表2 科创板双层股权结构公司信息披露审查方式梳理

双层股权科创公司信息披露规则	上交所规定	证监会规定
审查方式	上交所通过以下方式对上市公司信息披露进行直接审查： (1)审查信息披露文件、提出问询； (2)对比信息披露内容与登记公告内容。	证监会通过监督审查交易所的审核工作进行间接审查：⑤ (1)持续关注； (2)年度例行检查； (3)定期或者不定期按比例抽查； (4)发现问题时责令交易所整改。

基于上述特征，笔者建议在此引入以监管机构为主导的全方位审查机制。

其一，建立起科创板"投资人信息系统"，对个人投资者、机构投资者及其董、监、高和实际控制人的身份信息、职业背景、财务状况向监管机构留存备案，在投

① 商鹏：《双重股权结构的制度价值阐释与本土化路径探讨——以阿里巴巴集团的"合伙人制度"为切入点》，载《河北法学》2016年第5期。

② 参见《上海证券交易所科创板股票上市规则》第5.3.2条。

③ 上交所和证监会一般不主动调查有关信息，信息披露存在单向性。具体规定参见《上海证券交易所科创板股票上市规则》第5.3.1条。"

④ 上交所将上市公司信息披露电子化系统和上市公司或者上交所指定的信息披露平台有机联系，通过披露的信息与登记的公告内容对比检验披露信息的真实性，试图解决披露信息的证伪困境，但是该种检验方式存在过于滞后的局限性。具体规定参见《上海证券交易所科创板股票上市规则》第5.3.5条。

⑤ 参见《科创板首次公开发行股票注册管理办法(试行)》第61条、第62条。

资者与目标公司之间存在关联关系时需要进行申报。其二，增设交易频率方面的适当性义务（Quantitative Suitability Obligation），①进一步细化义务履行规则和监管规定。新《证券法》引入了美国证券交易委员会（SEC）“了解你的客户规则”和“投资者适当性规则”，②要求证券交易商于交易事前对客户投资者的投资概况进行尽职调查，并依据相关信息向监管机构证明以下内容：(1)合理基础的适当性义务（Reasonable-basis Suitability Obligation）：证券公司必须勤勉尽职以合理确信所做的推荐至少适合部分投资者。(2)特定客户的适当性义务（Customer-specific Suitability Obligation）：证券公司基于对投资者个别投资组合的了解，应当能够合理地确信其所做的推荐适合某特定投资者。笔者认为还应当在《证券法》和《证券期货投资者适当性管理办法》中引入“交易频率方面的适当性义务”，即投资者未因投资推荐而进行不必要的频繁交易，以避免内部人进行自我交易、内幕交易，对违规信息披露进行事前预防。

（四）降低关联交易风险

1.限定特别表决权幅度和比重

控制股东榨取利益的程度与其持股数成反比，与其持股数和实际控制股份的数量之比成正比。③ 要降低控制股东损害中小股东利益的风险，就必须限制特别表决权股和普通表决权股的差距，规定投票权差别的边界和普通股最低比重标准，避免控制股东通过大量发行特别表决权股的方式来抵消特别表决权股的表决权上限规定。④

上交所和联交所的规定一致：每份特别表决权股的表决权数量不得超过普通股的10倍，普通表决权比例不得低于10%。至于为何确定10倍和10%的限制，上交所并未给出解释。笔者认为，这里上交所借鉴了美国1985年NYSE下属委员会提交的上市意见稿中10∶1的建议和联交所的上市规则，对有关规定进行了移植。然而，在内地市场尚未成熟、中小股东保护机制尚不健全的背景下，该规定的设计是否合理，仍然有待考证。

---

① See Securities and Exchange Commission, Proposed Rule 2111 (Quantitative Suitability Obligation).

② 参见《证券法》第88条。

③ 黄臻：《双层股权结构下如何完善公司监督机制》，载《南方金融》2015年第9期。

④ 冯果：《股东异质化视角下的双层股权结构》，载《政法论坛》2016年第4期。

2.调整控制股东股权激励机制

公司高级管理人员的报酬通常由固定工资、年终奖、股票期权和长期激励计划受益构成。[①] 双层股权公司中高级管理人员(创始人)持股比例小,对公司投入的特殊人力资本与通过剩余价值获得的利益不成正比,其取得基于控制权的私人利益在一定程度上是必要的。[②] 股权比例越少,其寻租的激励就越强。[③] 而这种私人利益的获取往往会导致股东的自利行为。将这种私人利益控制在一定程度(不超过且不影响普通表决权股东利益的增加)而作为公开激励机制,可以有效预防其自肥行为。同时,公司通过调整对高管的股票期权和长期激励计划,合理提高股权激励性报酬,可以将管理层的利益与公司、股东的利益绑定在一起,使特别表决权股东和普通表决权股东的目标趋向一致,成为对管理层履职的正向激励。

3.健全惩罚机制

在双层股权公司中,控制权高度集中于创始人,管理层财务舞弊、关联交易、欺诈行为发生的风险大大增加,惩罚机制作为公司内部监管机制的保障,作用不容忽视。《上市规则》第十四章规定了控制股东、高级管理人员违反规则时的处理方法,主要包括采取书面警示、通报批评、公开谴责、限制交易等监管措施或纪律处分,约束力度不强。为形成有效震慑、维护中小股东利益,笔者建议明确公司管理层的财务报告责任,加强监管,同时还可针对控制股东、高管的犯罪行为专门制定处罚条例,提高犯罪成本。

(五)完善中小股东救济机制

1.完善股东诉讼机制

双层股权结构的开放会带来一系列监管缺失、管理团队违法成本降低的风险。对信息披露的要求与对双层股权结构的限制无法从根本上杜绝管理层的侵权现象,为约束和控制股东损害外部股东利益的自利行为,双层股权的引入还应

① 刘海东:《双层股权结构下的股东利益保护与董事的忠实义务》,载《东岳论丛》2018年第8期。

② 黄臻:《双层股权结构下如何完善公司监督机制》,载《南方金融》2015年第9期。

③ 刘红娟、唐齐鸣:《公司内部控制权的配置状态、寻租主体及治理机制分析》,载《南开管理评论》2004年第5期。

当辅以有效的股东救济机制。①

新《证券法》第 95 条第 3 款规定是一种变相的"退出制"集团诉讼。该规定中，经 50 名以上投资人委托的投资者保护机构可作为代表人参与集团诉讼，由投资者保护机构向法院登记经证券登记结算中心确认的权利人，除非投资者明确表示不参与诉讼。事实上，在投资者保护中心的介入下，单个投资者不需要自己向法院完成登记，参加诉讼由"明示加入"转变为"明示退出"，也解决了诉讼信息传达滞后的问题。由于选择"退出"的股东数量很少，"退出制"使集团诉讼能够包容空前规模的外部股东集团。请求赔偿金额的大量累计甚至能超过控制股东自利行为的违法收益，从而对其形成真正强大的威慑。② 证券集团诉讼能因此获得巨大的能量，从而遏制违法行为，规范市场环境，维护中小股东的合法利益。

这一规定在证券诉讼领域打破了我国《民事诉讼法》中的加入制集团诉讼，更是转变了 2002 年最高人民法院发布的《关于受理证券市场因虚假陈述引发的民事侵权纠纷案件有关问题的通知》明确的有关证券民事赔偿诉讼排斥集团诉讼形式的政策。③ 但是，新《证券法》将退出制集团诉讼局限在了投资者保护机构作为代表人的诉讼案件中，这一限制在实践中可能会引发适用障碍。其一，目前投资者保护机构主要是指中小投资者服务中心、证券投资者保护基金公司两个主体，数量较少，不足以应对退出制集团诉讼放开后的诉讼需求；其二，以投资者保护机构作为代表人为前提适用退出制集团诉讼，会一定程度上妨害受害投资者在诉讼中的主导权。对此，人大常委会委员李钺锋建议应当放宽限制，允许机构投资者担任诉讼代表人。④

---

① 陈若英：《论双层股权结构的公司实践及制度配套——兼论我国的监管配套》，载《证券市场导报》2014 年第 3 期。

② 杜要忠：《美国证券集团诉讼程序规则及借鉴》，载《证券市场导报》2002 年第 7 期。

③ 参见《关于受理证券市场因虚假陈述引发的民事侵权纠纷案件有关问题的通知》第四点："对虚假陈述民事赔偿案件，人民法院当采取单独或者共同诉讼的形式予以受理，不宜以集团诉讼的形式受理。"

④ 新京报：《证券法修订草案审议：委员建议授权检方提起证券公益诉讼》，载新京报网，http://www.bjnews.com.cn/news/2019/12/24/665750.html，访问日期：2019 年 12 月 29 日。

第95条集团诉讼机制位于证券法新设专章“投资者保护”中，其立法本意是给予投资者更有力的保护。笔者认为，在科创板这块试验田进一步放宽退出制集团诉讼的代表人限制，将机构投资者纳入诉讼代表人的范畴最为恰当。其一，科创板以机构投资者为主导，就虚假陈述等证券诉讼，机构投资者更具起诉动力，更容易发挥退出制集团诉讼对遏止公司违法行为的优势；其二，科创板双层股权的适用使中小投资者比同股同权公司中的投资者更易成为虚假信息披露的受害者，[①]而机构投资者在获取公司内部信息上更具优势，由机构投资者作为诉讼代表人启动退出制集团诉讼更有利于维护中小投资者的权益，使其获得平等赔偿。双层股权结构削弱了外部投资者对公司的控制权，在该股权结构下投资者权益更易被侵害。进一步扩大退出制集团诉讼中的代表人主体范围，尤其是允许机构投资者作为代表人启动诉讼，能够更好地在科创板领域发挥集团诉讼的优势，保护中小投资者的权益。

若将退出制集团诉讼开放至机构投资者主体，也将面临美国集团诉讼制度下多被人诟病的企业家律师问题。由于广大集团成员并没有选择和制约集团代表人和集团律师的有效手段，在律师风险酬金制下，为了迅速最大化自己的利益，原告律师通常具有进行和解的强烈愿望。加之实际决策者董事、高管的自利倾向，[②]被告公司也更愿意选择和解。达成和解协议需要双方的让步，如果原告方让步过大，再加上需要支付巨额的律师酬金和诉讼成本，就会导致集团成员的赔偿严重不足。为避免美国许多集团诉讼案件投资人获赔比例过低的问题，对被告方侵权事实明确、侵权手段恶劣、侵权数额巨大的案件，应确立以被告方全额赔偿为原则，辅之以先民后刑的司法政策，将赔偿金的积极支付作为刑事案件和行政处罚的重要减轻条件，以提高集团诉讼的执行效率。[③]

除了完善集团诉讼制度，新《证券法》还为控股股东、实际控制人、保荐中介

① 张宇:《论双层股权结构在我国的可行性》，载《河北企业》2019年第2期。

② 董事、高管享有的职务保险和责任补偿协议，依照法律和判例不得适用于判决赔偿，但可以用于和解。

③ 章武生:《我国证券集团诉讼的模式选择与制度重构》，载《中国证券法学》2017年第2期。

机构提供了先行赔付主动和解的路径。[①]《证券法》修订以前,虽已有万福生科、欣泰电气和海联讯案中保荐人或控股股东诉前主动赔偿的实践,但仅靠相关责任主体的自律性不足以完全发挥先行赔付制度的作用。为进一步鼓励责任主体以先行赔付的方式让投资者尽早获偿,缩短诉讼周期,应当以立法形式明确先行赔付的激励机制——行政和刑事处罚从轻从宽,提高投资者保护水平。[②]

2.增设自律仲裁组织

由于我国司法资源紧张、效率低下,在双层股权结构开放下引入非诉纠纷解决机制作为对投资者司法救济的补充成为当务之急。在双层股权公司中,因为内外部监管的缺失,内幕交易与操纵市场的发生概率大大上升。但我国目前仅仅赋予投资者以基于虚假陈述、欺诈等证券侵权案件的诉权,对公司操纵市场和内幕交易,投资者并不能直接寻求司法救济。因此,在司法救济缺位之时,更应发挥仲裁的优越性保障投资者的救济权。

我国《仲裁法》规定的是以地域为基准的仲裁机构设立体制,一直包揽证券争端解决的中国国际经济贸易仲裁委也并未设置专门的证券仲裁机构与规则。但证券纠纷本身涉及经济、金融等专业问题而更显复杂,对双层股权证券纠纷,内地缺乏经验。为了确保仲裁的质量与效率,我国应提高仲裁组织的行业性与专业性。有学者主张由交易所承担部分裁决功能,[③]但由于交易所具有分散性与差异性,无法保证证券仲裁规则的统一。而由证监会指定设立的专门的仲裁机构,既能保证证券纠纷裁判的一致性,也不会增加公共机构的财力与人力负担。[④]此处可参考美国 SEC 将证券业自律组织合并组成金融业管理局(FINRA),证券纠纷可由 FINRA 下设统一机构进行仲裁,适用统一的仲裁规则。同时,美国通过 SEC 与美国审计总署对证券纠纷解决机构的监管,将仲裁

---

① 《证券法》第 93 条规定,发行人因欺诈发行、虚假陈述或者其他重大违法行为给投资者造成损失的,发行人的控股股东、实际控制人、相关的证券公司可以委托投资者保护机构,就赔偿事宜与受到损失的投资者达成协议,予以先行赔付。先行赔付后,可以依法向发行人以及其他连带责任人追偿。

② 肖宇、黄辉:《证券市场先行赔付:法理辨析与制度构建》,载《法学》2019 年第 8 期。

③ 参见 2015 年上海证券交易所研究报告《承认双层股权结构 适应新型公司治理实践》第 9 页。

④ 陈若英:《论双层股权结构的公司实践及制度配套——兼论我国的监管配套》,载《证券市场导报》2014 年第 3 期。

纳入证券市场的统一监管体制。在内部规范与外部监督双重作用下,证券仲裁机构在保持其便利高效的特色之时,也保障了公正性。①

我国证券法中也有规定我国证券业协会指导的纠纷调解制度,立法者可基于此进一步完善证券纠纷解决机制,保护投资者的经济利益与证券市场的健康运行。科创板改革是内地首次开放双层股权结构,唯有配以充分的股东救济机制,这一新制度才能经得起实践的考验。

四、结语

随着科创板新规的接踵而至,双层股权制度正式于内地证券市场落地,但罗马不是一天建成的,双层股权制度亦如是。在内地证券市场配套措施缺位、投资者判断力相对较低的背景下,表决权差异安排在满足企业家精神的同时,也为外部投资者带来了风险。基于此,本文拟以科创板改革、金融市场开放为背景,以科创公司进行表决权差异安排之本土动因为切入,通过内地证券市场可能风险的分析及对成熟市场经验的借鉴,尝试提出对现有制度构造的建议,以期为内地股权新规添一小小注脚。

① 王克玉:《确立与完善我国证券侵权仲裁机制的路径分析——以美国证券仲裁机制的发展为视角》,载《法学论坛》2015 年第 2 期。

比较法研究

国际投资争端仲裁裁决在中国法院的承认与执行*

——兼论国家豁免立场的现代转型

张　建**

摘要：作为解决外国投资者与东道国政府间条约争端的有效方式，国际投资仲裁的拘束力取决于仲裁庭所作裁决得到国内法院的承认与执行。相比之下，《华盛顿公约》第54条确立了ICSID裁决的自动承认与执行机制，而对ICSID以外的国际投资仲裁裁决，中国尚存在法律漏洞，缺乏有效的法律规制。中国法院适用《纽约公约》承认与执行非ICSID投资仲裁裁决具有可行性，可节约立法成本，但必须首先通过立法机制对“商事保留”作出合理的解释。国家及其财产豁免的绝对主义立场，与当前“一带一路”建设及中国资本“走出去”的大环境具有不相适应性，亟待作出适当的调整。

一、引言

以解决外国投资者与东道国政府间投资条约争端为目标的国际投资仲裁机制近年来获得了前所未有的充分发展。从静态视角观察，其在全球范围内已经形

* 本文系2017年度司法部国家法治与法学理论专项任务课题“‘一带一路’沿线国家间投资仲裁制度研究”（项目编号：17SFB5018）、2019年度首都经济贸易大学科研启动基金项目“中国海外投资保护国际法体系现代化研究”（项目编号：02791965111305）的阶段性成果。

** 作者系首都经济贸易大学法学院讲师，硕士生导师，最高人民法院民事审判第四庭法官助理，法学博士。

成了国际投资条约的庞大网络,国际投资法制错综复杂,彼此间相互交织重叠,为外国投资者与东道国之间解决争端提供了坚实的法治保障。根据联合国贸易与发展会议(United Nations Conference on Trade and Development, UNCTAD)发布的《2019 年世界投资报告》统计,截至 2018 年 12 月 31 日,全球范围内的国际投资协定(International Investment Agreement, IIA)总数达到 3317 项,其中包括 2932 项双边投资条约(Bilateral Investment Treaty, BIT)和 385 项含有投资条款的国际条约(Treaties with Investment Provisions, TIP)。2018 年内,世界各国新缔结了 40 项 IIA,有 24 项 IIA 自本年度终止生效,9 项已缔结的 IIA 自该年度开始生效,在全部的 IIA 中,已生效的国际投资协定共有 2658 项。[①] 从动态角度观察,外国投资者依据条约对东道国政府提起的国际投资仲裁案件频发,涉华投资仲裁案件引发高度关注。[②] 自 1987 年 7 月 8 日启动的亚洲农产品公司诉斯里兰卡案起算,截至 2019 年 1 月,已知的根据 IIA 提起的投资者与国家间的仲裁案件已达 942 起,有 117 个国家至少在一起案件中被推上被申请人的席位,单在 2018 年新增的 71 起案件中就有 41 个国家遭遇国际投资仲裁索赔。[③]

中国自 1982 年与瑞典签订第一项 BIT 以来,迄今已对外签订了 130 多项 BIT 及 17 个自由贸易协定(Free Trade Agreement, FTA)。[④] 其中,诸多 BIT 与 FTA 规定东道国政府与外国投资者之间可通过国际仲裁方式解决因东道国违反条约而产生的投资争端。其中,根据 1965 年《解决国家与他国国民间投资争端公约》(以下简称《华盛顿公约》)成立的解决投资争端国际中心(International Center for Settlement of Investment Disputes,简称 ICSID)是最重要的国际投资仲裁机构,但

---

① UNCTAD, *World Investment Report* 2019: *Special Economic Zones*, Geneva and New York, United Nations Publication, 2019, p.99.

② 梁咏:《国际投资仲裁中的涉华案例研究——中国经验和完善建议》,载《国际法研究》2017 年第 5 期。

③ UNCTAD, Fact Sheet on Investor-State Dispute Settlement Cases in 2018, *International Investment Agreements Issues Note*, Issue 2, 2019, p.1.

④ 目前,我们正在与 27 个国家进行 12 个自贸协定的谈判或者升级谈判,主要包括《区域全面经济伙伴关系协定》、中日韩、中国—挪威、中国—斯里兰卡、中国—以色列、中国—韩国自贸协定第二阶段、中国—巴基斯坦自贸协定第二阶段谈判,以及中国—新加坡、中国—新西兰自贸协定升级谈判等。参见《中国已达成 17 个自贸协定》,载商务部:http://fta.mofcom.gov.cn/article/fzdongtai/201809/38860_1.html,访问日期:2019 年 7 月 10 日。

却并非是解决国际投资争端的唯一选项。2000 年后，中国在签署第三代 BIT 时所采取的争端解决条款文本中，通常确立四种投资仲裁方式供外国投资者单方选择：第一，依据《华盛顿公约》及《ICSID 仲裁规则》提交仲裁；第二，依据《ICSID 附加便利规则》提交仲裁；第三，依据《联合国国际贸易法委员会仲裁规则》(United Nations Commission on International Trade Law Arbitration Rules，以下简称《UNCITRAL 仲裁规则》)提交仲裁；第四，如争端所涉的各方当事人(投资者与东道国)一致同意，可向其他仲裁机构或依据其他仲裁规则提交仲裁。国际投资仲裁作为解决投资者与国家间争端的一种方式，其目的在于定纷止争。与调解、和解等大多数替代性争议解决方式不同，仲裁的优势之一在于能够对所裁判的争议作出有约束力的决定，一旦裁决作出，当事人将履行裁决，这是每一份仲裁协议隐含的条件。在实践中，有统计数据表明，大多数仲裁裁决确实能够得到自动履行，但是，在国际仲裁实践中，败诉方拒绝履行的例证亦不鲜见。① 鉴于仲裁属于典型的社会救济，仲裁程序本质上属于民间性的“私程序”，仲裁庭并不具备强制执行仲裁裁决的权力，因此，当败诉方拒绝承认和履行裁决时，胜诉方当事人只得求诸国内法院或其他具有公权力的机关，通过公权力的行使实现强制执行裁决的目标。② 只有仲裁裁决所载明的款项得到财产所在地法院的承认与执行，胜诉方的权益才能得到保障。相比之下，中国接受的前述四类国际投资仲裁选项中，采取第一类方式作出的 ICSID 裁决，可以依照《华盛顿公约》的规定在缔约国领土内申请承认和执行，而后三类裁决的承认与执行，则尚无统一的、明确的法律依据。考虑到 ICSID 裁决与非 ICSID 裁决在承认与执行时适用不同的法律体系，本文将分别探讨：首先，中国法院应如何理解和适用《华盛顿公约》相关条款，从而为承认与执行 ICSID 裁决确立明确的条件与程序？其次，对非 ICSID 裁决，现有的法律规则是否具有相应的制度安排，如若欠缺，司法者应如何回应制度缺位？在今后的缔约实践中又应当采取何种立场，其内在理据何在？为了使讨论更具针对性，本文的写作紧密围绕中国现有的法律制度与仲裁实践，对其他国家法院承认与执行国际投资仲裁裁决的法律与实践进行参考、对比和借鉴，为我国法院今后处理类似案件提供建言。

① 霍政欣：《国际私法》，中国政法大学出版社 2017 年版，第 341 页。

② 赵健：《国际商事仲裁的司法监督》，法律出版社 2000 年版，第 151 页。

二、我国法院适用《华盛顿公约》执行 ICSID 裁决的制度保障

(一)ICSID 裁决承认与执行的法律依据

国际投资仲裁能否发挥预期效果,解决投资者与国家间的争端,其关键在于仲裁庭所作出的裁决能否得到承认和执行。

裁决的承认和执行是有区别的,二者分处于仲裁的两个不同阶段。所谓裁决的承认,是指法院认可该裁决所确认的当事人之间的权利与义务在其境内具有法律效力,肯定该裁决具有拘束力;所谓裁决的执行,是指法院在承认裁决效力的基础上,依照法律规定的执行程序,对裁决中载明的金钱给付义务予以强制执行。[①] 相较之下,承认不涉及执行地国关于国家豁免的法律规定,执行则须受到执行地国法律(包括国家豁免法)的管辖。

《华盛顿公约》第 53 条第 1 款确立了 ICSID 裁决的终局性和败诉方的自动履行义务,该条款规定:"裁决对双方当事人具有约束力,不得进行任何上诉或采取除本公约规定外的任何其他补救办法。除依照本公约有关规定予以停止执行的情况外,每一方应遵守和履行裁决的规定。"该款确立了三方面核心内容:首先,对 ICSID 裁决的错误进行审查和追诉必须在公约自身设定的补救办法之内进行,而不受任何外在监督和制约;其次,ICSID 裁决的约束力仅限定于争议的双方当事人,而不及于任何第三方,但这一点颇受质疑,当仲裁庭发布的裁决履行方是东道国的政治区分单位或东道国向中心指派的机构时,东道国政府自身是否受裁决约束,仍需视情况而定;再次,并非 ICSID 仲裁庭作出的所有决定都以裁决书的方式呈现,更不用说最终裁决,根据公约第 48 条第 3 款,只有裁决处理当事人提交至仲裁庭的每一个问题且说明所依据的理由时,该裁决才确定无疑是终局的。[②] 具言之,仲裁庭认定自身无管辖权的决定以及对所有实体争议事项作出裁断的决定可以被归入裁决的范畴,但仲裁庭仅仅能确认具有管辖权的决定并非最终裁决,因为案件的最终裁判结果有待于仲裁庭对争议的所有实

---

① 刘仁山主编:《国际私法》,中国法制出版社 2019 年第 6 版,第 533 页。

② Lucy Reed, Jan Paulsson, Nigel Blackaby, *Guide to ICSID Arbitration*, 2nd edition, Alphen aan den Rijn, Kluwer Law International, 2011, p.182.

体问题进行审理后方可得出。[①] 再如,仲裁庭签发的关于中间措施的程序命令,亦不属于第53条第1款中具有终局性的裁决。[②]

《华盛顿公约》第54条第1款规定了ICSID裁决的自动承认与执行机制。不同于第53条第1款只约束双方当事人,第54条第1款针对公约所有的缔约方。该条款规定:"每一缔约国应承认依照本公约作出的裁决具有约束力,并在其领土内履行该裁决所施加的财政义务,正如该裁决是该国法院的最后判决一样。具有联邦宪法的缔约国可以在联邦法院或通过该法院执行裁决,并可规定联邦法院应把该裁决视为组成联邦的某一邦的法院作出的最后判决。"根据该条款,公约的所有缔约国均有义务承认和执行ICSID裁决,裁决的胜诉方不仅可以向投资东道国或投资者母国申请承认和执行裁决,而且可以向其他缔约国申请承认与执行ICSID裁决,胜诉方当事人有权选择其认为最可能成功执行裁决的国家,此种选择主要是考虑败诉方在该国是否具有可供扣押和执行的财产,以及该国在国家豁免方面是否采取限制豁免主义。

《华盛顿公约》第54条第3款规定:"ICSID仲裁庭所作裁决的执行应受执行地国法律的支配"。孤立地解释,该条款只阐明了裁决的执行程序依据国内有关执行的立法。具言之,在当事人提出承认与执行的申请后,执行裁决的国内程序遵循各国规范判决执行的法律,以我国为例,《中华人民共和国民事诉讼法》第三编对民事执行程序的规范及与执行程序相关的司法解释应予适用。为此目的,公约缔约国应向ICSID指定主管此项工作的适当法院或其他当局。[③] 而从体系解释的角度审视,第54条与第55条相得益彰,第55条规定:"第54条的规定不得解释为背离任何缔约国现行的关于该国或任何外国执行豁免的法律。"两个条款相互补充,意在强调:ICSID裁决的执行,应当从属于被请求执行地的国内程序法规范,但在国家豁免方面,法院地国根据条约或习惯国际法所承担的国

① 根据《华盛顿公约》第53条第2款,ICSID仲裁裁决包括仲裁庭所作出的裁决书、仲裁庭或特设委员会对裁决所作出的解释、修改、撤销等任何决定。

② 张建:《ICSID投资仲裁裁决的撤销问题——以〈华盛顿公约〉第52条的理解与适用为中心》,载黄进、肖永平、刘仁山主编:《中国国际私法与比较法年刊》(第二十卷),法律出版社2018年版,第271页。

③ Rudolf Dolzer and Christoph Schreure, *Principles of International Investment Law*, 2nd edition, Oxford, Oxford University Press, 2012, p.310.

际义务亦应得到尊重而不得予以背离。①

《华盛顿公约》第 69 条规定:"每一缔约国应采取在其领土内实施本公约的规定所必要的立法或其他措施。"例如,美国为了在其国内执行《华盛顿公约》,制定了《美国法典》第二十章第 1650 条与第 1650a 条,据此,根据公约作出的 ICSID 仲裁裁决在其国内有权受到与美国各州法院作出的终审判决同等的充分信任。② 相较之下,中国在这方面尚没有达成具体的安排。③

(二)ICSID 裁决承认与执行的制度特征

综合《华盛顿公约》的以上约文,相比于《纽约公约》体系下外国仲裁裁决的承认与执行,ICSID 裁决的承认与执行具有如下典型特征:

第一,对 ICSID 裁决适用自动承认机制。依据第 53 条第 1 款,ICSID 裁决对争端当事方具有对人效力,各方不得采取上诉或公约以外的其他救济机制,这俨然排除了内国法院对 ICSID 裁决的司法审查。尤其是,当裁决作出之后,败诉方负有直接的履行义务,若不履行,将诱发国际法上的国家责任。而依据第 54 条第 1 款,ICSID 裁决对缔约国具有对世效力,各缔约国不得以公约之外的任何理由拒绝承认和执行,甚至国际商事仲裁中最为重要的公共秩序保留亦不适用于 ICSID 裁决的执行。当然,自动承认执行机制并不意味着败诉方不得对 ICSID 裁决的任何错误进行追诉。事实上,《华盛顿公约》体系下设了专门的撤销程序来实现对裁决的内部监督和纠错,但理论界与实务界普遍认为,ICSID 撤销机制的适用情形极为有限,其发挥作用的空间甚为有限,且运作效率和实际效果不佳,亟待予以完善。④

第二,ICSID 裁决的承认和执行多采取简易程序。依据第 54 条第 2 款,各缔约国应指定本国承认和执行 ICSID 裁决的主管法院或其他机构,并将此种指

---

① 张潇剑:《论 ICSID 仲裁裁决的承认与执行》,载《西北大学学报(哲学社会科学版)》2010 年第 4 期。

② Ralph H. Folsom, Principles of International Litigation and Arbitration, St. Paul: West Academic Publishing, 2016, pp.181-182.

③ 中国早在 1993 年即成为《华盛顿公约》缔约国,但截至目前却仍然尚未向 ICSID 秘书长指定主管 ICSID 裁决执行的法院或其他机构,也没有通过立法或相关司法解释明确投资仲裁裁决在中国大陆的执行问题,这一点令人匪夷所思。薛源:《投资者与东道国争端仲裁与我国法律机制的衔接》,载《国际商务——对外经济贸易大学学报》2017 年第 5 期。

④ 祁欢、管宇钿:《ICSID 仲裁撤销制度之完善》,载《国际经济法学刊》2016 年第 2 期。

定或任何变动及时通知 ICSID 秘书长。多数国家均指定本国的某一法院负责此类工作，少数国家指定某一国家行政机关专司此职，例如，比利时和莱索托指定本国的外交部、塞拉利昂指定本国财政部、拉脱维亚指定本国司法部等。在确定执行地的主管法院或机构之后，对胜诉方当事人而言，申请承认与执行 ICSID 裁决时须提交的文件资料简单明了，仅需提供经秘书长核正无误的裁决书副本即可，秘书长的核正本身即足以表明裁决的真实性，主管法院将不再对其另行审查即予以承认并执行。

第三，作为限制，公约仅要求缔约国在其领土内执行 ICSID 裁决中的金钱义务，执行程序依据执行所在的法院地法，且缔约国有关执行豁免的法律不受影响。就 ICSID 裁决的内容和救济而言，公约并未作出详细的限定，从学理上分析，申请人可主张的救济类型包括多种形式，既可要求财产损害赔偿，亦可要求精神损害赔偿。① 相应地，仲裁庭可作出的裁决也是多元的，既可以包括承担金钱赔付内容的裁决，也可以是确权、恢复原状、实际履行等裁决。② 对 ICSID 裁决的内容，其大体上可以归类为金钱款项与非金钱款项。公约第 53 条第 1 款中要求争端当事双方应遵守和履行裁决，第 54 条第 1 款要求缔约国承认 ICSID 裁决，均包括裁决中的所有内容，但第 54 条第 1 款中规定缔约国有义务在其领土内执行裁决，此类义务则仅限于 ICSID 裁决中的金钱义务。③ 换言之，对 ICSID 裁决中的非金钱义务，原则上应由争端当事国自动履行，其他缔约国没有协助执行的义务，只有裁决中的金钱义务方可向其他缔约国申请强制执行。这种对裁决内容的区分是《华盛顿公约》体系下 ICSID 承认与执行机制所特有的，《纽约公约》并无类似的制度设计。

---

① 刘晓华：《国际投资仲裁中法人精神损害赔偿标准——以 ICSID 案例为视角》，载《中山大学法律评论》2017 年第 2 期；朱明新：《国际投资仲裁中的精神损害赔偿研究》，载《现代法学》2011 年第 5 期。

② 王艺琳：《国际投资仲裁裁决的救济类型分析——兼论非金钱性救济在国际投资仲裁裁决中的运用》，载《北京仲裁》2016 年第 4 期。

③ 所谓"金钱义务"，即支付预定违约金、罚款或其他支付损害赔偿金的义务。一旦裁决构成已决案件，能被强制执行的只是其中支付一定金额的义务，但对非金钱义务只能由争端当事国自动履行，其他缔约国自动执行 ICSID 裁决的义务并不延伸到对否定或肯定的禁令的执行或特别履行。参见黄进主编：《国际商事争议解决机制研究》，武汉大学出版社 2010 年版，第 450 页。

(三)ICSID 裁决承认与执行的程序制约

如前文所述,作为原则,ICSID 裁决是终局性的,对争端当事方及缔约国均具有约束力和执行力。但作为例外,ICSID 裁决的承认与执行程序也受内在纠错程序的制约。根据《华盛顿公约》第 50 条第 2 款、第 51 条第 4 款、第 52 条第 5 款,在争端一方或双方申请对裁决进行解释、修改、撤销时,如果仲裁庭或特设委员会认为情况有此需要,可以在作出决定前停止执行裁决。如果申请人在申请书中要求停止执行裁决,则裁决应暂停执行,此即 ICSID 裁决承认与执行程序中的中止执行制度(Stay of Enforcement)。[①]

从法律规范来看,可能导致裁决暂停执行的情况有两类:第一类是仲裁庭或特设委员会依据自由裁量权在情况必要时酌定中止执行,公约用词为"可以"(may);[②]第二类是争端当事方在提出裁决解释、修改、撤销的同时要求中止执行裁决,此时"应当"(shall)暂停执行,应理解为法定中止执行。之所以在上述两类情形下对 ICSID 裁决中止执行,是为了等候仲裁庭或特设委员会作出解释、修改或撤销的决定,弥合裁决的执行程序与纠错审查程序之间的冲突和罅隙。具言之,在当事人提出裁决解释、修改或撤销的申请后,执行程序暂停进行,如果裁决被撤销,则执行根据不复存在;如果裁决被修改,则执行根据发生变更;如果裁决经过仲裁庭的解释而更加明确,则有助于廓清执行对象。鉴于此,在符合法定事由的前提下暂时中止裁决的执行,虽然在一定程度上会延缓裁决内容的实现、拉低争议解决的效率,但可以避免裁决在执行后才发现执行有误而不得不予以回转或救济,因此,其对保障仲裁的公正性具有现实意义,实践中也不乏

---

① Paul D. Friedland, "Stay of Enforcement of The Arbitral Award Pending ICISD Annulment Proceedings", in Emmanuel Gaillard et al., eds., *Annulment of ICSID Awards*, Juris Publisher, 2004, p.177.

② 作为首例,2013 年 3 月,SGS 诉巴拉圭案的特设委员会拒绝了败诉东道国一方以申请撤销裁决为由提出的中止执行仲裁裁决的请求。本案中,ICSID 仲裁庭在 2012 年 2 月作出裁决支持 SGS 的仲裁索赔,判定巴拉圭败诉应支付赔偿。2012 年 6 月,巴拉圭提出撤销裁决的申请,并在特设委员会组成之后申请中止裁决执行程序,特设委员会指出《ICSID 仲裁规则》第 54 条第 4 款要求申请中止执行的一方必须举证证明存在暂停执行的必要性并担保败诉后继续执行,但乌拉圭未满足证明要求,因此拒绝中止执行本案裁决。See SGS Société Générale de Surveillance S.A. v. The Republic of Paraguay, ICSID Case No. ARB/07/29, Decision on Paraguay's Request for the Continued Stay of Enforcement of the Award, 22 March 2013.

缔约国法院中止执行 ICSID 裁决的案例。[①] 并且,由于国际投资仲裁中存在"早期驳回程序",因此毋庸担忧裁决的败诉方或借助撤销机制实现"拖延战术",或滥用撤销申请权。总体来看,ICSID 裁决的中止执行制度是对承认与执行程序的纠偏,从而在仲裁的效率与公正价值间寻求平衡,我国政府或投资者在解决国际投资争端时须善加利用。

表 1　部分 ICSID 仲裁裁决承认与执行情况一览

争端当事方	案件编号	执行法院	承认与执行程序的要点
班邦公司诉刚果共和国	ICSID Case No. ARB/77/2	法国巴黎民事法庭;巴黎上诉法院;法国最高法院	巴黎民事法庭向班邦公司签发附有限制条件的执行令;经上诉,巴黎上诉法院删除了执行限制条件;执行阶段,法国最高法院认定刚果商业银行与刚果政府是不同的法律实体,不予执行裁决的金钱义务。[②]
西非混凝土工业公司诉塞内加尔	ICSID Case No. ARB/82/1	法国巴黎民事法庭;巴黎上诉法院;法国最高法院	巴黎民事法庭确认裁决真实性并即刻签发执行令;塞内加尔以执行豁免权为由提起上诉,巴黎上诉法院撤销执行令;法国最高法院撤销上诉法院的判决,裁定执行令有效,塞内加尔同意仲裁即应当承认裁决,执行令不构成可援引执行豁免权的行为。[③]

① 2013 年,ICSID 仲裁庭对米库拉诉罗马尼亚案作出裁决,判定投资者胜诉,罗马尼亚政府应支付 7.5 亿罗马尼亚列伊赔偿。后罗马尼亚拒绝履行裁决,胜诉方后向欧洲法院(EC)申请承认与执行本案裁决。2015 年,欧洲法院认定该项裁决所载金额构成一项非法的国家援助,因此判令罗马尼亚不应支付。投资者向欧盟普通法院(GCEU)申请撤销欧洲法院的判决,同时向英国商事法院申请承认与执行 ICISD 裁决。英国为了在国内实施《华盛顿公约》而专门颁行了 1966 年《英国仲裁(国际投资争端)法》,依据《华盛顿公约》,英国有义务自动承认和执行 ICSID 裁决,但鉴于本案争议事项属欧盟法院排他管辖的纠纷,英国商事法庭于 2017 年 1 月 20 日决定中止执行 ICSID 裁决。本案引发英国仲裁界对国际法与欧盟法的关系及英国脱欧问题的热议。Catriona E. Paterson, "English Courts Stay Enforcement of ICSID A-ward", Accessed August 1, 2019, https://www.latham.london/2017/02/english-courts-stay-enforcement-of-icsid-award.

② See S.A.R.L. Benvenuti & Bonfant v. People's Republic of the Congo, ICSID Case No. ARB/77/2, Paris Court of Appeal Decision, 26 June 1981.

③ See Société Ouest Africaine des Bétons Industriels v. Senegal, ICSID Case No. ARB/82/1, French Court of Cassation Decision, 11 June 1991.

续表

争端当事方	案件编号	执行法院	承认与执行程序的要点
利比里亚东方木材公司诉利比里亚共和国	ICSID Case No. ARB/83/2	美国纽约南部地区法院;哥伦比亚特区上诉法院	纽约南区法院依《华盛顿公约》确认裁决并将裁决金额转化为单方判决,据此发布执行令冻结利比里亚应收取的轮船吨税等税费及利比里亚大使馆的银行账户。利比里亚提出撤销执行令的动议,法院予以批准,理由是上述资产不属于美国《外国主权豁免法》中执行豁免例外的商事财产。①
AIG资本公司诉哈萨克斯坦	ICSID Case No. ARB/01/6	英国高等法院	AIG依据英国1966年《国际投资争端(仲裁)法》在英国高等法院获得注册裁决的许可,法院对哈萨克斯坦的债权托管机构出具第三方债务临时扣押令,哈萨克斯坦申请撤销扣押令。法院认定,中央银行财产依据英国1978年《国家豁免法》第14条第4款享有执行豁免,撤销扣押令。②

二、我国法院适用《纽约公约》执行非ICSID裁决的可行性

(一)我国加入《纽约公约》时提出的"商事保留"及其阐释

如前文所述,ICSID裁决在《华盛顿公约》缔约国的承认与执行中具有自动性及独立性,此类裁决往往超出仲裁地法律而独立存在,被学理上常被称为浮动裁决(floating award)或非内国裁决(a-national award)。③ 有学者比喻称,对

① See Liberian Eastern Timber Corporation v. Republic of Liberia, ICSID Case No. ARB/83/2, US District Court for Southern District of New York II, 12 December 1986; US District Court for District of Columbia Decision, 16 April 1987.

② See AIG Capital Partners, Inc. and CJSC Tema Real Estate Company Ltd. v. The Republic of Kazakhstan, ICSID Case No. ARB/01/6, Judgment of the English High Court of Justice on Enforcement, 20 October 2005.

③ 杜新丽主编:《国际民事诉讼与商事仲裁》,中国政法大学出版社2009年版,第241页。

ICSID 仲裁而言,在仲裁当事人合意的基础上产生的仲裁裁决,从其诞生之时起便开始起飞(take off),消失在苍天(firmament),只着陆于裁决执行地。[①] 相较之下,非 ICSID 投资仲裁的地域性色彩更强,裁决的承认与执行受到更为严格和更为宽泛的审查。[②] 一方面,裁决执行地的国内法对承认与执行外国仲裁裁决的规制将适用于非 ICSID 仲裁;另一方面,裁决执行地加入的国际公约(如 1958 年《纽约公约》)也为国内法院审查裁决的承认与执行提供了法定程序及拒绝事由。[③] 通常认为,1958 年《纽约公约》是国际商事仲裁乃至整个国际商法领域条约编纂最为成功的范例,截至 2019 年 7 月,该公约已有 159 个成员国。[④] 我国于 1986 年正式加入了《纽约公约》,该公约自 1987 年 4 月 2 日起对我国生效。《纽约公约》第 1 条第 3 款规定:"任何国家亦得声明,该国惟于争议起于法律关系,不论其为契约性质与否,而依提出声明国家之国内法认为系属商事关系者,始适用本公约。"根据公约该款规定,商事关系的定性是依据各声明国家的国内法来确定的,据此,我国在加入公约之际提出了"商事保留"。

全国人民代表大会常务委员会于 1986 年 12 月 2 日通过了《关于我国加入〈承认及执行外国仲裁裁决公约〉的决定》,其中规定:"中华人民共和国加入《承认及执行外国仲裁裁决公约》,并同时声明:1.中国只在互惠的基础上对在另一缔约国领土内作出的仲裁裁决的承认与执行适用该公约;2.中国只对根据中华人民共和国法律认定为属于契约性和非契约性商事法律关系所引起的争议适用该公约。"1987 年 4 月 10 日,最高人民法院在《关于执行我国加入的〈承认及执行外国仲裁裁决公约〉的通知》[法(经)发〔1987〕5 号]第 2 条中对"契约性和非契约性商事法律关系"作了具体的列举,其中明确将外国投资者与东道国政府之

---

① 韩德培主编:《国际私法问题专论》,武汉大学出版社 2004 年版,第 431 页。

② Muruga Perumal Ramaswamy, "Enforcement of ICSID and Non-ICSID Arbitration Awards and The Enforcement Environment in BRICS", *International Journal of Business, Economics and Law*, Vol.15, No.2, 2018, p.73.

③ 刘晓红、袁发强主编:《国际商事仲裁法案例教程》,北京大学出版社 2018 年版,第 337 页。

④ The New York Arbitration Convention: List of Contracting States, Accessed August 17, 2019, http://www.newyorkconvention.org.

间的争端排除在商事法律关系的范畴之外。[①]

事实上,从我国现行的主要立法规范来分析,可知我国法律明确区分私法性质的民商事关系和公法性质的行政关系。公民、法人、其他组织以平等主体身份参与市场活动所形成的财产关系和人身关系,属于民商事关系,此类法律关系所引发的争议的解决强调当事人主体身份的平等性和争议解决的自愿性。相比之下,行政关系属于典型的公法范畴,具有隶属性,是以国家行政管理机关代表国家的意志和利益,按照指令和服从原则建立起来的权利义务关系。不过,当国家以独立的民事主体身份平等地参与市场活动时,则国家与其他主体之间形成的是平等的民商事关系,即使国家以国库财产为基础参与市场交易,例如发行国库券、国债等,也并不能改变法律关系的拟制平等特征。[②] 国家行政管理机关通过行使行政权能而在市场管理活动中与行政相对人产生的法律关系,则为行政关系。我国《仲裁法》第 2 条将可仲裁事项的范围明确限定为平等主体的公民、法人、其他组织之间发生的合同纠纷和其他财产权益纠纷,尽管这一可仲裁事项的范围可以作宽泛解释,但立法者显然无意将晚近出现的投资者与国家间的争端囊括在内。而事实上,我国仲裁机构虽然达 250 多家,但只有中国国际经济贸易仲裁委员会[③]与北京仲裁委员会制定了专门的投资仲裁规则。[④] 这也表明,国际投资仲裁并非我国仲裁机构主要的受案来源,在较长的一段时间内,我国的仲裁机构甚至将受案范围仅限于平等主体之间的商事案件,这足可见商事仲裁与投资仲裁之间所存在的裂隙。此外,我国《仲裁法》第 3 条第 2 款明确规定依法应由行政机关处理的行政争议不能仲裁,而外国投资者与东道国政府间的国际投资争端中有相当一部分是因政府的外资管理活动引发的行政争议,这类争议显然被排除在可仲裁事项之外。鉴于此,前述最高人民法院于 1987 年发布的通知中列明了“商事保留”,将投资仲裁裁决排除在《纽约公约》的适用范围之外,这

---

① 杜新丽:《论外国仲裁裁决在我国的承认与执行——兼论〈纽约公约〉在中国的适用》,载《比较法研究》2005 年第 4 期。

② 王利明:《民法总则研究》,中国人民大学出版社 2003 年版,第 47 页。

③ 《中国国际经济贸易仲裁委员会国际投资争端仲裁规则(试行)》自 2017 年 10 月 1 日起施行,http://cietac.org.cn/index.php? m=Page&a=index&id=389,访问日期:2019 年 9 月 14 日。

④ 《北京仲裁委员会/北京国际仲裁中心国际投资仲裁规则》自 2019 年 10 月 1 日起施行,http://www.bjac.org.cn/news/view? id=3543,访问日期:2019 年 9 月 14 日。

是根据全国人大立法部门 1986 年保留声明的立法本意以及我国国内立法的规定所作出的合理解释。如果将投资争端视为商事纠纷，不加解释地径直将投资裁决纳入《纽约公约》的适用范围之内，无疑是对我国现行法律立场的重大挑战，并不属于因法律适用而产生的司法解释权限范围内，而是逾越到了立法者的选择范畴。进一步分析，即使删除了最高人民法院 1987 年通知中“但不包括外国投资者与东道国政府之间的争端”等措辞，仍然会产生根据我国国内法对“商事”保留的具体含义引发的争议，且很难得出投资争端属于商事争议的当然理解。对这一问题的解决，需要立法者予以介入并作出合理的引导，通过立法机制明确中国法院适用《纽约公约》承认并执行非 ICSID 投资仲裁裁决的基础。

（二）中国对外缔结投资条约时对《纽约公约》的纳入

不同于国内法上因“商事保留”而产生的暧昧与争议，在中国对外签署 BIT 的缔约实践中，已经有个别的投资争端解决条款对商事争议与投资争端的两分法进行了调整，从而突破了现有的国内法律规定，明确投资者与国家间的仲裁裁决适用《纽约公约》予以承认和执行的合法性。

表 2

<table>
<tr><th>条约名称</th><th>相关条款</th><th>具体规定</th></tr>
<tr><td>1991 年中国与捷克斯洛伐克 BIT</td><td>第 9 条第 4 款</td><td>仲裁裁决应由缔约双方根据 1958 年关于承认和执行外国仲裁裁决的《纽约公约》予以承认和执行。</td></tr>
<tr><td rowspan="2">2008 年中国与墨西哥 BIT</td><td>第 17 条</td><td>应任一争端方的请求，依本节提起的任何仲裁应在《纽约公约》缔约国内进行。</td></tr>
<tr><td>第 20 条第 6 款</td><td>缔约各方应在其领土内采取一切必要措施以有效执行依本条作出的裁决，并应为执行以其为当事一方的程序作出的任何裁决提供便利。</td></tr>
<tr><td rowspan="2">2004 年中国与瑞典 BIT 议定书</td><td>第 1 条第 5 款</td><td>任何依照《UNCITRAL 仲裁规则》进行的仲裁，根据争端任何一方的请求，应在作为 1958 年《纽约公约》缔约方的国家之间进行。</td></tr>
<tr><td>第 1 条第 6 款</td><td>任何依照本条作出的仲裁裁决应是终局的，并对争端各方有拘束力。争端各方应毫不延迟地执行任何此类裁决的规定，并对在其境内执行裁决作出规定。</td></tr>
</table>

值得一提的是,中美 BIT 谈判最早由美方于 1986 年提出,此后搁置,直至 2008 年重启。① 由于双方的意见分歧比较明显,实质性进展缓慢,随后因美国对 2004 年 BIT 范本进行修订而导致谈判一度搁置。美国 2012 版 BIT 范本②公布后,2012 年 6 月第四轮中美战略与经济对话重启 BIT 谈判。③ 在此后的一年多里,中美 BIT 谈判进行了九轮技术性磋商,但进展不大。在 2013 年 7 月第五轮对话中,中美双方同意以准入前国民待遇和负面清单为基础开展中美 BIT 实质性谈判,打破僵局。此后,谈判进程迅速加快。2015 年 6 月,双方首次交换了负面者名单出价,谈判进入新阶段。2016 年 7 月,中美为达成 BIT 而开展了第 26 轮谈判。随后,中美 BIT 谈判工作先后因 2017 年美国大选与 2018 年中美贸易摩擦而再次陷入搁置状态。④ 当下,距中美 BIT 首次谈判已有十余年时间,这一工作却迟迟未能完成。

2012 年版美国 BIT 范本在第 25 条第 2 款、第 28 条第 1 款、第 34 条第 9 款、第 34 条第 10 款中都明确提及《纽约公约》在投资者与国家间争端解决中的重要作用。其中,第 25 条第 2 款系针对仲裁协议的形式有效性作出的规定。⑤ 相较之下,第 34 条第 10 款更直接地阐明国际投资争端属于《纽约公约》项下的“商事”关系,因而,此类裁决可适用该公约寻求承认与执行。⑥ 与此同时,2012 年版美国 BIT 范本第 34 条第 7 款明确规定:“各缔约方都应对裁决在其境内的执行作出规定”。事实上,这与中方提供的谈判文本是一致的,中方文本第 34 条第 5 款第 5 项亦规定:“各缔约方均应对终局裁决在其境内的执行作出规定”。具言之,如果两国的 BIT 谈判达成一致,则需要解决国际投资仲裁裁决在国内

---

① 张远岸:《中美续谈双边投资协定且年启动负面清单谈判》,载《新世纪周刊》2014 年第 28 期。

② 美国先后有 1982 年、1994 年、2004 年和 2012 年四个双边投资协定范本。参见[美]范德威尔德:《美国国际投资协定》,蔡从燕等译,法律出版社 2017 年版,第 1 页。

③ Huiping Chen and Karl P. Sauvant, “Negotiations on the Bilateral Investment Treaty between China and the USA: Consensus, Controversies and Prospect”, *Journal of International Economic Law*, Vol. 19, No. 4, 2012, p.107.

④ 王茜、季显娣:《重启中美 BIT 谈判的重要性》,载《WTO 经济导刊》2018 年第 6 期。

⑤ 2012 年版美国 BIT 范本第 25 条第 2 款规定:“根据本章提交的仲裁和根据第 1 款作出的仲裁同意,应当满足《纽约公约》第 2 条的书面仲裁协议要求。”

⑥ 2012 年版美国 BIT 范本第 34 条第 10 款规定:“根据本章提交仲裁的一项申请应被视为产生于《纽约公约》第 1 条意义上的商事关系或交易。”

的执行问题，对ICSID裁决，固然应适用《华盛顿公约》自动承认并执行，而对非ICSID裁决，则要进一步论证其承认与执行所依据的法律路径。

(三)我国法院适用《纽约公约》执行非ICSID裁决的利弊分析

如前文所言，尽管我国国内法中并没有明文规定非ICSID投资仲裁裁决的承认与执行事宜，但从恪守条约义务、维护负责任大国形象的立场出发，我国在既往缔结的BIT以及中美BIT谈判的进程中，均肯定了采取ICSID以外的方式解决投资者与国家间争端的合法性。为了维持缔约立场的一致性和法律秩序的稳定性，对ICSID以外的国际投资仲裁裁决，我国有义务保障其能够在本国法院顺利得以承认和执行。

对国内立法所隐存的空白，《纽约公约》的适用提供了有效的"漏洞填补"机制。将《纽约公约》适用于承认和执行非ICSID投资仲裁裁决，存在以下优势：首先，《纽约公约》允许缔约国法院承认和执行投资仲裁裁决；其次，适用《纽约公约》执行非ICSID裁决已经成为国际通行的普遍做法；再次，适用《纽约公约》执行非ICSID裁决有利于平衡双向投资利益，该公约在明确缔约国原则上有义务执行公约裁决的同时，又在第5条设置了若干拒绝承认和执行公约裁决的法定事由，这些拒绝执行的事由，在一定程度上构成了对仲裁裁决的司法审查事由，使执行地的国内法院有权力对错误裁决进行救济；此外，适用《纽约公约》执行非ICSID裁决既可履行高标准的投资保护义务，又有助于"倒逼"国内依法行政；最后，相较于专门颁布单行的国内立法，直接援用《纽约公约》执行非ICSID裁决，可以在一定程度上节约立法成本。

不过，《纽约公约》的适用并不能完全解决非ICSID裁决在中国法院的承认与执行问题，其适用范围和制定初衷决定了其适用于投资仲裁具有局限性。原因在于，基于我国所提出的"互惠保留"，只有在另一公约缔约国领土内作出的裁决方可依据公约在我国法院申请承认与执行，而对仲裁地在非公约缔约国领土内作出的投资仲裁裁决，则无法援引《纽约公约》向我国法院申请承认与执行。① 对这些既不能适用《纽约公约》也不能适用《华盛顿公约》的国际投资仲裁裁决，其在我国法院的承认与执行适用何种法律框架取决于裁决的国籍。具言之，我

① George A. Bermann, *Recognition and Enforcement of Foreign Investment Awards: The Interpretation and Application of the New York Convention by Nation Courts*, Gewerbestrasse, Springer International Publishing, 2017, p.184.

国《民事诉讼法》第283条主要采用仲裁机构所在地标准,而并未采用国际上通行的仲裁地标准,以裁决是否由国外仲裁机构作出为依据来判断某一仲裁裁决是外国仲裁裁决还是我国仲裁裁决。就目前而言,由于中国内地的仲裁机构尚未实际管辖过国际投资争端,事实上大多数非ICSID裁决均可被视为外国仲裁裁决,此类裁决如不符合《纽约公约》的适用范围,则我国法院只能依据《民事诉讼法》第283条所规定的司法协助条约或互惠原则来审查承认与执行的申请。① 此外,相比于《华盛顿公约》,《纽约公约》对国家豁免这一阻碍投资仲裁裁决执行的"症结"问题并未给出任何直接的回应。

表3　部分非ICSID仲裁裁决承认与执行情况一览

争端当事方	执行依据	执行法院	承认与执行程序的要点
萨尔纸业公司诉波兰共和国	德国与波兰BIT第11条第4款规定,国际投资仲裁裁决应根据《纽约公约》予以承认和执行。	德国法兰克福上诉法院;德国联邦最高法院	德国投资者根据《斯德哥尔摩商会仲裁院仲裁规则》在苏黎世对波兰政府提起投资仲裁并获得胜诉裁决。德国法兰克福上诉法院裁定执行该裁决,波兰以投资者提交的材料不符合《纽约公约》第4条为由提起上诉,德国最高法院维持了执行裁决的决定,认定本案仲裁协议由BIT规定而非双方约定,裁决真实性无争议。②
萨德玛耶诉俄罗斯联邦	德国与苏联BIT第10条第4款规定,国际投资仲裁裁决应依据《纽约公约》予以承认和执行。	德国柏林高等法院;德国联邦最高法院	萨德玛耶向斯德哥尔摩商会仲裁院对俄罗斯提起投资仲裁并获得胜诉裁决。俄罗斯向瑞典法院申请撤销裁决遭驳回,投资者向德国法院提出过30次执行措施申请,包括政府展览设备、航空公司在俄罗斯过境的应付费用等。德国最高法院认定,过境通行费具有公共性质,享有执行豁免权。后投资者在德国科隆找到产权人为俄罗斯的住所并提出执行申请,终获执行。③

① 张建:《论国际投资仲裁裁决在中国的承认与执行》,载《南华大学学报(社会科学版)》2017年第2期。

② See Saar Papier Vertriebs GmbH v. Republic of Poland, UNCITRAL, IISD News Story on the Award, 5 January 2004.

③ See Mr. Franz Sedelmayer v. The Russian Federation, SCC, Decision of Oberlandesgericht Köln, 29 November 2010.

续表

争端当事方	执行依据	执行法院	承认与执行程序的要点
沃尔斯特诉泰国	德国与泰国 BIT 第 9 条规定了缔约国之间的投资仲裁机制，第 8 条允许投资者运用此种争端解决机制。	德国柏林上诉法院；德国联邦最高法院	德国投资者沃尔斯特根据《UNCITRAL 仲裁规则》在瑞士日内瓦对泰国提出投资仲裁申请，诉称泰国违反 BIT 的实体保护条款，仲裁庭认定投资者胜诉。德国柏林上诉法院认定裁决具有可执行性，且执行不违反公共政策。后德国最高法院推翻上诉法院判决，指出本案应适用管辖豁免。①
雪弗龙公司诉厄瓜多尔共和国	美国与厄瓜多尔 BIT 第 6 条第 6 款，缔约国应当在其领土内无延误地执行裁决的各个款项。	美国纽约南部地区法院；哥伦比亚特区上诉法院	投资者依据《UNCITRAL 仲裁规则》在海牙对厄瓜多尔提起投资仲裁索赔并获得胜诉裁决。后投资者依据《纽约公约》向美国法院申请承认与执行裁决，厄瓜多尔依据《外国主权豁免法》《纽约公约》第 5 条提出不予执行的抗辩，并以荷兰的未决上诉申请中止执行，美国法院驳回异议，准许承认并执行裁决。②
英国天然气集团公司诉阿根廷	阿根廷与英国 BIT 第 8 条第 4 款规定，仲裁裁决具有终局性，且对双方当事人具有约束力。	美国哥伦比亚特区地区法院；哥伦比亚特区巡回法院；美国联邦最高法院	英国投资者根据《UNCITRAL 仲裁规则》在华盛顿哥伦比亚特区对阿根廷提起投资仲裁索赔并获得胜诉裁决，哥伦比亚特区的地区法院与巡回法院均确认了裁决，最高法院认为，未遵守当地诉讼的前置条件不妨碍仲裁程序，最终确认了裁决。③

① See Walter Bau AG v. Kingdom of Thailand, UNCITRAL, Judgment of Germany's Federal Court of Justice, 6 October 2016.

② See Chevron Corporation and Texaco Petroleum Corporation v. The Republic of Ecuador, UNCITRAL, PCA Case No. 2009-23, Order of the United States District Court for the Southern District of New York on Chevron Corporation v. Donziger et al., 4 March 2014; Judgment of the US Court of Appeal for the District of Columbia, 4 August 2015.

③ See BG Group Plc. v. The Republic of Argentina, UNCITRAL, Judgment of the Supreme Court of the United States, 5 March 2014.

续表

争端当事方	执行依据	执行法院	承认与执行程序的要点
加里宁格勒诉立陶宛共和国	立陶宛与俄罗斯 BIT 第 10 条第 3 款规定，各缔约国应在国内法院依据本国法院执行裁决。	立陶宛初审法院；维尔纽斯上诉法院；立陶宛最高法院；法国巴黎上诉法院	加里宁格勒(借款人)向立陶宛贷款后未按期偿还，立陶宛将信贷利益转让给杜克公司，杜克公司在伦敦国际仲裁院对借款人提请仲裁获得胜诉，立陶宛法院为执行该裁决而查封并出售了借款人的不动产。借款人依 BIT 向国际商会仲裁院对立陶宛提出仲裁申请，仲裁庭认定无管辖权。借款人向巴黎上诉法院申请撤销裁决，法院认定 BIT 未授权仲裁庭管辖因法院执行裁决而产生的征收争议，驳回撤销申请。①
梅特克拉德公司诉墨西哥	《北美自由贸易协定》(NAFTA)第 1136 条第 4 款规定，各缔约国应在国内执行依据本协定作出的仲裁裁决。	加拿大英属哥伦比亚特区最高法院	美国投资者依据《ICSID 附加便利规则》在加拿大哥伦比亚特区温哥华市对墨西哥政府提出仲裁申请并获得胜诉裁决，墨西哥向加拿大法院申请撤销裁决。法院认定，本案争端具有国际性和商事性，适用《国际商事仲裁法》。仲裁庭对 NAFTA 第 1105 条“国际法”的解释有误，构成超裁，因此撤销部分裁决，其他部分予以执行。②

三、国家豁免理论在投资仲裁裁决执行中的适用

如前文所言，在 ICSID 裁决作出后，败诉方自动履行是实现裁决所载款项的“主旋律”。作为例外，当败诉方拒绝主动履行裁决义务时，胜诉方只能选择向公约缔约国的国内法院申请承认与执行该裁决，此时便不可避免地要遭遇国家

---

① See Kaliningrad Region v. Lithuania, ICC, Judgment of the Paris Court of Appeal on Application to Set Aside Award, 18 November 2010.

② See Metalclad Corporation v. The United Mexican States, ICSID Case No. ARB (AF)/97/1, Challenge to the Arbitral Award, 2 May 2001.

财产执行豁免这一难以攻克的“理论堡垒”。[①] 事实上，国内法院以国家豁免为由拒绝执行国际投资仲裁裁决，这也是国际社会所公认的唯一一项执行阻却事由。[②] 在《华盛顿公约》缔约国在他国法院主张执行豁免并获得批准的案例中，以利比亚东部伐木公司诉利比亚案最为典型。本案中的外国投资者是法国国民，因利比亚在败诉后未自动履行 ICSID 裁决，投资者前往美国纽约南方地区法院请求以利比亚在美国的特定财产作为执行对象以实现裁决权利。利比亚提出执行豁免的抗辩，该美国法院依据 1976 年《美国外国主权豁免法》第 1610 条 a 项判定，被请求执行的利比亚财产属于专用于利比亚主权职能的税收收入，而非商业财产，因此不具可执行性。随后，投资者又获得一份查封令，冻结利比亚大使馆在华盛顿特区的银行账户，但美国哥伦比亚特区法院撤销了这份查封令，理由是：一方面，美国于 1972 年批准了《维也纳外交关系公约》，大使馆的财产据此享有外交豁免权，利比亚使馆的银行账户免于查封；另一方面，根据 1976 年《美国外国主权豁免法》，利比亚大使馆银行账户内的资产具有公共属性，这些账户享有主权豁免权，因而不受冻结。[③] 由此可见，国家主权豁免是阻却国际投资仲裁裁决在缔约国承认与执行的首要限制。

目前，国际上虽然广泛接受国家主权豁免作为一项习惯国际法业已确立，但关于绝对豁免主义与限制豁免主义的立场对立仍然存在。[④]《华盛顿公约》第 55 条明确规定：第 54 条的规定不得解释为背离任何缔约国现行的关于免除该国或任何外国予以执行的法律。即该缔约国如果不放弃主权豁免，依其现行法律可

---

① 银红武：《拒绝履行之 ICSID 裁决的解决路径》，载《国际经贸探索》2016 年第 5 期。

② 肖芳：《国际投资仲裁裁决在中国的承认与执行》，载《法学家》2011 年第 6 期。

③ Liberian Eastern Timber Corporation v. Republic of Liberia, ICSID Case No. ARB/83/2, US District Court for District of Columbia Decision, 16 April 1987.

④ 此外，学理上还经常论及废除豁免论、平等豁免论，前者目前只停留于少数学者的学说结论，实际上尚没有哪个国家采用，后者是在绝对豁免说与限制豁免说之间的一种折中，还有待进一步发展、完善，这两种国家豁免理论并非主流，在国际投资仲裁中亦鲜少提及，因此不予评述。参见何其生主编：《国际私法入门笔记》，法律出版社 2019 年版，第 49 页。

以免除者,即可依据第55条提出抗辩。[①] 长久以来,理论界普遍认为,即便东道国政府自愿放弃管辖豁免,也并不意味着自动放弃执行豁免。[②] 正因为无条件地无限放弃国际投资仲裁裁决的执行豁免权与广大发展中国家立场相悖,为了顺利推动公约的起草和谈判,《华盛顿公约》特意保留了各缔约国的执行豁免权,这既是各方博弈的结果,也是为了捍卫东道国政府的外资规制主权所做出的制度选择,但是其对获得胜诉裁决的外国投资者而言却成为一道申请执行裁决时所难以逾越的"鸿沟"。[③]

在CDC诉塞舌尔案的撤销程序中,专门委员会指出:尽管公约第55条规定了国家豁免,但第53条中明确规定了根据裁决承担债务的一方应负遵守及履行裁决的责任,任何其他条款都不能减损第53条的适用效果,这意味着,在被诉东道国败诉后未能自动履行裁决时,投资者可请求其母国政府出面,就未履约方的迟延履行责任向国际法院提出主张。[④] 类似的,在MINE诉几内亚案的撤销程序中,专门委员会主张:国家豁免主义的确可以为ICSID裁决在公约缔约国的强制执行中提供一项有力的法律抗辩,但其决不能据此免除拒绝履行方根据公约第53条承担的遵守裁决的义务;事实上,正因为争端当事国拒绝遵守公约第53条的义务,其才会被当事人寻求至缔约国法院强制执行,而即便争端当事国豁免于强制执行,其仍然负有遵守裁决和公约义务的基础责任。[⑤]

---

① 这一规定的主要意义,是鉴于主权国家都享有主权豁免权,以外国或在其国内请求执行仲裁裁决的国家作为对象的仲裁裁决,在一个国家内执行时,为了避免因主权豁免问题产生困难,故规定缔约国应把中心裁决视为本国法院的国内判决。但是在裁决的强制执行已经确定不可能的情况下,不负裁决强制执行的义务,因为对一个国家要求执行裁决,在一定范围内要受该国法律及适用主权豁免原则的制约。参见姚梅镇:《国际投资法》,武汉大学出版社2011年第3版,第413页。

② Andrea K. Bjorklund, *State Immunity and The Enforcement of Investor-State Arbitral Awards*, Oxford, Oxford University Press, 2009, p.302.

③ 黄世席:《国际投资仲裁裁决执行中的国家豁免问题》,载《清华法学》2012年第6期。

④ CDC Group plc v Republic of the Seychelles, ICSID Case No. ARB/02/14 (Annulment Proceeding), Decision on Whether or Not to Continue Stay and Order, 14 July 2004.

⑤ Maritime International Nominees Establishment v. Republic of Guinea, ICSID Case No. ARB/84/4, Interim Order No.1 on Guinea's Application for Stay of Enforcement of the Award, 12 August 1988.

近年来，中国学界始终致力于推动制定《中华人民共和国外国国家豁免法》，拟定不同版本的学者建议稿[①]并指出国家豁免立场转型对国际争端解决的重要意义。[②] 然而，截至目前，我国当下仍然坚持绝对主义的国家豁免立场，限制豁免论的建议尚未被立法者正式采纳。[③] 这种绝对豁免主义的立场，在中国改革开放初期具有特定的历史意义，但从当下"一带一路"建设的大环境下观察，固守绝对豁免论无益于增强中国投资者与投资东道国的互信与合作，也不符合《联合国国家及其财产管辖豁免公约》所代表的国际主流趋势，这种立场亟待调整。从长远来看，如果中国投资者对东道国政府提起投资仲裁，对方以中国坚守绝对豁免为由抗辩管辖权或拒绝执行裁决，将大大削弱国际投资仲裁方式解决海外投资争端的有效性。鉴于此，中国有必要审时度势，在尊重国际主流趋势的前提下，适时、合理地调整本国的国家豁免立场，在国际社会层面发展互利互信、真诚合作的人类命运共同体理念，方可顺利推动国际投资仲裁裁决在各国的承认与执行。[④]

值得一提的是，如果被申请承认与执行仲裁裁决的法院地国坚守绝对豁免立场，外国投资者仍可借助于母国政府的介入来缓和裁决无法获得承认与执行的尴尬困局。具言之，当作为《华盛顿公约》缔约国的东道国政府在国际投资仲裁中遭遇败诉时，如果其拒绝自动履行 ICSID 裁决，即已经违反了公约第 53 条第 1 款规定的遵守裁决义务，从而即刻产生了国家责任。在这种情形下，作为胜诉方的外国投资者可以请求其母国政府介入，根据公约第 27 条第 1 款恢复行使外交保护权或对此提起国际求偿。不过，在实践中，投资者母国很少通过外交保护或国际求偿的方式实现 ICSID 裁决，而是更多地采取报复或经济制裁措施迫

---

① 朱子勤：《关于〈中华人民共和国外国国家豁免法〉建议稿的说明》，2008 年中国国际私法学会年会论文集，第 653～658 页。

② 张连举、袁茜：《国家管辖豁免的转向——以"一带一路"工程商业争端为视角》，载《政法学刊》2019 年第 3 期；肖永平、张帆：《美国国家豁免法的新发展及其对中国的影响》，载《武汉大学学报（哲学社会科学版）》2007 年第 6 期；黄进、曾涛、宋晓、刘益灯：《国家及其财产管辖豁免的几个悬而未决的问题》，载《中国法学》2011 年第 4 期。

③ 这一立场在美国 FG 公司诉刚果（金）案中体现得淋漓尽致，关于本案的深入探讨，参见张英：《论国家绝对豁免原则在香港特别行政区的适用——以美国 FG 公司诉刚果案二审判决为视角》，载《暨南学报（哲学社会科学版）》2012 年第 7 期。

④ 张建：《投资仲裁中国家执行豁免问题的法律思考》，载《研究生法学》2016 年第 1 期。

使争端缔约国履行裁决,阿根廷在一系列投资争端赔偿裁决中的履行即为典例。[①] 阿根廷在2001至2002年之际,为应对经济危机而采取了一系列应对措施,这些举措客观上使外国投资者利益受损,因此遭遇了数十起国际投资仲裁索赔案件,其中有4起案件的仲裁庭判定阿根廷政府败诉,须支付赔偿。然而,阿根廷自2007年至2013年始终未曾履行裁决规定的支付赔偿金的义务。于是,美国作为投资者母国联合有关的国际金融组织共同对阿根廷采取了一连串的经济制裁措施,包括中止阿根廷的普惠制地位、阻止阿根廷从世界银行处获得贷款等。最终,阿根廷同意以主权债券的方式支付高达5亿美金的赔偿。

四、结语

如同国际商事仲裁那样,在国际投资仲裁的当事人对仲裁程序或仲裁庭的裁决不满时,可寻求法定的救济和追诉机制。因提起仲裁的根据及适用的仲裁规则不同,导致有权受理裁决异议的机构也不同:对ICSID仲裁而言,只能向特设委员会申请撤销裁决,缔约国法院应自动承认和执行裁决;对根据《UNCITRAL仲裁规则》进行的非ICSID投资仲裁,仲裁地及裁决执行地的国内法院享有司法审查权,《纽约公约》中拒绝承认与执行裁决的法定事由存在适用空间。[②]

鉴于ICSID投资仲裁裁决与非ICSID投资仲裁裁决适用不同的法律依据,因此,我们应分别探讨其在我国的承认与执行问题。一方面,我国作为《华盛顿公约》的缔约国,应当尽快履行条约义务,现有国内法体系与公约义务还缺乏有效的接轨机制,难以实现"无缝对接"。[③] 基于此,尽管采取在国内实施公约所必需的立法措施,依据公约的规定指定人民法院作为承认和执行公约裁决的主管机关,实乃当务之急。另一方面,应当肯定的是,依据《纽约公约》承认和执行非ICSID投资仲裁裁决符合国际普遍做法,有利于平衡双向投资利益及保护我国公民、法人和其他组织在海外的投资权益,并有助于"倒逼"国内依法行政,因此

① 余劲松:《国际投资法》,法律出版社2018年第5版,第343页。

② 黄世席:《国际投资仲裁裁决的司法审查及投资条约解释的公正性——基于"Sanum案"和"Yukos案"判决的考察》,载《法学》2017年第3期,第131页。

③ 张倩雯:《多元化纠纷解决视阈下国际投资仲裁裁决在我国的承认与执行》,载《法律适用》2019年第3期。

该方案具有可行性。但是,《纽约公约》在国际投资仲裁中的适用与商事仲裁中的适用存在本质的差别,这与投资争端本身的性质密不可分,因此我国法院在解释与适用《纽约公约》执行非 ICSID 投资仲裁裁决时,应尤其避免投资仲裁司法审查的"商事化"倾向,尊重东道国的规制主权或主权豁免。① 并且,为了使投资者与国家间的争端囊括在《纽约公约》的范畴之内,适用公约的前提条件是全国人大同意对我国在《纽约公约》项下的"商事保留"作必要的扩张解释。与此同时,在制度安排与程序设计上,我国要从更为宏观的视野分析问题,不仅需要考虑境外投资仲裁裁决在我国的承认与执行问题,还要探索以我国为仲裁地的国际投资仲裁裁决的域外执行问题。

值得一提的是,国际投资仲裁裁决承认与执行机制的建立,必须与我国豁免立场的调整同步进行。在其他国家纷纷采取限制豁免主义的背景下,如果我国仍然坚持绝对豁免主义,则可能产生不对等的状况,以致对我国政府不利。具言之,当我国政府在投资仲裁中败诉时,投资者可能前往采取限制豁免论的国家依据执行地国的主权豁免法及有关国际公约执行我国的商业财产;而外国政府在投资仲裁中败诉时,我国法院受理申请承认与执行投资裁决的案件仍然受制于外国是否自愿放弃管辖豁免,这显然将加剧我国在国际投资争端解决中遭遇的不公允待遇。基于此,在构建国际投资仲裁裁决承认与执行的制度安排问题上,适时调整国家豁免立场,刻不容缓。

① 肖芳:《国际投资仲裁裁决司法审查的"商事化"及反思——以美国联邦最高法院"BG 公司诉阿根廷"案裁决为例》,载《法学评论》2018 年第 3 期;贺辉:《基于实践分析国际投资仲裁去商事化的必要性》,载《郑州大学学报(哲学社会科学版)》2018 年第 5 期。

韩国法院调解制度的现状与展望*

金 镐**

摘要:韩国于1962年设置了法院调解制度,先后制定了《民事调解法》《民事调解规则》等法律规定,并沿用至今。虽然韩国的法院调解制度施行了很多年,但该制度并未在韩国法院中得到充分利用,调解案件的数量仍然不多。为了促进调解制度的积极利用,韩国法院设置了调解担任法官、调解委员会、受案法院、常任调解委员四种调解机关负责处理民事纠纷案件的调解业务。这虽然在一定程度上提高了法院调解制度的使用比重,但因过于追求提高法院调解制度的使用率,反而导致了法院过多干涉以及侵害当事人诉讼权利的问题。问题的核心在于至今为止未能将调解程序与诉讼程序完全分离。事实上,法院调解本身就很难排除法院的干涉,因此将调解与诉讼完全分离是十分困难的。尽管如此,其还是有必要探索一种抑制受案法院自行决定调解,更多由独立的调解担任法官、常任调解委员或调解委员会进行调解的方案,从而制定出一种能充分反映当事人真实意愿的调解制度。

关键词:韩国;民事诉讼;法院调解;法院调解中心;常任调解委员

一、引言

在民事纠纷各种解决方式中,诉讼是最具代表性的一种方式。但民事诉讼具有时间长、费用高的缺点,而为了弥补这些缺点,韩国便开始探索诉讼外的纠纷解决制度,亦即ADR(Alternative Dispute Resolution)。如今ADR已经成为一种不亚于诉讼的民事纠纷解决制度。典型的ADR制度有和解、调解以及仲

* 本文系得到了韩国仁川大学2016年度科学研究项目的资助。

** 作者系韩国仁川大学法学部教授,法学博士。

裁，其中调解是指第三人介入到纠纷当事人中间，安排沟通渠道，通过妥协的方式促使当事人和解的程序①。

通常认为，与诉讼相比，调解的优点如下：由于调解并不像诉讼那样严格，所以当事人通常可以在自由的氛围下充分表达各自的意见；调解能够比诉讼更加迅速地解决纠纷，费用方面也更加低廉；调解是基于当事人之间相互妥协及让步而解决纠纷，所以不会存在情感对立；调解一般以非公开形式进行，可以尽可能地保障当事人之间的秘密②。

中国法上的民事调解，以调解机关为标准，大体上可以分为法院调解、行政调解和民间调解。其中，法院调解是指在法院审判人员主持下，由双方当事人依法自愿协商，达成协议，以解决纠纷的一种方式③。由于法院调解是在审判人员的主持下进行，因此，调解人员的专业性较强；而且可以在诉讼进行过程中进行调解，调解成功即解决纠纷，调解不成还可以续行诉讼程序，因此具有较强的灵活性。就此而言，充分利用法院调解制度不仅对当事人来说是必要的，从法院立场上来讲，亦是如此。

韩国于1962年设置了法院调解制度，并沿用至今。虽然韩国的法院调解制度施行了很多年，但该制度并未在韩国法院中得到充分利用，调解案件的数量仍然不多。韩国法院为了促进调解制度的积极利用赋出了很多努力。这些努力虽然收到了一定的成效，但也出现了为了提高法院调解制度的使用率，而忽略当事人的意愿，从而违背调解制度根本宗旨的现象。以下就韩国法院调解制度的主要内容及其存在的若干问题作一阐述。

二、韩国法院调解制度的发展过程与现状考察

（一）韩国法院调解制度的发展过程

韩国法院调解制度的历史可以追溯到1962年。这一年韩国制定了《土地房屋租借法》，该法由40个条款组成，其中第1条规定该法的立法宗旨是为了调解

① ［韩］李时润：《新民事诉讼法（第十二版）》，博英社2018年版，第19页。

② 参见韩国大法院网站：http://help.scourt.go.kr/nm/min_1/min_1_6/min_1_6_1/index.html，访问日期：2019年10月7日。

③ 江伟、肖建国：《民事诉讼法》，中国人民大学出版社2015年第7版，第214页；齐树洁：《民事诉讼法》，厦门大学出版社2016年第10版，第69页。

与土地和建筑物相关的租赁纠纷。因此,当时适用法院调解的民事案件仅限于土地及建筑物的租赁纠纷。

在此之后,韩国于1970年12月31日制定了《通过简易程序处理民事案件的特例法》。该法第7条规定:"对地方法院[①]独任法官具有审判权的案件,可以依当事人的申请进行调解。"由此可以看出,虽然当时将法院调解制度的适用范围扩大至地方法院独任法官审判的案件,较以前的规定有所放宽,但仍没有将其适用范围放宽到全部民事案件,地方法院合议庭审理的案件也不能适用法院调解[②]。韩国在1973年2月24日制定了《小额案件审判法》,该法第12条第1款规定:"法院认为有必要时,可以在任何时间对案件进行调解。"但是《小额案件审判法》适用对象之"小额案件"是指诉额不超过20万韩元的案件,因此可以进行调解的案件在范围上仅限于诉额不满20万韩元的案件。

由此可以看出,当时的法院调解制度并不适用于所有的民事案件,并且相关规定分散在多部法律中,适用起来很不方便。因此,为了提高当事人和法院利用调制度的便利性,韩国有必要制定一部统一的法律。于此背景下,韩国在1990年1月13日制定了针对法院调解的专门法律——《民事调解法》,并于1990年9月1日起施行。《民事调解法》并没有依照诉额确定其适用范围,而是规定适用于所有民事案件。该法的制定,不仅有助于当事人迅速解决纠纷,而且从法院的立场来看,因为有了统一的法院调解方式的规定,从而消除了之前在司法实践中处理调解案件时出现的混乱局面。

此后,韩国还于1990年12月31日制定的《家事诉讼法》第4编"家事调解"中对家事案件的法院调解作了特别规定。即,家事案件调解在原则上准用《民事调解法》的规定,但考虑到家事案件的特殊性,该法特别规定了调解前置主义及家庭法院管辖等。因此,现今韩国的民事案件法院调解制度的法律依据是《民事调解法》及其下位法《民事调解规则》以及《家事诉讼法》。

---

① 与中国不同,韩国的民事诉讼采用三级三审终审制。韩国法院分为地方法院、高等法院以及大法院这三个等级,普通民事案件由地方法院负责第一审,高等法院负责第二审,大法院负责终审。

② 依照当时韩国法院组织法的规定,地方法院合议庭管辖的案件是合议庭决定自行审判的案件,即诉额超过30万韩元的民事案件(但关于票据金额、合约票据金额的案件除外),地方法院法官的除斥、回避案件,法律规定属于地方法院合议庭管辖的案件(1970年《法院组织法》第29条)。

(二)韩国法院调解制度的现状考察

如上所述,韩国法院调解制度从 1990 年起全面实施,至今已有二十余载。通过多年的实践经验总结,韩国法院调解制度已经形成了自己的特色。下面通过分析最近五年的统计资料,归纳了韩国法院调解制度的几点特色。

第一,当事人自愿申请调解的案件逐渐减少。最近五年的统计数据显示,只有 2014 年当事人自愿申请调解的案件超过 1 万件,其他年度都少于 1 万件。尤其是最近两年的案件数仅仅有 7820 件和 6968 件(见表 1)。与此对应,韩国法院受理民事诉讼案件的数量每年超过 100 万件。因此,可以看出当事人在选择纠纷解决方式时,更倾向于通过诉讼而不是法院调解机制。当事人自愿向法院申请民事调解案件的,其成功率大体上维持在 30%的水准,调解成功率并不太高。

表 1　民事调解申请案件的处理情况

(单位:件)

年度	受理	处理						调解成功率 *
		合计	调解成功	调解失败	代替调解的决定	撤回	其他	
2017	6822	6968	1102	1684	1528	1724	930	31.9%
2016	7820	7920	1190	2025	1741	1935	1029	31.0%
2015	9991	10710	1573	2288	2438	2710	1701	31.4%
2014	11176	10647	1953	2154	2266	2664	1610	34.0%
2013	9934	9721	1798	2115	2031	2302	1475	33.5%

* 调解成功率=(调解成功案件数+代替调解的决定案件数-申请异议案件数、取消代替调解的决定案件数)÷调解处理案件数×100

※ 资料来源:参照韩国 2014 年至 2018 年《司法年鉴》自行整理。

第二,与当事人自愿申请的调解相比,法院自行决定调解的案件更多。相关统计显示,在各年度的全部民事调解受理案件中,法院自行决定调解案件所占比例超过了 88%,尤其是最近两年都超过了 90%(见表 2)。据此可以看出，韩国民事调解制度的另一个特点就是，法院自行调解的案件数远远多于当事人自愿申请的调解案件数，两者不均衡。这一方面可能是由于当事人对调解制度的认识不足，亦或是存在相比调解制度而言，更信任诉讼制度的倾向；另一方面，这也可以说是法院为了迅速解决纠纷而有意识地积极利用调解制度的必然结果。

第三，法院自行决定调解的案件中，由调解担任法官和调解委员会处理的调解案件逐渐增多。韩国《民事调解法》规定，民事调解案件原则上由调解担任法官或常任调解委员或调解委员会处理。但在韩国的司法实践中，还是有相当一部分案件由受案法院处理，其数量甚至比调解担任法官或调解委员会处理的调解案件还要多。最近几年，调解担任法官或调解委员会处理的调解案件逐渐增多，特别是最近两年的处理数量更是超过了受案法院，从而减轻了受案法院法官们的案件负担。

表 2　法院自行决定调解案件的处理情况

（单位：件）

年度	调解担任法官和调解委员会调解		受案法院调解	合计	法院自行决定调解案件所占比例
	受理	处理			
2017	47507	45965	35380	81345	92.1%
2016	44924	44292	38451	82743	91.3%
2015	42376	40721	43465	84186	88.7%
2014	37496	37501	47099	84600	88.8%
2013	31376	28736	54997	83733	89.6%

※ 资料来源：参照 2014—2018 年韩国《司法年鉴》自行整理。

第四，大部分民事调解案件在 3 个月以内结束。最近 5 年的统计显示，80%以上的民事调解案件在 3 个月内结束；如果将期限范围放宽到 6 个月的话，约 98%的民事调解案件在 6 个月内结束。这与平均需要 200 日以上审理期间的民事诉讼案件（小额案件除外）相比，能在较短的期间内解决纠纷，充分反映了调解制度的宗旨。

表 3 民事调解案件的处理期间

（单位：件，%）

年度	当天	14 日内	1 个月内	2 个月内	3 个月内	6 个月内	6 个月以上	合计
2017	110 (0.2)	1373 (2.6)	5705 (10.8)	21793 (41.2)	15308 (28.9)	7447 (14.1)	1197 (2.2)	52933 (100)
2016	73 (0.1)	1132 (2.2)	7252 (13.9)	22602 (43.3)	13212 (25.3)	6858 (13.1)	1083 (2.1)	52212 (100)
2015	165 (0.3)	1592 (3.1)	7808 (15.2)	21371 (41.6)	12768 (24.8)	6592 (12.8)	1135 (2.2)	51431 (100)
2014	263 (0.5)	1679 (3.5)	8457 (17.6)	19558 (40.6)	11402 (23.7)	6001 (12.5)	188 (1.6)	48148 (100)
2013	133 (0.3)	1641 (4.3)	6861 (17.8)	16172 (42.1)	8495 (22.1)	4561 (11.9)	594 (1.5)	38457 (100)

※资料来源：参照韩国 2014—2018 年《司法年鉴》自行整理。

三、韩国法院调解制度的程序规则

（一）管辖法院

调解案件主要是由被申请人住所地①、办公地点或营业场所所在地、单位所在地，以及纠纷标的所在地、损害发生地的地方法院、地方法院支院、市法院或郡法院管辖；家事案件的调解由家庭法院管辖。按照韩国法的规定，地方法院支院、市法院或郡法院是为了处理部分地方法院的事务，在地方法院辖区内设立的

① 被申请人在韩国没有住所或不能知道住所的，以临时住所所在地为住所地；临时住所不固定或不能知道的，其最后居住地点所在地为住所地。被申请人为大使、公使或其他不是外国审判权行使对象的韩国国民，依上述规定没有住所或临时住所的，大法院所在地为其住所地。被申请人为法人、社团或财团的，其主要的办公地点或营业场所所在地为住所地，没有办公地点或营业场所的，主要营业负责人的住所所在地为住所地。被申请人是外国法人、社团、财团的，其在韩国的办事处、营业场所以及业务负责人的住所所在地为住所地。被申请人为国家的，以该诉讼代表国家的部门或大法院所在地为住所地（韩国《民事调解法》第 3 条第 1 款第 1 项）。

法院(韩国《法院组织法》第 3 条第 2 款);家庭法院是专门处理家事案件的专门法院,例如关于婚姻、亲子、领养、监护、继承、夫妻共同财产等案件,相当于地方法院级别(《家事诉讼法》第 2 条)。另外,如果当事人通过协商决定了管辖法院,那么该法院就是管辖法院(《民事调解法》第 3 条)。

(二)调解的开始

在韩国,法院调解可以依当事人申请开始,也可以依受案法院作出的调解决定开始。当事人可以以书面形式或口头申请调解。当事人采用口头申请的,需要在法院书记官、法院事务官、法院主事或法院主事助理面前进行口述,并由这些法院人员根据口述制作调解申请书,交当事人签字(《民事调解法》第 5 条)。按照韩国法的规定,书记官、法院事务官、法院主事或法院主事助理是法院的独立行政机关,主要负责制作法律文书、送达、传唤、制作、认证诉讼记录、证明生效判决等法院行使审判权所需的附随事务。

调解申请书要明确记载当事人、代理人、申请事由和纠纷内容,如有证据资料的话,应当在申请时一并提交。书面申请调解时,要提交与被申请人数相同数量的副本(《民事调解规则》第 2 条)。另外,如果无法将调解申请书送达被申请人,调解担任法官应命令申请人在一定期间内修改地址;如果在此期间内没有修改地址的话,调解担任法官应作出驳回调解申请的命令,对此申请人不得提出上诉(《民事调解规则》第 2 条之 2)。

当事人的调解申请具有中断时效的效力(《民事调解法》第 35 条第 1 款)。但撤销调解申请或因申请人未在调解日出席,且在之后的调解日也未出席而被视为撤销调解申请时,如果在一个月之内不起诉的,则丧失中断时效的效力(《民事调解法》第 35 条第 2 款)。对申请调解的案件已经诉讼系属时,受案法院可以做出在调解结束前中止诉讼程序的决定(《民事调解规则》第 4 条第 1 款)。

除当事人申请调解外,受案法院认为有必要时,可以在宣告第二审判决之前,决定将审理中的案件移送调解,这属于依受案法院的决定开始调解程序的情形(《民事调解法》第 6 条)。依受案法院决定进行调解的诉讼案件,在调解程序结束之前要中止诉讼程序,在调解成功或法院作出的代替调解的决定生效时,视其为撤回起诉(《民事调解规则》第 4 条第 2 款、第 3 款)。另外,由于家事诉讼适用“调解前置主义”,因此,法律规定,对 NA 类、DA 类家事诉讼案件和 MA 类家事非讼案件,当事人在家庭法院起诉或请求审判前,必须先申请调解;当事人若没有申请调解而直接向法院起诉或请求审判的,法院应当对该案件进行调解

(《家事诉讼法》第 50 条)。

(三)调解机关

韩国的法院调解机关有调解担任法官、调解委员会、受案法院、常任调解委员四种。

原则上民事案件的法院调解由调解担任法官处理(《民事调解法》第 7 条第 1 款)。但家事案件原则上由一名调解委员长及两名以上调解委员组成的调解委员会处理,在特殊情况下,当事人没有明确提出反对意见的,也可以由调解担任法官单独进行调解(《家事诉讼法》第 52 条)。

调解担任法官是指由高等法院院长、地方法院院长或地方法院支院院长指定的,负责处理调解案件的法官,或负责处理调解案件的市、郡法院的法官(《民事调解法》第 4 条第 1 款)。调解担任法官可以自行调解,如果认为不适合自行调解的,可以将案件交给常任调解委员或调解委员会调解。但当事人申请由调解委员会调解的,应当由调解委员会调解(《民事调解法》第 7 条第 2 款)。

调解委员会由一名调解委员长和两名以上的调解委员组成(《民事调解法》第 8 条,《家事诉讼法》第 52 条第 1 款)。调解委员长是调解委员会调解程序的主持人,在调解担任法官进行调解时,调解委员长由调解担任法官担任;在常任调解委员调解时,调解委员长由常任调解委员担任;在受案法院调解时,调解委员长由受案法院的审判长担任;在受案法院的受命法官或受托法官调解时,调解委员长由该受命法官或受托法官担任;在市、郡法院调解时,调解委员长由市、郡法院的法官担任(《民事调解法》第 9 条)。

调解委员一般由高等法院院长、地方法院院长或地方法院支院院长委任的具备学识和德高望重的人担任(《民事调解法》第 10 条第 1 款)。调解委员的任期一般为两年,特殊情况下,其任期可以少于两年(《民事调解法》第 10 条第 2 款)。其中,组成调解委员会的委员由当事人协议选任或调解委员长指定(《民事调解法》第 10 条之 2)。家事案件的调解委员长或调解担任法官,由家庭法院院长或家庭法院支院院长从有管辖权的法院所属法官中指定,调解委员会的调解委员由家庭法院院长或家庭法院支院院长由每年事先委任的具备学识及德高望重的人担任,并且依照当事人合意在选定的人中指定具体案件的调解委员长(《家事诉讼法》第 53 条)。调解委员的主要业务是参与调解,或受调解担任法官或调解委员长的委托,为解决纠纷听取案件关系人的意见,以及处理其他调解案件所需的事务(《民事调解法》第 10 条第 3 款)。

受案法院自行调解时，受案法院与调解担任法官享有同等权限，受案法院也可以让受命法官或受托法官担当调解，此时受诉法官或受托法官享有与调解担任法官同等的权限(《民事调解法》第7条第3～5款)。受命法官是审判长在组成合议庭的法官中指定的法官；受托法官是指受案法院向同一级别的其他法院申请处理一定事务时，负责该事务的其他法院的独任法官。

另外，韩国于2009年通过《民事调解法》的修改规定了常任调解委员制度，其宗旨是通过委托具有律师资格和一定经验的人作为调解委员长来处理调解案件，从而积极利用法院调解制度，使纠纷得以迅速、圆满的解决(《民事调解法》第10条第1款)。常任调解委员由法院行政处处长委托的具有10年以上法律工作经验的律师担任，任期两年。在调解过程中，常任调解委员享有与调解担任法官同等的权限。2009年4月，为了对常任调解委员的业务提供行政上的支援，韩国在首尔及釜山设立了调解中心，2011年4月又在大田、大邱以及光州增设了调解中心。现在韩国的18所地方法院中已有10所设立了调解中心。

(四)调解的进行

调解并非一定要在法院进行，根据具体情况，也可以在法院之外的适当场所进行(《民事调解法》第19条)。因为调解基于当事人之间的协议，因此可以不公开，但即使是不公开调解程序，调解担任法官也可以允许其认为合适的人旁听(《民事调解法》第20条)。

接到法院调解通知的当事人原则上应该由本人出席，但在特殊情况下，可以让代理人出席，或者与辅佐人一同出席(《民事调解规则》第6条第1款)。由于韩国民事诉讼法采用律师代理原则，原则上除了律师以外，其他人不能担任民事诉讼的代理人(《民事诉讼法》第87条)，但是法院调解时可以由不是律师的人担任代理人，这时应得到调解担任法官的同意(《民事调解规则》第6条第2款)。

在进行调解时，调解担任法官在听取当事人及利害关系人对调解的陈述后，认为有必要的话，可以采取适当的方法调查事实及证据(《民事调解法》第22条)。在调查事实及证据时，调解担任法官或调解委员会可以委托地方法院的法官进行，调解委员会也可以让调解委员长进行事实及证据的调查(《民事调解规则》第8条第1～3款)。

(五)调解的结束及其效力

调解程序在下列情形时结束：撤回调解申请；驳回调解申请；作出不进行调解的决定；调解成功；调解失败；作出代替调解的决定。

撤回调解申请是指当事人撤回调解申请，或受到法院传唤的当事人两次不出席调解而被视为撤回调解申请(《民事调解法》第 31 条)。

驳回申请是指在无法通知当事人调解日期时，调解担任法官可以作出驳回调解申请的决定。当事人不能对该驳回决定提出异议(《民事调解法》第 25 条)。

作出不进行调解的决定，是指调解担任法官如果认为纠纷不适合进行调解，或者认为调解申请属于滥用调解程序的，可以通过不进行调解的决定结束调解程序。对此，当事人同样不得提出异议(《民事调解法》第 26 条)。同时，申请调解日被视为起诉之日(《民事调解法》第 36 条第 1 款第 1 项)。

调解失败是指当事人之间并未达成协议，或者调解担任法官在认为当事人之间已成立的协议不适当时，不作出代替调解的决定而使调解不能成立，从而结束调解(《民事调解法》第 27 条)。此时，调解申请日被视为起诉之日(《民事调解法》第 36 条第 1 款第 2 项)。

调解成功是指当事人之间达成合意且将合意事项记入调解书的情形(《民事调解法》第 28 条、《家事诉讼法》第 59 条第 1 款)。这时，法院书记官、法院事务官、法院主事或法院主事助理应当将调解书的正本送达当事人(《民事调解法》第 33 条第 2 款)。该调解与审判过程中的和解具有同等效力，即与生效判决具有同等效力(《民事调解法》第 29 条、《民事诉讼法》第 220 条)。

代替调解的决定，是指调解担任法官在当事人无法达成合意，或在当事人之间达成合意的内容不恰当时，如果没有特殊情形，依职权参酌当事人之间的利益及其他各方面的情况，在不违背申请人申请事由的范围内，作出公平解决案件的决定(《民事调解法》第 30 条)。如果被申请人并未在调解日出席的，也可以作出相同的决定(《民事诉讼法》第 32 条)。

代替调解的决定与当事人的意愿无关，由法院依职权进行，如果当事人不服调解担任法官的决定，可以在调解书送达之日起两周内，或送达之前向法院提出异议申请(《民事调解法》第 34 条第 1 项)。但如果调解担任法官认为异议申请不合法时，则可以作出驳回异议申请的决定；调解担任法官没有作出驳回决定的，受案法院应当驳回该异议申请。对调解担任法官或受案法院的驳回决定，当事人可以立即提出上诉，该上诉具有停止执行的效力(《民事调解规则》第 16 条第 1 款至第 3 款)。

当事人提出异议申请时，申请调解的时间视为起诉时间(《民事调解法》第 36 条第 1 款第 3 项)。如果在上述期间内没有提出异议申请，或者取消异议申请，或因异议申请不合法而被驳回的，代替调解的决定即使存在异议申请，也产生与诉讼和解同等的效力(《民事调解法》第 34 条第 4 款)。

(六)制作调解书及调解费用

参与调解的法院书记官、法院事务官、法院主事或法院主事助理应制作调解书，经调解担任法官的允许，可以省略部分记载内容(《民事调解法》第 24 条)，但在作出不予调解的决定、调解失败以及代替调解的决定时，一定要记载其理由(《民事调解法》第 33 条第 1 款)。法院书记官、法院事务官、法院主事或法院主事助理等应将不予调解决定或记载调解失败事由的调解书副本，记载代替调解决定的调解书或调解成功的调解书的正本送达给各当事人(《民事调解法》第 33 条第 2 款)。

调解成功的，如果没有特殊情况，调解费用由当事人各自承担；调解失败的，调节费用由申请人承担。但因调解失败而转为诉讼的，调解费用算入诉讼费用中(《民事调解法》第 37 条)。

四、韩国法院调解制度的问题检视

(一)受案法院决定调解问题

如上所述，韩国的法院调解程序依当事人申请或依受案法院决定而开始。因此，受案法院自行决定调解时，就会发生本应依照当事人意愿进行的调解制度变为依受案法院职权进行的不合理结果。特别是受案法院依职权开始调解程序后，自行进行调解并做出代替调解的决定的情形，更是如此。

从历史沿革来看，韩国在 1990 年制定《民事调解法》时，其第 6 条规定："一审受案法院在得到当事人同意后，才可以对审理中的案件进行调解。"因此，当时的法院调解是以当事人同意为前提的，而如今可以不经当事人同意，由受案法院自行调解的方式是于 1992 年 11 月 30 日开始适用的，其理由是为了提高民事法院调解制度的使用率。

受案法院自行决定调解制度固然有其存在之价值，但这种做法可能产生限制当事人自主选择解决纠纷方式的问题。即，调解制度作为典型的诉讼外纠纷解决方式，其核心要素是当事人的意愿，而受案法院自行决定调解则无视了这种意愿。虽然从法院的立场来看，可以在短时间内减轻审判业务的负担，但这种做法可能导致当事人对司法部门的信任度下降，侵害了那些相比法院调解更希望通过诉讼解决纠纷的当事人的审判请求权。因此，有些韩国学者提出，受案法院应经过双方当事人的同意才可以决定进行法院调解①。

另一方面,受案法院自行决定调解本身也存在问题。依照韩国《民事调解法》的规定,受案法院作出调解决定后,必要时也可以自行调解。这时进行调解的法官是审判长,而负责进行调解的法官又在诉讼中担任审理案件的法官,就会出现如果调解失败而进行诉讼时,该法官能否客观地审理案件的问题。即,尽管韩国《民事调解法》第23条规定当事人以及利害关系人在调解程序中所进行的陈述不能援引于诉讼程序中,但如果调解失败而进入诉讼程序的话,在调解过程中当事人的陈述和立场在某种程度上可以影响法官的心理,从而导致该法官在诉讼过程中或多或少无法客观地判断当事人的陈述。因此,为了确保调解的时效性和诉讼的正确性,其有必要将"调解"与"诉讼"分离。所以,即便是受案法院自行调解,也有必要限制担任调解工作的法官再次担任诉讼业务。

(二)代替调解的决定问题

在现行的韩国法院调解制度下,当事人未能达成合意或当事人之间达成合意的内容不当,或被申请人未在调解日出席时,受案法院可以依职权参酌当事人之间的利益及其他各方面情况,在不违背申请人意愿的范围内,为了使案件能够得到公平解决,作出代替调解的决定。这种代替调解的决定与调解具有同等效力,在一定期间内当事人未提出异议的话,案件结束。

由于代替调解的决定是由受案法院在一定情况下依职权作出的,因此具有提高法院调解制度的使用率且可以迅速解决纠纷的优点。但是,调解制度是以当事人之间的合意为基本前提的,调解机关的代替调解的决定内容并不是当事人的合意,而是调解机关依职权决定的具体纠纷解决方案,因此可能出现限制当事人自主解决纠纷的问题。对此,韩国国内有支持与反对的观点相对立。

赞成方认为,代替调解的决定是在民事调解的任意性上添加调解机关判断性的结果,而且如果提出异议申请的话,该决定就会丧失其效力,因此并不违背调解制度的原意。这只是民事调解的任意性和调解机关的判断性应该在哪种程

① Byung Hyun Yoo, Current Trends of Alternative Dispute Resolution in Korea, *Korea University Law Review*, Vol.2, 2007, pp.33-34.除此之外,还有人认为,这种并不以当事人的自发性为前提的法院调解制度会恶化当事人的主体性。[韩]金尚荣:《ADR之理念论》,载《财产法研究》2011年第27卷第3号,第330页。

度上协调的问题而已[①]。况且从并不高的异议申请率来看,可以认为代替调解的决定已逐渐被当事人接受。因此,应当认为代替调解的决定是具有现实性及弹性的[②]。

而反对方则认为,代替调解的决定是通过与调解本质相违背的方法,将调解失败的负担转嫁给当事人,在不提出异议时则认定该调解具有与审判过程中的和解同等的效力,这种方式是不合理的。因为这是借用调解名义进行的审判,会增加当事人对法律及法院的不信任,并且如果当事人提出异议申请的话,还会出现不能保障司法效率的问题[③]。还有学者认为,代替调解的决定存在破坏调解固有的合意任意性的危险[④]。

笔者认为,考虑到法院调解制度利用率低下的现状,代替调解的决定对积极利用法院调解制度而使纠纷得到迅速解决,功不可没。但是如上所述,该决定并非基于当事人的意愿,而是依照调解机关职权进行的。从这一角度看,其违背了调解的基本理念,这一问题同样不可否认。

因此,个人认为有必要限制调解机关任意作出代替调解的决定。即,虽然是为了提高法院调解制度的使用率,但仍然不能忽视调解制度固有的以"当事人之间的合意"为前提的事实。特别是根据近几年的统计数据可以得出,通过代替调解决定处理的调解案件中,对该决定提出异议申请的比例将近50%,我们很难看出该决定的实效性。因此,其有必要限制调解机关作出代替调解的决定[⑤]。

(三)法院调解制度的使用率问题

与诉讼相比,作为诉讼之外解决纠纷的方法,调解的优点在于在较短时间内通过当事人合意迅速解决纠纷。但正如上述统计显示,现在韩国的法院调解制度并没有被积极利用。对此,韩国法院为了提高法院调解制度的使用率而付出

① [韩]具载军:《民事调解研究:以民事调解法的解释问题为中心》,载《法学论丛》2004年第28辑。

② [韩]张龙国:《民事调解制度的现状与对策》,载《民事案例研究》1992年第14卷。

③ [韩]咸英柱:《为国民的司法和民事调解》,载《安岩法学》2002年第15号。

④ [韩]李载默:《民事调解制度的现状与问题》,载《首尔法学》1992年创刊号。

⑤ 韩国也有学者主张废除代替调解的决定。参见[韩]胡文赫:《关于判决与构建ADR体系的研究》,载《首尔大学法学》2012年第1号。

了很多努力。其中,具有代表性的有受案法院自行决定调解制度、常任调解委员制度①、法院调解中心②、早期调解制度③的设置等。

常任调解委员会制度是韩国在2009年修改《民事调解法》时设置的,由不具法官资格的普通人担任调解委员,每月领取一定数额的报酬,就职于法院,负责处理调解担任法官移交的调解案件。与调解担任法官调解的案件一样,常任调解委员不仅可以处理当事人申请的调解,也可以处理提起诉讼后依审判庭决定移交的调解案件。常任调解委员可以单独进行调解,或者组成调解委员会进行调解。如果调解成功,则具有与生效判决同等的效力。法院行政处处长在下列人员中选任常任调解委员:具有10年以上担任法官、检察官、律师经验的人;在国家机关、地方自治团体、国家或公有制企业、政府投资机关以及其他法人从事法律相关事务且具有律师资格的人;在公认的大学从事法学专业的助理教授以上职位的有律师资格的人(《调解委员规则》第2条之2)。韩国大法院于2009年4月13日在首尔地区委任了8名常任调解委员,在釜山地区委任了3名调解委员。首尔地区的常任调解委员处理首尔高等法院及首尔中央地方法院的调解案件,釜山地区的常任调解委员处理釜山高等法院及釜山地方法院的调解案件。继首尔、釜山地区之后,韩国大法院又在大田、大邱、光州地区分别选任两名常任调解委员,负责处理本地区高等法院及地方法院的调解案件。

法院调解中心是与常任调解委员制度一起设置的,它是确保常任调解委员处理案件的法院附属机关。韩国目前已分别于2009年4月13日在首尔,2009年4月20日在釜山,2011年4月18日在大田、大邱及光州,2013年4月在首尔南部、北部、西部、议政府,2014年6月在仁川,设立了法院调解中心。

早期调解制度,是指在指定辩论日或辩论准备日之前,听取当事人意见的调解辅助制度。审判庭在指定辩论日期之前,在当事人已提交答辩状的情况下,选出有可能进行调解的案件,作出早期交付调解的决定。

虽然韩国通过以上这些努力促成法院调解的民事案件数有大幅增多,但如

---

① 相关材料引自韩国大法院网站: http://help.scourt.go.kr/nm/min_1/min_1_6/min_1_6_1/index.html, 访问日期:2018年10月7日。

② 相关材料引自韩国大法院网站: http://help.scourt.go.kr/nm/min_1/min_1_6/min_1_6_1/index.html ,访问日期:2018年10月7日。

③ 相关材料参见韩国首尔东部地方法院网站:https://sldongbu.scourt.go.kr/dcboard/new/DcNewsViewAction.work? seqnum=115&gubun=41,访问日期:2018年10月7日。

上述统计显示,与诉讼案件相比,调解案件的数量还远远不足。并且,其受案法院调解的案件存在侵害当事人审判请求权的问题,因此需要探索可以积极利用调解委员会调解的方案。加之从调解的本质来看,相比受案法院的调解,调解委员会的调解更接近调解真正的本意。通过调解委员会的调解,可以使一般人自然地参与到司法程序之中,拉近社会与法院之间的距离,提高对司法部门的信任度[①]。对此,以下几种方案或许可以帮助提高调解委员会的调解案件数量。

第一,将调解程序与诉讼程序分离。依据现行法律,调解委员会是由一名法官作为调解委员长,两名以上调解委员构成。但如果担任诉讼的法官自行决定调解亦或本人自行调解时,从当事人的立场来讲,其会担心自己在调解过程中表明的立场或陈述会影响到之后的判决,从而不会积极地参与调解。因此,为了实现有效的调解,其有必要限制担任诉讼的法官再担任调解委员会的委员。

第二,要确保调解委员的保密工作。韩国《民事调解法》第23条规定:"不能在民事诉讼过程中援引当事人以及利害关系人在调解程序中的陈述",且第41条规定调解委员或曾是调解委员的人在处理业务过程中泄露秘密的话将受到处罚。但作为当事人,尤其在受案法院进行调解时了解当事人陈述的情况下,如果案件进入审判程序,就难免会担心自己的陈述影响审判。即使调解委员长不是担任诉讼的法官,但通过对调解书的阅览,法官完全可以了解调解进行的过程。因此,其除了有必要限制让担任调解的法官再担任诉讼法官,还需要规定未经当事人同意,不管是调解失败还是作出代替调解的决定,都应当限制审判庭阅览调解过程的做法。另外,在调解书中不应该记载详细内容,要十分简略或只记载当事人的出席情况,不记载当事人在调解过程中的陈述,在没得到当事人同意时,不应该将调解记录添加到案件记录中[②]。

第三,要帮助当事人自行选任调解委员。依韩国现行法院调解制度的规定,当事人可以合意指定组成调解委员会的调解委员,以及在调解委员中指定调解委员长,从而保障当事人的选择权。但现实中却几乎没有当事人选择调解委员。因此,其有必要提供能够让当事人积极行使选择权的环境。对此,有韩国学者主张可以参照仲裁的做法:例如,在交给调解委员会进行调解时,当事人通过合意

---

① [韩]姜文求:《提高民事调解使用率的实践方案》,载《法曹》2005年第590号。

② [韩]金日龙:《美国法对民事调解法上限制援引陈述规定的启示》,载《JUSTISE》2011年第123号。

而有合适的调解委员人选时，则让当事人选定此人为调解委员，即使未达成合意，也要向当事人确认是否有中意的调解委员人选，并依照其意愿帮助其选任合适的调解委员，同时还可以将记载有调解委员详细经历的名册提供给当事人①。

五、结语

调解作为纠纷解决制度，其作用及重要性是有目共睹的。但韩国法院调解制度的现状却并不乐观。为了提高法院调解制度的使用率，韩国做出了很多努力，例如：设置了受案法院决定调解制度、常任调解委员制度、法院调解中心以及早期调解制度等。这些努力虽然在一定程度上提高了法院调解制度的使用比重，但因过于追求提高法院调解制度的使用率，反而导致了法院过多地干涉以及侵害当事人诉讼权利的问题，因此遭受了违背调解宗旨的指责。这些问题具体表现为：受案法院自行决定调解的问题，代替调解的决定问题以及调解制度的效率问题等。可以说，这些问题的核心在于至今为止未能将调解程序与诉讼程序完全分离。事实上，法院调解本身就很难排除法院的干涉，因此将调解与诉讼完全分离是十分困难的。

尽管如此，其还是有必要探索一种抑制受案法院自行决定调解，更多地由独立的调解担任法官、常任调解委员或调解委员会进行调解的方案，从而制定出一种能充分反映当事人真实意愿的调解制度。

① [韩]李俊相：《提高 ADR 使用率的改善方案——以与法院相关的主题为中心》，载《民事诉讼》2006 年第 1 号。